应用型本科经济管理类专业基础课精品教材

商事法律应用

主　编　马芳琴
副主编　刘　月　赵军境
参　编　聂　晶　雷媛媛　李淑明
主　审　周晓唯

北京理工大学出版社
BEIJING INSTITUTE OF TECHNOLOGY PRESS

内 容 简 介

本书是针对商科类各专业编写的教材,内容涵盖商科类各专业所需的各类商事法律制度,也包括企业商事争议解决的相关程序法的内容,涉及企业各个方面的主要商事法律。

本书主体内容顺应社会市场经济发展的要求,具有创新性、系统性、实用性。内容设计紧密围绕企业发展的动态过程所涉及的主要法律规范展开,首先介绍我国商法的概述及我国商事法律制度的立法情况,然后介绍各主要的商事部门法,最后介绍商事争议解决的相关程序。本书在编写过程中突出应用性,每章均有"课前案例""课中案例"和"课后思考与训练",加强学生对所学内容的理解和应用,提升学生的法律素养和法律思维。

本书主要作为商科类专业商法的教学用书,也可作为企业人士和法律爱好者学习的参考书。

版权专有　侵权必究

图书在版编目（CIP）数据

商事法律应用 / 马芳琴主编 . —北京：北京理工大学出版社，2019.8（2019.9 重印）

ISBN 978 - 7 - 5682 - 7381 - 7

Ⅰ．①商… Ⅱ．①马… Ⅲ．①商法 - 中国 - 高等学校 - 教材 Ⅳ．①D923.99

中国版本图书馆 CIP 数据核字（2019）第 169451 号

出版发行 / 北京理工大学出版社有限责任公司

社　　址 / 北京市海淀区中关村南大街 5 号

邮　　编 / 100081

电　　话 /（010）68914775（总编室）
　　　　　（010）82562903（教材售后服务热线）
　　　　　（010）68948351（其他图书服务热线）

网　　址 / http://www.bitpress.com.cn

经　　销 / 全国各地新华书店

印　　刷 / 北京国马印刷厂

开　　本 / 787 毫米 × 1092 毫米　1/16

印　　张 / 18.5　　　　　　　　　　　　　　　责任编辑 / 王晓莉

字　　数 / 437 千字　　　　　　　　　　　　　文案编辑 / 孟祥雪

版　　次 / 2019 年 8 月第 1 版　2019 年 9 月第 2 次印刷　责任校对 / 周瑞红

定　　价 / 48.00 元　　　　　　　　　　　　　责任印制 / 李志强

图书出现印装质量问题，请拨打售后服务热线，本社负责调换

前　言

本书主体内容顺应社会发展的要求，是具有创新性、系统性、实用性的应用型教材。在本书编写过程中，编者本着系统科学与实用易学的原则，坚持理论与实践相结合，在系统而全面地介绍相关基本概念、基本理论的基础上，提供案例和思考训练，希望加深读者对理论知识的理解。

商事法律范围宽广，涉及的法律规范众多。本书在设计过程中特意进行筛选设计，从商事组织对法律应用的视角出发，对商事主体、商事行为等进行了详细的介绍与讨论。全书以商事组织的设立、商事活动及商事组织的消灭与破产为主线组织内容，确保内容的全面系统、逻辑性强、生动直观、易于理解，达到易学好用的教学效果。在内容安排上，采用模块化设计，每个模块设计了学习目标、课前案例、课中案例、思考与训练，突出应用性。具体而言，本书具有以下特色：

1. 体系完整，结构合理

本书设计以商事主体为背景和主线，以主体设立到主体的商事活动（合同事务、产权保护、资金融通、劳动合同），甚至资格消亡（破产）等过程中涉及的相关法律规范为依托进行设计，完整体现了企业设立、发展和消亡的生命周期，结构设计完整合理。

2. 案例教学，学训结合

本书采用模块化设计，每一模块都设计了学习目标、课前案例、（课中）案例、思考与训练，并选取商业活动中的真实案例，营造场景化的情境，让学生实际操作与分析，以学会解决实际问题。在重要章节设计有实训环节，理论与实践相结合，帮助学生深入理解商业活动和商事行为需要遵循的法律规则，以培养其法律素养与法律思维，提高其在商业市场运作过程中的法律意识、法律思维与法律能力，从而实现商事法律的应用。

另外，在学习商事法律时建议读者储备一定的经济学和金融学的基础知识，阅读一些经济、金融报刊和网站，如中国证券报、财经时报、21世纪经济报道等，这对于理解商业规则和商事法律逻辑大有裨益。

本书由西安欧亚学院商科平台课商事法律应用课程团队共同编写完成。马芳琴担任主编，负责全书的修改、总撰和定稿，刘月、赵军境担任副主编。其中，马芳琴编写第一、四、十一模块；赵军境编写第二、三、八模块；聂晶编写第五模块；雷媛媛编写第六模块；

刘月编写第七、九模块；李淑明编写第十模块。

　　本书在编写过程中，参阅了大量的书籍和文献资料，引用了有关资料和案例等，在此对有关作者致以诚挚的谢意！此外，特别感谢陕西师范大学周晓唯教授对本书编写给予的指导与咨询！

　　在本书的编写过程中，因为法律规范的不断修订，编者在编写过程中反复核对法律规定，可谓小心翼翼，如履薄冰，唯恐出错。虽然我们努力做到精益求精，但由于知识、经验和能力水平有限，书中不妥之处在所难免，敬请广大读者批评指正。

编　者

目 录

第一模块 商事法律概述 (1)
第一节 商事法律规范概述 (1)
一、商法的概念与特征 (2)
二、商法的基本原则 (4)
三、商事法律关系 (5)
四、商事法律责任 (7)
第二节 中国现行的商事法律制度 (7)
一、商事主体法 (7)
二、商事行为法 (9)

第二模块 个人独资企业法律实务 (14)
第一节 个人独资企业法律概述 (15)
一、个人独资企业法 (15)
二、《个人独资企业法》的立法宗旨和适用范围 (15)
三、个人独资企业的概念与特征 (16)
四、《个人独资企业法》的优势与局限性 (17)
五、个人独资企业与公司、合伙企业的区别 (17)
六、个人独资企业与个体工商户 (18)
第二节 个人独资企业的设立 (19)
一、设立条件 (19)
二、设立程序 (21)
三、设立意义 (21)
四、分支机构的设立 (23)
第三节 个人独资企业的运行与终止 (24)
一、个人独资企业的事务管理 (24)
二、个人独资企业的变更登记 (24)

三、个人独资企业的解散与清算 ………………………………… (25)
　　四、法律责任 …………………………………………………… (26)

第三模块　合伙企业法律实务 …………………………………… (30)
第一节　合伙企业法律概述 …………………………………… (30)
　　一、合伙企业的概念与特征 ……………………………………… (31)
　　二、合伙企业的类型 ……………………………………………… (32)
第二节　普通合伙企业 ………………………………………… (32)
　　一、合伙企业的设立 ……………………………………………… (32)
　　二、合伙企业的财产 ……………………………………………… (35)
　　三、合伙企业的事务执行 ………………………………………… (35)
　　四、合伙企业与第三人的关系 …………………………………… (36)
　　五、入伙与退伙 …………………………………………………… (36)
第三节　有限合伙企业 ………………………………………… (38)
　　一、有限合伙企业的概念 ………………………………………… (38)
　　二、有限合伙企业的限制性规定 ………………………………… (38)
第四节　合伙企业的解散与清算 ……………………………… (40)
　　一、合伙企业的解散 ……………………………………………… (40)
　　二、合伙企业的清算 ……………………………………………… (41)

第四模块　公司法律实务 ………………………………………… (43)
第一节　公司概述 ……………………………………………… (44)
　　一、公司的概念与特征 …………………………………………… (44)
　　二、公司的分类 …………………………………………………… (45)
　　三、公司法 ………………………………………………………… (47)
第二节　有限责任公司 ………………………………………… (48)
　　一、有限责任公司的概念与特征 ………………………………… (48)
　　二、有限责任公司的设立 ………………………………………… (48)
　　三、有限责任公司的组织机构 …………………………………… (51)
　　四、一人有限责任公司与国有独资公司 ………………………… (54)
　　五、有限责任公司股权转让 ……………………………………… (55)
第三节　股份有限公司 ………………………………………… (56)
　　一、股份有限公司的概念与特征 ………………………………… (56)
　　二、股份有限公司的设立 ………………………………………… (57)
　　三、股份有限公司的组织机构 …………………………………… (60)
　　四、有限责任公司和股份有限公司的区别 ……………………… (63)
　　五、股份的发行与转让 …………………………………………… (63)
第四节　公司董事、监事、高级管理人员的资格和义务 …… (65)
　　一、公司董事、监事、高级管理人员的任职资格 ……………… (65)

目录

　　二、公司董事、监事、高级管理人员的义务 …………………………………… (66)
　　三、公司董事、监事、高级管理人员的责任 …………………………………… (67)
第五节　公司的财务、会计 ……………………………………………………………… (68)
　　一、公司财务、会计基本要求 …………………………………………………… (68)
　　二、公司利润分配 ………………………………………………………………… (69)
第六节　公司的变更与终止 ……………………………………………………………… (70)
　　一、公司合并与分立 ……………………………………………………………… (70)
　　二、公司增资与减资 ……………………………………………………………… (70)
　　三、公司解散与清算 ……………………………………………………………… (71)
第七节　外国公司的分支机构 …………………………………………………………… (72)
　　一、外国公司分支机构的设立 …………………………………………………… (72)
　　二、外国公司分支机构的法律地位 ……………………………………………… (72)

第五模块　合同法律实务 ……………………………………………………………… (89)
第一节　合同概述 ………………………………………………………………………… (90)
　　一、契约精神 ……………………………………………………………………… (90)
　　二、我国合同法的发展历程 ……………………………………………………… (92)
　　三、合同法的基本原则 …………………………………………………………… (92)
　　四、合同的概念和分类 …………………………………………………………… (93)
第二节　合同的订立 ……………………………………………………………………… (95)
　　一、合同订立的条件 ……………………………………………………………… (95)
　　二、合同的订立阶段 ……………………………………………………………… (96)
第三节　合同的效力 ……………………………………………………………………… (98)
　　一、合同效力的概念 ……………………………………………………………… (98)
　　二、合同效力的分类 ……………………………………………………………… (99)
第四节　合同的履行 ……………………………………………………………………… (101)
　　一、合同履行的概念 ……………………………………………………………… (101)
　　二、合同履行的原则 ……………………………………………………………… (101)
　　三、合同履行的抗辩权 …………………………………………………………… (102)
　　四、合同担保 ……………………………………………………………………… (102)
第五节　合同的变更、转让和终止 ……………………………………………………… (104)
　　一、合同的变更 …………………………………………………………………… (104)
　　二、合同的转让 …………………………………………………………………… (104)
　　三、合同的终止 …………………………………………………………………… (105)
　　四、违约责任 ……………………………………………………………………… (105)

第六模块　工业产权 …………………………………………………………………… (108)
第一节　商标法 …………………………………………………………………………… (109)
　　一、商标的概念和特征 …………………………………………………………… (109)

二、商标的功能 ………………………………………………………… (109)
　　三、商标的类型 ………………………………………………………… (109)
　　四、商标权的取得及注册 ……………………………………………… (110)
　　五、商标注册的审查和核准 …………………………………………… (111)
　　六、商标权的内容 ……………………………………………………… (112)
　　七、商标权的许可使用及管理 ………………………………………… (114)
　　八、商标的侵权行为与司法保护 ……………………………………… (115)
　　九、驰名商标、集体商标、证明商标的保护 ………………………… (116)
　第二节　专利法 …………………………………………………………… (117)
　　一、专利、专利法与专利制度 ………………………………………… (117)
　　二、专利保护的客体 …………………………………………………… (118)
　　三、专利权的主体 ……………………………………………………… (121)
　　四、授予专利权的条件 ………………………………………………… (122)
　　五、专利权人的权利和义务 …………………………………………… (123)
　　六、专利权的期限、终止和无效 ……………………………………… (125)
　　七、专利权的实施许可与转让 ………………………………………… (126)
　　八、专利侵权行为及司法救济 ………………………………………… (127)

第七模块　创业融资法律实务 ……………………………………………… (129)
　第一节　创业融资概述 …………………………………………………… (130)
　　一、创业融资的概念 …………………………………………………… (130)
　　二、创业融资的渠道与方式 …………………………………………… (130)
　　三、创业企业融资的类型 ……………………………………………… (132)
　　四、创业企业融资的法律环境和金融环境 …………………………… (134)
　第二节　直接融资 ………………………………………………………… (136)
　　一、证券融资 …………………………………………………………… (136)
　　二、民间借贷 …………………………………………………………… (145)
　第三节　间接融资 ………………………………………………………… (149)
　　一、银行贷款合同概述 ………………………………………………… (149)
　　二、银行贷款合同的种类 ……………………………………………… (150)
　　三、贷款合同的订立 …………………………………………………… (150)
　　四、商业银行贷款的法律限制 ………………………………………… (153)
　　五、贷款合同当事人的权利、义务 …………………………………… (153)
　　六、贷款合同的履行、变更与解除 …………………………………… (155)
　　七、违反贷款合同的责任 ……………………………………………… (157)

第八模块　保险法律实务 …………………………………………………… (160)
　第一节　保险与保险法概述 ……………………………………………… (161)
　　一、保险含义及概述 …………………………………………………… (161)

二、保险法含义及概述 ……………………………………………………… (162)
　　三、我国保险立法的发展 …………………………………………………… (163)
第二节　保险法的基本原则 ……………………………………………………… (164)
　　一、最大诚信原则 …………………………………………………………… (164)
　　二、保险利益原则 …………………………………………………………… (165)
　　三、损失补偿原则 …………………………………………………………… (166)
　　四、保险近因原则 …………………………………………………………… (166)
　　五、保险分摊原则 …………………………………………………………… (168)
　　六、保险代位原则 …………………………………………………………… (169)
第三节　保险合同概述 …………………………………………………………… (170)
　　一、保险合同的概念和特征 ………………………………………………… (170)
　　二、保险合同的分类 ………………………………………………………… (171)
　　三、保险合同的主体 ………………………………………………………… (173)
　　四、保险合同的形式与内容 ………………………………………………… (174)
第四节　保险合同的订立与生效 ………………………………………………… (175)
　　一、保险合同的订立与成立 ………………………………………………… (175)
　　二、保险合同的生效 ………………………………………………………… (177)
　　三、保险合同的无效 ………………………………………………………… (178)
第五节　保险合同的效力变动 …………………………………………………… (179)
　　一、保险合同的变更 ………………………………………………………… (179)
　　二、保险合同的转让 ………………………………………………………… (179)
　　三、保险合同的中止与复效 ………………………………………………… (180)
　　四、保险合同的解除 ………………………………………………………… (181)
　　五、保险合同的终止：保险合同权利义务关系的消灭 …………………… (181)
第六节　保险合同的履行与解释 ………………………………………………… (182)
　　一、保险合同的履行 ………………………………………………………… (182)
　　二、保险合同解释 …………………………………………………………… (185)
第七节　保险业法 ………………………………………………………………… (187)
　　一、保险组织 ………………………………………………………………… (187)
　　二、保险公司的设立 ………………………………………………………… (188)
　　三、保险经营规则 …………………………………………………………… (190)
　　四、保险辅助人 ……………………………………………………………… (191)
　　五、保险的监督管理 ………………………………………………………… (192)

第九模块　劳动法律实务 …………………………………………………… (194)
第一节　劳动法概述 ……………………………………………………………… (195)
　　一、劳动法的产生 …………………………………………………………… (195)
　　二、劳动法的概念和调整对象 ……………………………………………… (196)
　　三、劳动法的基本原则 ……………………………………………………… (198)

第二节　劳动合同订立、履行与终止 ………………………………………… (203)
  一、劳动合同的概念及特征 …………………………………………… (203)
  二、劳动合同的种类 …………………………………………………… (205)
  三、劳动合同的订立原则 ……………………………………………… (206)
  四、劳动合同的订立程序 ……………………………………………… (208)
  五、劳动合同的内容 …………………………………………………… (209)
  六、劳动合同的履行 …………………………………………………… (212)
  七、劳动合同的解除 …………………………………………………… (213)
  八、劳动合同的终止 …………………………………………………… (215)
  九、劳动合同解除和终止的法律后果 ………………………………… (216)
第三节　劳动争议解决 ……………………………………………………… (219)
  一、劳动争议的处理机构 ……………………………………………… (219)
  二、劳动争议的基本原则 ……………………………………………… (220)
  三、劳动争议协商 ……………………………………………………… (220)
  四、劳动争议调解 ……………………………………………………… (221)
  五、劳动争议仲裁 ……………………………………………………… (223)
  六、劳动争议诉讼 ……………………………………………………… (227)

第十模块　企业破产法律实务 ………………………………………………… (230)
第一节　破产法概述 ………………………………………………………… (231)
  一、破产法的发展 ……………………………………………………… (231)
  二、破产法的目的与适用范围 ………………………………………… (231)
  三、破产申请与受理 …………………………………………………… (233)
第二节　债权人财产 ………………………………………………………… (237)
  一、影响债权人财产的因素 …………………………………………… (237)
  二、债权的申报 ………………………………………………………… (243)
第三节　债权人会议 ………………………………………………………… (245)
  一、债权人会议概述 …………………………………………………… (245)
  二、债权人委员会与管理人 …………………………………………… (247)
第四节　破产重整与破产和解 ……………………………………………… (249)
  一、破产重整与破产和解 ……………………………………………… (249)
  二、重整中的特殊情形 ………………………………………………… (252)
第五节　破产清算 …………………………………………………………… (252)
  一、破产清算 …………………………………………………………… (252)
  二、变价方案 …………………………………………………………… (253)
  三、破产财产分配顺序 ………………………………………………… (253)
  四、破产财产分配计划的拟订与执行 ………………………………… (254)
  五、特殊债权的处理 …………………………………………………… (254)
  六、破产的终结 ………………………………………………………… (254)

第十一模块 商事争议的解决 (257)

第一节 商事纠纷的诉讼解决 (258)
一、民事诉讼与民事诉讼法 (258)
二、民事诉讼法的基本制度 (259)
三、民事诉讼的案件管辖 (261)
四、民事审判程序 (264)
五、执行程序 (267)
六、涉外民事诉讼程序的特别规定 (267)

第二节 商事纠纷的仲裁解决 (269)
一、仲裁法概述 (269)
二、仲裁委员会与仲裁协会 (271)
三、仲裁协议 (272)
四、仲裁程序 (273)
五、申请撤销仲裁裁决 (275)
六、仲裁裁决的执行 (276)
七、涉外商事仲裁 (276)

参考文献 (282)

第一模块

商事法律概述

学习目标

1. 能够了解商事立法的背景；
2. 能够理解目前我国商事立法的主要内容；
3. 能够理解商法的概念、特征与基本原则；
4. 能够掌握商事法律关系的构成要素；
5. 能够掌握我国商事立法包含的法律规范。

课前案例

甲公司因为转产欲将一台机密仪器转让，该公司董事长李某代表甲公司与乙公司董事长张某签订一份转让协议，将此台仪器作价以500万元的价格转让给乙公司。甲公司在合同签订之日起10日内将该仪器交付乙公司，乙公司在收到仪器3日内付清货款。但甲公司在交货前发现乙公司经营状况恶化，并要求中止合同履行。请思考甲、乙双方在签订此合同时应该遵守哪些法律原则？

解析：本案涉及甲公司与乙公司的合同关系，是典型的商事交易关系，依照相关法律规定，首先依照主体资格法定原则商事交易的双方当事人即甲和乙交易资格合法，其次双方当事人商事活动应当遵循交易自愿原则、交易安全原则以及交易便捷原则来开展商事活动。

第一节 商事法律规范概述

商事法律制度在世界历史上是一项古老的法律制度，但它在我国是比较年轻的法律制度。在高度集中的计划经济体制下，没有也不可能有商事法律制度。我国商事法律制度是随着我国商品经济的发展、市场经济的确立而逐步发展起来的。在现代市场经济国家，商事法和民法一起构成调整商品经济的基本法。1992年，邓小平同志南方谈话及党的十四大确立了市场经济体制建设的目标后，我国的商事立法逐步走上了科学发展的道路，进入了建立现代商事法律制度的新时期。

一、商法的概念与特征

（一）概念

商法是社会主义市场经济发展中重要的法律之一，是商事法律制度的总称，是指一切调整商事主体之间的商事关系的法律规范的总称。商法通常可以从广义和狭义两个方面理解：狭义上，商法仅仅指商法典及其附属法规，如商法典及其施行法等；广义上，商法包括全部商事法律，它不仅包括商法典（如商人身份法和商行为法等内容），而且包括与商事经济活动密切相关的各种法律（如公司、票据、银行、保险、运输、代理、信托等法律）。

世界各国商法制度存在较大差异，理论上一般将商法分为形式意义上的商法和实质意义上的商法。形式意义上的商法是指奉行民商分立的国家在民法典之外新定的、以"商法"命名的法典，其内容主要涉及商主体，商行为的界定、创设等商法的一般规则以及商事公司、证券、票据、保险、破产、海商等基本制度。在大陆法系国家中包括德国、法国、奥地利、比利时、卢森堡、希腊、西班牙、葡萄牙、埃及、日本，巴西、智利、阿根廷等均制定有商法典。实质意义上的商法是一切调整商事关系的法律规范的总称，它不以商法典为商法概念的界定基础。商法的形式包括各种有关商事的专门法规，商法规范不仅存在于商法典中，还大量地存在于民法、行政法以及其他法律、法规和判例中。从实质意义上看，无论属大陆法系还是英美法系，无论奉行民商分立还是奉行民商合一的国家，都存在实质意义上的商法。

我国在长达数千年的封建社会中，重农抑商，小农经济是其基本的社会经济形态，商品经济几乎被完全摒弃。因此，中国古代的法律，重刑轻民，民刑不分，民商不分。近现代意义的商法在我国始于清朝末期。清光绪皇帝推行新政，把制定商法典看作振兴工商业的治国大策之一。1903年，载振、伍廷芳等人起草商法，并于1904年颁布了《公司律》《商人通律》，于1906年颁布了《破产律》。于光绪二十九年颁布的《大清商律》，包括商人通例9条，公司律131条，首开我国商事立法先河。国民政府时期也曾颁布了《公司法》《储蓄银行法》《期货交易法》《海商法》《船舶法》《商业登记法》等法律规范。中华人民共和国成立后，在相当长的时期内，计划经济居于统治地位，在经济领域的产、供、销都得服从于国家的计划，商品经济的发展受到极大的抑制，商法也就失去了其赖以存在的社会经济基础。直到20世纪90年代，市场经济体制在中国逐步确立，商法才获得了生存和发展的机会。

在中国现有的法律体系之下，不同的法律部门承担着不同的任务和使命。其中，商法通过调整商事主体之间的商事关系，规范商事主体及其商事行为，保障商事交易的可靠性、安全性及顺利进行，保护商事主体实现营利的合法目的，进而促进社会主义市场经济的发展。所以，商法是社会主义市场经济发展中重要的法律之一。我国目前尚不存在形式意义上的商法，但实质意义上的商法已经大量存在，而且一大批商事特别法也已经陆续颁行，如《中华人民共和国个人独资企业法》（简称《个人独资企业法》）、《中华人民共和国合伙企业法》(简称《合伙企业法》)、《中华人民共和国公司法》(简称《公司法》)、《中华人民共和国合同法》(简称《合同法》)、《中华人民共和国保险法》(简称《保险法》)、《中华人民共和国商业银行法》(简称《商业银行法》)、《中华人民共和国证券法》(简称《证券法》)、《中华人民共和国票据法》(简称《票据法》)、《中华人民共和国海商法》(简称《海商法》)等一系列法律规范。这些商事法律规范的总和构成了我国的商法体系。

(二) 特征

商事法律制度的存在土壤是市场经济。社会主义市场经济的发展为商法在我国扎根、发展提供了丰厚的土壤，商事法律部门因此快速发展起来，并且形成了自己独有的特点。

1. 它调整的商事关系是人们基于营利目的而发生的财产关系

商法之所以能作为独立的法律部门存在于我国的社会主义法律体系之中，从根本上说，就是因为有商事关系的存在。商事关系是商事主体之间建立的营利性的社会关系。营利性是商事活动的主要特征。所谓营利性，是指以金钱、财物、劳务等为资本而谋求超出投资的利益，并将获取利益依法分配于投资者。商事法律制度不调整全部平等主体之间的财产关系，只调整商事主体在商事活动中发生的、具有营利性特征的财产关系。

2. 具有私法的性质，但渗透着公法的因素

商法调整的是商事主体之间的商事关系。商事关系的主体包括个人、企业、其他经济组织等，具体来说，就是个人与个人、个人与企业、企业之间以及与其他经济组织之间的关系。作为商事主体的企业，比如个人独资企业、合伙企业都是私法的主体，因而是私法对象的一部分；商法所保护的权利是平等的商事主体从事商事活动的权利，其核心是保护企业的经营自由，其本质是保证企业实现营利的动机。为了使企业实现权利，必须确保企业经营决策的自由权限。这些都是商法作为私法的任务。当然，我国商法也和其他国家的商法发展趋势一样，渗透着公法的因素。如《公司法》中对股份有限公司和特定的有限责任公司的设立、公司股票的发行均需要经过政府的审批，金融机构设立需要得到金融主管机关的审批，对公司违法行为的行政处罚和刑事处罚等规定，都表现了公法性质。这表明，商事权利需要多种法律规范的保护。

3. 采用"民商合一"的编纂体制

就世界范围而言，商法的编纂体制有两种：一是采用"民商分立"的体制，即民事、商事分别立法，民法典与商法典各自独立存在。如法国、德国、日本、西班牙、葡萄牙等国均采此体制。二是采用"民商合一"的体制，即民事、商事统一立法，有关商事的规定，或编入民法典，或以单行法颁行，如瑞士、荷兰等国均采此体制。我国在商法编纂方面，采用"民商合一"的体制。国内外的相关经验表明，商事法技术性强，适应市场经济瞬息万变的需要，适时修改将是十分必要的。相对其他法律，其修改是较频繁的。因此，商事法以单行法颁行较以法典颁行适应性强。换言之，采用"民商合一"的编纂体制较采用"民商分立"编纂体制更能适应市场经济的发展。

4. 实体性与程序性相结合

实体法是关于法律主体享有的权利和应当履行的义务的法律规定；程序法是关于保障这些权利如何实现或者义务如何履行的法律规定。商法是实体法，如《公司法》规定了股东的权利与义务，公司董事、经理、监事等高级管理人员的任职资格及其权利与义务，合同履行；但同时也具有程序法的特点，如《公司法》中规定了公司的设立程序、股东大会程序、董事会议程序、分立与合并程序、解散与清算程序；破产法中的破产宣告、破产清算程序等。商法中有如此多的程序性规定，就是为了保证权利主体权利的实现。可以说，在商法中，实体法与程序法并重。

二、商法的基本原则

商法的原则，是指集中体现商法的性质和宗旨，调整商事法律关系必须遵守的基本准则，它是制定商法典的根本出发点和指导原则。其基本原则如下：

（一）主体法定原则

各国一般都会制定大量的强制性法规来严格控制商事主体的资格，主体法定原则主要包括商事主体类型法定、商事主体内容法定和商事主体公示法定。

商事主体类型法定是指可以进行经营活动的商事主体在组织形式上由法律给予明确的设定，未经法律确认不得享有商事主体资格，比如企业的登记注册制度。

商事主体内容法定是指商事主体可以进行经营活动的商事主体的财产关系和组织关系由法律明确规定，合法的商事主体必须按照法律规定在内容上符合法律规定的要求。

商事主体公示法定是指商事主体的成立必须按照法定程序予以公示，以便交易的第三方知晓，未经法定公示不得对抗善意第三人。

（二）公平自愿原则

商事交易的主体具有独立的人格，在交易活动中无论其经济实力如何、经营规模如何，法律地位一律平等。商事交易的主体本着公平公正的观念从事商事行为，正当行使商事权利和履行商事义务，在商事交易中顾及他人的利益和社会公共利益的实现。在法律规定的范围内，商事主体自愿进行磋商、交易，任何单位和个人不得干涉。

（三）交易便捷原则

商事交易的最大目标在于充分利用现有资源以追求最大的经济效益，实现其营利的目的，而资金和商品的流转频率与其所获得的效益成正比。因此，在商事交易中，商品的流转规律客观上要求法律应该充分保障交易的简便和迅捷。比如商标法中规定的商标就是使交易当事人在自己的商品上打上自己的标识，使交易对方依据该标识来迅速做出产品识别，并决定是否继续交易；为了增加交易的便捷性，法律对于一些常见的合同、典型交易的合同内容做了明确的规定，详尽地规定了当事人的权利和义务，允许当事人决定合同的形式。

（四）交易安全原则

交易安全原则是指必须充分保障商事交易活动中交易各方对其行为予以充分提示，使相对人能够全面知晓，加强法律监管，维护交易安全。比如商法中当事人的公示义务与告知义务就是为了保证交易的安全性。公司法中股东出资不足或者抽逃注册资金都会严重危害债权人的利益，所以股东有依法缴纳出资的规定。此外，法定验资机构依法验资的规定，发行公司债权、公司股票需要经过批准的规定，信息披露的规定及公司内部对特别重大事项变更的程序性规定，都体现了交易安全的原则。商事交易应当遵守法律、法规，尊重社会公德，不得扰乱社会经济秩序，损害社会公共利益。

三、商事法律关系

(一) 商事法律关系的概念与特征

所谓商事法律关系，就是指商事主体基于商事行为而产生的商事权利与商事义务的关系。具体地，商事法律关系有以下特征：

第一，商事法律关系是特定平等主体间的关系。商事主体主要包含商个人、商合伙及商法人，这些特定的主体在进行商事交易的过程中所处的法律地位平等。商事主体本着交易自愿、交易便捷原则，确保商事交易的安全性与公平性。

第二，商事法律关系是商事主体为实现其营利性而产生的权利与义务的关系。商事主体的商事行为或商事活动以营利为目的。商事主体通过实施一定的商事行为和活动来达到目的。

第三，商事法律关系是内容特定的法律关系。商事法律关系的内容是指商事主体之间基于商事行为和商事活动而产生的权利与义务关系。比如，商事主体之间的公平交易关系、为了完全履行合同而产生的权利与义务关系等。

(二) 商事法律关系的构成要素

商事法律关系主要由商事法律关系的主体、商事法律关系的内容与商事法律关系的客体构成。

1. 商事法律关系的主体

商事法律关系的主体是指依据我国法律规定，依法参与的商事法律关系，享有商事法律规范规定的权利并承担相应义务的当事人。这一定义包含了商事主体的三个要素：一是商事主体必须是能够独立享有权利和承担义务的人；二是商事主体必须是实施商事行为的人；三是商事主体必须以自己的名义实施商事行为。由此可见，商事主体具有三个鲜明的特征：一是商事主体人格具有创设性；二是商事主体设立目的具有营业性；三是商事主体人格具有独立性。

商事法律关系的主体是我国商事法律关系的基本要素之一，我国的商事主体主要包括商个人、商合伙和商法人三类。商个人除了能够独立承担商法规定的权利与义务的自然人之外，还包括个体工商户、农村承包经营户和个人独资企业；商合伙主要是指两个或两个以上的合伙人按照法律和合伙协议的规定共同出资、共同经营、共担风险和共享收益的商事合伙企业；商法人主要是指依照法定构成要件和程序设立的，具有法人资格参与商事法律关系，依法享有权利和承担义务的经济组织，如有限责任公司、股份有限公司、中外合资企业、中外合作企业、外商独资企业等。商个人、商合伙人与商法人的区别如表1-1所示。

表1-1 商个人、商合伙与商法人的区别

商事主体	商个人	商合伙	商法人
成立条件	宽松	相对宽松	严格
业主形式	单一	相对多样	多样

续表

商事主体	商个人	商合伙	商法人
财产	不独立	不独立	独立
组织机构	不全面	不全面	全面
经营规则	业主自我经营	合伙人共同参与	特定机关经营
内部规则	—	合伙合同必要	章程必须
责任	—	不独立	独立
存续期间	不长久	不长久	长久

2. 商事法律关系的内容

商事法律关系的内容是指商事主体依法享有的权利和应当承担的义务。商事法律关系的内容是连接商事法律关系主体和客体的桥梁与纽带。商事主体依法享有的权利包括财产所有权、经营管理权、知识产权、债权与请求权等；商事主体应当承担的责任包括遵守国家法律、法规的义务，公平交易的义务，诚实守信的义务，依法缴纳国家税款的义务等。

3. 商事法律关系的客体

商事法律关系的客体是指商事主体的权利和义务所共同指向的对象。我国商事法律关系的客体主要包括：

（1）有形之物，即具有经济价值而又能为人所控制和支配的有形财富，其中包括天然存在和人类劳动所获产品及能够充当一般等价物的货币和有价证券。

（2）商行为，即商事主体为了实现营利性目的所进行的合法的商事活动，如商事买卖、商事代理、商事货运、商事仓储、融资租赁、商事信托等。

（3）智力成果，即人们运用脑力劳动创造和获得的精神财富。智力成果因凝聚人们创造性的劳动而具有了价值，如专利权、商标权、专有技术等。

（4）商业秘密。它是指不为公众所知悉、能为权利人带来经济利益，具有实用性并经权利人采取保密措施的技术信息和经营信息。商业秘密包括技术信息和经营信息两部分，如管理方法、客户名单、货源情报等经营信息；生产配方、工艺流程、技术诀窍、设计图纸等技术信息。

（三）商事法律关系的分类

（1）按商事法律关系的主体双方或多方是否都是商人为标准，其可分为单方商事法律关系和双方法律关系。

所谓单方法律关系，是指商事法律关系的主体仅一方是商人而其他主体不是商人的法律关系，如商家与消费者之间的关系。

所谓双方法律关系，是指商事法律关系的主体双方乃至多方均为商人的法律关系，如银行与公司之间的关系。

（2）按商事法律关系所所处的位置不同，其可分为普通商事法律关系和特别商事法律关系。

所谓普通商事法律关系，是指反映和体现商事生活规律中那些具有共同性内容与成分的法律关系。

所谓特别商事法律关系，是指反映和体现商事生活规律中那些极富个性化色彩规律的法律关系。

（3）按商事法律关系关注的核心内容不同，其可分为商事主体法律关系与商事客体法律关系。

所谓商事主体法律关系，是指以关注商人人格创制、维持、变更与终止为核心的法律关系。

所谓商事客体法律关系，是指以关注商事营业开展和商事行为的实施为核心的法律关系。

四、商事法律责任

商事法律责任是指商事法律关系的主体因违反商事法律规范而因承担的不利的法律后果。依据法律规定，商事法律规范的法律责任分为民事责任、行政责任和刑事责任。比如《公司法》第214条：公司违反本法规定，应当承担民事赔偿责任和缴纳罚款、罚金的，其财产不足以支付时，先承担民事赔偿责任。《公司法》第215条：违反本法规定，构成犯罪的，依法追究刑事责任。

1. 民事责任

民事责任的承担形式主要包括财产责任和非财产责任，如赔礼道歉、消除影响、恢复名誉、返还财产、恢复原状、排除妨碍、消除危险、停止侵害、赔偿损失、支付违约金、支付精神损害赔偿金等形式。这些责任形式既可以单独使用，也可以合并使用。

2. 行政责任

行政责任则包括行政处分和行政处罚。行政处分是行政机关内部，上级对有隶属关系的下级违反纪律的行为或者是尚未构成犯罪的轻微违法行为给予的纪律制裁，其主要包括警告、记过、记大过、降级、降职、撤职、开除留用察看、开除。行政处罚的措施主要包括警告、罚款等。

3. 刑事责任

刑事责任是指犯罪人因实施犯罪行为应当承担的法律责任，按刑事法律的规定追究其法律责任，包括主刑和附加刑两种刑事责任。主刑是对犯罪分子适用的主要刑罚，它只能独立使用，不能相互附加使用。主刑主要包括管制、拘役、有期徒刑、无期徒刑和死刑。附加刑主要包括罚金、剥夺政治权利、没收财产。对犯罪的外国人，也可以独立或附加使用驱逐出境。

第二节 中国现行的商事法律制度

一、商事主体法

（一）个体工商户法律制度

依据法律规定，自然人从事工商业经营，经依法登记，为个体工商户。个体工商户分为个人经营和家庭经营两种形式，无最低注册资金的要求，经营者对外承担无限责任。个体工商户的正当经营活动受法律保护，对其经营的资产与合法收益，个体工商户享有所有权，可以在银行开设账户，申请贷款，有权申请商标专用权，有权签订劳动合同及请帮工、带学徒，还享有起字号、刻印章的权利。据中国个体劳动者协会统计，1978年全国个体经营者只有14万户，到2018年10月底，全国实有个体工商户7 137.2万户，增长了约500倍。个体工商户的发展对吸纳就业、活跃市场、促进社会经济发展和市场公平发挥了重要作用。《个体工商户条例》已于2011年3月30日国务院第149次常务会议通过，现予公布，自2011年11月1日起施行。

（二）个人独资企业法律制度

个人独资企业即依法在中国境内设立，由一个自然人投资，财产为投资人个人所有，投资人以其个人财产对企业债务承担无限责任的经营实体。它是最古老、最简单的一种企业组织形式，主要盛行于零售业、手工业、农业、林业、渔业、服务业和家庭作坊等。个人独资企业设立实行准则主义，其设立本身不需经过审批。但是，某些领域的个人独资企业必要的营业审批是需要的。个人独资企业对投资人控制严格，投资人对本企业的财产依法享有所有权，其有关权利可以依法进行转让和继承，可自行管理企业事务，也可委托或聘用其他具有民事行为能力的人负责企业的事务管理；投资人对企业债务承担无限责任，以其家庭共有财产作为个人出资的，应当依法以家庭共有财产对企业债务承担无限责任。《个人独资企业法》由第九届全国人民代表大会常务委员会第十一次会议于1999年8月30日修订通过，自2000年1月1日起施行。

（三）合伙企业法律制度

合伙企业是我国企业形态的一种，它是依照《合伙企业法》在中国境内设立的由各合伙人订立合伙协议，共同出资、合伙经营、共享收益、共担风险，并对合伙企业债务承担无限连带责任的营利性组织。合伙企业虽然是多投资主体举办的企业，但它不同于公司，其本质特征是出资人（合伙人）对合伙企业的债务需要承担无限连带责任。合伙企业对其债务，应先以其全部财产进行清偿。合伙企业财产不足清偿到期债务的，各合伙人应当承担连带无限责任。合伙企业存续期间，合伙人的出资和所有以合伙企业名义取得的收益均为合伙企业的财产，该财产由全体合伙人依照合伙企业法共同管理、共同使用。合伙企业有普通合伙企业和有限合伙企业之分。普通合伙企业由普通合伙人组成。其中，合伙人对合伙企业债务承担无限连带责任；本法对普通合伙人承担责任的形式有特别规定的，从其规定。有限合伙企业由普通合伙人和有限合伙人组成。其中，普通合伙人对合伙企业债务承担无限连带责任；有限合伙人以其认缴的出资额为限对合伙企业债务承担责任。2006年8月27日，全国人大常委会会议通过了《合伙企业法（修订案）》，该法于2007年6月1日起施行。它规定了合伙企业的类型、设立，合伙企业的财产，合伙企业的事务执行，合伙企业与第三人的关系，入伙、退伙，合伙企业解散、清算等。

（四）公司法律制度

公司制度是现代企业制度的核心，是人类最伟大的发明之一。它使得大量的闲散资金通过公司集中起来，完成社会零散资本所不能完成的任务；同时，公司作为独立的法人，具有独立的人格、独立的财产，可以独立承担责任，股东的有限责任大大分散了投资者的投资风险，且吸引了更多的投资者来投资各种公司，加速了社会经济发展的步伐。公司法律制度是适应公司迅速发展而产生的法律制度，其目的在于规范公司的主体资格和行为规范，促进社会经济规范有序发展。在我国，公司法律制度集中体现为《公司法》，它是调整公司在设立、组织和消灭过程中所发生的社会关系的法律规范的总称。1994年《公司法》的颁布使我国企业立法进入了一个新阶段，标志着我国企业立法从主要按照企业所有制的不同进行立法转向主要按照企业出资人的责任和资金组成结构的不同进行立法。现行《公司法》历经2004年8月、2005年10月、2013年12月和2018年10月四次修订。《公司法》中所指的公司主要是有限责任公司和股份有限公司两类。对于有限责任公司，股东以其出资额为限对公司承担责任；对于股份有限公司，其全部资本划分为等额股份，股东以其所持股份为限对公司承担责任。这样，《公司法》就确认了股东有限责任原则。其含义是：股东对公司负责，股东以出资额为限负责；股东不对公司的债权人直接承担责任。这一原则无一例外地适用于所有股东，包括国家作为出资人的股东。由此，调动了投资者的积极性，也以法律形式解除了实际存在的国家对国有企业承担的连带责任。

（五）外商投资企业法律制度

外商投资企业是指依照中国的法律，经过中国政府有关部门批准，在中国境内设立的、由外国投资者和中国投资者共同投资或仅由外国投资者投资的企业。外商投资企业是中国企业，必须遵守中国的法律，同时受中国法律的保护。外商投资企业包括中外合资经营企业、中外合作经营企业和外资企业三种企业形式。《中华人民共和国外资企业法》（简称《外资企业法》）最早制定于1986年，此后随着时代的发展进步，进行了两次修订，现行版本是2016年进行的修订。该部法律为管理外资企业到我国投资发展做出了重要保障。此外，《中华人民共和国中外合资经营企业法》（简称《中外合资经营企业法》）、《中华人民共和国中外合作经营企业法》（简称《中外合作经营企业法》）、《中华人民共和国外商独资企业法》（简称《外商独资企业法》）也为规范投资，促进经济发展做出了贡献。

二、商事行为法

（一）合同法律制度

《合同法》是关于市场交易规则的法律，不仅与经营者的经营活动密切相关，也与人民群众的生活密切相关，是使用频率最高的法律之一。《合同法》所指的合同是平等主体的自然人、法人、其他组织之间设立、变更、终止民事权利义务关系的协议。婚姻、收养、监护等有关身份关系的协议，适用其他法律的规定。《合同法》由中华人民共和国第九届全国人民代表大会第二次会议于1999年3月15日通过，自1999年10月1日起施行。《合同法》主要规定了合同的订立、合同的效力、合同的履行、合同的变更与解除、合同的保全、违约责任等内容。同时，根据业务性质以及权利义务的不同，其还规定了包含买卖合同，供用电、水、气、热力合同，赠予合同，借款合同，租赁合同，融资租赁合同，承揽合同，建设工程合同，运输合同，技术合同，保管合同，仓储合同，委托合同，行纪合同和居间合同等。

（二）工业产权法律制度

工业产权法是调整因确认、使用和保护智力成果而发生的各种社会关系的法律规范的总和，属于无形资产，具有专有性、时间性和地域性。为促进各国科学技术的日益进步和工业生产的迅速发展，扩大各国之间的技术交流、技术合作和技术贸易，各国政府经过谈判，在工业产权的不同领域订立了一系列的国际公约，最主要的《保护工业产权巴黎公约》，是1883年在巴黎签订的，现已经过多次修改。它有100多个成员国，是保护工业产权方面影响最大的国际公约。我国已于1984年11月14日加入《巴黎公约》，自1985年3月19日起该公约对我国有效。工业产权法以专利法、商标法为主干，反不正当法、合同法等法律中调整工业产权法律关系的规范以及有关行政法规、规章，最高人民法院以司法解释形式发布的有关规范性文件等，都是工业产权法的组成部分。我国已相继颁布和实施了《中华人民共和国商标法》（简称《商标法》）、《中华人民共和国商标法实施条例》（简称《商标法实施条件》）、《中华人民共和国专利法》（简称《专利法》）、《中华人民共和国专利法实施细则》（简称《专利法实施细则》）等法律、法规。

（三）银行法律制度

银行就是依法经营货币信贷业务的金融机构。《中华人民共和国中国人民银行法》（简称《中国人民银行法》）是为了确立中国人民银行的地位，明确其职责，保证国家货币政策的正确制定和执行，建立和完善中央银行宏观调控体系，维护金融稳定而制定的。1995年3月18日第八届全国人民代表大会第三次会议通过了该法，并自公布之日起施行。《中华人民共和国商业银行法》（简称《商业银行法》）是为保护商业银行、存款人和其他客户的合法权益，规范商业银行的行为，提高信贷资产质量，加强监督管理，保障商业银行的稳健运行，维护金融秩序，促进社会主义市场经济的发展而制定的，由全国人大常委会于1995年9月10日发布并实施。

（四）证券法律制度

证券有广义和狭义之分。广义的证券一般指财物证券（如货运单、提单等）、货币证券（如支票、汇票、本票等）和资本证券（如股票、公司债券、投资基金份额等）。狭义的证券仅指资本证券。我国证券法规定的证券为股票、公司债券和国务院依法认定的其他证券。其他证券主要指投资基金份额、非公司企业债券、国家政府债券等。证券法是有关调整证券的发行、买卖和其他交易行为的法律规范的总称。为了保护投资者利益，维护社会经济秩序和社会公共利益，我国证券法实行一系列重要原则，包括：证券的发行、交易活动实行公开、公平、公正的原则；证券发行、交易的当事人地位平等，遵守自愿、有偿、诚实信用的原则；证券业和银行业、信托业、保险业分业经营、分业管理的原则；对全国证券市场的统一监管与证券业协会的自律性管理相结合的原则。《证券法》对证券的发行、交易，上市公司收购，证券交易所，证券公司，证券业协会和证券监督管理机构等做出了较详细的规定。1998年12月29日制定的《证券法》全面规定了证券发行与证券交易。

（五）票据法律制度

票据是由出票人依据票据法签发的，由自己或委托他人于到期日或见票时无条件支付一定金额给收款人或持票人的一种有价证券。票据有多种功能，包括支付功能、汇兑功能、信用功能、抵消债务和融资功能。因此，票据交换是加速经济发展的重要因素。1995年5月10日颁布，并于1996年1月1日起实施的《中华人民共和国票据法》（简称《票据法》），是我国第一个全面规定票据事项的法律。《票据法》的颁布和实施，为票据在市场经济条件下充分发挥它的各种功能创造了条件。它的宗旨是规范票据行为，保障票据活动中当事人的合法权益，维护社会经济秩序。《票据法》施行汇票、本票、支票三票合一的编纂体制，即以汇票为主，将汇票、本票、支票的出票、背书、承兑、保证、付款等规则统一规定于票据法中。

（六）保险法律制度

在现代社会中，保险是一项特殊的经济与社会活动，是一种适应经济发展和社会生活方式进步的经济保障。保险法是指调整保险关系的一切法律规范的总称。其内容主要包括保险合同法、保险业组织法、保险特别法、保险监管法等。凡有关保险的组织、保险对象以及当事人的权利义务等法律规范等均属保险法。商业保险是商事保险公司以营利为目的的活动，并以当事人自愿、合意为形式要件。因此，在商事保险合同中作为参与保险交易的投保人和保险双方，需要按照法律规定和双方约定实施保险商行为，履行各自的权利和义务。投保人承担支付保险费的义务，保险人对被保险人或受益人因意外事故或特定事件的出现而导致的损失负经济补偿或给付的责任。《中华人民共和国社会保险法》（简称《社会保险法》）是中国特色社会主义法律体系中起支架作用的重要法律，是一部着力保障和改善民生的法律。它的颁布实施是中国人力资源社会保障法制建设中的又一个里程碑，对于建立覆盖城乡居民的社会保障体系，更好地维护公民参加社会保险和享受社会保险待遇的合法权益，使公民共享发展成果，促进社会主义和谐社会建设，具有十分重要的意义。《社会保险法》已由中华人民共和国第十一届全国人民代表大会常务委员会第十七次会议于2010年10月28日通过，现予公布，自2011年7月1日起施行。

（七）海商法律制度

海商法律制度是调整海上运输关系和船舶关系的商事法律制度。海商法有广义和狭义之分。广义的海商法是调整特定的海上运输关系、船舶关系的法律规范的总称。它构成我国社会主义法律体系中的一个独立的法律部门。狭义的海商法仅指1993年7月1日起施行的《中华人民共和国海商法》（简称《海商法》），是我国广义海商法的最重要的组成部分，是我国第一部规定海商制度的法律，它是我国海商法律制度的集中体现。该法系统规定了船舶、船员、海上货物运输合同、海上旅客运输合同、船舶租用合同、海上拖船合同、船舶碰撞、海难救助、共同海损和海事赔偿责任限制，为调整海商关系，解决海事纠纷提供了重要的依据。

海商法是国内法，但由于海上运输具有较强的国际性，因而各国在制定海商法时不得不参照国际立法和国际惯例，以求得国际海上运输法律规则的相对统一。《海商法》是第一部大量将国际公约的规定引入国内立法的法律。其中，有些部分将公约的实质性条款全部引入，有些部分有选择地吸收。《海商法》还引入了国际惯例，诸如共同海损的确定、分摊和理算，均采用了国际惯例。海商法由于吸收了当前国际立法、国际惯例和国际海运实践的最新成就,而受到国际海商法学界和实务界的好评,被人们认为是同国际社会接轨最好的一部法律。

(八) 劳动法律制度

劳动法是调整劳动关系及与劳动关系密切联系的其他社会关系的法律规范的总称。为了保护劳动者的合法权益,调整劳动关系,建立和维护适应社会主义市场经济的劳动制度,促进经济发展和社会进步,根据宪法,制定《中华人民共和国劳动法》(简称《劳动法》)及《中华人民共和国劳动合同法》(简称《劳动合同法》)。《劳动法》的主要调整对象为:因管理劳动力而发生的关系;因执行社会保险而发生的关系;因组织工会和工会活动而发生的关系;因处理劳动争议而发生的关系;因监督劳动法规的执行而发生的关系。《劳动法》自1995年1月1日起施行,《劳动合同法》自2008年1月1日起施行。

(九) 破产法律制度

破产是指在企业法人不能清偿到期债务,并且资产不足以清偿全部债务或者明显缺乏清偿能力的情况下,由人民法院主持强制执行其全部财产,公平清偿全体债权人债权的法律制度。破产意味着经营活动的失败。当债务人只有一个债权人时,他们之间的债务纠纷可以按照普通程序予以解决,但当存在众多的债权人时,为了公平合理地解决债权人之间的利害冲突关系及债权人集体与债务人的关系,就有必要设立破产法律制度。破产法律制度的核心是实现债权人、债务人、股东及利益相关者和社会利益之间的平衡,一方面实现破产还债,另一方面淘汰落后的生产经营企业。破产法律制度主要解决企业法人因破产而消灭的问题。《中华人民共和国企业破产法》(简称《破产法》)已由中华人民共和国第十届全国人民代表大会常务委员会第二十三次会议于2006年8月27日通过,自2007年6月1日起施行。

(十) 商事争议的解决

诉讼、仲裁是商事争议的主要解决方式。诉讼指商事纠纷当事人通过向具有管辖权的法院起诉另一方当事人,法院依据事实和法律,通过法定程序来解决双方纠纷的形式。仲裁一般是当事人根据他们之间在争议发生前或者发生后订立的仲裁协议,自愿将其争议提交由非司法机构的仲裁员组成的仲裁庭进行裁判,并受该裁判约束的一种制度。仲裁活动和法院的审判活动一样,关乎当事人的实体权益,是解决争议的方式之一。仲裁一般不公开审理,程序简单灵活,更加高效、便捷,更符合商事活动的效率要求。

思考与训练

一、思考题

1. 商法的概念与特征是哪些?
2. 我国商事法律关系的构成要素有哪些?
3. 我国商法的基本原则有哪些?
4. 我国的商事法律制度有哪些?

二、案例分析

1. 南京市某区甲、乙、丙三人共同发起并设立天元机械有限责任公司。三人共同制定了公司章程，并签字盖章。三人约定，甲出资10万元，乙出资20万元并以其自有的一处空厂房作为出资，丙以其刚刚获得的一项重大发明专利技术作为出资。最终经过当地工商行政管理部门的审核登记注册成功。

请分析：该案中法律关系的构成要素分别是什么？可以适用的商事法律规范是哪部？

2. 甲商场3月欲从乙冰箱厂购进冰箱100台，每台4 800元，共计48万元。双方约定4月货到后先付28万元，待销售后付清余下的20万元货款。后乙冰箱厂想在甲商场开设销售专柜，打开市场销路。双方遂签订场地租赁合同，约定的租赁期为1年，自同年4月起到次年4月止，月租金3万元，共计36万元。由乙冰箱厂每3个月付1次，分4次付清。7月乙冰箱厂通知甲商场，称用应收甲商场的48万元冰箱货款中的36万元抵消其4月至7月的租金。

请分析：本案中的商事法律关系构成要素是什么？乙冰箱厂的做法是否合法？为什么？

第二模块

个人独资企业法律实务

学习目标

1. 能够陈述个人独资企业的概念和法律特征；
2. 能够理解个人独资企业的设立条件与程序，区分个人独资企业与其他商事组织的异同；
3. 能够依照个人独资企业事务管理的相关规定进行案例分析，明确投资人的责任范围；
4. 能够陈述个人独资企业解散的情形；
5. 能够陈述清算的相关程序。

课前案例

某个人独资企业由投资人李某自行经营，3年盈利10万元。后因投资人李某年老体弱，很难管理经营企业，便委托其儿子小李管理企业。由于小李不会管理与经营，企业连年亏损，现欠债15万元。企业很难再维持下去，故而准备解散和清算。那么请问：

（1）李某设立该企业需要哪些条件？李某设立该企业是否需要办理工商登记？
（2）这个企业可否解散？由谁进行清算？
（3）企业解散后的15万元债务应该由李某承担，还是由小李承担？
（4）如果这个企业财产不足以清偿债务，怎么办？
（5）如果你要创业，你会选择个人独资企业还是公司？为什么？

解析：本案主要涉及个人独资企业的设立条件、日常事务管理以及责任承担。了解个人独资企业与公司的区别等。

第一节 个人独资企业法律概述

个人独资企业作为我国立法规定的市场主体的一种，作为一种经营实体，其产生和设立也不能没有一定的条件和资格而随意进行。据国家工商行政管理局资料介绍，以前已有这样的企业形式但没有专门的立法规范，主要是沿用私营企业条例中的有关规定和参照个体工商户的有关规定予以登记管理。

一、个人独资企业法

《中华人民共和国个人独资企业法》（简称《个人独资企业法》）是为了规范个人独资企业的行为，保护个人独资企业投资人和债权人的合法权益，维护社会经济秩序，促进社会主义市场经济的发展，根据宪法，制定本法。其由第九届全国人民代表大会常务委员会第十一次会议于1999年8月30日修订通过，自2000年1月1日起施行。

二、《个人独资企业法》的立法宗旨和适用范围

1. 立法宗旨

（1）规范个人独资企业的行为。
（2）保护个人独资企业投资人和债权人的合法权益。
（3）维护社会经济秩序，促进社会主义市场经济的发展。

2. 适用范围

只适用于一个自然人依法设立的个人独资企业，不适用于具有独资特点的全民所有制企业、国有独资公司和外商独资企业。

3. 立法依据

在现今的社会经济生活中，人们不断地接触企业，也承认企业的普遍存在，但企业是什么，众说纷纭，各有不同的理解。比如，有人认为企业就是企求达成自己某种目的和同时满足他人需要的事业；有人认为企业是谋取利润的经济组织；有人认为企业是作为生产单位而设立的；有人认为企业是具有法人资格的社会经济组织；有人认为企业是一种代替市场来协调生产的组织，此外，还有若干不同的见解。由于对企业这个概念存在着理解上的差异，也由于在某一个特定时期对企业这个概念限制使用，也会对人们的观念产生影响，从而产生个人独资企业是否可以称作企业的疑虑。并且这种疑虑在中国的相当一部分人中是存在的，需要适当说明。

对于企业这个概念的理解，一般地说，应当是从事生产经营活动的实体，它作为社会的基本经济单位独立存在，有自己的财产和独立的利益，从事生产经营的目的是营利。企业在市场中是一个市场主体，根据一定的条件和程序登记设立，内部管理有一定的规范。可以说，这些都是企业的一般特征。而对于这个企业是由一个人投资还是由许多人投资；是规模比较大还是规模小；企业的投资人对企业的债务承担有限责任还是承担无限责任；企业是属于什么所有制的；企业是从事生产的还是从事商业服务的或者兼而有之，等等，这些都不是认定企业的标准，也就是不属于企业的基本特征，而是属于企业形式、企业规模、企业经济

性质、企业经营范围方面的问题。根据这种理解和分析,个人独资企业应当是一种企业,它具有企业的特征,并且作为一种企业形式还有自己的特征,这将在本书的后面内容中做具体分析。

长期以来,中国对企业的立法是以所有制的划分为基础的,比如,制定的《中华人民共和国全民所有制工业企业法》,就是以国有工业企业为调整对象;制定的《中华人民共和国企业破产法》(简称《企业破产法》)就只适用于全民所有制企业;又比如,制定的《中华人民共和国乡村集体所有制企业条例》和《中华人民共和国城镇集体所有制企业条例》,都是以集体所有制为基础来规范企业活动的;在1988年制定了《中华人民共和国私营企业暂行条例》,它是以私营企业为对象来进行规范的。这种根据所有制来立法规范企业的状况,直到1993年制定《公司法》时才被突破。《公司法》不是以所有制为基础,而是以企业的投资形式、责任形式为划分标准来规范企业的,这是按照企业的基本形式制定的第一部法律;1997年又制定了《中华人民共和国合伙企业法》(简称《合伙企业法》),这是按照企业基本形式制定的第二部法律。这样,在企业的三种基本形式中,唯有对个人独资企业尚未立法,因而制定个人独资企业法便成为完善企业立法的一种实际需要,是继续完成按企业基本形式健全立法的必然要求。

在许多国家中都存在着企业的三种基本形式,甚至可以说,这在世界上是一个较为普遍的现象。在美国萨缪尔森和诺德豪斯合著的《经济学》一书中写道:在20世纪80年代,美国存在着1 600多万个企业单位。其中,大部分是非常微小的单位,它为一个人所有,即单人业主制;一些是合伙制,较大的企业趋于采用公司的形式。在德国的法律中,商人可以是个人企业,也可以是由多个主体联合组成的商事合伙或公司;个人企业即单个自然人出资的独资企业,由德国商法典对其进行调整。在1986年,德国独资企业占其企业总数的76%。日本的企业组织形式包括个人企业和法人企业两大类。个人企业又称独资企业。日本有关中小企业的法律中所指的企业既包括法人企业也包括独资企业。在法国商法典中,商人是以从事商事活动并以其作为经常性职业的人。商人又分为自然人商人和法人商人。一个自然人以个人的名义从事商事活动并以此作为其经常性职业,经过商事登记,就形成了一个独资企业。在许多国家,尽管用不同的表述方式来确立企业的三种基本形式,但是都表明了这三种基本形式确实在现实中存在着,并且在法律中得到了确认,有了一定的法律地位。

三、个人独资企业的概念与特征

依据《个人独资企业法》第2条规定:个人独资企业是指依照本法在中国境内设立,由一个自然人投资,财产为投资人个人所有,投资人以其个人财产对企业债务承担无限责任的经营实体。个人独资企业是最古老、最简单的一种企业组织形式,主要盛行于零售业、手工业、农业、林业、渔业、服务业和家庭作坊等,它与公司、合伙、私营企业等其他企业形式相比,具有以下特征:

(1) 从组织结构形式上看,它是由一个自然人投资设立的企业。该自然人应当具有完全民事行为能力,限制民事行为能力人和无民事行为能力人以及国家机关、国家授权投资机构或者授权部门、企业、事业单位等都不能作为个人独资企业的投资人。法律、行政法规禁止从事营利性活动的人也不能投资个人独资企业,包括法官、检察官、警官、税务官及国家公务人员等。

（2）从财产上看，个人独资企业的财产归投资人个人所有，投资人以其个人财产对企业债务承担无限责任。个人独资企业的所有权与经营管理权紧密结合，一个自然人股东既拥有企业的财产，也独自享有企业的日常事务。国家依法保护个人独资企业的财产和其他合法权益。

（3）从责任形态上看，该企业无法人资格，投资者个人以其个人财产对企业债务承担无限责任，投资人若以家庭共有财产作为个人对企业的出资并经登记的，其家庭共有财产对企业债务承担无限责任。

四、《个人独资企业法》的优势与局限性

1. 优势

（1）个人投资，设立容易；
（2）规模较小，灵活多样；
（3）个人经营，效率较高；
（4）吸纳劳动力，扩大就业；
（5）有利于扩大社会投资；
（6）有利于适应产品、服务创新的需要等。

2. 局限性

（1）企业的进退受投资人个人知识与能力状况的影响很大；
（2）投资人个人承担的风险较大，并影响到经营的规模；
（3）企业的存续时间与投资人的状况联系紧密，可能造成企业稳定性相对较差等。

五、个人独资企业与公司、合伙企业的区别

1. 存在的法律依据不同

公司制企业依据《公司法》设立，受《公司法》调整；合伙制企业依据《合伙企业法》设立，受《合伙企业法》调整；个人独资企业依据《个人独资企业法》设立，受《个人独资企业法》调整。

2. 组建方式不同

公司一般由两个以上投资人共同出资设立，投资人可以是自然人，也可以是法人。合伙企业由两个以上合伙人共同出资设立，合伙人一般为自然人。个人独资企业由一个自然人投资设立。

3. 投资人与公司或者企业的财产关系不同，责任形式不同

公司股东的个人财产与其投入公司的财产彻底分离，股东以其出资额为限，对公司承担责任，即负有限责任。合伙企业合伙人的财产与合伙企业的财产相对分离，当合伙企业财产不足以清偿合伙企业债务时，合伙人以其投入合伙企业的财产以外的其他财产对合伙企业债务负连带清偿责任，即负无限责任。个人独资企业投资人的个人财产与企业财产不分离，投资人以其个人财产对企业债务承担无限责任。

4. 法律地位不同

公司是企业法人；合伙企业和个人独资企业是非法人。

5. 内部事务管理结构不同

公司设股东会、董事会、监事会，依照法定职权和公司章程的约定管理公司事务。合伙企业的合伙人依照《合伙企业法》的规定和合伙协议的约定管理合伙企业事务。合伙人对执行合伙企业事务享有同等的权利，可以由全体合伙人执行合伙企业事务，也可以由合伙协议约定或者全体合伙人决定，委托一名或者数名合伙人执行合伙企业事务。不参加执行合伙企业事务的合伙人有权监督执行合伙企业事务的合伙人，检查他们执行合伙企业事务的情况。个人独资企业的出资人可以自行管理企业事务，也可以委托或者聘用其他有民事行为能力的人负责企业事务的管理。

除了上述主要区别外，个人独资企业与公司和合伙企业相比，一般规模较小，设立条件较宽松，设立程序较简便，进入或者退出市场也较灵活。但是其公示性（主要指财务公开程度）不如公司和合伙企业，投资者的经营风险大于公司和合伙企业。投资者可以根据自己的投资取向，自愿选择适合自身发展需要的企业形式进行投资，进入市场，参与竞争。

六、个人独资企业与个体工商户

依据法律规定，个体工商户是在法律允许的范围内，依法经核准登记，从事工商业经营的自然人。个体工商户是我国在特定时期自然人参与生产经营活动的一种形式，也是个体经济的一种法律形式。

（一）个人独资企业与个体工商户具有相同之处

（1）两者的投资人数相同。个人独资企业和个体工商户都是由一个自然人投资，投入的财产及由此产生的收益均归投资者个人所有，可依法转让或继承。

（2）两者承担责任的形式相同。个人独资企业以投资者的个人财产对企业债务承担无限责任，投资人在申请个人独资企业设立登记时，明确以其家庭共有财产作为个人出资的，应当依法以家庭共有财产对企业债务承担无限责任。个体工商户可以个人经营，也可以家庭经营。个人经营的，以个人全部财产承担民事责任；家庭经营的，以家庭全部财产承担民事责任。

（3）两者的资本金均无限制。个人独资企业和个体工商户均没有规定最低注册资本金，由投资人根据自己确定的经营范围与规模所具备的必要资本，向工商行政管理机关申报登记的资本数额，不需要经过验资程序。

（4）投资人的资格限制相同。凡法律、行政法规禁止从事营利性活动的人员，均不得作为投资人申请设立个人独资企业或申请登记从事个体经营。

（二）个人独资企业与个体工商户区别

1. 两者成立的法律依据不同

个人独资企业是依据《个人独资企业法》成立和规范运行的，而个体工商户是依据《城乡个体工商户管理暂行条例》成立和规范运行的。

2. 两者成立的条件不同

（1）个人独资企业必须具有合法的企业名称，企业名称要与其责任形式及从事的营业相符合，不得使用"有限""有限责任""公司"字样。而个体工商户是否采用字号名称，完全由经营者自行决定,法律、法规无特别要求。

(2) 个人独资企业必须具有固定的生产经营场所和必要的生产经营条件及从业人员。而个体工商户无此限制,如从事客货运输、贩运以及摆摊设点、流动服务的个体工商户无须固定的经营场所。

个人独资企业与个体工商户之间的区别如表 2-1 所示。

表 2-1 个人独资企业与个体工商户之间的区别

企业类型	出资人	承担责任的财产范围	适用法律	法律地位	经营场所及名称
个人独资企业	自然人	(1) 一般情况下仅以其个人财产对企业债务承担无限责任;(2) 如企业设立登记时明确以家庭共有财产作为个人出资的,依法以家庭共有财产对企业债务承担无限责任	《个人独资企业法》	是一种企业组织形态,经营实体,无法人资格	必须要有固定的生产经营场所和合法的企业名称
个体工商户	自然人或由家庭共同出资设立	(1) 债务属个人经营的,以个人财产承担;(2) 债务属家庭经营的,以家庭财产承担	《民法通则》《城乡个体工商户管理暂行条例》	不采用企业形式	可不起字号、名称,也可没有固定的生产经营场所,可进行流动经营

第二节 个人独资企业的设立

一、设立条件

根据《个人独资企业法》的规定,在中国境内设立个人独资企业,必须具备下列条件:

(1) 投资人为一个自然人,且具有中华人民共和国国籍。自然人享有民事权利能力和民事行为能力,具备享有民事权利和承担民事义务的资格。自然人的民事权利能力从出生时开始,到死亡时终止。自然人的民事行为能力根据年龄和智力状况的不同,分为完全民事行为能力人、限制民事行为能力人和无民事行为能力人三种。完全民事行为能力人能够通过自己的行为进行独立的民事活动并独立承担全部民事法律责任。限制民事行为能力人可以进行与他的年龄、智力和精神健康状况相适应的民事活动,其他的民事活动由他的法定代理人代理或者征得他的法定代理人的同意。无民事行为能力人不具有以自己的行为取得民事权利和承担民事义务的资格,由他的法定代理人代理民事活动。投资作为一种经济活动,自然人既可以自己独立进行,也可以通过他的法定代理人或经过他的法定代理人同意后进行。在代理人代理投资时,必须以被代理人的名义进行。

(2) 有合法的企业名称。个人独资企业名称是企业所享有的一种人格权,它必须依法确定，才能受法律保护。企业名称也是企业对外交往的标志，称作"商号"。对个人独资企业来说，有确定的企业名称十分必要。否则，对第三人而言，就很容易弄不清究竟是投资人个人的行为还是个人独资企业的企业行为。企业名称必须符合法律、法规的要求。个人独资企业的名称应当与其责任形式及从事的营业相符合，名称中不得使用"有限""有限责任""公司"字样。

按我国有关企业名称登记管理的规定，企业名称在企业申请登记时，由企业名称的登记主管机关核定后，方可使用，并在规定的范围内享有专用权。企业登记主管机关对企业名称实行分级管理，有权纠正已登记注册的不适宜的企业名称。企业只准使用一个名称，并且在登记主管机关辖区内不得与已登记注册的同行业企业名称相同或者近似。企业名称应当由以下几个部分组成：字号或者商号、行业或者经营特点、组织形式。

(3) 有投资人申报的出资。设立个人独资企业时，投资人既可以用货币出资，也可以用实物、土地使用权、知识产权或者其他财产权利出资。

(4) 有固定的生产经营场所和必要的生产经营条件。生产经营场地包括企业的住所和与生产经营相适应的处所，住所是企业的主要办事机构所在地，是企业的法定地址，也是法律文书的法定送达地。

(5) 有必要的从业人员。

★ 案例 2-1

李某是某国家机关的工作人员，享受国家公务员待遇。由于李某的工作比较清闲，收入也不高，因此李某很想从事一些其他的职业，并借此增加自己的收入。2009 年 8 月 30 日，全国人大常委会通过并颁布了《个人独资企业法》，并于 2010 年 1 月 1 日起正式开始实施。李某了解到这一情况后，对个人独资企业非常感兴趣，并且希望自己创办一个个人独资企业。李某了解到饮食业非常赚钱，因此打算成立一家餐馆，采取个人独资企业的形式。但是由于担心自己的资金以及管理水平有限，因此李某同自己的表弟王某商量后，决定两人共同出资成立该餐馆。两人决定将该餐馆命名为"好味来海鲜酒楼"，酒楼登记注册的企业名称为"好味来餐饮公司（个人独资）"。李某了解到，成立个人独资企业的出资由自己自愿申报，为了减少自己的责任风险，打算不予申报。同时，由于经营场所对于经营饮食业非常重要，于是李某和王某商量后，打算好好挑选，想在取得了工商局营业登记，获得了个人独资企业的营业执照后再行确定酒楼的营业地点。接着，李某拿着自己以及王某的身份证明以及填好的个人独资企业设立申请书，到当地工商行政管理部门办理设立登记。由于诸多事项不符合法律规定，李某的申请被退回。问题：李某的行为是否符合个人独资企业的设立条件？不符合之处有哪些？

本案中首先考虑个人独资企业的设立必须具备的条件。投资人为一个自然人享有民事权利能力和民事行为能力。依据《中华人民共和国公务员法》（简称《公务员法》）等相关规定，国家公务人员不得经商办企业；实际申报的出资和有固定的生产经营产应确保企业能有有条件进行基本运转。

二、设立程序

(一) 设立申请

申请设立个人独资企业,应当由投资人或者其委托的代理人向个人独资企业所在地的登记机关提交设立申请书、投资人身份证明、生产经营场所使用证明等文件。委托代理人申请设立登记时,应当出具投资人的委托书和代理人的合法证明。

(1) 向登记机关提交的个人独资企业设立申请书,应当载明下列事项:企业的名称和住所;投资人的姓名和住所;投资人的出资额和出资方式;经营范围等。

(2) 投资人身份证明;

(3) 生产经营场所使用证明等文件。

(二) 核准登记

登记机关应当在收到设立申请文件之日起 15 日内,对符合本法规定条件的,予以登记,并签发营业执照;对不符合本法规定条件的,不予登记,并应当给予书面答复,说明理由。个人独资企业的营业执照的签发日期,为个人独资企业成立日期。在领取个人独资企业营业执照前,投资人不得以个人独资企业名义从事经营活动。

个人独资企业存续期间登记事项发生变更的,应当在做出变更决定之日起的 15 日内依法向登记机关申请办理变更登记。

三、设立意义

《个人独资企业法》已于 2000 年 1 月 1 日起实施。《个人独资企业法》是一部将各种所有制投资者置于平等发展、平等竞争的重要法律,也是促进和鼓励人们创业的一个重要法律。

这部法律的意义首先在于从法律上确认了个人创业、个人投资的明确地位。用通俗的话说,人人都有条件当老板,而且当老板腰板更硬、更理直气壮。这部法律确定了个人独资企业作为一种法定的企业形式,结束了以往法律上的模糊和不准确的定位。过去虽然对个体、私营经济有一些法律、法规,但这些法律、法规有明显的过渡性质。比如,有一个"七下八上"标准。即,个体户最多雇七个人,而进入"八","性质"就不同了,就成了私营企业。现在,《个人独资企业法》消除了人为设定雇工数量"划线"的障碍,完成了从以所有制为标准到以融资本源和企业构成形式为标准的历史性转变。这样,创业者就不必再担心雇人是多是少,"帽子"是红是白,可以视企业发展的需要做出自己的选择。其次,《个人独资企业法》保障了私人投资者取得融资、土地使用权等重要资本要素的同等权利,不再"低人一等"。对个人独资企业者的合法权益给予了更大、更明确的保障,投资者更能理直气壮地发展壮大,而且,在权益受到威胁时,更能依照法律去寻求坚实的"保护伞"。个人独资企业设立登记应提交文件材料目录如表 2-2 所示;个人独资企业设立登记申请表如表 2-3 所示;投资人信息表如表 2-4 所示。

表 2-2 个人独资企业设立登记应提交文件材料目录

序 号	文 件 材 料 名 称	备 注
1	投资人签署的《个人独资企业设立登记申请书》	
2	投资人履历表	
3	企业住所证明	
4	申请人的身份证明或资格证明	
5	法律、行政法规规定须报经有关部门审批的业务的批准文件	
6	国家工商行政管理局要求提交的其他文件	

受理人及受理日期	年 月 日（星期 ）	受理通知书文号	（ ）登记受理 [ ]第 号
申请人	年 月 日（星期 ）	联系电话	

注：（1）登记机关收到申请人提交的文件材料后进行查验，并在"备注"栏中填写材料份数。

（2）经营场所证明：投资人自有的住所，应当提交房管部门出具的产权证明；租用他人的场所，应当提交租赁协议。企业住所不是其生产经营场所的，投资人除了提交企业住所证明外，还应当提交生产经营场所的证明。投资人自有的经营场所，应当提交房管部门出具的产权证明；租用他人的场所，应当提交租赁协议。

（3）申请人是指向登记机关提出设立个人独资企业分支机构申请的人。申请人是投资人的，应提交其身份证明；申请人的投资人委托代理人的，应提交投资人的委托书和代理人的身份证明或资格证明。

表 2-3 个人独资企业设立登记申请表

企业名称			
企业住所		邮政编码	
		联系电话	
投资人姓名		投资人联系电话	
投资人住所			
经营范围及方式			
出资额			
出资方式	□个人出资 □以家庭共有财产出资		
从业人员数			
有关部门意见			
谨此确认，本申请表所填内容真实无误。 投资人签名： 年 月 日			

表2-4 投资人信息表

姓　　名		性　别		出生日期		一寸免冠照片粘贴处
身份证号码		学　历		政治面貌		
居　　所				联系电话		
现 住 所				邮政编码		
工作简历	工作单位和部门			起止时间		职务
（投资人身份证复印件粘贴处）						
谨此确认，本申请表所填内容真实无误。						
					投资人签名：　　年　月　日	

注：（1）"居所"填写投资人身份证上地址。
　　（2）"现住所"填写投资人现在的住所，由投资人申报。

四、分支机构的设立

1. 设立申请

个人独资企业设立分支机构时，应当由投资人或者其委托的代理人向分支机构所在地的登记机关申请登记，领取营业执照。个人独资企业分支机构设立登记应提交的文件材料目录：

（1）投资人签署的《个人独资企业分支机构设立登记申请书》。
（2）经营场所证明。
（3）投资人委派分支机构负责人的委托书。
（4）分支机构负责人的身份证明。
（5）个人独资企业营业执照复印件。
（6）国务院工商行政管理部门规定提交的其他文件。法律、行政法规规定须报经有关部门审批的业务的有关批准文件。

2. 核准登记

分支机构经核准登记后，应将登记情况报该分支机构隶属的个人独资企业的登记机关备案。

3. 责任承担

分支机构的民事责任由设立该分支机构的个人独资企业承担。

第三节 个人独资企业的运行与终止

一、个人独资企业的事务管理

（一）事务管理方式

个人独资企业投资人可以自行管理企业事务，也可以委托或者聘用其他具有民事行为能力的人负责企业的事务管理。

（1）自行管理，即由投资者本人对个人独资企业的经营事务直接进行管理。

（2）委托管理，即由投资者委托其他具有民事行为能力的人负责对个人独资企业的经营事务进行管理。

（3）聘任管理，即由投资者聘用其他具有民事行为能力的人负责对个人独资企业的经营事务进行管理。

（二）受托人或被聘用人的义务

投资人委托或者聘用他人管理个人独资企业事务，应当与受托人或者被聘用人签订书面合同，明确委托的具体内容和授予的权利范围。受托人或者被聘用人应当履行诚信、勤勉义务，按照与投资人签订的合同负责个人独资企业的事务管理。

投资人委托或者聘用的管理个人独资企业事务的人员不得有下列行为：

（1）利用职务上的便利，索取或者收受贿赂。

（2）利用职务或者工作上的便利侵占企业财产。

（3）挪用企业的资金归个人使用或者借贷给他人。

（4）擅自将企业资金以个人名义或者以他人名义开立账户储存。

（5）擅自以企业财产提供担保。

（6）未经投资人同意，从事与本企业相竞争的业务。

（7）未经投资人同意，同本企业订立合同或者进行交易。

（8）未经投资人同意，擅自将企业商标或者其他知识产权转让给他人使用。

（9）泄露本企业的商业秘密。

（10）法律、行政法规禁止的其他行为。

投资人对受托人或者被聘用人职权的限制，不得对抗善意第三人。

二、个人独资企业的变更登记

（1）个人独资企业存续期间登记事项发生变更的，应当在做出变更决定之日起的15日内依法向登记机关申请办理变更登记。

（2）个人独资企业申请变更登记时，应当向登记机关提交下列文件：投资人签署的变更登记申请书；国家工商行政管理局规定提交的其他文件。

(3) 从事法律、行政法规规定须报经有关部门审批业务的，应当提交有关部门的批准文件。

三、个人独资企业的解散与清算

(一) 个人独资企业的解散

企业解散是相对于企业成立而言的。企业解散，表明其作为经济实体的资格消灭。造成企业解散的原因是多方面的，概括起来，可以分为强制解散和自行解散。强制解散是指企业违反了法律、法规的规定而依法必须解散。自行解散是指企业自己决定解散或者因强制解散以外的原因而导致企业解散的情形。比如，我国《公司法》规定公司自行解散的情形是：公司章程规定的经营期限届满或者公司章程规定的其他解散事由出现时；股东会决议解散；因公司合并或者分立需要解散。

个人独资企业有下列情形之一时，应当解散：投资人决定解散；投资人死亡或者被宣告死亡，无继承人或者继承人决定放弃继承；被依法吊销营业执照；法律、行政法规规定的其他情形。

个人独资企业投资人决定解散是由个人独资企业的特点决定的，因为根据本法的规定，个人独资企业是由一个自然人投资，财产为投资者个人所有。由于只有一个投资人，因此投资人个人可以自己决定解散企业问题。

投资人被宣告死亡是指在法律上推定其死亡，从而发生与生理死亡相同的法律后果。根据民法通则的规定，投资人被宣告死亡应当符合下列条件：

(1) 投资人下落不明满4年，或者因意外事故下落不明，自事故发生之日起满2年，或者因意外事故下落不明，经有关机关证明该投资人已不可能生存。

(2) 要经投资人的利害关系人申请。利害关系人的顺序：一是配偶；二是父母和子女；三是姐妹、祖父母、外祖父母、孙子女、外孙子女；四是其他与投资人具有民事权利义务关系的人。根据《中华人民共和国民事诉讼法》（简称《民事诉讼法》）的规定，人民法院受理宣告投资人死亡的申请后，应当发出寻找下落不明投资人的公告，公告期为1年。因意外事故下落不明的，经有关机关证明该投资人不可能生存的，公告期为3个月。公告期满后仍不能确定其下落的，应当做出死亡宣告。被宣告死亡的投资人，判决宣告之日为其死亡的日期，发生死亡的法律后果。投资人死亡或者被宣告死亡，即发生继承的问题。继承人有权接受继承，也有权放弃继承。接受继承是指继承人同意接受遗产的意思表示，包括明示和默示。放弃继承是指在遗产分割前继承人明确表示放弃继承的意思表示。对于个人独资企业的投资人来讲，其死亡或者被宣告死亡后，如果投资人有继承人，并且继承人接受继承，那么个人独资企业作为遗产，按我国继承法的规定由投资人的继承人继承。如果投资人没有继承人，或者虽然有继承人，但是继承人明确表示放弃继承，则个人独资企业因无人继承而导致没有新的投资人，所以本条规定个人独资企业出现这种情形就应当解散。

对于强制解散规定了两种情形：

(1) 被依法吊销营业执照。本法规定，个人独资企业营业执照的签发日期为个人独资企业的成立日期。在领取个人独资企业营业执照前，投资人不得以个人独资企业的名义从事经营活动。所以，个人独资企业的营业执照是个人独资企业依法成立和从事生产经营的标志。个人独资企业被依法吊销营业执照,当然就不能再从事生产经营活动。因此,该个人独资企业应当解散。依照本法的规定,个人独资企业成立后无正当理由超过6个月未开业的,或者开业后自行停业连续6个月以上的,吊销营业执照。在这种情形下,个人独资企业就应当依照本条的规定解散。

(2)法律、行政法规规定的其他情形。这主要是为了避免列举不全,如果有关法律、行政法规规定了个人独资企业解散的情形,一旦这种情形出现,个人独资企业就应当解散。

(二)个人独资企业的清算

清算是企业解散的法律后果,是对解散企业的财产进行清理,收回债权,偿还债务,如果有剩余财产,则依法进行分配。清算结束后,企业作为经济实体的资格就消灭了。企业解散,无论是自行解散,还是强制解散,都必须依法进行清算。

投资人自行清算的,应当在清算前15日内书面通知债权人,无法通知的,应当予以公告。债权人应当在接到通知之日起30日内,未接到通知的应当在公告之日起60日内,向投资人申报其债权。

个人独资企业解散后,原投资人对个人独资企业存续期间的债务仍应承担偿还责任,但债权人在5年内未向债务人提出偿债请求的,该责任消灭。

个人独资企业解散后,其财产应当按照图2-1所示顺序清偿。

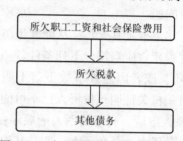

图2-1 个人独资企业清算清偿顺序

清算期间,个人独资企业不得开展与清算目的无关的经营活动;清偿债务前,投资人不得转移、隐匿财产。个人独资企业财产不足以清偿债务的,投资人应当以其个人的其他财产予以清偿。个人独资企业清算结束后,投资人或者人民法院指定的清算人应当编制清算报告,并于15日内到登记机关办理注销登记。

四、法律责任

(一)个人独资企业及投资人违法行为应承担的法律责任

1. 提交虚假文件或采取其他欺骗手段骗取登记的法律责任

违反《个人独资企业法》规定,提交虚假文件或采取其他欺骗手段取得企业登记的,责令改正,处以5 000元以下罚款;情节严重的,吊销营业执照。

2. 使用与登记名称不相符合的企业名称的法律责任

违反《个人独资企业法》规定,个人独资企业使用的名称与其在登记机关登记的名称不相符合的,责令限期改正,处以2 000元以下罚款。

3. 不依法使用营业执照的法律责任

违反《个人独资企业法》规定,涂改、出租、转让营业执照的,责令改正,没收违法所得,处以 3 000 元以下罚款;情节严重的,吊销营业执照。伪造营业执照的,责令停业,没收违法所得,处以 5 000 元以下罚款。构成犯罪的,依法追究刑事责任。

4. 无正当理由不开业或者停业的法律责任

个人独资企业成立后无正当理由超过 6 个月未开业的,或者开业后自行停业连续 6 个月以上的,吊销营业执照。

5. 未经核准以个人独资企业名义从事经营活动的法律责任

违反《个人独资企业法》规定,未领取营业执照的,以个人独资企业名义从事经营活动的,责令停止经营活动,处以 3 000 元以下的罚款。个人独资企业登记事项发生变更时,按本法规定办理有关变更登记的,责令限期办理变更登记;逾期不办理的,处以 2 000 元以下罚款。

6. 侵犯职工合法权益,未保障职工劳动安全的法律责任

违反《个人独资企业法》规定,侵犯职工合法权益,未保障职工劳动安全,不交纳保险费用的,按照有关法律、行政法规予以处罚,并追究有关人员的责任。

7. 隐匿或转移财产、逃避债务的法律责任

在清算前或清算期间隐匿或转移财产、逃避债务的,依法追回其财产,并按照有关规定予以处罚,构成犯罪的,依法追究刑事责任。

8. 财产不足以支付有关责任款项时的法律责任

违反《个人独资企业法》规定,应当承担民事赔偿责任和缴纳罚款、罚金,其财产不足以支付的,或者被判处没收财产的,应当先承担民事赔偿责任。

(二) 管理人员对投资人造成损害或侵犯投资人权益的法律责任

(1) 投资人委托或者聘用的人员管理个人独资企业事务时违反双方订的合同,给投资人造成损害的,承担民事赔偿责任。

(2) 投资人委托或者聘用的人员违反《个人独资企业法》第 20 条规定,侵犯个人独资企业财产权益的,责令退还侵占的财产;给企业造成损失的,依法承担赔偿责任;有违法所得的,没收违法所得;构成犯罪的,依法追究刑事责任。

(三) 企业登记机关及其上级部门有关人员的法律责任

(1) 登记机关对不符合《个人独资企业法》规定条件的个人独资企业予以登记,或者对符合本法规定条件的企业不予登记的,对直接责任人员依法给予行政处分;构成犯罪的,依法追究刑事责任。

(2) 登记机关的上级部门的有关主管人员强令登记机关对不符合《个人独资企业法》规定条件的企业予以登记,或者对符合《个人独资企业法》规定条件的企业不予登记的,或者对登记机关的违法登记行为进行包庇的,对直接责任人员依法给予行政处分;构成犯罪的,依法追究刑事责任。登记机关对符合法定条件的申请不予登记或者超过法定时限不予答复的,当事人可依法申请行政复议或提起行政诉讼。违反法律、行政法规的规定强制个人独资企业提供财力、物力、人力的,按照有关法律、行政法规予以处罚,并追究有关责任人员的责任。

思考与训练

一、思考题

1. 个人独资企业的设立条件有哪些？依照法律，应当遵循哪些规定？
2. 个人独资企业与个体工商户有哪些区别？
3. 个人独资企业的事务管理有哪些形式？责任如何承担？
4. 个人独资企业在解散与清算时，投资人应当承担什么法律责任？

二、案例分析

案例1：2015年1月15日，甲出资5万元设立A个人独资企业（本题下称"A企业"）。甲聘请乙管理企业事务，同时规定，凡乙对外签订标的额超过1万元以上的合同，须经甲同意。2月10日，乙未经甲同意，以A企业名义向善意第三人丙购入价值2万元的货物。

2015年7月4日，A企业亏损，不能支付到期的丁的债务，甲决定解散该企业，并请求人民法院指定清算人。7月10日，人民法院指定戊作为清算人对A企业进行清算。经查，A企业和甲的资产及债权债务情况如下：

（1）A企业欠缴税款2 000元，欠乙工资5 000元，欠社会保险费用5 000元，欠丁10万元；

（2）A企业的银行存款1万元，实物折价8万元；

（3）甲在B合伙企业出资6万元，占50%的出资额，B合伙企业每年可向合伙人分配利润；

（4）甲个人其他可执行的财产价值2万元。

请问：

（1）乙于2月10日以A企业名义向丙购买价值2万元货物的行为是否有效？并说明理由。

（2）试述A企业的财产清偿顺序。

（3）如何满足丁的债权请求？

案例2：2008年3月，甲、乙、丙共同投资设立一普通合伙企业。合伙协议约定：甲以现金5万元出资，乙以房屋作价8万元出资，丙以劳务作价4万元出资；各合伙人按相同比例分配盈利、分担亏损。合伙企业成立后，为扩大经营，于2008年6月向银行贷款5万元，期限为1年。2008年8月，甲提出退伙，鉴于当时合伙企业盈利，乙、丙表示同意。同月，甲办理了退伙结算手续。2008年9月，丁入伙。丁入伙后，因经营环境变化，企业发生严重亏损。2009年5月，乙、丙、丁决定解散合伙企业，并将合伙企业现有财产价值3万元予以分配，但对未到期的银行贷款未予清偿。2009年6月，银行贷款到期后，银行找合伙企业清偿债务，发现该企业已经解散，遂向甲要求偿还全部贷款，甲称自己早已退伙，不负责清偿债务。银行向丁要求偿还全部贷款，丁称该笔贷款是在自己入伙前发生的，不负责清偿。银行向乙要求偿还全部贷款，乙表示只按照合伙协议约定的比例清偿相应数额。银行向丙要求偿还全部贷款，丙则表示自己是以劳务出资的，不承担偿还贷款义务。

根据以上事实及有关规定，回答下列问题：

(1) 甲、乙、丙、丁各自的主张能否成立？并说明理由。
(2) 合伙企业所欠银行贷款应如何清偿？
(3) 在银行贷款清偿后，甲、乙、丙、丁内部之间应如何分担清偿责任？

案例3：郑某于2008年5月成立一家个人独资企业。同年8月，该企业与甲公司签订一份买卖合同。根据合同，该企业应于同年10月支付给甲公司货款20万元，后该企业一直未支付该款项。2010年1月，该企业已经严重亏损，以仅有的5万元资产支付给了甲，后该企业解散。2010年5月，甲公司起诉郑某，要求郑某以个人财产偿还剩余的15万元债务。

根据以上事实及有关规定，问郑某是否应该承担偿还责任？

案例4：2005年1月，刘某投资200万元设立了个人独资企业A，主要从事儿童玩具产品贸易。A设立后一直由刘某亲自打理业务，使得该企业的年贸易额达到1 000万元。2009年，刘某准备出国进修一年，故聘请了郑某担任独资企业的经理，全权负责企业的业务，聘期共计12个月。根据聘任及委托协议的约定，郑某有勤勉义务，应定期向刘某汇报个人独资企业的经营情况。B公司是一家专门经销儿童玩具的外国公司，其与A一直存有稳定的业务关系。双方多年来已经形成了一定的商业惯例。B公司知A系刘某的个人独资企业，并从刘某处接到了关于郑某将于12个月内担任职业经理的正式通知及鉴证函。此后，B公司与独资企业的业务均经由郑某接洽。

后来，刘某提前回国，于是提前2个月解除了对郑某的委任，但未及时通知B公司，导致B公司在不知情的情形下仍将订单发给了郑某，郑某将该笔订单交由自己所投资另一家公司处理。但该批产品存在质量问题，给B公司造成了严重的损失。B公司遂提起民事诉讼要求A企业及刘某承当300万元的连带赔偿责任。问：

(1) A独资企业是否应承担赔偿责任？
(2) 刘某是否应当承担赔偿责任？
(3) A公司是否有权向郑某追偿？

第三模块 合伙企业法律实务

学习目标

1. 能够了解合伙企业的概念与特点；
2. 能够理解合伙企业的设立条件及设立程序；
3. 能够理解合伙企业的事务执行的类型；
4. 能够理解入伙和退伙的情形以及承担的责任；
5. 能够理解合伙企业解散的情形与清算的相关程序。

课前案例

甲、乙、丙三位同学临近大学毕业，毕业季工作非常难找，于是三人商量一起自主创业，但建立合伙企业面临着很多问题：

1. 三人设立合伙企业是否合法？合伙企业有哪些类型？
2. 设立合伙企业需要什么条件？
3. 万一经营不善赔本了怎么办？应该做好什么样的心理准备？
4. 在设立企业时，有哪些事情是必须要事先商定的？

解析：本案主要涉及合伙企业的设立条件、企业类型及责任承担方式，其旨在提醒投资者在投资或者创业时关注该类企业设立风险以及经营风险等。

第一节 合伙企业法律概述

合伙是一种从罗马时代就产生的企业形式，可以说，它是经久不衰和广受欢迎的企业模式，合伙是典型的契约型的企业，它伴随着商品经济的发展而迅速发展起来，成为现代企业的一种重要形式。在西方国家，自中世纪以后即形成了合伙企业的法律制度，如英国在17世纪开始出现合伙企业权利义务的商法原则，经过多年发展，在18世纪中叶形成了较为系统的合伙企业商法体系。美国继承并发展了这一制度，并在各州与联邦的层面分别颁布了众多的合伙企业相关法律，设立了如有限合伙、有限责任合伙等各类合伙企业。在我国，自1997年颁布施行了《合伙企业法》，规范了合伙企业的行为，对合伙企业及其合伙人、债权人的合法权益提供了完备的法律保障体系。

一、合伙企业的概念与特征

合伙企业是指两个以上的合伙人为了共同的目的，自愿约定共同出资、共同经营、共享收益、共担风险的一种经济组织。

《合伙企业法》第2条规定：合伙企业是指自然人、法人和其他组织依照本法在中国境内设立的普通合伙企业和有限合伙企业。普通合伙企业由普通合伙人组成，合伙人对合伙企业债务承担无限连带责任。有限合伙企业由普通合伙人和有限合伙人组成，普通合伙人对合伙企业债务承担无限连带责任，有限合伙人则以其认缴的出资额为限对合伙企业债务承担责任。合伙企业具有以下特征：

1. 合伙人符合法定人数

普通合伙企业的合伙人必须是2人以上；有限合伙企业合伙人人数是2人以上50人以下，且至少有1个普通合伙人。合伙人为自然人的应当具有完全民事行为能力。限制民事行为能力人和无民事行为能力人以及国家机关、国家授权投资机构或者授权部门、企业、事业单位等都不能作为投资人，国家机关不能经商办企业。普通合伙企业合伙人对合伙企业债务承担无限连带责任。有限合伙人对企业债务承担有限责任。

2. 合伙协议是合伙企业成立的法律基础与法律保障

合伙协议是各合伙人为了达成共同的目的，实现经济利益而共同达成的协议，是规范合伙人相互权利义务、处理合伙纠纷的基本法律依据，对全体合伙人和合伙企业均具有约束力，是合伙得以成立的法律基础。合伙人按照合伙协议享有权利，履行义务。修改或者补充合伙协议，应当经全体合伙人一致同意，但是合伙协议另有约定的除外。合伙协议未约定或者约定不明确的事项，由合伙人协商决定；协商不成的，依照本法和其他有关法律、行政法规的规定处理。

3. 合伙人共负盈亏，共担风险，对外承担无限连带责任

合伙人对企业共同出资，既可以按其对合伙企业的出资比例分享合伙盈利，也可按合伙人约定的其他办法来分配合伙盈利。当合伙企业财产不足以清偿合伙债务时，合伙人需要以其他个人财产来清偿债务，即承担无限责任，而且任何一个合伙人都有义务清偿全部合伙债务，即承担连带责任。

二、合伙企业的类型

1. 普通合伙企业

普通合伙企业由普通合伙人组成。所谓普通合伙人，是指在合伙企业中对合伙企业的债务依法承担无限连带责任的自然人、法人和其他组织。合伙人对合伙企业债务承担无限连带责任。《合伙企业法》规定：在普通合伙企业中，以专业知识和专门技能为客户提供有偿服务的专业服务机构，可以设立为特殊的普通合伙企业，如律师事务所、会计师事务所等服务机构。特殊的普通合伙企业名称中应当标明"特殊普通合伙"字样。特殊普通合伙企业的合伙人在因故意或者重大过失而造成合伙企业债务时，首先以合伙企业的财产承担对外清偿责任，不足时则由有过错的合伙人承担无限责任或者无限连带责任，而没有过错的合伙人不再承担责任。当以合伙企业的财产承担对外责任后，有过错的合伙人应当按照合伙协议的约定对给合伙企业造成的损失承担赔偿责任。同时，特殊的普通合伙企业应当建立执业风险基金，办理职业保险。

2. 有限合伙企业

有限合伙企业由普通合伙人和有限合伙人组成。其中，普通合伙人对合伙企业债务承担无限连带责任，有限合伙人以其认缴的出资额为限对合伙企业债务承担责任。有限合伙企业由2个以上50个以下合伙人设立，至少应当有1个普通合伙人，普通合伙人负责合伙企业的事务。有限合伙人不执行合伙事务，不得对外代表有限合伙企业。

3. 普通合伙人与有限合伙人的主要区别

普通合伙人与有限合伙人的主要区别在于以下几个方面：

（1）普通合伙人不得自营或与其他人合营与本企业具有竞争关系的业务，而有限合伙人无此方面的限制。

（2）普通合伙人不得同本合伙企业进行交易，而有限合伙人可以同本合伙企业进行交易。

（3）普通合伙人如将其在合伙企业中的财产份额进行出质，则必须经其他全部合伙人一致认可，否则视为无效；有限合伙人则可以出质其在有限合伙企业中的财产份额。

（4）在普通合伙企业的协议中，不可以具有将全部利润分配给部分合伙人的条款；有限合伙企业的合伙协议中，则允许出现将全部利润分配给某部分合伙人的条款。

第二节 普通合伙企业

一、合伙企业的设立

（一）设立条件

1. 有2个以上合伙人

合伙人为自然人的，应当具有完全民事行为能力；国有独资公司、国有企业、上市公司以及公益性的事业单位、社会团体不得成为普通合伙人。

2. 有书面合伙协议

合伙协议依法由全体合伙人协商一致、以书面形式订立。合伙协议应载明下列事项：合伙企业的名称和主要经营场所的地点；合伙目的和合伙经营范围；合伙人的姓名或者名称、住所；合伙人的出资方式、数额和缴付期限；利润分配、亏损分担方式；合伙事务的执行；入伙与退伙；争议解决办法；合伙企业的解散与清算；违约责任等重大事项。合伙协议经全体合伙人签名、盖章后生效。合伙企业的利润分配、亏损分担，按照合伙协议的约定办理；合伙协议未约定或者约定不明确的，由合伙人协商决定；协商不成的，由合伙人按照实缴出资比例分配、分担；无法确定出资比例的，由合伙人平均分配、分担。合伙协议不得约定将全部利润分配给部分合伙人或者由部分合伙人承担全部亏损。

3. 有合伙人认缴或者实际缴付的出资

合伙人既可以用货币、实物、知识产权、土地使用权或者其他财产权利出资，也可以用劳务出资。合伙人以实物、知识产权、土地使用权或者其他财产权利出资，需要评估作价的，可以由全体合伙人协商确定，也可以由全体合伙人委托法定评估机构评估。合伙人以劳务出资的，其评估办法由全体合伙人协商确定，并在合伙协议中载明。合伙人应当按照合伙协议约定的出资方式、数额和缴付期限，履行出资义务。以非货币财产出资的，依照法律、行政法规的规定，需要办理财产权转移手续的，应当依法办理。

4. 有合伙企业的名称和生产经营场所

合伙企业的名称是合伙企业对外从事商事活动的标志，企业名称中不得有"公司"或者"有限责任"等字样。特殊的普通合伙企业名称中应当标明"特殊普通合伙"字样。生产经营场所是合伙企业进行生产经营活动的所在地。

5. 法律、行政法规规定的其他条件

符合法律、行政法规规定的其他条件。

(二) 设立程序

1. 申请

申请设立合伙企业，应当向企业登记机关提交登记申请书、合伙协议书、合伙人身份证明等文件。合伙企业的经营范围中有属于法律、行政法规规定在登记前须经批准的项目的，该项经营业务应当依法经过批准，并在登记时提交批准文件。

2. 登记

申请人提交的登记申请材料齐全、符合法定形式，企业登记机关能够当场登记的，应予当场登记，发给营业执照。除前款规定情形外，企业登记机关应当自受理申请之日起20日内，做出是否登记的决定。予以登记的，发给营业执照；不予登记的，应当给予书面答复，并说明理由。

合伙企业的营业执照签发日期，为合伙企业成立日期。合伙企业领取营业执照前，合伙人不得以合伙企业名义从事合伙业务。合伙企业设立分支机构，应当向分支机构所在地的企业登记机关申请登记，领取营业执照。合伙企业申请登记表如表3-1所示。全体合伙人出资名录及出资登记表如表3-2所示。全体合伙人出资资格证明或自然人身份证明文件如表3-3所示。

表3-1 合伙企业申请登记表

企业名称			
企业备用名称1			
企业备用名称2			
主要经营场所		邮政编码	
		联系电话	
职务执行人或委托代表			
经营范围			
合伙企业类型			
合伙期限			
合伙人数		有限合伙人数	
从业人数			
认缴出资金额		实缴出资金额	

全体合伙人签字：　　　　　　　　　　　申请日期：

表3-2 全体合伙人出资名录及出资登记表

合伙人名称或姓名	住所	证件名称及号码	出资方式	实缴纳出资额	认缴出资额	缴费出资	评估方式	责任承担方式

全体合伙人签字：　　　　　　　　　　　申请日期：

表3-3 全体合伙人出资资格证明或自然人身份证明身份文件

全体合伙人出资资格证明或自然人身份证明身份文件复印件粘贴处

二、合伙企业的财产

(一) 财产范围

合伙企业的财产包括合伙人的出资、以合伙企业名义取得的收益和依法取得的其他财产,由此合伙企业的财产可分为原始财产和积累财产两部分,这些财产均属于合伙人的共有财产。因此,合伙人在合伙企业清算前,不得请求分割合伙企业的财产,但本法另有规定的除外;合伙人在合伙企业清算前私自转移或者处分合伙企业财产的,合伙企业不得以此对抗善意第三人。

(二) 财产的管理与使用

合伙人向合伙人以外的人转让其在合伙企业中的全部或者部分财产份额时,除合伙协议另有约定外须经其他合伙人一致同意。合伙人之间转让在合伙企业中的全部或者部分财产份额时,应当通知其他合伙人。合伙人向合伙人以外的人转让其在合伙企业中的财产份额的,在同等条件下,其他合伙人有优先购买权,合伙协议另有约定的除外。合伙人以外的人依法受让合伙人在合伙企业中的财产份额的,经修改合伙协议即成为合伙企业的合伙人,享有权利,履行义务。

合伙人以其在合伙企业中的财产份额出质的,须经其他合伙人一致同意;若未经其他合伙人一致同意,则其行为无效,且由此给善意第三人造成损失的,由行为人依法承担赔偿责任。

三、合伙企业的事务执行

(一) 内部决策权

合伙人对合伙企业有关事项做出决议,按照合伙协议约定的表决办法办理。合伙协议未约定或者约定不明确的,实行合伙人一人一票并经全体合伙人过半数通过的表决办法。除合伙协议另有约定外,合伙企业的下列事项应当经全体合伙人一致同意:

(1) 改变合伙企业的名称。
(2) 改变合伙企业的经营范围、主要经营场所的地点。
(3) 处分合伙企业的不动产。
(4) 转让或者处分合伙企业的知识产权和其他财产权利。
(5) 以合伙企业名义为他人提供担保。
(6) 聘任合伙人以外的人来担任合伙企业的经营管理人员。

(二) 事务执行权

(1) 共同执行:合伙人对执行合伙事务享有同等的权利,合伙企业事务可以由全体合伙人共同执行。

(2) 委托执行:按照合伙协议的约定或者经全体合伙人决定,可以委托一个或者数个合伙人对外代表合伙企业,执行合伙事务;作为合伙人的法人、其他组织执行合伙事务的,由其委派的代表执行;受委托执行合伙事务的合伙人不按照合伙协议或者全体合伙人的决定执行事务的,其他合伙人可以决定撤销该委托。

(3) 分别执行:合伙人分别执行合伙事务的,执行事务合伙人可以对其他合伙人执行的事务提出异议,提出异议时,应当暂停该项事务的执行。合伙人对合伙企业有关事项做出决议,按照合伙协议约定的表决办法办理。合伙协议未约定或者约定不明确的,实行合伙人一人一票并经全体合伙人过半数通过的表决办法。

(三) 监督权

不执行合伙事务的合伙人有权监督执行事务合伙人执行合伙事务的情况。合伙人为了解合伙企业的经营状况和财务状况,有权查阅合伙企业会计账簿等财务资料。

(四) 忠实义务

合伙人不得自营或者同他人合作经营与本合伙企业相竞争的业务。除合伙协议另有约定或者经全体合伙人一致同意外,合伙人不得同本合伙企业进行交易。合伙人不得从事损害本合伙企业利益的活动。

四、合伙企业与第三人的关系

合伙企业对合伙人执行合伙事务并对外代表合伙企业权利的限制,不得对抗善意第三人。善意第三人是指特定法律关系当事人以外的任何对有关的无权交易因不知情而进行交易的当事人。当不知情的第三人与违反合伙企业权利限制的事务执行人进行交易时,合伙企业不得以该合伙企业事务执行人越权或无权为由而拒绝承担责任。

合伙人发生与合伙企业无关的债务,相关债权人不得以其债权抵销其对合伙企业的债务;也不得代位行使合伙人在合伙企业中的权利。

合伙企业对其债务,应先以其全部财产进行清偿。合伙企业不能清偿到期债务的,合伙人承担无限连带责任。合伙人清偿数额超过规定的其亏损分担比例的,有权向其他合伙人追偿。合伙人的自有财产不足清偿其与合伙企业无关的债务的,该合伙人可以以其从合伙企业中分取的收益用于清偿;债权人也可以依法请求人民法院强制执行该合伙人在合伙企业中的财产份额用于清偿。

人民法院强制执行合伙人的财产份额时,应当通知全体合伙人,其他合伙人有优先购买权;其他合伙人未购买,又不同意将该财产份额转让给他人的,依照规定为该合伙人办理退伙结算,或者办理削减该合伙人相应财产份额的结算。

五、入伙与退伙

(一) 入伙

入伙是指在合伙企业存续期间,合伙人以外的第三人加入该合伙企业,取得合伙人资格的行为。新合伙人入伙,除合伙协议另有约定外,应当经全体合伙人一致同意,并依法订立书面入伙协议。订立入伙协议时,原合伙人应当向新合伙人如实告知原合伙企业的经营状况和财务状况。入伙的新合伙人与原合伙人享有同等权利,承担同等责任。入伙协议另有约定的,从其约定。新合伙人对入伙前合伙企业的债务承担无限连带责任。

案例 3-1

甲、乙、丙合伙经营汽车运输业务。因生意好，丁想加入合伙，甲、乙同意，但丙表示反对。后甲以多数人同意为由安排丁参与经营。后合伙经营的汽车发生交通事故，造成5万元的损失。四人为该5万元的损失诉至法院。本案应如何处理？

本案应由甲、乙、丙三人分担损失，因为丁入伙不成立。若丁入伙时合伙人一致同意，则应对企业债务承担无限连带责任。

（二）退伙

1. 退伙的情形

1）自愿退伙

自愿退伙是指基于合伙人自愿的意思表示而丧失合伙人资格。合伙协议约定合伙期限的，在合伙企业存续期间，有下列情形之一的，合伙人可以退伙：

（1）合伙协议约定的退伙事由出现。

（2）经全体合伙人一致同意。

（3）发生合伙人难以继续参加合伙的事由。

（4）其他合伙人严重违反合伙协议约定的义务。

合伙协议未约定合伙期限的，合伙人在不给合伙企业事务执行造成不利影响的情况下，可以退伙，但应当提前30日通知其他合伙人。合伙人违反规定擅自退伙的，应当赔偿由此给合伙企业造成的损失。

2）法定退伙

法定退伙是指根据法律规定而丧失合伙人资格。法定退伙分为当然退伙和除名退伙。

依据法律规定，合伙人有下列情形之一的，为当然退伙：

（1）作为合伙人的自然人死亡或者被依法宣告死亡。

（2）个人丧失偿债能力。

（3）作为合伙人的法人或者其他组织依法被吊销营业执照、责令关闭、撤销，或者被宣告破产。

（4）法律规定或者合伙协议约定合伙人必须具有相关资格而丧失该资格。

（5）合伙人在合伙企业中的全部财产份额被人民法院强制执行。

合伙人被依法认定为无民事行为能力人或者限制民事行为能力人的，经其他合伙人一致同意，可以依法转为有限合伙人，普通合伙企业依法转为有限合伙企业；其他合伙人未能一致同意的，该无民事行为能力或者限制民事行为能力的合伙人退伙。

合伙人有下列情形之一的，经其他合伙人一致同意，可以决议将其除名（即除名退伙）：

（1）未履行出资义务。

（2）因故意或者重大过失给合伙企业造成损失。

（3）执行合伙事务时有不正当行为。

（4）发生合伙协议约定的事由。

对合伙人的除名决议应当书面通知被除名人。被除名人接到除名通知之日，除名生效，被除名人退伙。

被除名人对除名决议有异议的,可以自接到除名通知之日起30日内,向人民法院起诉。

2. 退伙的法律效力

(1) 退伙人对基于其退伙前的原因发生的合伙企业债务,承担无限连带责任。

(2) 合伙人退伙,其他合伙人应当与该退伙人按照退伙时的合伙企业财产状况进行结算,退还退伙人的财产份额。退伙人对给合伙企业造成的损失负有赔偿责任的,相应扣减其应当赔偿的数额。退伙时有未了结的合伙企业事务的,待该事务了结后进行结算。

(3) 退伙人在合伙企业中财产份额的退还办法,由合伙协议约定或者由全体合伙人决定,既可以退还货币,也可以退还实物。

案例 3-2

某普通合伙企业有3个合伙人,后甲申请加入,当时合伙企业负债20万元。入伙后,合伙企业继续亏损,甲申请退伙,获同意。甲退伙时企业负债50万元,企业有资产20万元。半年后,该合伙企业解散,用企业财产清偿后,尚欠70万元不能偿还。请问,甲承担多少责任?

本案中属于合伙人的退伙,合伙人退伙应对退伙前的产生的企业债务承担连带责任。因此,甲应对其退伙前的50万元债务承担连带责任。

第三节 有限合伙企业

一、有限合伙企业的概念

有限合伙企业是由普通合伙人和有限合伙人共同组成的,有限合伙人对合伙企业的债务以其出资额为限承担有限责任,普通合伙人对合伙企业债务承担无限连带责任的经济组织。

二、有限合伙企业的限制性规定

1. 有限合伙企业的合伙人资格

有限合伙企业由2个以上50个以下合伙人设立,法律另有规定的除外。有限合伙企业至少应当有1个普通合伙人。有限合伙企业名称中应当标明"有限合伙"字样。

2. 出资方式与期限限制

有限合伙人可以用货币、实物、知识产权、土地使用权或者其他财产权利作价出资。有限合伙人不得以劳务出资。有限合伙人应当按照合伙协议的约定按期足额缴纳出资;未按期足额缴纳的,应当承担补缴义务,并对其他合伙人承担违约责任。

3. 合伙协议应该载明的内容

合伙协议除合伙协议规定应该载明的内容外,还应当载明下列事项:

(1) 普通合伙人和有限合伙人的姓名或者名称、住所。

(2) 执行事务合伙人应具备的条件和选择程序。

（3）执行事务合伙人权限与违约处理办法。
（4）执行事务合伙人的除名条件和更换程序。
（5）有限合伙人入伙、退伙的条件、程序以及相关责任。
（6）有限合伙人和普通合伙人相互转变程序。

4. 合伙企业的事务执行

有限合伙企业由普通合伙人执行合伙事务。有限合伙人不执行合伙事务，不得对外代表有限合伙企业。有限合伙人的下列行为，不视为执行合伙事务：

（1）参与决定普通合伙人入伙、退伙。
（2）对企业的经营管理提出建议。
（3）参与选择承办有限合伙企业审计业务的会计师事务所。
（4）获取经审计的有限合伙企业财务会计报告。
（5）对涉及自身利益的情况，查阅有限合伙企业财务会计账簿等财务资料。
（6）在有限合伙企业中的利益受到侵害时，向有责任的合伙人主张权利或者提起诉讼。
（7）执行事务合伙人怠于行使权利时，督促其行使权利或者为了本企业的利益以自己的名义提起诉讼。
（8）依法为本企业提供担保。

有限合伙企业不得将全部利润分配给部分合伙人；但是，合伙协议另有约定的除外。

5. 有限合伙人没有竞业禁止、交易禁止、出质禁止和转让禁止的限制

（1）有限合伙人可以同本有限合伙企业进行交易；但是，合伙协议另有约定的除外。
（2）有限合伙人可以自营或者同他人合作经营与本有限合伙企业相竞争的业务；但是，合伙协议另有约定的除外。
（3）有限合伙人可以将其在有限合伙企业中的财产份额出质；但是，合伙协议另有约定的除外。
（4）有限合伙人可以按照合伙协议的约定向合伙人以外的人转让其在有限合伙企业中的财产份额，但应当提前30日通知其他合伙人。

有限合伙人的自有财产不足以清偿其与合伙企业无关的债务的，该合伙人可以将其从有限合伙企业中分取的收益用于清偿；债权人也可以依法请求人民法院强制执行该合伙人在有限合伙企业中的财产份额用于清偿。人民法院强制执行有限合伙人的财产份额时，应当通知全体合伙人。在同等条件下，其他合伙人有优先购买权。

案例分析3-3

甲、乙、丙、丁4人于2016年5月出资设立某有限合伙企业，其中甲、乙为普通合伙人，丙、丁为有限合伙人。合伙企业存续期间，发生以下事项：（1）6月，合伙人丙同该合伙企业进行了120万元的交易，合伙人甲认为，由于合伙协议对此没有约定，因此有限合伙人丙不得同本合伙企业进行交易。（2）7月，该合伙企业向B银行贷款100万元。（3）8月，经全体合伙人一致同意，普通合伙人乙转变为有限合伙人，丙转为普通合伙人；（4）10月，戊、庚新入伙，戊为有限合伙人，庚为普通合伙人。其中，戊、庚的出资均为30万元。(5) 12月，B银行100万元的贷款到期，A合伙企业的全部财产只有40万元。根据《合伙企业法》的规定，分别回答以下问题：

(1) 合伙人甲的主张是否成立？为什么？

(2) 对于该合伙企业的负债，合伙人如何承担责任？

本案中：

(1) 甲的主张不符合规定。根据规定，有限合伙人可以同本有限合伙企业进行交易；但是，合伙协议另有约定的除外。

(2) 甲是普通合伙人，普通合伙人对企业债务承担无限连带责任；B银行可以要求乙清偿全部的60万元，因普通合伙人转变为有限合伙人的，对其作为普通合伙人期间合伙企业发生的债务承担无限连带责任；B银行可以要求丙清偿全部的60万元，有限合伙人转变为普通合伙人的，对其作为有限合伙人期间有限合伙企业发生的债务承担无限连带责任；最后根据"新入伙的有限合伙人对入伙前有限合伙企业的债务，以其认缴的出资额为限承担责任，新入伙的普通合伙人对入伙前合伙企业的债务承担无限连带责任。"丁、戊作为有限合伙人，以出资额为限承担有限责任；庚为普通合伙人，承担无限连带责任。

第四节　合伙企业的解散与清算

一、合伙企业的解散

合伙企业的解散是指因某些法律事实的发生而使合伙企业归于消灭的行为。依据法律规定，合伙企业解散的事由如下：

(1) 合伙协议约定的经营期限届满，合伙人决定不再经营的。

合伙企业的协议约定有经营期限，当期限届满时，若合伙人不愿意继续经营，则合伙终止。这意味着合伙协议约定的经营期限届满并不必然引起合伙企业的解散，只有在与合伙人不愿继续经营的条件同时具备时才会引起合伙企业解散的后果。

(2) 合伙协议约定的解散事由出现。

合伙协议中若约定当某一事由出现时合伙便解散，则设立合伙的行为是为附解除条件的法律行为条件，协议解除，合伙解散。

(3) 全体合伙人决定解散。

合伙企业可由合伙人基于合意而设而解散。无论合伙协议是否约定有合伙经营期限，合伙人均可通过合意而终止合伙协议解散合伙。

(4) 合伙人已不具备法定人数满30天。

合伙企业的合伙人必须是2人以上，若合伙成立后不断发生退伙而只剩下1人时便出现了合伙人不足法定人数的现象。当这种情形持续满30天时，合伙企业应当解散。

(5) 合伙协议约定的合伙目的已经实现或者无法实现。

(6) 被依法吊销营业执照、责令关闭或者被撤销。

(7) 有限合伙企业仅剩有限合伙人的。

(8) 出现法律、行政法规规定的合伙企业解散的其他原因。

二、合伙企业的清算

（一）清算人确定

合伙企业解散，应当由清算人进行清算。清算人由全体合伙人担任；经全体合伙人过半数同意，可以自合伙企业解散事由出现后15日内指定一个或者数个合伙人，或者委托第三人，担任清算人。自合伙企业解散事由出现之日起15日内未确定清算人的，合伙人或者其他利害关系人可以申请人民法院指定清算人。

（二）清算人的职责

清算人在清算期间执行下列事务：
（1）清理合伙企业财产，分别编制资产负债表和财产清单。
（2）处理与清算有关的合伙企业未了结事务。
（3）清缴所欠税款。
（4）清理债权、债务。
（5）处理合伙企业清偿债务后的剩余财产。
（6）代表合伙企业参加诉讼或者仲裁活动。

（三）清偿顺序

合伙企业财产在支付清算费用和职工工资、社会保险费用、法定补偿金以及缴纳所欠税款、清偿债务后的剩余财产按照法律规定进行分配。合伙企业不能清偿到期债务的，债权人可以依法向人民法院提出破产清算申请，也可以要求普通合伙人清偿。

（四）注销登记

清算结束，清算人应当编制清算报告，经全体合伙人签名、盖章后，在15日内向企业登记机关报送清算报告，申请办理合伙企业注销登记。合伙企业注销后，原普通合伙人对合伙企业存续期间的债务仍应承担无限连带责任。

思考与训练

一、思考题

1. 合伙企业的设立条件有哪些？
2. 普通合伙企业与有限合伙企业的区别是什么？
3. 合伙企业入伙与退伙的情形与法律责任是怎样的？

二、案例分析

1. 2017年1月，赵某、钱某、张某、李某4人决定设立合伙企业，并签订书面协议，内容如下：

（1）赵某货币出资5万元，钱某以实物折价出资2万元，经其他人同意张某以劳务出资2万元，李某货币出资1万元。

（2）四人按5∶2∶2∶1比例分配利润和承担风险。

（3）由赵某执行合伙企业事务，对外代表企业，但签订大于1万元的销售合约时经其他人同意。协议未约定经营期限。

发生以下事实：

（1）2017年5月赵某擅自以合伙企业名义与天元有限公司签订合同，天元有限公司不知道其内部限制。钱某获知后，表示不承认该合同效力。

（2）2018年1月，李某提出退伙，并不给企业造成任何不利影响。2018年3月李某经清算退伙。4月新合伙人周某出资4万元入伙。2018年5月，合伙企业的债权人海阳饮料有限公司认为就合伙人李某退伙前的24万元欠款应由现合伙人和李某共同承担连带责任。李某以自己退伙为由，周某以自己新入伙为由拒绝承担该责任。

根据以上事实回答下列问题：

（1）该合伙企业投资人的出资是否符合法律规定？

（2）合伙人约定利润分配是否合法？为什么？

（3）赵某跟天元有限公司的合同是否有效？为什么？

（4）李某的主张是否成立？为什么？如果李某向海阳饮料有限公司偿还24万元，则可以向那些当事人追偿，金额为多少？

（5）周某的主张是否成立？为什么？

2. 甲作为个人与乙有限责任公司协商后，决定设立一家普通合伙企业。合伙协议中规定：乙公司向合伙企业出资30万元；甲负责经营管理，但不出资；乙公司每年从合伙企业取得60%的收益，亏损时，责任及其他一切风险均由甲负担。随后，双方共同向登记机关申请合伙登记，登记机关工作人员丙在收取了甲的贿赂后，做出登记决定，并颁发了合伙企业营业执照。后甲为了经营方便一直使用乙有限责任公司的名义对外进行经营活动。本案中有哪些违法行为？应怎样处理？

三、实训项目

请根据课前案例给定的信息拟定一份合伙协议。

第四模块

公司法律实务

学习目标

1. 能够了解公司及《公司法》的产生、沿革和发展；
2. 能够理解公司的概念、特征及分类；
3. 能够掌握有限责任公司与股份有限公司的设立条件、设立程序及组织机构的设置；
4. 能够掌握公司的利润分配、公司合并与分立。
5. 能够掌握公司法律责任的基本内容，并会进行相应案例分析。

课前案例

甲（有限责任公司）欠丁（有限责任公司）货款100万元，乙（合伙企业）欠丁货款120万元，丙（个人独资企业）欠丁货款50万元。

（1）丁向甲的股东张某、李某要求偿还100万元，理由是甲无力偿还。张某和李某均表示，他们设立公司时，出资已经到位，没有偿还100万元的义务。

（2）丁向乙的合伙人赵某要求偿还120万元。赵某提出自己与另一合伙人王某有约定，2人各自对外承担50%的债务，因此只愿意偿还60万元。

（3）丁向丙的投资人黄某要求偿还50万元。黄某提出自己的注册资金是10万元，因此应当在10万元内承担责任。

请思考：

（1）甲企业的债务谁来承担？
（2）赵某的主张是否可行？
（3）黄某的主张是否正确？

解析：本案主要涉及个人独资企业、合伙企业、公司企业三类企业的法律人格的差异，即三类投资人对企业承担责任的大小不同。

第一节　公司概述

一、公司的概念与特征

（一）概念

公司是依照法定条件和程序设立，以营利为目的的企业法人。具体来讲，公司是股东依照《公司法》的规定，以认缴的出资额或认购的股份为限对公司承担责任，是以其全部独立的法人财产对公司债务承担责任的企业法人。《公司法》规定的公司是指在中国境内设立的有限责任公司和股份有限公司。

（二）特征

1. 公司是企业法人

《公司法》规定，公司是企业法人，有独立的法人财产，享有法人财产权。公司的财产来自股东的出资，一旦股东将投资的财产移交给公司，在法律上这些财产就归公司所有，股东则丧失了直接支配、使用这些财产的权利，不得取回或擅自使用。公司有独立的法人财产，享有法人财产权。公司经营取得的利润归属于公司，未经法定的利润分配程序，股东不得擅自占有。公司以其全部财产对公司的债务承担责任，有限责任公司的股东以其认缴的出资额为限对公司承担责任，股份有限公司的股东以其认购的股份为限对公司承担责任。公司与他人订立合同应以自己的名义，作为合同当事人享受合同规定的权利，承担相应的义务。股东、董事或其他管理人员对公司的债务一般不负清偿责任。

公司成立后，以独立的名义进行民事法律行为。公司必须有自己的名称，有限责任公司必须在公司名称中标明"有限责任公司"或"有限公司"字样；股份有限公司必须在公司名称中标明"股份有限公司"或"股份公司"字样。在公司设立过程中，发起人可以自己的名义对外签订合同，但公司成立后，发起人或股东均无权对外代表公司。由于公司与股东是分离的，因此股东的死亡、退出、破产原则上不影响公司的存续，公司可以独立存在，因此，公司被认为可以永久续存。

2. 公司具有社团性

公司一般是由两个以上的股东共同出资而组成的企业。有限责任公司由 50 个以下股东出资设立，股份有限公司的发起人为 2~200 人，这说明公司由多个股东出资设立。公司的社团性一方面有利于形成规模经济，众人资本的集合使得经济组织更加强大；另一方面有利于分散投资风险，投资人对企业只承担有限责任，这种制度极大地刺激了投资者的积极性。

3. 公司具有营利性

公司是企业，具有企业追逐利润的共性。股东投资企业的目的是获取回报，公司企业存在的最高目标就是追求利润最大化，以最大限度地满足股东的回报要求。公司利润的分配必须以盈利为前提，若公司经营无利润，自然也就不能给股东进行分配。公司法规定，公司从事经营活动，必须遵守法律、行政法规，遵守社会公德、商业道德，诚实守信，接受政府和社会公众的监督，承担社会责任。公司的合法权益受法律保护，不受侵犯。

二、公司的分类

1. 以股东对公司的责任形式的不同为分类标准

无限公司是由两个以上的股东组成，全体股东对公司的债务承担无限连带责任的公司。无限公司是最早产生的公司类型。1673年，法国路易十四的《商事条例》是第一个关于无限公司的立法。无限公司在产生以后，曾经有过长足的发展，但是随着股份有限公司和有限责任公司的产生，无限公司已经退居次要位置。

有限责任公司是股东以其认缴的出资额为限对公司承担责任，公司以其全部财产对公司的债务承担责任的公司。有限责任公司最早产生于19世纪末的德国。有限责任公司基本吸收了无限公司、股份有限公司的优点，避免了两者的不足，尤其适用于中小企业。

股份有限公司是股东以其认购的股份为限对公司承担责任，公司以其全部财产对公司的债务承担责任的公司。一般认为，股份有限公司起源于17世纪英国、荷兰等国设立的殖民公司，比如著名的英国东印度公司和荷兰东印度公司就是最早的股份有限公司。1807年，《法国商法典》第一次对股份有限公司做了完备、系统的规定。到现在，股份有限公司已经成为西方资本主义世界占统治地位的公司形式。

两合公司是承担无限责任的股东和承担有限责任的股东组成的公司。其中，无限责任股东对公司债务承担无限连带责任，有限责任股东仅就其认缴的出资额为限对公司承担责任。两合公司是由15世纪出现的康曼达组织演变而来的。在康曼达组织中，一部分人出资，承担有限责任；另一部分人出力，承担无限责任。后来，康曼达组织发展为两种企业形式：一种是隐名合伙（有限合伙）；另一种是两合公司。在股份有限公司出现以后，两合公司演变出了一种新的形式：股份两合公司。但是，由于股份有限公司和有限责任公司的出现，两合公司也没有得到很大规模的发展。

现行的《公司法》规定的公司分为有限责任公司和股份有限公司。

2. 以公司对外信用基础的不同为分类标准

封闭式公司又称不公开公司，公司股份全部由设立时的股东持有，不向社会公开募集股份，其股份不能在公开的市场上进行自由转让。封闭式公司的财务状况、经营状况都不向社会公开。我国的有限责任公司就是封闭式公司。

开放式公司又称公开公司，可以向社会公开招募股东，其股票可以在股票交易所挂牌并公开集中竞价，其财务状况、经营状况都必须向社会公开。我国的股份有限公司，特别是上市公司就是开放式公司。

3. 以公司之间的控制和依附关系为分类标准

母公司是指持有其他公司一定比例以上股份，或者根据协议能够控制、支配其他公司的公司。

子公司则是指全部股份或者达到控股程度的股份被另一公司控制，或者依照协议被另一公司实际控制的公司,是相对于母公司而言处于被控制、受支配地位的公司。

子公司与母公司都具有法人资格,两者的关系,实质上是股东与公司的关系,母公司对子公司承担有限责任,子公司具有法人资格,依法独立承担责任。

4. 以公司内部管辖关系为分类标准

总公司具有独立的法人资格,能够以自己的名义直接从事经营活动。根据《企业名称登记管理规定》,在企业名称中使用"总"字的,必须下设3个以上分支机构,即公司必须具有3个以上的分公司,才能称为"总公司"。

分公司是指公司在其住所以外设立的从事经营活动的分支机构。分公司属于总公司的组成部分,需遵守总公司的章程,并以总公司的名义对外从事活动。分公司不具有企业法人资格,其法律后果由总公司承担。

5. 以公司信用基础的不同为分类标准

人合公司是以股东的个人财力、能力和信用作为信用基础的公司。公司的经营活动取决于个人条件,个人的信用高则公司的信誉高,反之,则低。全体股东以其个人的全部财产对公司债务承担连带责任,无限责任公司是最典型的人合公司。

资合公司的经营活动取决于公司资本,信用基础是资本的总额,以公司资本数额对外承担债务,公司仅以资本的实力取信于人,股东个人财产、信用、能力与公司无关。股份有限公司是最典型的资合公司。

两合公司就是人合兼资合的公司,是指兼具人的信用和资本信用两种因素的公司,有限责任公司就是人合兼资合公司。

子公司与分公司的对比如表4-1所示。

表4-1 子公司与分公司的对比

项目	子公司	分公司
划分标准	控制与被控制	管辖与被管辖
法律地位	法人	非法人
承担责任	独立承担责任	不能独立承担,由总公司承担
纳税主体	流转税、所得税	流转税

案例4-1

某甲有限责任公司出资设立某乙有限责任公司,某乙公司为某甲控股的子公司,后某甲公司又设立了某丙分公司。丁公司分别与某乙公司、某丙公司签订合同,向其供货,货款均为60万元。但其后某乙公司、某丙公司迟迟不支付货款。无奈之下,丁公司将某甲告上法庭,要某甲公司支付货款。

本案中,某甲公司为有限责任公司,某乙公司为某甲公司的子公司,子公司具有独立的法人资格,而某丙公司是某甲公司的分公司,分公司不具有法人资格。因此,某甲公司对某丙公司的负债承担责任,某乙公司的负债由某乙公司自己承担。

三、公司法

(一) 公司法概述

公司法是调整公司设立、组织经营、终止过程中发生的法律关系的总称。中国历史上第一部公司法是 1904 年颁布的《公司律》。中华民国成立后，于 1914 年颁布了《公司条例》，该条例被认为"奠定了近现代公司制度的基础"。公司法有广义和狭义之分。广义的公司法是指国家关于公司设立、组织经营、终止过程中的各种法律规范的总称，包括公司法、证券法、中外合资企业法、外资企业法等，《中华人民共和国公司登记管理条例》的制定是为了确认公司的企业法人资格，规范公司登记行为。狭义的公司法，即现行公司法是指 1994 年 7 月 1 日正式实施的《公司法》，之后历经 1999 年、2004 年、2005 年、2013 年、2018 年五次修订。新修订的公司法对有关资本制度的规定进行了修改完善，赋予公司更多自主权，有利于促进完善公司治理、推动资本市场稳定健康发展等。

(二)《公司法》的原则

1. 有限责任原则

《公司法》规定了两类公司，即有限责任公司与股份有限公司。这两类公司都是股东以出资额或持有的股份数额为限对公司承担责任，公司以其全部资产对公司的债务承担责任。股东责任的有限性满足了出资人希望获得收益又能规避风险的本性需求，极大地促进投资的积极性，有利于培养市场主体。股东有限责任乃现代公司法律的基石。可以说，现代公司法律制度的形成与建立以及各项具体制度的完善，皆与股东有限责任密切相关。抽去股东有限责任制度，现代公司法律的大厦将难以支撑，现代公司的法律体系就必然失去重心。

2. 保护股权原则

市场有一个基本的法则，即"谁出资，谁决策，谁受益"。公司是股东出资创办的，股东出资后出资的财产就转化为公司所有，股东的出资都转化为股权。公司股东对公司有出资，依法享有资产收益、参与重大决策和选择管理者的权利。保护股权的重要理念就是股权平等。就是说，股东所拥有的每一个股份在法律上所享有的权利是平等的，即同股同权、同股同利。

3. 分权制约原则

权制衡原则是指公司有效运转的制度安排与实现，是以对公司各种权力合理分配、相互制衡为出发点而进行配置的原则。公司是企业，企业的目的是追逐利益的最大化，给股东带来经济利益。实现利益最大化，则需要科学的管理。分权制衡会形成权责分明、管理科学、激励和约束相结合的内部管理体制，是公司运作的精髓。坚持分权制衡原则就要对公司内部应该存在哪些权力和权力的适当分配进行分析和界定，对各种权力制衡动作进行制度构建。分权制衡是从权力层面认识公司法的基本原则，是利益均衡原则在制度层面的直接体现。公司的活动涉及股东、职工、债权人、公司本身的利益。因此，我国公司法实行权责分明、科学管理、激励和约束相结合的内部管理体制，即公司的治理结构。为了明确管理职责，公司内部的组织管理机构权力行使划分应明晰。股东（大）会是公司的权力机构，行使公司决策权；董事会是公司常设机构，行使公司的执行权；经理辅助董事会进行日常的经营管理，监事会行使监督检查权。"权利有人使，监督不落空"的管理机制使公司成为现代企业制度的典范和核心。

4. 保护交易安全原则

公司是市场的主体，要进行生产经营活动，要与他人发生交易行为。因此，法律要求公司按照市场交易规范进行交易，同时对公司这个作为市场交易的主体的交易资格也进行了规范和明确。

5. 自治原则

自治原则是指出资人自己进行重大决策，选择公司的管理者。公司作为独立的市场主体，依照公司章程自主经营、自负盈亏，不受非法干预。自治原则符合市场主体在市场中的运动规律，出资人对自己的决策、选择行为负责。公司以章程为基础，自主应对市场的变化，对由此产生的一切后果负责。自治原则充分体现了公司作为市场主体的主体特性，市场主体的能动性与产品体制下企业的附属地位形成鲜明的对照。

第二节　有限责任公司

一、有限责任公司的概念与特征

有限责任公司是指股东以其出资额为限对公司承担责任，公司以其全部资产对公司债务承担责任。有限责任公司首创于1982年的德国。有限责任公司有以下特征：

第一，股东人数的有限性。有限责任公司的股东人数不得超过50人。所以，有限责任公司的规模一般是中小规模企业，人数限制在一定程度上保证了股东之间的人合因素。

第二，股东责任有限性。有限责任公司是指股东以其出资额为限对公司承担责任，公司以其全部资产对公司债务承担责任，当公司财产不足以清偿债务时，并不需要股东以出资以外的其他财产承担责任。

第三，公司资本具有封闭性。有限责任公司的资本由股东认缴，不能向社会公众公开募集，不能发行股份，股东的出资也不能在证券市场上自由交易。股东向股东以外的人转让出资时需征得其他股东的同意。

第四，股东出资的非股份性。有限责任公司的资本不需要分成等额的股份。有限责任公司成立后，应当向股东签发出资证明书。

第五，组织机构具有灵活性。有限责任公司设立采取发起设立方式，在公司股东人数少，公司规模小的情况下可以不设董事会而设1名执行董事；可以不设监事会而设1~2名监事。

二、有限责任公司的设立

（一）设立条件

设立有限责任公司，应当具备下列条件：

（1）股东符合法定人数。有限责任公司由50个以下股东出资设立。自然人和法人及其他的经济组织都可以成为股东。自然人股东必须具有完全民事行为能力，且不能是法律所禁止的、从事营利性活动的人。

（2）有符合公司章程规定的全体股东认缴的出资额。股东可以用货币出资，也可以用实物、知识产权、土地使用权等可以用货币估价并可以依法转让的非货币财产作价出资；但是，法律、行政法规规定不得作为出资的财产除外。对作为出资的非货币财产应当评估作价，核实财产，不得高估或者低估作价。法律、行政法规对评估作价有规定的，从其规定。股东应当按期足额缴纳公司章程中规定的各自所认缴的出资额。股东以货币出资的，应当将货币出资足额存入有限责任公司在银行开设的账户；以非货币财产出资的，应当依法办理其财产权的转移手续。

股东不按照规定缴纳出资的，除应当向公司足额缴纳外，还应当向已按期足额缴纳出资的股东承担违约责任。有限责任公司成立后，发现作为设立公司出资的非货币财产的实际价额显著低于公司章程所定价额的，应当由交付该出资的股东补足其差额；公司设立时的其他股东承担连带责任。股东按照实缴的出资比例分取红利；公司新增资本时，股东有权优先按照实缴的出资比例认缴出资。但是，全体股东约定不按照出资比例分取红利或者不按照出资比例优先认缴出资的除外。公司成立后，股东不得抽逃出资。

（3）股东共同制定公司章程。公司章程是公司必备的规定公司名称、宗旨、资本、组织机构等对内、对外事务的自治性文件，是公司的行为规范。有限责任公司的公司章程应当载明下列事项：公司名称和住所；公司经营范围；公司注册资本；股东的姓名或者名称；股东的出资方式、出资额和出资时间；公司的机构及其产生办法、职权、议事规则；公司法定代表人；股东会会议认为需要规定的其他事项。有限责任公司的章程由股东共同制定，所有股东应当在公司章程上签名、盖章。公司章程一经生效，即成为具有法律约束力的文件，对公司、股东、董事、监事、经理等都具有约束力。

（4）有公司名称和符合有限责任公司要求的组织机构。企业名称一般由行政区划、商号、行业、企业类型四部分构成，名称当中一定要标明"有限责任公司"字样。申请名称预先核准，应当提交下列文件：有限责任公司的全体股东或者股份有限公司的全体发起人签署的公司名称预先核准申请书；全体股东或者发起人指定代表或者共同委托代理人的证明；国家工商行政管理局规定要求提交的其他文件。预先核准的公司名称保留期为6个月。预先核准的公司名称在保留期内不得用于从事经营活动，不得转让。

（5）有公司住所。公司的住所是公司主要办事机构所在地、公司登记的营业地、合同的履行地与法律文书的送达地。

（二）设立程序

有限责任公司的设立方式只能以发起设立为限，不得采用募集设立方式。所以，相对于股份公司的设立而言，有限责任公司的设立程序比较简单，一般要经过以下步骤：

（1）订立发起人协议。发起人是主张设立公司的人。在公司未成立前，发起人对设立费用及设立债务承担连带责任。

（2）订立公司章程。公司章程是公司设立的基本文件，只有严格按照法律要求订立公司章程，并报经主管机关批准后，章程才能生效，也才能继续进行公司设立的其他程序。

（3）申请公司名称预先核准。《公司登记管理条例》第17条规定："设立公司应当申请名称预先核准。法律、行政法规或者国务院决定规定设立公司必须报经批准，或者公司经营范围中属于法律、行政法规或者国务院决定规定在登记前须经批准的项目的，应当在报送批准前办理公司名称预先核准，并以公司登记机关核准的公司名称报送批准。"采用公司名称的预先核准制，可以使公司的名称在申请设立登记之前就具有合法性、确定性，从而有利于公司设立登记程序的顺利进行。设立有限责任公司，由全体股东指定的代表或者共同委托的代理人向公司登记机关申请公司名称预先核准。

（4）股东缴纳出资并经法定的验资机构验资后出具证明。有限责任公司股东必须按照章程的规定，缴纳所认缴的出资。股东的出资还应当按照法律的规定，采取法定的出资形式，并经法定的验资机构出具验资证明。

（5）法律、行政法规规定需经有关部门审批的，要进行报批，获得批准文件。一般来说，有限责任公司的设立只要不涉及法律、法规的特别要求，直接注册登记即可成立。但《公司法》第六条第二款的"但书"规定：法律、行政法规规定设立公司必须报经批准的，应当在公司登记前依法办理批准手续。所以，对于法律、法规规定必须经过有关部门的批准才能设立公司的，应当向主管部门提出申请，获得批准文件。

（6）向公司登记机关申请设立登记。根据《公司登记管理条例》的规定，设立有限责任公司，应当由全体股东指定的代表或者共同委托的代理人向公司登记机关申请设立登记。申请设立有限责任公司的，应当向公司登记机关提交下列文件：公司法定代表人签署的设立登记申请书；全体股东指定代表或者共同委托代理人的证明、公司章程；依法设立的验资机构出具的验资证明。但是，法律、行政法规另有规定的除外。股东首次出资是非货币财产的，应当在公司设立登记时提交已办理其财产权转移手续的证明文件，股东的主体资格证明或者自然人身份证明，载明公司董事、监事、经理的姓名、住所的文件以及有关委派、选举或者聘用的证明，公司法定代表人任职文件和身份证明，企业名称预先核准通知书，公司住所证明，国家工商行政管理局规定要求提交的其他文件。法律、行政法规或者国务院决定规定设立有限责任公司必须报经批准的，还应当提交有关批准文件。

（7）登记发照。对于设立申请，登记机关应当依法进行审查。对于不符合公司法规定条件的，不予登记；对于符合公司法规定条件的，依法核准登记，发给营业执照。营业执照的签发日期为有限责任公司的成立日期。公司可以凭登记机关办法的营业执照申请开立银行账户、刻制公司印章、申请纳税登记等。只有获得了公司登记机关颁发的营业执照，公司设立的程序才宣告结束。

根据《公司法》和《公司登记管理条例》的规定，设立有限责任公司的同时设立分公司的，应当自决定做出之日起30日内向分公司所在地的公司登记机关申请登记；法律、行政法规或者国务院决定规定必须报经有关部门批准的，应当自批准之日起30日内向公司登记机关申请登记。分公司的公司登记机关准予登记的，发给营业执照。公司应当自分公司登记之日起30日内，持分公司的营业执照到公司登记机关办理备案。

（8）颁发出资证明书。

有限责任公司成立后，应当向股东签发出资证明书。出资证明书应当载明下列事项：公司名称；公司成立日期；公司注册资本；股东的姓名或者名称；缴纳的出资额和出资日期；出资证明书的编号和核发日期。出资证明书需由公司盖章。

案例分析4-2

甲、乙、丙3人共同组建一有限责任公司。公司成立后，甲将其20%股权中的5%转让给第三人丁，丁通过受让股权成为公司股东。甲、乙均按期足额缴纳出资，但发现由丙出资的机器设备的实际价值明显低于公司章程所确定的数额。

分析：此案中有限责任公司成立后，发现作为设立公司出资的非货币财产的实际价额显著低于公司章程所定价额的，应当由交付该出资的股东补足其差额；公司设立时的其他股东承担连带责任。丙应补交其差额，甲、乙和丁对其承担连带责任。

三、有限责任公司的组织机构

（一）股东会

1. 股东会职权

有限责任公司股东会由全体股东组成，股东会是公司的权力机构，依照《公司法》行使职权。股东会行使下列职权：

（1）决定公司的经营方针和投资计划。

（2）选举和更换董事，决定有关董事的报酬事项。

（3）选举和更换由股东代表出任的监事，决定有关监事的报酬事项。

（4）审议批准董事会的报告。

（5）审议批准监事会或者监事的报告。

（6）审议批准公司的年度财务预算方案、决算方案。

（7）审议批准公司的利润分配方案和弥补亏损方案。

（8）对公司增加或者减少注册资本，做出决议。

（9）对发行公司债券做出决议。

（10）对股东向股东以外的人转让出资做出决议。

（11）对公司合并、分立、变更公司形式、解散和清算等事项做出决议。

（12）修改公司章程。

2. 股东会会议

首次股东会会议由出资最多的股东召集和主持，依照本法规定行使职权。股东会会议分为定期会议和临时会议。定期会议应当依照公司章程的规定按时召开。代表1/10以上表决权的股东，1/3以上的董事，监事会或者不设监事会的公司的监事提议召开临时会议的，应当召开临时股东会。召开临时会议股东会的议事方式和表决程序，除公司法有规定的以外，由公司章程规定。有限责任公司设立董事会的，股东会会议由董事会召集，董事长主持；董事长不能履行职务或者不履行职务的，由副董事长主持；副董事长不能履行职务或者不履行职务的，由半数以上董事共同推举一名董事主持。

有限责任公司不设董事会的，股东会会议由执行董事召集和主持。董事会或者执行董不能履行或者不履行召集股东会会议职责的，由监事会或者不设监事会的公司的监事召集和主持；监事会或者监事不召集和主持的，代表 1/10 以上表决权的股东可以自行召集和主持。召开股东会议，应当于会议召开 15 日以前通知全体股东。

3. 股东会决议

股东会会议做出修改公司章程、增加或者减少注册资本的决议，以及公司合并、分立、解散或者变更公司形式的决议，必须经代表 2/3 以上表决权的股东通过。

（二）董事会

1. 董事会组成与职权

董事会是有限责任公司的执行机构，向股东会负责。有限责任公司设董事会，其成员为 3~13 人。董事会设董事长 1 人，可以设副董事长。董事任期由公司章程规定，但每届任期不得超过 3 年。董事任期届满，连选可以连任。董事长为公司的法定代表人。两个以上的国有企业或者其他两个以上的国有投资主体投资设立的有限责任公司，其董事会成员中应当有公司职工代表。董事会中的职工代表由公司职工民主选举产生。

董事会对股东会负责，行使下列职权：

（1）负责召集股东会，并向股东会报告工作。

（2）执行股东会的决议。

（3）决定公司的经营计划和投资方案。

（4）制定公司的年度财务预算方案、决算方案。

（5）制定公司的利润分配方案和弥补亏损方案。

（6）制定公司增加或者减少注册资本的方案。

（7）拟订公司合并、分立、变更公司形式、解散的方案。

（8）决定公司内部管理机构的设置。

（9）聘任或者解聘公司经理（总经理）（简称经理），然后根据经理的提名，聘任或者解聘公司副经理、财务负责人，决定其报酬事项。

（10）制定公司的基本管理制度。

（11）公司章程规定的其他职权。

董事在任期届满前，股东会不得无故解除其职务。

2. 董事会会议

董事会会议由董事长召集和主持；董事长不能履行职务或者不履行职务的，由副董事长召集和主持；副董事长不能履行职务或者不履行职务的，由半数以上董事共同推举一名董事召集和主持。董事会决议的表决，实行一人一票。董事会应当对所议事项的决定做成会议记录，出席会议的董事应当在会议记录上签名。

（三）经理

有限责任公司设经理，由董事会聘任或者解聘。经理对董事会负责，行使下列职权：

（1）主持公司的生产经营管理工作，组织实施董事会决议。

（2）组织实施公司年度经营计划和投资方案。

（3）拟订公司内部管理机构设置方案。

(4) 拟订公司的基本管理制度。
(5) 制定公司的具体规章。
(6) 提请聘任或者解聘公司副经理、财务负责人。
(7) 聘任或者解聘除应由董事会聘任或者解聘以外的负责管理人员。
(8) 公司章程和董事会授予的其他职权。

经理列席董事会会议。股东人数较少或者规模较小的有限责任公司，可以设一名执行董事，不设董事会。执行董事可以兼任公司经理。

（四）监事会

1. 监事会的组成与职权

对于经营规模较大的有限责任公司，设立监事会，其成员不得少于3人。监事会应在其组成人员中推选一名召集人。监事会由股东代表和适当比例的公司职工代表组成，具体比例由公司章程规定。监事会中的职工代表由公司职工民主选举产生。若有限责任公司的股东人数较少和规模较小，则可以设1~2名监事。董事、经理及财务负责人不得兼任监事。监事的任期每届为3年。监事任期届满，连选可以连任。

监事会或者监事行使下列职权：

(1) 检查公司财务。
(2) 对董事、高级管理人员执行公司职务的行为进行监督，对违反法律、行政法规、公司章程或者股东会决议的董事、高级管理人员提出罢免的建议。
(3) 当董事、高级管理人员的行为损害公司的利益时，要求董事、高级管理人员予以纠正。
(4) 提议召开临时股东会会议，在董事会不履行本法规定的召集和主持股东会会议职责时召集和主持股东会会议。
(5) 向股东会会议提出提案。
(6) 对董事、高级管理人员提起诉讼。
(7) 公司章程规定的其他职权监事列席董事会会议。

2. 监事会会议

监事可以列席董事会会议，并对董事会决议事项提出质询或者建议。监事会、不设监事会的公司的监事发现公司经营情况异常，可以进行调查；必要时，可以聘请会计师事务所等协助其工作，费用由公司承担。监事会每年度至少召开一次会议，监事可以提议召开临时监事会会议。监事会的议事方式和表决程序，除本法有规定的外，由公司章程规定。监事会决议应当经半数以上监事通过。监事会应当对所议事项的决定做成会议记录，出席会议的监事应当在会议记录上签名。

案例分析4-3

2017年1月，张龙、赵虎、牛二、李四、冯三拟共同组建一有限责任性质的饮料公司，注册资本为20万元。其中，张龙以货币5万元出资；赵虎以已经抵押的机器设备出资，作价5万元；牛二以商业秘密出资，作价5万元；李四经全体出资人同意以劳务出资，作价2

万元;冯三以其专利技术和个人信用出资,分别作价2万元和1万元。公司拟定名称为"中国昌隆可乐868饮料公司"。公司拟不设董事会,张龙任执行董事,为公司的法定代表人;不设监事会,由牛二担任监事。请思考该案中哪些地方不符合法律规定?

分析:在本案中,首先,考虑拟设立公司的性质;其次考虑各位股东的出资方式,非货币出资需要满足可转让、可作价的出资条件。此外,公司名称依次包括商号、行业、组织形式。全国性公司和符合条件经批准使用"中国""中华""国际"字样的公司可以不使用地方行政区划名称,企业名称不得使用阿拉伯数字;最后,在组织机构设置上有限责任公司可以简化机构设置,保障权利的行使。

四、一人有限责任公司与国有独资公司

(一) 一人公司

1. 一人公司的概念与特征

一人有限责任公司是指只有一个自然人股东或者一个法人股东的有限责任公司。一人公司具有股东唯一性、资本单一性、责任有限性等特征。

2. 关于一人公司的特别规定

一个自然人只能投资设立一个一人有限责任公司。该一人有限责任公司不能投资设立新的一人有限责任公司。一人有限责任公司应当在公司登记中注明自然人独资或者法人独资,并在公司营业执照中载明。一人有限责任公司章程由股东制定。一人有限责任公司不设股东会。股东做出决定时,应当采用书面形式,并由股东签名后置备于公司。一人有限责任公司应当在每一会计年度终了时编制财务会计报告,并经会计师事务所审计。

3. 一人公司法人人格的否认

为了防止一人公司滥用公司的法人人格,将公司资本混同于个人财产,抽逃公司资本,损害债权人的利益的情况发生。依据公司法规定,一人有限责任公司的股东不能证明公司财产独立于股东自己的财产的,应当对公司债务承担连带责任。

公司法中对一人公司投资的限制如图4-1所示。

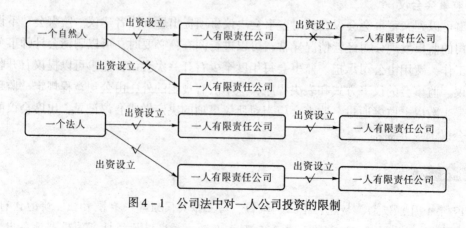

图4-1 公司法中对一人公司投资的限制

案例分析 4-4

张某出资 100 万元成立了某有限责任公司。公司成立后，张某将公司收益转移到其私人账户，公司账户上没有钱，而且公司对外欠债 500 多万元。请问，你如果是债权人，该如何处理？

分析：本案中张某设立一人公司，将公司资本混同于个人财产，抽逃公司资本，损害债权人的利益，此时否定公司法人资格，投资人张某对公司的债务承担连带责任。

（二）国有独资公司

1. 国有独资公司的概念

国有独资公司是指国家单独出资，由国务院或者地方人民政府授权本级人民政府国有资产监督管理机构履行出资人职责的有限责任公司。

2. 关于国有独资公司的特别规定

国有独资公司章程由国有资产监督管理机构制定，或者由董事会制定报国有资产监督管理机构批准。国有独资公司不设股东会，由国有资产监督管理机构行使股东会职权。国有资产监督管理机构可以授权公司董事会行使股东会的部分职权，决定公司的重大事项，但公司的合并、分立、解散、增加或者减少注册资本和发行公司债券，必须由国有资产监督管理机构决定。其中，重要的国有独资公司合并、分立、解散、申请破产的，应当由国有资产监督管理机构审核后，报本级人民政府批准。

国有独资公司设董事会，董事每届任期不得超过 3 年。董事会成员中应当有公司职工代表。董事会成员由国有资产监督管理机构委派。但是，董事会成员中的职工代表由公司职工代表大会选举产生。董事会设董事长 1 人，可以设副董事长。董事长、副董事长由国有资产监督管理机构从董事会成员中指定。国有独资公司设经理，由董事会聘任或者解聘。经国有资产监督管理机构同意，董事会成员可以兼任经理。国有独资公司的董事长、副董事长、董事、高级管理人员，未经国有资产监督管理机构同意，不得在其他有限责任公司、股份有限公司或者其他经济组织兼职。国有独资公司监事会成员不得少于 5 人，其中职工代表的比例不得低于 1/3，具体比例由公司章程规定。监事会成员由国有资产监督管理机构委派；但是，监事会成员中的职工代表由公司职工代表大会选举产生。监事会主席由国有资产监督管理机构从监事会成员中指定。

五、有限责任公司股权转让

（一）对内自由转让

有限责任公司的股东之间可以相互转让其全部或者部分股权。有限责任公司具有一定的人合性，股东之间本就存在一定的信任，股东之间转让股权既不需要取得其他股东的同意，也无须通知其他股东。

（二）对外转让限制

股东向股东以外的人转让股权，应当经其他股东过半数同意。股东应就其股权转让事项书面通知其他股东征求同意，其他股东自接到书面通知之日起满 30 日未答复的，视为同意转让。其他股东半数以上不同意转让的，不同意的股东应当购买该转让的股权；不购买的，视为同意转让。

经股东同意转让的股权，在同等条件下，其他股东有优先购买权。两个以上股东主张行使优先购买权的，协商确定各自的购买比例；协商不成的，按照转让时各自的出资比例行使优先购买权。公司章程对股权转让另有规定的，从其规定。

（三）股权的强制转让

人民法院依照法律规定的强制执行程序转让股东的股权时，应当通知公司及全体股东，其他股东在同等条件下有优先购买权。其他股东自人民法院通知之日起满20日不行使优先购买权的，视为放弃优先购买权。

转让股权后，公司应当注销原股东的出资证明书，向新股东签发出资证明书，并相应修改公司章程和股东名册中有关股东及其出资额的记载。对公司章程的该项修改不需再由股东会表决。

（四）股权的回购

有下列情形之一的，对股东会该项决议投反对票的股东可以请求公司按照合理的价格收购其股权：

（1）公司连续5年不向股东分配利润，而该公司5年连续盈利，并且符合本法规定的分配利润条件的。

（2）公司合并、分立、转让主要财产的。

（3）公司章程规定的营业期限届满或者章程规定的其他解散事由出现，股东会会议通过决议修改章程使公司存续的。

自股东会会议决议通过之日起60日内，股东与公司不能达成股权收购协议的，股东可以自股东会会议决议通过之日起90日内向人民法院提起诉讼。

自然人股东死亡后，其合法继承人可以继承股东资格；但是，公司章程另有规定的除外。

第三节　股份有限公司

一、股份有限公司的概念与特征

股份有限公司是指公司全部资本分为等额份额，股东以其认购的公司股份份额为限对公司承担责任，公司以其全部资产为公司债务承担责任的企业法人。股份有限公司具有以下特征：

第一，股东责任的有限性。股份有限公司的股东仅以其认购的公司股份为限对公司承担责任，若公司财产不足以清偿对外债务，则股东没有义务以其个人其他财产为公司清偿债务。

第二，公司资本的股份性。股份有限公司的全部资本分成等额的股份，按照股份平等的原则，股东权利的大小与责任的承担均与其持有的股份数额成正比。

第三,典型的资合公司。股份有限公司的对外信用完全脱离公司股东本身的信用,只有公司的资本构成对外的信用基础。公司资本的多少代表公司的信用度以及信用规模。

第四,公司具有开放性。股份有限公司的经营状况和必要的财务信息不仅要向股东公开,还要向社会公开,这样才能最大限度保护股东、债权人及社会公众的利益。

第五,公司规模较大。股份有限公司面向社会公众募集资金,使大量资本集中于公司,而且只是对发起人有限制,股东人数并未有限制。通常企业规模比有限责任公司大得多。

二、股份有限公司的设立

(一) 设立条件

1. 发起人符合法定的资格,达到法定的人数

股份有限公司的发起人可以是自然人,也可以是法人,发起人必须达到法定的人数,应有 2~200 人,有过半数的人在中国境内有住所。发起人承担公司筹办事务,签订发起人协议。国有企业改建为股份有限公司的,发起人可以少于 5 人,但应当采取募集设立方式。发起人是负责发起并筹办公司设立的人,对发起人的规定最低限额,其目的:一是防止发起人太少难以履行发起人的义务;二是防止少数发起人损害其他股东的合法权益。

2. 有符合公司章程规定的全体发起人认购的股本总额或者募集的实收股本总额

发起人既可以用货币出资,也可以用实物、知识产权、土地使用权等可以用货币估价并可以依法转让的非货币财产作价出资。但是,法律、行政法规规定不得作为出资的财产除外。发起人以货币出资时,应当缴付现金。发起人以货币以外的其他财产权出资时,必须进行评估作价,核实财产,并折合为股份,且应当依法办理其财产权的转移手续,财产权转归公司所有。

3. 股份发行、筹办事项符合法律规定

股份的发行是指股份有限公司在设立时为了筹集公司资本,出售和募集股份的法律行为。这里的股份的发行是设立发行,是设立公司的过程中,为了组建股份有限公司,筹集组建公司所需资本而发行股份的行为。

设立阶段的发行分为发起设立发行和募集设立发行两种。

以发起方式设立股份有限公司的,发起人以书面认足公司章程规定及发行的股份后,应即缴纳全部股款。

以募集方式设立股份有限公司的,发起人认购的股份不得少于公司股份总数的 35%,其余份应当向社会公开募集。按照《公司法》的规定。募集方式又分为定向募集与社会募集两种。定向募集是指公司应发行的股份由发起人认购的一部分外,其余部分可以向其他法人发行募集,经批准也可以向公司内部职工发行股份,但不得向社会公开发行。社会募集是指发起人除自己认购公司应发行的部分股份外,其余股份应向社会发行。

招股说明书应载明下列事项:发起人认购的股份数;每股的票面金额和发行价格;无记名股票的发行总数;认股人的权利、义务;本次募股的起止期限及逾期募足时认股人可以撤回所认股份的说明。

4. 发起人制定公司章程,采用募集方式设立的经创立大会通过

股份有限公司的章程,是股份有限公司的重要文件,规定了公司最重要的事项,不仅是设立公司的基础，也是公司及其股东的行为准则。因此，公司章程虽然由发起人制定，但以募集设立方式设立股份有限公司的，必须召开由认股人组成的创立大会，并经创立大会决议通过。股份有限公司章程应当载明下列事项：公司名称和住所；公司经营范围、公司设立方式；公司股份总数、每股金额和注册资本；发起人的姓名或者名称、认购的股份数、出资方式和出资时间；董事会的组成、职权和议事规则；公司法定代表人；监事会的组成、职权和议事规则；公司利润分配办法；公司的解散事由与清算办法；公司的通知和公告办法；股东大会会议认为需要规定的其他事项。

5. 有公司名称，建立符合股份有限公司要求的组织机构

名称是股份有限公司作为法人必须具备的条件：公司名称必须符合企业名称登记管理的有关规定，股份有限公司的名称还应标明"股份有限公司"字样。

股份有限公司必须有一定的组织机构，对公司实行内部管理和对外代表公司。股份有限公司的组织机构是股东大会、董事会、监事会和经理。股东大会做出决议；董事会是执行公司股东大会决议的执行机构；监事会是公司的监督机构，依法对董事、经理和公司的活动实行监督；经理由董事会聘任，主持公司的日常生产经营管理工作，组织实施董事会决议。

6. 有公司住所

（二）设立程序

1. 发起设立

（1）发起人签订发起人协议。发起人应当签订发起人协议，明确各自在公司设立过程中的权利和义务。依据《公司法》规定，发起人应当承担下列责任：

①公司不能成立时，对设立行为所产生的债务和费用负连带责任；

②公司不能成立时，对认股人已缴纳的股款，负返还股款并加算银行同期存款利息的连带责任；

③在公司设立过程中，由于发起人的过失致使公司利益受到损害的，应当对公司承担赔偿责任。

（2）申请公司名称预先核准。设立股份有限公司，应当由全体发起人指定的代表或者共同委托的代理人向公司登记机关申请预先核准。预先核准的公司名称保留期为6个月。预先核准的公司名称在保留期内，不得用于从事经营活动，不得转让。

（3）制定公司章程。全体发起人共同制定公司章程并签名、盖章。

（4）认缴股款并验资。以发起设立方式设立股份有限公司的，发起人应当书面认足公司章程规定其认购的股份，并按照公司章程规定缴纳出资。发起人不按照规定缴纳出资的，应该按照发起人协议承担违约责任。股份有限公司成立后，发起人未按照公司章程的规定缴足出资的，应当补缴，其他发起人承担连带责任。股份有限公司成立后，发现作为设立公司出资的非货币财产的实际价额显著低于公司章程所定价额的，应当由交付该出资的发起人补足其差额，其他发起人承担连带责任。

（5）选举董事会和监事会。发起人首次缴纳出资后应当选举董事会和监事会。

（6）登记。由董事会向公司登记机关报送公司章程及法律、法规规定的其他文件，申请设立登记。需提交材料包括：公司法定代表人签署的登记申请书；董事会指定代表或者共同委托人证明；公司章程；依法设立的验资机构出具的验资证明；发起人首次出资是非货币财产的，提交已办理其财产转移手续的证明文件；发起人主体资格证明或者自然人身份证明；公司董事、监事、经理姓名、住所等文件以及有关委派、选举、聘用的证明；公司法定代表人任职文件和身份证明；企业名称预先核准通知书；公司住所证明；工商局规定的其他材料。公司营业执照签发之日公司成立。

2. 募集设立

（1）签订发起人协议。

（2）申请公司名称预先核准。

（3）制定公司章程。发起人共同制定公司章程后，经创立大会表决通过。

（4）发起人认购股份。以募集设立方式设立股份有限公司的，发起人认购的股份不得少于公司股份总数的35%；但是，法律、行政法规另有规定的，从其规定。

（5）办理公开募集股份有关事项。

发起人向社会公开募集股份，必须向国务院证券监督管理机构提交募股申请；并公告招股说明书，并制作认股书。招股说明书应当附有发起人制定的公司章程，并载明下列事项：发起人认购的股份数；每股的票面金额和发行价格；无记名股票的发行总数；募集资金的用途；认股人的权利、义务；本次募股的起止期限及逾期未募足时，认股人可以撤回所认股份的说明。认股说明书由认股人填写认购股份数、金额、住所，并签名、盖章。认股人需按照认股书缴纳股款。

由依法批准设立的证券经营机构承销，签订承销协议；同银行签订代收股款协议，代收股款的银行应当按照协议代收和保存股款，向缴纳股款的认股人出具收款单据，并负有向有关部门出具收款证明的义务。发起人、认股人缴纳股款或者交付抵作股款的出资后，除未按期募足股份、发起人未按期召开创立大会或者创立大会决议不设立公司的情形外，不得抽回其股本。

（6）召开创立大会。股份有限公司的创立大会是由发起人召集并由各认股人参加的决定即将成立的股份有限公司重大问题的大会。发行股份的股款缴足后，必须经依法设立的验资机构验资并出具证明。发起人应当自股款缴足之日起30日内主持召开公司创立大会。创立大会由发起人、认股人组成。发行的股份超过招股说明书规定的截止期限尚未募足的，或者发行股份的股款缴足后，发起人在30日内未召开创立大会的，认股人可以按照所缴股款并加算银行同期存款利息，要求发起人返还。发起人应当在创立大会召开15日前将会议日期通知各认股人或者予以公告。创立大会应有代表股份总数过半数的发起人、认股人出席，方可举行。

创立大会行使下列职权：审议发起人关于公司筹办情况的报告；通过公司章程；选举董事会成员；选举监事会成员；对公司的设立费用进行审核；对发起人用于抵作股款的财产的作价进行审核；发生不可抗力或者经营条件发生重大变化直接影响公司设立的，可以做出不设立公司的决议。创立大会对前款所列事项做出决议，必须经出席会议的认股人所持表决权过半数通过。

（7）登记。董事会应于创立大会结束后30日内，向公司登记机关报送下列文件，申请设立登记：公司登记申请书；创立大会的会议记录；公司章程；验资证明；法定代表人、董事、监事的任职文件及其身份证明；发起人的法人资格证明或者自然人身份证明；公司住所证明。以募集方式设立股份有限公司公开发行股票的,还应当向公司登记机关报送国务院证券监督管理机构的核准文件。符合《公司法》规定的设立条件的,由公司登记机关登记,营业执照签发之日公司成立。

公司的设立程序示意图如图 4-2 所示。

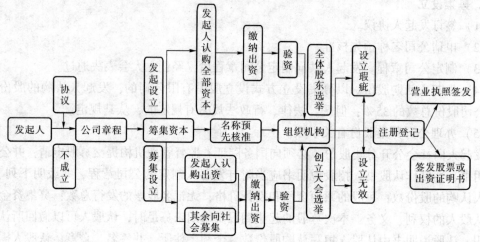

图 4-2 公司的设立程序示意图

三、股份有限公司的组织机构

(一) 股东大会

1. 股东大会的职权

股份有限公司股东大会由全体股东组成,是公司的权力机构。股东大会分为定期会议和临时会议。定期股东大会应当每年召开一次年会。有下列情形之一的,应当在两个月内召开临时股东大会:

(1) 董事人数不足本法规定人数或者公司章程所定人数的 2/3 时;

(2) 公司未弥补的亏损达实收股本总额 1/3 时;

(3) 单独或者合计持有公司 10% 以上股份的股东请求时;

(4) 董事会认为必要时;

(5) 监事会提议召开时;

(6) 公司章程规定的其他情形。

2. 股东大会的召集与主持

股东大会会议由董事会召集,董事长主持;董事长不能履行职务或者不履行职务的,由副董事长主持;副董事长不能履行职务或者不履行职务的,由半数以上董事共同推举一名董事主持。董事会不能履行或者不履行召集股东大会会议职责的,监事会应当及时召集和主持;监事会不召集和主持的,连续 90 日以上单独或者合计持有公司 10% 以上股份的股东可以自行召集和主持。

召开股东大会会议,应当将会议召开的时间、地点和审议的事项于会议召开 20 日前通知各股东；临时股东大会应当于会议召开 15 日前通知各股东；发行无记名股票的，应当于会议召开 30 日前公告会议召开的时间、地点和审议事项。

单独或者合计持有公司 3% 以上股份的股东，可以在股东大会召开 10 日前提出临时提案并书面提交董事会；董事会应当在收到提案后 2 日内通知其他股东，并将该临时提案提交股东大会审议。临时提案的内容应当属于股东大会职权范围，并有明确议题和具体决议事项。

3. 股东大会的决议

股东出席股东大会会议，所持每一股份有一表决权。但是，公司持有的本公司股份没有表决权。股东大会做出决议，必须经出席会议的股东所持表决权过半数通过。但是，股东大会做出修改公司章程、增加或者减少注册资本的决议，以及公司合并、分立、解散或者变更公司形式的决议，必须经出席会议的股东所持表决权的 2/3 以上通过。

股东大会选举董事、监事，可以依照公司章程的规定或者股东大会的决议，实行累积投票制。本法所称累积投票制，是指股东大会选举董事或者监事时，每一股份拥有与应选董事或者监事人数相同的表决权，股东拥有的表决权可以集中使用。

股东可以委托代理人出席股东大会会议，代理人应当向公司提交股东授权委托书，并在授权范围内行使表决权。

股东大会应当对所议事项的决定做成会议记录，主持人、出席会议的董事应当在会议记录上签名。会议记录应当与出席股东的签名册及代理出席的委托书一并保存。

（二）董事会

1. 董事会组成与职权

董事会是股份有限公司的常设机构，对股东大会负责。

股份有限公司设董事会，其成员为 5~19 人。董事会成员中可以有公司职工代表。董事会中的职工代表由公司职工通过职工代表大会、职工大会或者其他形式民主选举产生。董事的任期与职权与有限公司相同。董事会设董事长一人，可以设副董事长。董事长和副董事长由董事会以全体董事的过半数选举产生。董事长召集和主持董事会会议，检查董事会决议的实施情况。副董事长协助董事长工作，董事长不能履行职务或者不履行职务的，由副董事长履行职务；副董事长不能履行职务或者不履行职务的，由半数以上董事共同推举一名董事履行职务。

2. 董事会会议

董事会每年度至少召开两次会议，每次会议应当于会议召开 10 日前通知全体董事和监事。代表 1/10 以上表决权的股东、1/3 以上董事或者监事会，可以提议召开董事会临时会议。董事长应当自接到提议后 10 日内，召集和主持董事会会议。董事会召开临时会议，可以另定召集董事会的通知方式和通知时限。董事会会议有过半数的董事出席方可举行。董事会做出决议，必须经全体董事的过半数通过。董事会决议的表决，实行一人一票。董事会会议，应由董事本人出席；董事因故不能出席，可以书面委托其他董事代为出席，委托书中应载明授权范围。

董事会应当对会议所议事项的决定做成会议记录，出席会议的董事应当在会议记录上签名。董事应当对董事会的决议承担责任。董事会的决议违反法律、行政法规或者公司章程、股东大会决议,致使公司遭受严重损失的,参与决议的董事对公司负赔偿责任。但经证明在表决时曾表明异议并记载于会议记录的,该董事可以免除责任。

(三) 经理

股份有限公司设经理,负责公司的日常经营管理,由董事会决定聘任或者解聘。有限责任公司经理职权的规定,适用于股份有限公司经理。公司董事会可以决定由董事会成员兼任经理。公司不得直接或者通过子公司向董事、监事、高级管理人员提供借款。公司应当定期向股东披露董事、监事、高级管理人员从公司获得报酬的情况。

(四) 监事会

1. 监事会组成与职权

股份有限公司设监事会,负责公司的监督检查,其成员不得少于3人。监事会应当包括股东代表和适当比例的公司职工代表。其中,职工代表的比例不得低于1/3,具体比例由公司章程规定。监事会中的职工代表由公司职工通过职工代表大会、职工大会或者其他形式民主选举产生。股份有限公司监事会职权与有限责任公司监事会职权相同。

2. 监事会会议

监事会设主席一人,可以设副主席。监事会主席和副主席由全体监事过半数选举产生。监事会主席召集和主持监事会会议;监事会主席不能履行职务或者不履行职务的,由监事会副主席召集和主持监事会会议;监事会副主席不能履行职务或者不履行职务的,由半数以上监事共同推举一名监事召集和主持监事会会议。

监事会至少每6个月召开一次会议。监事可以提议召开临时监事会会议。监事会的议事方式和表决程序,除本法有规定的外,由公司章程规定。监事会决议应当经半数以上监事通过。监事会应当对所议事项的决定做成会议记录,出席会议的监事应当在会议记录上签名。

董事、高级管理人员不得兼任监事。监事会行使职权所必需的费用,由公司承担。

(五) 上市公司组织机构的特别规定

上市公司是指其股票在证券交易所上市交易的股份有限公司。上市公司在一年内购买、出售重大资产或者担保金额超过公司资产总额30%的,应当由股东大会做出决议,并经出席会议的股东所持表决权的2/3以上通过。

上市公司设独立董事,负责对于上市公司控股股东及其选任的上市公司的董事、高级管理人员及与公司进行的关联交易进行监督。上市公司设董事会秘书,负责公司股东大会和董事会会议的筹备、文件保管以及公司股东资料的管理,办理信息披露事务等事宜。

上市公司董事与董事会会议决议事项所涉及的企业有关联关系的,不得对该项决议行使表决权,也不得代理其他董事行使表决权。该董事会会议由过半数的无关联关系董事出席即可举行,董事会会议所做决议须经无关联关系董事过半数通过。出席董事会的无关联关系董事人数不足3人的,应将该事项提交上市公司股东大会审议。

四、有限责任公司和股份有限公司的区别

有限责任公司与股份有限公司是我国的两类公司类型,均具有法人资格,其主要区别如下:

(1) 发起人人数不同。有限责任公司发起人 2~50 人,股份有限公司发起人 200 人以下,过半数在中国境内居住。

(2) 公司资本要求不同。有限责任公司由发起人发起设立,其资本来自发起人的出资,且公司的财务会计不向社会公开,具有组成相对封闭的特征;股份有限公司除了由发起人出资外还可以向社会公众募集资金,且公司的财务报表需要向社会公众公开,以确保股东的权益,即具有开放性。

(3) 公司设立程序不同。有限公司设立方式只有发起设立一种,设立程序简单,除国家特别规定外无须审批;股份有限公司募集设立的需要经过国家机关的审核与批准,设立程序复杂,可以募集设立也可以发起设立。

(4) 股东出资凭证不同。有限责任公司股东完成出资,公司签发为出资证明书以证明股东对公司的出资,股份有限公司的股东以其持有的公司股票作为对公司的出资凭证。

(5) 公司组织形式设置不同。有限公司组织形式设立灵活,公司规模小、股东人数少可以不设董事会,设 1 名执行董事,不设监事会,可以设 1~2 名监事;股份有限公司组织形式严格,需设立股东大会、董事会、经理、监事会等机构,以确保股东权益得到保障。

五、股份的发行与转让

(一) 股份发行

1. 股份和股票的概念

股份是指按相等金额或者相同比例平均划分公司资本的基本计量单位,是公司资本的最小单位,代表股东在公司中的权利和义务。股票是股份有限公司签发的证明,是股东按其所持股份享有权利和承担义务的书面凭证。股票有如下特点:

(1) 股票是一种有价证券。股票是股东出资的凭证,代表了股东的财产权,可以用"价"来衡量。

(2) 股票是一种要式证券,采用纸面形式或者国务院证券监督管理机构规定的其他形式。股票应当载明下列主要事项:公司名称;公司成立日期;股票种类、票面金额及代表的股份数;股票的编号。股票由法定代表人签名,公司盖章。发起人的股票,应当标明"发起人股票"字样。

(3) 股票是一种无偿还期限的有价证券。

(4) 股票是一种高风险金融工具。

股票作为股东所持股份的法律证明,要由董事长签名,公司盖章。

2. 股份的发行原则

股份的发行实行公平、公正、同股同权的原则。同种类的每一股份应当具有同等权利。同次发行的同种类股票每股的发行条件和价格应当相同,任何单位或者个人所认购的股份每

股应当支付相同价额。

3. 股票的发行价格

股票发行价格既可以按票面金额，也可以超过票面金额，但不得低于票面金额。超过票面价格发行的股票所得的溢价款，应当列入公司的资本公积金。

4. 股票的形式和种类

发起人的股票应当标明"发起人股票"字样。公司发行的股票可以为记名股票，也可以为无记名股票。公司向发起人、法人发行的股票，应当为记名股票，并应当记载该发起人、法人的名称或者姓名，不得另立户名或者以代表人姓名记名。

5. 公司发行新股

发行新股是指股份有限公司成立后再向社会募集股份的法律行为，是增加公司注册资本的行为。公司发行新股，股东大会应当对下列事项做出决议：

（1）新股种类及数额；

（2）新股发行价格；

（3）新股发行的起止日期；

（4）向原有股东发行新股的种类及数额。发行新股是增加注册资本的行为，股东大会决议增资必须经出席会议的股东所持表决权 2/3 以上通过。

公司经国务院证券监督管理机构核准公开发行新股时，必须公告新股招股说明书和财务会计报告，并制作认股书。公开发行所募集的资金必须按照招股说明书缩写的资金用途使用。改变用途的，必须经股东大会做出决议。擅自改变用途而未做纠正的，或者未经股东大会认可的，不得发行新股。

（二）股份转让

股东对公司的出资是永久性的，不能抽回，但可以依法转让，转让可以是有偿转让、赠予等形式。

1. 一般规则

股份转让是指股份有限公司的股份持有人依法自愿将自己所拥有的股份转让给他人，使他人取得股份或增加股份数额成为股东的法律行为。股东持有的股份可以依法转让。股东转让其股份，应当在依法设立的证券交易场所进行或者按照国务院规定的其他方式进行。记名股票由股东以背书方式或者法律、行政法规规定的其他方式转让；对于无记名股票的转让，由股东将该股票交付给受让人后即发生转让的效力。

2. 转让限制

发起人持有的本公司股份，自公司成立之日起 1 年内不得转让。公司公开发行股份前已发行的股份，自公司股票在证券交易所上市交易之日起 1 年内不得转让。公司董事、监事、高级管理人员应当向公司申报所持有的本公司的股份及其变动情况，在任职期间每年转让的股份不得超过其所持有本公司股份总数的 25%；所持本公司股份自公司股票上市交易之日起 1 年内不得转让。上述人员离职后半年内，不得转让其所持有的本公司股份。公司章程可以对公司董事、监事、高级管理人员转让其所持有的本公司股份做出其他限制性规定。

上市公司董事、监事、高级管理人员、持有上市公司股份 5% 以上的股东，将其持有的该公司的股票在买入后 6 个月内卖出，或者在卖出后 6 个月内买入，由此所得收益归该公司所有，公司应当收回其所得收益。

3. 股份回购的限制

股份回购是指公司将本公司已经发行的部分或者全部股份买回的行为。依据《公司法》规定，公司不得收购本公司股份，但是有下列情形之一的除外：

（1）减少公司注册资本。如果公司在经营期间出于某种原因，需要削减公司注册资本，则应当通过注销部分股份的方式进行。公司为注销股份，可以在证券市场上收购本公司股份。

（2）与持有本公司股份的其他公司合并。股份有限公司的股份可以为其他公司所持有，在公司与持有本公司股份的其他公司合并后，公司就会因此而持有自己公司的股份。

（3）将股份奖励给本公司职工。公司不得持有本公司的股份，但是公司职工可以持有本公司的股份，将股份奖励给本公司职工是一种被广泛运用的激励措施。

（4）股东因对股东大会做出的公司合并、分立决议持异议，要求公司收购其股份的。公司因上述第（1）项至第（3）项的原因收购本公司股份的，应当经股东大会决议。公司依照上述规定收购本公司股份后属于第（1）项情形的，应当自收购之日起 10 日内注销；属于第（2）项、第（4）项情形的，应当在 6 个月内转让或者注销。公司依照上述第（3）项规定收购的本公司股份，不得超过本公司已发行股份总额的 5%；用于收购的资金应当从公司的税后利润中支出；所收购的股份应当在 1 年内转让给职工。此外，公司不得接受本公司的股票作为质押权的标的。

记名股票被盗、遗失或者灭失，股东可以依照《中华人民共和国民事诉讼法》（简称《民事诉讼法》）规定的公示催告程序，请求人民法院宣告该股票失效。人民法院宣告该股票失效后，股东可以向公司申请补发股票。

第四节　公司董事、监事、高级管理人员的资格和义务

一、公司董事、监事、高级管理人员的任职资格

公司的高级管理人员包括公司的经理、副经理、财务负责人、上市公司的董事会秘书和公司章程规定的其他人员。为了控制风险，《公司法》对公司高层人员的任职资格做了禁止性的规定，有下列情形之一的，不得担任公司的董事、监事、高级管理人员：

（1）无民事行为能力或者限制民事行为能力。

（2）因贪污、贿赂、侵占财产、挪用财产或者破坏社会主义市场经济秩序，被判处刑罚，执行期满未逾 5 年，或者因犯罪被剥夺政治权利，执行期满未逾 5 年。

（3）担任破产清算的公司、企业的董事或者厂长、经理，对该公司、企业的破产负有个人责任的，自该公司、企业破产清算完结之日起未逾 3 年。

（4）担任因违法被吊销营业执照、责令关闭的公司、企业的法定代表人，并负有个人责任的，自该公司、企业被吊销营业执照之日起未逾 3 年。

(5) 个人所负数额较大的债务到期未清偿。

公司违反前款规定选举、委派董事、监事或者聘任高级管理人员的,该选举、委派或者聘任无效。

二、公司董事、监事、高级管理人员的义务

董事、监事、高级管理人员应当遵守法律、行政法规和公司章程,对公司负有忠实义务和勤勉义务。

（一）忠实义务

忠实义务是指公司董事、监事、高级管理人员在履行职责时,必须忠诚地实现公司利益最大化,不得为了自己个人利益而与公司利益相冲突。具体而言,包括:

(1) 董事、监事、高级管理人员不得利用职权收受贿赂或者其他非法收入,不得侵占公司的财产。

(2) 董事、高级管理人员不得有下列行为:

(a) 挪用公司资金。

(b) 将公司资金以其个人名义或者以其他个人名义开立账户存储。

(c) 违反公司章程的规定,未经股东会、股东大会或者董事会同意,将公司资金借贷给他人或者以公司财产为他人提供担保。

(d) 违反公司章程的规定或者未经股东会、股东大会同意,与本公司订立合同或者进行交易。

(e) 未经股东会或者股东大会同意,利用职务便利为自己或者他人谋取属于公司的商业机会,自营或者为他人经营与所任职公司同类的业务。

(f) 接受他人与公司交易的佣金归己有。

(g) 擅自披露公司秘密。

(h) 违反对公司忠实义务的其他行为。

董事、高级管理人员违反前款规定所得的收入应当归公司所有。股东会或者股东大会要求董事、监事、高级管理人员列席会议的,董事、监事、高级管理人员应当列席并接受股东的质询。

案例分析4-5

某甲股份有限公司召开股东大会拟选举公司的董事。现在有以下几位股东遭受质疑:(1) 股东周某因拐卖妇女被判处有期徒刑4年,刚刚刑满释放;(2) 股东李某曾因赌博欠债权人1万元,用自己的多年积蓄已清偿完毕;(3) 股东王某因贪污被判有期徒刑5年,刚刚刑满释放;(4) 股东雷某8年前曾因交通肇事被判处有期徒刑3年;(5) 股东韩某担任某市政府办公室主任,明年退休。(6) 股东赵某原任某法院法官,现已退休10年。请问:谁可当选?

分析:在本案中,周某、雷某所犯罪行并不涉及贪污、贿赂、侵占财产、挪用财产或者破坏社会主义市场经济秩序等罪,资格上来说是符合的;李某虽有欠债但已还清债务,

不属于个人所负数额较大的债务到期未清偿之列;赵某原任法官,依据公务员任职相关法律规定,公务员辞去公职或者退休的,原为领导成员的公务员在离职3年内,其他公务员离职两年内,不得到与原工作业务直接相关的企业或其他营利性组织任职,不得从事与原工作业务直接相关的营利性活动。赵某已退休10年内,因此担任董事的资格没有限制。最后,本案中韩某因为国家公务人员,王某因涉及贪污执行期满未逾5年之故不得担任公司董事。

(二) 勤勉义务

勤勉义务是指董事、监事和高级管理人员在执行公司事务时,必须谨慎、尽力履行职务,尽到善良管理人的注意义务,维护公司的利益。董事的勤勉义务,在大陆法系也被称为"善良管理人的注意义务"或"善管义务",在英美法系则被称为"注意义务"。董事的勤勉义务是指董事在管理公司事务过程中负有运用自己的知识、经验、技能和勤勉并且使之达到法律所要求的标准的义务。根据勤勉义务的要求,董事应当出席董事会会议,应就公司董事会所讨论和决议的事项加以合理、谨慎的注意;应当在法律、公司章程允许的公司目的范围之内和其应有的权限内做出决议;就董事会决议的事项有异议时,应当将其异议记入董事会会议记录;在发现董事会聘任的经营管理人员不能胜任时,应当及时建议董事会将其解聘;当其不能履行董事职责时,应当及时提出辞任等。

三、公司董事、监事、高级管理人员的责任

董事、监事、高级管理人员执行公司职务时违反法律、行政法规或者公司章程的规定,给公司造成损失的,应当承担赔偿责任。

董事、高级管理人员有违反以上规定的情形的,有限责任公司的股东、股份有限公司连续180日以上单独或者合计持有公司1%以上股份的股东,可以书面请求监事会或者不设监事会的有限责任公司的监事向人民法院提起诉讼;监事有以上的情形的,前述股东可以书面请求董事会或者不设董事会的有限责任公司的执行董事向人民法院提起诉讼。

监事会、不设监事会的有限责任公司的监事,或者董事会、执行董事收到前款规定的股东书面请求后拒绝提起诉讼,或者自收到请求之日起30日内未提起诉讼,或者情况紧急、不立即提起诉讼将会使公司利益受到难以弥补的损害的,前款规定的股东有权为了公司的利益以自己的名义直接向人民法院提起诉讼。

他人侵犯公司合法权益,给公司造成损失的,股东可以依照规定向人民法院提起诉讼。董事、高级管理人员违反法律、行政法规或者公司章程的规定,损害股东利益的,股东可以向人民法院提起诉讼。

案例分析 4-6

甲和乙是泉水饮料股份有限公司的董事,2014年2月,甲、乙又和丙合伙办一饮料厂,生产"美滋滋"牌饮料,与泉水饮料股份有限公司的产品"乐滋滋"牌饮料相差不多,技术基本相同。3月,泉水公司发现了甲、乙的行为,要求甲、乙将在经营饮料厂期间的所得收入10万元交给公司,甲、乙不同意,于是董事会研究决定,以公司名义向法院起诉。请

思考：甲和乙的行为是否合法，为什么？

分析：本案中主要考虑公司高级管理人员的禁止性义务，不得自营或者为他人经营与所任职公司同类的业务。甲、乙身为泉水饮料公司的董事，又在外与他人经营与本企业相竞争的业务，损害了所任职公司的利益，其所得的收入应当归公司所有。

第五节　公司的财务、会计

一、公司财务、会计基本要求

（一）公司财务会计制度

公司财务会计制度是公司财务制度和会计制度的统称，具体指法律、法规及公司章程中所确立的一系列公司财务会计规程。它不仅是公司经营者准确掌握公司经营情况的重要手段，也是股东、债权人了解公司财产和经营状况的主要途径。公司的财务报告是反映公司财务状况和经营成果的总结性书面文件。股东对公司的财务会计报告有知情权。依据《公司法》规定，有限责任公司应当依照公司章程规定的期限将财务会计报告送交各股东。股份有限公司的财务会计报告应当在召开股东大会年会的 20 日前置备于本公司，供股东查阅；公开发行股票的股份有限公司必须公告其财务会计报告。

（二）公司财务会计制度作用

公司财务会计制度是企业利用价值形式组织生产、进行分配和交换的必要手段，公司的财务会计制度完整、全面地揭示了公司资金运动的基本情况等经济信息。一般说来，财务管理是基于企业再生产过程中客观存在的财务活动和财务关系而产生的，是组织企业资金运动、处理企业与各方面的财务关系的一系列经济管理工作的统称。会计是运用凭证、账簿和专门报表，采用以货币为主要计算单位的各种计量方法，收集、分类、记录、报告、分析、比较和评价特定单位经济活动和经济效益的一种管理工作。中国对会计制度实行统一领导、分级管理的管理体制，由财政部制定统一的会计制度。会计制度着重对公司的经济活动和财产情况进行连续、系统和综合的反映。严格遵守会计制度，是顺利进行会计工作、保证会计工作秩序、提高会计工作质量的重要前提。

（三）财务会计制度基本规定

公司聘用、解聘承办公司审计业务的会计师事务所，依照公司章程的规定，由股东会、股东大会或者董事会决定。公司股东会、股东大会或者董事会就解聘会计师事务所进行表决时，应当允许会计师事务所陈述意见。

公司应当向聘用的会计师事务所提供真实、完整的会计凭证、会计账簿、财务会计报告及其他会计资料，不得拒绝、隐匿、谎报。

公司除法定的会计账簿外，不得另立会计账簿。对公司资产，不得以任何个人名义开立账户存储。

财务会计报告分为年度、半年度、季度和月度财务会计报告。公司的财务会计报告由公司的会计报表（或会计表册）构成。

公司应当依照法律、行政法规和国务院财政部门的规定来建立本公司的财务会计制度。公司应当在每一会计年度终了时编制财务会计报告，并依法经会计师事务所审计。财务会计报告应当依照法律、行政法规和国务院财政部门的规定制作。公司制作财务会计报告的时间是每一会计年度终了时。我国的会计年度是指公历1月1日起到12月31日止。

二、公司利润分配

（一）利润

公司利润是公司在一定会计期间的经营成果。公司应当按照如下顺序进行利润分配：

（1）弥补公司以前亏损，但不得超过税法规定弥补期限。

（2）缴纳所得税。

（3）弥补在税前利润弥补亏损之后仍然存在的亏损。

（4）提取法定公积金。

（5）提取任意公积金。

（6）向股东分配利润。有限责任公司按照股东的实缴出资比例分配，股份有限公司按照持有股份数额进行分配，另有约定的除外。

（二）公积金

1. 公积金种类

公积金也叫储备金，市公司依照法律或股东会、股东大会的决议，在公司资本之外留存的、具有法定用途的资金。公积金分为资本公积金和盈余公积金。资本公积金是直接由资本或资产其他原因形成的公积金，包括股票溢价收入、公司接受赠予的财产、资产评估增值收入等。盈余公积金分为法定公积金与任意公积金。

2. 公积金的提取与使用

公司分配当年税后利润时，应当提取利润的10%列入公司法定公积金。公司法定公积金累计额为公司注册资本的50%以上的，可以不再提取。公司的法定公积金不足以弥补以前年度亏损的，在依照前款规定提取法定公积金之前，应当先用当年利润弥补亏损。

公司从税后利润中提取法定公积金后，经股东会或者股东大会决议，还可以从税后利润中提取任意公积金。

股份有限公司以超过股票票面金额的发行价格发行股份所得的溢价款以及国务院财政部门规定列入资本公积金的其他收入，应当列为公司资本公积金。

公司的公积金用于弥补公司的亏损、扩大公司生产经营或者转为增加公司资本。但是，资本公积金不得用于弥补公司的亏损。法定公积金转为资本时，所留存的该项公积金不得少于转增前公司注册资本的25%。

第六节　公司的变更与终止

一、公司合并与分立

（一）公司合并的概念

公司合并是指两个以上的公司达成合意，依照法定的程序合并为一个公司的法律行为。公司合并可以采取吸收合并或者新设合并。吸收合并指在两个或两个以上的公司中，一个公司存续，另一个被吸收的公司解散，存续的公司吸收解散的公司。新设合并指两个以上公司合并设立一个新的公司，合并各方解散。

（二）公司合并的程序

公司合并应当由合并各方签订合并协议，并编制资产负债表及财产清单。公司应当自做出合并决议之日起 10 日内通知债权人，并于 30 日内在报纸上公告。债权人自接到通知书之日起 30 日内；未接到通知书的，自公告之日起 45 日内，可以要求公司清偿债务或者提供相应的担保。

（三）公司合并后的法律责任

公司合并时，合并各方的债权、债务，应当由合并后存续的公司或者新设的公司承继。公司消灭，办理注销登记，无须经过清算程序。变更或设立，存续公司办理变更登记，新设公司办理设立登记。权利与义务的概括承受，在合并过程中，积极财产（物权、债权、无体财产权）和消极财产（债务）均转移于存续公司。

（四）公司分立的概念

公司分立是指一个公司又设立另一个公司或一个公司分解为两个以上的公司的法律行为。公司分立分为存续分立和新设分立。存续分立是指公司用部分资产设立另一个新公司的法律行为，新公司取得法人资格，原公司继续保留法人资格。新设分立是公司将其全部资产分割设立两个或两个以上的新公司，并解散原公司的行为。

（五）公司分立的程序

公司分立，其财产作相应的分割。公司分立，应当编制资产负债表及财产清单。公司应当自做出分立决议之日起 10 日内通知债权人，并于 30 日内在报纸上公告。

（六）公司分立的法律后果

公司分立前的债务由分立后的公司承担连带责任。但是，公司在分立前与债权人就债务清偿达成的书面协议另有约定的除外。

公司分立，登记事项发生变更的，应当依法向公司登记机关办理变更登记；公司解散的，应当依法办理公司注销登记；设立新公司的，应当依法办理公司设立登记。

二、公司增资与减资

有限责任公司增加注册资本时，股东认缴新增资本的出资，依照本法设立有限责任公司缴纳出资的有关规定执行。股份有限公司为增加注册资本发行新股时，股东认购新股，依照本法设立股份有限公司缴纳股款的有关规定执行。公司增加注册资本，应当依法向公司登记机关办理变更登记。

公司需要减少注册资本时，必须编制资产负债表及财产清单。公司应当自做出减少注册资本决议之日起 10 日内通知债权人，并于 30 日内在报纸上公告。债权人自接到通知书之日起 30 日内；未接到通知书的，自公告之日起 45 日内，有权要求公司清偿债务或者提供相应的担保。公司减少注册资本，应当依法向公司登记机关办理变更登记。

三、公司解散与清算

（一）公司解散

依据《公司法》规定，公司因下列原因解散：

（1）公司章程规定的营业期限届满或者公司章程规定的其他解散事由出现。

（2）股东会或者股东大会决议解散。

（3）因公司合并或者分立需要解散。

（4）依法被吊销营业执照、责令关闭或者被撤销。

（5）公司经营管理发生严重困难，继续存续会使股东利益受到重大损失，通过其他途径不能解决的，持有公司全部股东表决权 10% 以上的股东，可以请求人民法院解散公司。

公司有第（1）项情形的，可以通过修改公司章程而存续。由此修改公司章程，有限责任公司须经持有 2/3 以上表决权的股东通过，股份有限公司须经出席股东大会会议的股东所持表决权的 2/3 以上通过。

（二）公司清算

公司解散的，应当在解散事由出现之日起 15 日内成立清算组，开始清算。有限责任公司的清算组由股东组成，股份有限公司的清算组由董事或者股东大会确定的人员组成。逾期不成立清算组进行清算的，债权人可以申请人民法院指定有关人员组成清算组进行清算。人民法院应当受理该申请，并及时组织清算组进行清算。

清算组在清算期间行使下列职权：

（1）清理公司财产，分别编制资产负债表和财产清单。

（2）通知、公告债权人。

（3）处理与清算有关的公司未了结的业务。

（4）清缴所欠税款以及清算过程中产生的税款。

（5）清理债权、债务。

（6）处理公司清偿债务后的剩余财产。

（7）代表公司参与民事诉讼活动。

清算组应当自成立之日起 10 日内通知债权人，并于 60 日内在报纸上公告。债权人应当自接到通知书之日起 30 日内；未接到通知书的，自公告之日起 45 日内，向清算组申报其债权。债权人申报债权，应当说明债权的有关事项，并提供证明材料。清算组应当对债权进行登记。在申报债权期间，清算组不得对债权人进行清偿。

清算组在清理公司财产、编制资产负债表和财产清单后，应当制定清算方案，并报股东会、股东大会或者人民法院确认。公司财产在分别支付清算费用、职工的工资、社会保险费用和法定补偿金，缴纳所欠税款，清偿公司债务后的剩余财产，有限责任公司按照股东的出资比例分配，股份有限公司按照股东持有的股份比例分配。

清算期间，公司存续，但不得开展与清算无关的经营活动。公司财产在未依照前款规定清偿前，不得分配给股东。清算组在清理公司财产、编制资产负债表和财产清单后，发现公司财产不足清偿债务的，应当依法向人民法院申请宣告破产。公司经人民法院裁定宣告破产后，清算组应当将清算事务移交给人民法院。

清算组成员应当忠于职守，依法履行清算义务。清算组成员不得利用职权收受贿赂或者其他非法收入，不得侵占公司财产。清算组成员因故意或者重大过失给公司或者债权人造成损失的，应当承担赔偿责任。

公司清算结束后，清算组应当制作清算报告，报股东会、股东大会或者人民法院确认，并报送公司登记机关，申请注销公司登记，公告公司终止。

公司被依法宣告破产的，依照有关企业破产的法律实施破产清算。

第七节　外国公司的分支机构

一、外国公司分支机构的设立

外国公司是指依照外国法律在中国境外设立的公司。外国公司在中国境内设立分支机构，必须向中国主管机关提出申请，并提交其公司章程、所属国的公司登记证书等有关文件，经批准后，向公司登记机关依法办理登记，领取营业执照。外国公司分支机构的审批办法由国务院另行规定。

外国公司在中国境内设立分支机构，必须在中国境内指定负责该分支机构的代表人或者代理人，并向该分支机构拨付与其所从事的经营活动相适应的资金。对外国公司分支机构的经营资金需要规定最低限额的，由国务院另行规定。外国公司的分支机构应当在其名称中标明该外国公司的国籍及责任形式。外国公司的分支机构应当在本机构中置备该外国公司章程。

二、外国公司分支机构的法律地位

外国公司在中国境内设立的分支机构不具有中国法人资格。外国公司对其分支机构在中国境内进行经营活动承担民事责任。

经批准设立的外国公司分支机构，在中国境内从事业务活动，必须遵守中国的法律，不得损害中国的社会公共利益，其合法权益受中国法律保护。

外国公司撤销其在中国境内的分支机构时，必须依法清偿债务，依照本法有关公司清算程序的规定进行清算。未清偿债务之前，不得将其分支机构的财产移至中国境外。

思考与训练

一、思考题
1. 公司的特征是什么?
2. 子公司与分公司的区别是什么?
3. 有限责任公司的特征与设立条件是什么?
4. 股份有限公司的特征与设立条件是什么?
5. 有限责任公司及股份有限公司的异同是什么?
6. 公司合并与分立的法律后果是什么?
7. 外国公司分支机构的法律地位是怎样的?

二、案例分析

1. 李某在"小小"餐馆吃火锅时，餐馆使用的甲公司生产的火锅用小煤气炉发生爆炸。李某被炸伤，其医疗费、护理费、营养费等花去16万元，购买残疾人器具花费15万元，整容花费10万元。李某欲提起诉讼，索赔51万元（包含10万元精神损害赔偿）。但经过律师调查，发现甲公司的财产并不足以赔偿损失，甲公司财产不足的原因之一是甲公司的股东王某有50万元的出资没有到位。李某以甲公司、王某为共同被告提起诉讼，要求赔偿。甲公司和王某均主张以甲公司的现有财产予以赔偿，不足部分由"小小"餐馆赔偿，法院应当追加"小小"餐馆为共同被告。

问题：李某能否以甲公司和王某为共同被告，并要求王某在出资不足的范围内承担连带责任，为什么?

2. 甲、乙、丙、丁4个自然人签订协议，投资建立一家电器销售为（主）的有限责任公司，注册资本为40万元。甲、乙、丙3个人均以货币出资，投资额分别为10万元、10万元、5万元；丁以专利技术投资，该专利技术已向国家专利局申报，但尚未拿到专利证书，该专利协议作价20万元。同时，协议还规定：(1) 公司章程由丁独立起草，无须公司董事会审议通过。(2) 公司不设董事会，只设执行董事，甲为执行董事，并担任法定代表人及公司总经理。(3) 由甲提议，乙担任公司财务负责人，并兼任公司监事。(4) 公司成立后不足资金通过发行公司债券筹集，并计划发行公司债券20万元。(5) 修改公司章程或与其他公司合并时，需经全体公司董事过半数通过。(6) 公司前3年无论盈利与否，均不提取盈余公积金。

根据以上资料，结合公司法规定，分析说明以上不妥之处。

3. 嘉兴市有4家生产经营冶金产品的集体企业，拟设立一家股份有限公司，只发行定向募集的记名股票。注册资本为900万元，每个企业各承担200万元。在经过该市有关领导同意后，正式开始筹建。4个发起人各认购200万元，其余100万元向其他企业募集，并规定，只要支付购买股票的资金，就即时交付股票，无论公司是否成立。为了吸引企业购买，可将每股1元优惠到每股0.9元。一个月后，股款全部募足，发起人召开创立大会，但参加人所代表的股份总数只有1/3。原因主要是有两个发起人改变主意，抽回了其股本。创立大会决定仍要成立公司，就向公司登记机关提交了申请书，但公司登记机关认为根本其达不到设立股份公司的条件，且违法之处甚多，不予登记。此时，发起人也心灰意冷，宣布不成立公司了,各股东的股本也随即退回。但这样一来,公司在设立过程中所产生的各项费用及以公司名义欠的债务达 12 万元,加上被退回股本的发起人以外的股东要求赔偿利息损失 3 万元,合计 15 万元的债务,各发起人之间互相推诿,谁也不愿承担。各债权人于是推选 2 名代表到法院状告 4 个发起人,要求偿还债务。4 个发起人辩称,公司不能成立,大家都有责任,因此各人损失自己承担。

请问:(1)本案的股份公司成立过程中有哪些违法之处?

(2)本案 4 个发起人是否应承担公司不能成立时所产生的债务?为什么?

三、实训项目

实训主题:公司!公司!

实训要求:学生可以小组为单位拟设立一家公司,请拟定公司名称、公司登记时需提交的公司章程、股东名册等相关法律文件,选定公司董事长、经理、监事等高级管理人员,明确公司的经营范围,并制作公司营业执照。(公司设立所需资料见附表一~四)

实训目标:通过模拟公司成立的过程,让学生了解公司设立条件和设立过程以及相关法律文书的意义,并培养学生的法律思维和法律逻辑。

附表一

_____公司设立登记申请书

注：请仔细阅读"公司登记（备案申请书填写说明）"，按要求填写。

	√ 基本信息			
名　称				
名称预先核准文号或注册号				
住　所	_____省（市/自治区）_____市（地区/盟/自治州）_____县（自治县旗/自治旗/市/区）_____乡（民族乡/镇/街道）_____村（路/社区）_____号			
联系电话		邮政编码		
	√ 设立			
法定代表人姓名		职务	□董事长　□执行董事□经理	
注册资本	_____万元	公司类型		
设立方式（股份公司填写）	□发起设立		□募集设立	
经营范围				
经营期限	□_____年	√ 长期	申请执照副本数量	_____个
股东（发起人）	名称或姓名		证照号码	备注

附表二

指定代表或者共同委托代理人授权委托书

申 请 人：_____

指定代表或者委托代理人：_____

委托事项及权限：

1. 办理_____（企业名称）的

□名称预先核准 ☑设立 □变更 □注销 □备案 □撤销变更登记

□股权出质（□设立 □变更 □注销 □撤销）□其他_____手续。

2. 同意☑不同意□核对登记材料中的复印件并签署核对意见。

3. 同意☑不同意□修改企业自备文件的错误。

4. 同意☑不同意□修改有关表格的填写错误。

5. 同意☑不同意□领取营业执照和有关文书。

指定或者委托的有效期限：自　　年　月　日至　　年　月　日

指定代表或委托代理人或者经办人信息	签　字：
	固定电话：
	移动电话：

（指定代表或委托代理人、具体经办人身份证明复印件粘贴处）

（申请人签字或盖章）

年　月　日

附表三

法定代表人信息

姓　　名		联系电话	
身份证件类型		身份证件号码	

  　　　　　正面　　　　　　　　　　　背面   （身份证件复印件粘贴处）
   　　　法定代表人签字：　　　　　年　　月　　日

附表四

董事、监事、经理信息

姓名_____ 职务_____ 身份证件类型_____ 身份证件号码_____
正面   背面
（身份证件复印件粘贴处）
姓名_____ 职务_____ 身份证件类型_____ 身份证件号码_____
正面   背面
（身份证件复印件粘贴处）
姓名_____ 职务_____ 身份证件类型_____ 身份证件号码_____
正面   背面
（身份证件复印件粘贴处）

××××××××股份有限公司

章程（模板）

第一章 总则

第一条 为维护公司、股东和债权人的合法权益，规范公司的组织和行为，完善公司的经营机制，根据《公司法》《公司登记管理条例》及国家有关法律、法规的规定，制定本章程。

第二条 公司实行入股自愿、股权平等、利益共享、风险共担的原则。股东以其认购的股份为限对公司承担责任，公司以其全部资产为限对公司债务承担责任。

第三条 公司依法经公司登记机关取得法人资格，合法权益受国家法律保护。

第四条 公司从事经营活动，必须遵守法律、行政法规，遵守社会公德，商业道德，诚实守信，接受政府和社会公众的监督，承担社会责任。

第五条 本章程中的各项条款与国家法律、法规、规章不符的，以法律、法规、规章的规定为准。

第二章 公司的名称、住所、类型和设立方式

第六条 公司名称：_____股份有限公司。

公司住所：_____

邮政编码：_____

公司类型：_____

设立方式：_____

第三章 经营宗旨和范围

第七条 公司经营范围：_____。（以工商登记机关核定为准）

第四章 公司股份总数、每股金额和注册资本

第八条 公司总股本：_____万股，每股____元。

第九条 公司注册资本：____万元。

第五章 公司发起人、认购股份、出资方式和时间

第十条 _____认购的股份数_____股，认缴出资____万元，出资方式为：_____出资，出资时间：___年__月__日之前。

第十一条 发起人应当书面认足公司章程规定其认购的股份；一次缴纳的，应即缴纳全部出资；分期缴纳的，应即缴纳首期出资。以非货币财产出资的，应当依法办理其财产权的转移手续。

第十二条 股票采用纸面形式。股票应当载明下列主要事项：

（一）公司名称；

（二）公司成立日期；

（三）股票种类、票面金额及代表的股份数；

（四）股票的编号。

股票由法定代表人签名，公司盖章；发起人的股票，应当标明发起人股票字样。

第六章　股东和股东大会

第十三条　公司股东为依法向公司认购股份的人，股东应当遵守法律、法规和公司章程，依法行使股东权利，承担义务。

第十四条　公司股东享有以下权利：

（一）依照其所持有的股份份额获得股利和其他形式的利益分配；

（二）参加或者委派股东代理人参加股东会议；

（三）依照其所持有的股份份额行使表决权；

（四）对公司的经营行为进行监督，提出建议或者质询；

（五）依照法律、行政法规及公司章程的规定转让、赠予或质押其所持有的股份；

（六）依照法律、公司章程的规定获得有关信息；

（七）公司终止或者清算时，按其所持有的股份份额参加公司剩余财产的分配；

（八）法律、行政法规及公司章程所赋予的其他权利。

第十五条　公司股东负有下列义务：

（一）遵守公司章程，维护公司利益；

（二）股东应按约定期限缴纳各自所认购股份的出资额；

（三）依其所认缴的出资额对公司承担责任；

（四）公司办理注册登记后，不得抽回出资；

（五）法律、行政法规及公司章程规定应当承担的其他义务。

第十六条　公司设立股东大会，股东大会由全体股东组成，是公司的权力机构，依法行使下列职权：

（一）决定公司经营方针和投资计划；

（二）选举和更换董事，决定有关董事的报酬事项；

（三）选举和更换由股东代表出任的监事，决定有关监事的报酬事项；

（四）审议批准董事会的报告；

（五）审议批准监事会的报告；

（六）审议批准公司的年度财务预算方案、决算方案；

（七）审议批准公司的利润分配方案和弥补亏损方案；

（八）对公司增加或者减少注册资本做出决议；

（九）对公司公开发行股份或公司债券做出决议；

（十）审议批准公司重大资产收购出售方案；

（十一）对超过董事会授权范围的重大事项进行讨论和表决；

（十二）对公司合并、分立、解散和清算等事项做出决议；

（十三）修改公司章程；

（十四）对公司聘用、解聘会计师事务所做出决议；

（十五）审议代表公司发行在外有表决权股份总数的5%以上的股东的提案；

（十六）审议法律、法规和公司章程规定应当由股东大会决定的其他事项。

第十七条 股东大会对公司增加或者减少注册资本、分立、合并、解散、变更公司形式或者修改公司章程做出决议，须经出席股东大会会议的股东所持表决权的 2/3 以上通过。对其他事项做出决议，须经代表出席会议的股东所持表决权 1/2 以上通过。

第十八条 股东大会会议由股东按照认购股份行使表决权。

第十九条 股东大会会议分为定期会议和临时会议。定期会议每 3 个月召开一次。代表 1/10 以上表决权的股东，1/3 以上的董事，监事提议召开临时会议的，应当召开临时会议。

有下列情况之一的，应当在两个月内召开临时股东大会：

（一）董事人数不足本法规定人数或者公司章程所定人数的 2/3 时；

（二）公司未弥补的亏损达实收股本总额 1/3 时；

（三）单独或者合计持有公司 10% 以上股份的股东请求时；

（四）董事会认为必要时；

（五）监事会提议召开时；

（六）公司章程规定的其他情形。

公司召开股东大会，应当将会议召开的时间、地点和审议的事项于大会召开 20 日前通知各股东；临时股东大会应当于会议召开 15 日前通知各股东。

第二十条 股东大会会议由董事会依法召集，由董事长主持。董事长因故不能履行职务或者不履行职务的，由副董事长主持；副董事长不能履行职务或者不履行职务的，由半数以上董事共同推举一名董事主持。

股东大会应当对所议事项的决定做成会议记录，主持人、出席会议的董事应当在会议记录上签名。

第七章 董事

第二十一条 公司董事为自然人，担任公司董事应具备下列条件：

（一）遵纪守法，忠于职守，克己奉公，具有良好的组织、协调能力，具有一定的财务或法律等相关的业务知识；

（二）具有良好的道德品质，工作积极主动，工作能力强，成绩显著，熟悉企业生产经营状况。

董事任期从股东大会决议通过之日起计算，到本届董事会任期届满时为止。

第二十二条 董事应当遵守法律、法规和本章程的规定，忠实履行职责，维护公司利益。当其自身的利益与公司和股东的利益相冲突时，应当以公司和股东的最大利益为行为准则，并保证：

（一）在其职责范围内行使权利，不得越权；

（二）不得利用职权收受贿赂或者其他非法收入，不得侵占公司的财产；

（三）不得挪用资金或者将公司资金借贷给他人；

（四）不得利用职务便利为自己或他人侵占或者接受本应属于公司的商业机会；

（五）不得将公司资产以其个人名义或者以其他个人名义开立账户储存；

（六）不得擅自披露公司秘密，不得接受他人与公司交易的佣金归为己有。

第二十三条 董事应当谨慎、认真、勤勉地行使公司所赋予的权利，以保证：

（一）公司的商业行为符合国家的法律、行政法规以及国家各项经济政策的要求，商业活动不得超越营业执照规定的业务范围；

（二）公平对待所有股东；

（三）认真阅读公司的各项商务、财务报告，及时了解公司业务经营管理状况；

（四）行使被合法赋予的公司管理处置权，不得受他人操纵，不得将其处置权转授他人行使；

（五）接受监事会对其履行职责的合法监督和合理建议。

第二十四条 本节有关董事义务的规定，适用于公司监事、总经理和其他高级管理人员。

第八章 董事会、职权、议事规则

第二十五条 公司设董事会，成员为____人，董事由股东大会选举产生。董事每届任期____年，任期届满，连选可以连任。

董事会设董事长一人，由董事会过半数选举产生。

第二十六条 董事会对股东大会负责，行使下列职权：

（一）召集股东大会会议，并向股东大会报告工作；

（二）执行股东大会的决议；

（三）决定公司的经营计划和投资方案；

（四）制定公司的年度财务预算方案、决算方案；

（五）制定公司的利润分配方案和弥补亏损方案；

（六）制定公司增加或者减少注册资本以及发行公司债券的方案；

（七）制定公司合并、分立、解散或者变更公司形式的方案；

（八）决定公司内部管理机构的设置；

（九）决定聘任或者解聘公司经理及其报酬事项；并根据经理的提名决定聘任或者解聘公司副经理、财务负责人及其报酬事项；

（十）制定公司的基本管理制度；

（十一）法律、法规及公司章程规定的其他职权。

第二十七条 董事会会议每年至少召开两次，_____以上的董事或者监事会，可以提议召开董事会会议。董事长应当自接到提议后10日内，召集和主持董事会会议。

董事会会议应由董事长召集和主持；董事长不能履行职务或者不履行职务的，由副董事长召集和主持；副董事长不能履行职务或者不履行职务的，由半数以上董事共同推举一名董事召集和主持。

第二十八条 董事会决议的表决，实行一人一票。董事会会议有过半数的董事出席方可举行。董事会做出决议，必须经全体董事的过半数通过。公司董事对董事会会议决定承担责任。

第二十九条 董事会会议应当由董事本人出席，董事因故不能出席的，可以书面委托其他董事代为出席。代为出席会议的董事应当在授权范围内行使董事的权利。

第三十条　董事会召开临时董事会会议的通知方式为：专人送出、挂号邮件方式、传真方式；通知时限为：会议召开前10日。

第三十一条　董事会会议通知包括以下内容：

（一）会议日期和地点；

（二）会议期限；

（三）事由及议题；

（四）发出通知的日期。

第九章　经理

第三十二条　公司设经理，由董事会决定聘任或者解聘，董事可兼任总经理。

第三十三条　经理对董事会负责，行使下列职权：

（一）主持公司的生产经营管理工作，组织实施董事会决议；

（二）组织实施公司年度经营计划和投资方案；

（三）拟订公司内部管理机构设置方案；

（四）拟订公司的基本管理制度；

（五）制定公司的具体规章；

（六）提请聘任或者解聘公司副总经理、财务负责人；

（七）决定聘任或者解聘除应由董事会决定聘任或者解聘以外的负责管理人员及分公司的负责人；

（八）董事会授予的其他职权；

（九）法律、法规和公司章程规定的其他职权。

经理列席董事会会议。

第三十四条　董事、经理有下列行为之一，给予公司造成损害的，公司有权罢免其职务，并要赔偿经济损失：

（一）在公司外从事与本公司竞争业务；

（二）故意损害公司利益；

（三）泄露公司经济秘密和技术秘密。

第十章　监事会、职权、议事规则

第三十五条　公司设监事会，监事会由____人组成，监事由股东代表和公司职工代表出任，其中股东代表两人，职工代表一人；监事会中的职工代表由职工代表大会民主选举产生。董事、经理及财务负责人等高级管理人员不得兼任监事。监事会设主席一人，由全体监事过半数选举产生；监事会主席召集和主持监事会会议。监事任期每届为3年，任期届满，连选可以连任。

第三十六条　监事会行使下列职权：

（一）检查公司财务；

（二）对董事、高级管理人员执行公司职务的行为进行监督，对违反法律、行政法规、公司章程或者股东大会决议的董事、高级管理人员提出罢免的建议；

（三）当董事、高级管理人员的行为损害公司的利益时，要求其予以纠正；

（四）提议召开临时股东大会会议，在董事会不履行召集和主持股东大会会议职责时，召集和主持股东大会会议；

（五）向股东大会会议提出提案；

（六）依照《公司法》的规定，对董事、高级管理人员提起诉讼；

（七）法律、法规和公司章程规定的其他职权。

第三十七条 监事会每6个月至少召开一次会议，监事可以提议召开临时监事会会议。召开监事会会议，应于10日前通知全体监事，监事会决议应当经过半数以上监事通过。监事会应当对所议事项的决定做成会议记录，出席会议的监事应当在会议记录上签名。

监事会会议通知包括以下内容：举行会议的日期、地点和会议期限，事由及议题，发出通知的日期。

第三十八条 监事行使职权时可委托律师、注册会计师、职业审计师等人员协助，聘任费用由公司承担。

第三十九条 公司监事不履行监督义务，或履行监督义务不当的，致使公司遭受损失或扰乱公司正常生产经营秩序，由股东大会会议罢免其职务。

第十一章 公司的法定代表人

第四十条 ＿＿＿＿＿＿＿＿为公司的法定代表人。法定代表人行使下列职权：

（一）代表公司签署有关文件；

（二）代表公司签订合同；

（三）公司章程规定的其他职权。

第十二章 转让股份和变更注册资本

第四十一条 股东持有股份可以依法转让。本公司发起人持有本公司股份自公司成立之日起1年内不得转让。公司董事、监事等高级管理人员所持股份在其离职半年内不得转让。公司股东之间可以相互转让其全部或部分股份。经股东同意转让的股份，在同等条件下，其他股东对该出资有优先购买权。

第四十二条 股东转让其股份，受让人应向公司办理有关登记手续。

第四十三条 公司增加或减少注册资本应由股东大会做出决议，股东对新增的注册资本有优先购买权。股东认缴新增资本的股份，应按设立股份有限公司缴纳出资的规定执行。

公司因特殊情况减少注册资本应由股东大会做出决议，并编制资产负债表及财产清单。公司应当在做出减少注册资本决议之日起10日内通知债权人，并于30日内在报纸上至少公告一次。债权人自接到通知书之日起30日内；未接到通知的，自第一次公告之日起45日内，有权要求公司清偿债务或提供相应的担保，方可减少注册资本，并向公司登记机关办理变更登记。

公司减资后的注册资本不得低于法定的最低限额。

第十三章 财务会计制度、利润分配和审计

第四十四条 公司按照法律、法规和国务院财政部门制定的《企业财务通则》《企业会计准则》的规定，制定和实施公司财务会计制度。公司会计核算采用公历纪年制，自1月1日起到12月31日止为一个会计年度。

第四十五条 公司应在每一个会计年度终了时编制财务会计报告,依法经会计师事务所审计,并于15日内将财务会计报告送交各股东。

第四十六条 公司应按照地方政府和上级主管部门的规定,向有关政府部门及上级主管部门报送财务会计报表。

第四十七条 本公司按照国家及上级主管部门规定制定审计制度。公司按照有关法律、法规办理税务登记,依法缴纳税款和其他费用。

第四十八条 公司税后利润,除国家另有规定外,按以下顺序进行支配:

(一) 弥补公司上年度亏损;

(二) 提取10%的法定公积金,法定公积金已达公司注册资金的50%时,不再提取;

(三) 股东分红。

第四十九条 公司在未弥补公司亏损和提取法定公积金前,不得分配利润。公司每年分配利润一次,每个会计年度终了后3个月内公布公司利润分配方案。公司可供分配的利润按照股东出资比例分配。

第五十条 公司的法定公积金用于下列各项用途:

(一) 弥补公司亏损;

(二) 增加公司注册资本;

(三) 国家另有规定的其他用途。

第十四章 公司重要规定

第五十一条 有下列情形之一的不得担任公司董事、监事、经理:

(一) 无民事行为能力或者限制民事行为能力;

(二) 因犯有贪污、贿赂、侵占财产、挪用财产罪或者破坏社会经济秩序罪,被判处刑罚,执行期满未逾5年,或者因犯罪被剥夺政治权利,执行期满未逾5年;

(三) 担任因经营不善破产清算的公司、企业的董事或者法定代表人、经理,并对该公司、企业破产负有个人责任的,自该公司、企业破产清算完结之日起未逾3年;

(四) 担任因违法被吊销营业执照公司、企业的法定代表人,并负有个人责任的,自该公司、企业被吊销营业执照之日起未逾3年。

(五) _____。

第五十二条 公司董事、监事、经理应当遵守公司章程,忠实履行职务,维护公司利益,不得利用在公司的地位和职权为自己谋取私利。不得利用职权收受贿赂或者其他非法收入,不得侵占公司的财产。

第五十三条 公司董事、监事、经理除依照法律规定或经股东大会同意外,不得泄露公司秘密。违反法律、法规和公司章程规定,给公司造成损害的,应当承担赔偿责任。

第五十四条 有下列情形之一的,公司应当修改章程:

(一) 《公司法》或有关法律、行政法规修改后,章程规定的事项与修改后的法律、行政法规的规定相抵触;

(二) 公司的情况发生变化,与章程记载的事项不一致;

(三) 股东大会决定修改章程。

股东大会决议通过的章程修改事项应依法办理变更登记。

第十五章 公司的解散及清算

第五十五条 有下列情形之一时，公司应当解散并依法进行清算：

（一）公司章程规定的营业期限届满或者公司章程规定的其他解散事由出现；

（二）股东会或者股东大会决议解散；

（三）因公司合并或者分立需要解散；

（四）依法被吊销营业执照、责令关闭或者被撤销；

（五）人民法院依照《公司法》法第183条的规定予以解散。

第五十六条 公司终止应进行清算。公司因本章程第六十七条第（一）、（二）款终止的，由股东大会会议做出决议，成立清算组进行清算。因本章程第六十七条第（三）款终止的，由人民法院组成清算组进行清算。因本章程第六十七条第（四）款终止的，由有关机关依法组成清算组进行清算。

第五十七条 清算组在清算期间行使下列职权：

（一）清理公司财产，分别编制资产负债表和财产清单；

（二）通知、公告债权人；

（三）处理与清算有关公司未了结的业务；

（四）清缴所欠税款以及清算过程中产生的税款；

（五）清理债权、债务；

（六）处理公司清偿债务后的剩余财产；

（七）代表公司参与民事诉讼活动。

第五十八条 公司清算期间，不得从事与清算无关的经营活动，任何人未经清算组同意，不得处分公司财产。

第五十九条 清算组在清理公司财产、编制资产负债表和财产清单后，应制定清算方案，报股东大会或有关上级部门确认。公司财产能够清偿公司债务的，首先支付以下费用：

（一）＿＿＿＿＿＿＿；

（二）＿＿＿＿＿＿＿；

（三）公司清偿债务后的剩余财产，按照股东的出资比例分配。

第六十条 公司清算结束后，清算组应制作清算报告，报公司股东或有关上级部门确认，并报公司登记机关申请公司注销，公告公司终止。

第十六章 公司的通知和公告办法

第六十一条 公司的通知以下列形式发出：以专人送出；以邮件方式送出；以公告方式进行；公司章程规定的其他形式。

第六十二条 公司发出的通知，以公告方式进行的，一经公告，视为所有相关人员收到通知。公司召开股东大会、董事会和监事会的会议通知，以专人送出、邮件方式、传真方式进行。

第六十三条 公司通知以专人送出的，由被送达人在送达回执上签名（或盖章），被送达人签收日期为送达日期；公司通知以邮件送出的，自交付邮局之日起第7个工作日为送达日期；公司通知以公告方式送出的，第一次公告刊登日为送达日期。

第六十四条　因意外遗漏未向某有权得到通知的人送出会议通知或者该等人没有收到会议通知，会议及会议做出的决议并不因此无效。

第六十五条　公司指定_____为刊登公司公告和其他需要披露信息的报刊。

第十七章　附则

第六十六条　本章程以中文书写，以在西安市工商行政管理局最近一次核准登记后的中文版章程为准。

第六十七条　本章程经本公司创立大会首次会议审议通过后生效。

第六十八条　本章程解释权归公司股东大会。本章程与法律、法规规定不一致的，以法律、法规规定为准。

全体股东签字：

年　　月　　日

附件

公司登记（备案）申请书填写说明

注：以下"说明"供填写申请书参照使用，不需向登记机关提供。

1. 本申请书适用于有限责任公司、股份有限公司向公司登记机关申请设立、变更登记及有关事项备案。

2. 向登记机关提交的申请书只填写与本次申请有关的栏目。

3. 申请公司设立登记，填写"基本信息"栏、"设立"栏有关内容及附表三"法定代表人信息"、附表四"董事、监事、经理信息"。"申请人声明"由公司拟任法定代表人签署。"股东（发起人）"栏可加行续写或附页续写。

4. 公司申请变更登记，填写"基本信息"栏及"变更"栏有关内容。"申请人声明"由公司原法定代表人或者拟任法定代表人签署并加盖公司公章。申请变更同时需要"备案"的，同时填写"备案"栏有关内容。申请公司名称变更，在名称中增加"集团或（集团）"字样的，应当填写集团名称、集团简称（无集团简称的可不填）；申请公司法定代表人变更的，应填写、提交拟任法定代表人信息（附表三"法定代表人信息"）；申请股东（发起人）及投资情况变更的，可以参照"股东（发起人）"格式附表填写原登记及拟变更内容。变更项目可加行续写或附页续写。

5. 公司增设分公司的应向原登记机关备案，填写"基本信息"栏及"备案"栏有关内容，"申请人声明"由法定代表人签署并加盖公司公章。"分公司增设"项可加行续写或附页续写。

6. 公司申请章程修订或其他事项备案的，填写"基本信息"栏及"备案"栏有关内容，"申请人声明"由公司法定代表人签署并加盖公司公章；申请清算组备案的，"申请人声明"由公司清算组负责人签署。

7. 办理公司设立登记填写名称预先核准通知书文号，不填写注册号。办理变更登记、备案填写公司注册号，不填写名称预先核准通知书文号。

8. 公司类型应当填写"有限责任公司"或"股份有限公司"。其中，国有独资公司应当填写"有限责任公司（国有独资）"；一人有限责任公司应当注明"一人有限责任公司（自然人独资）"或"一人有限责任公司（法人独资）"。

9. 股份有限公司应在"设立方式"栏选择填写"发起设立"或者"募集设立"。有限责任公司无须填写此项。

10. "经营范围"栏应根据公司章程、参照《国民经济行业分类》国家标准及有关规定填写。

11. 申请人提交的申请书应当使用 A4 型纸。依本表打印生成的，使用黑色钢笔或签字笔签署；手工填写的，使用黑色钢笔或签字笔工整填写、签署。

第五模块

合同法律实务

学习目标

1. 了解合同的起源和发展历史；
2. 了解契约精神在商事法律关系和经济活动中的重要地位；
3. 掌握合同的基本概念和合同法的基本原则；
4. 掌握订立一般合同的基本步骤；
5. 理解合同订立后的效力；
6. 解决实际生活中履行合同时可能发生的问题和纠纷。

课前案例

原告王某与被告某公司签订了一份"橱柜购销合同"，由原告王某制作橱柜若干套，并约定了延迟履行违约金的标准。合同签订后，原告制作完成了全部橱柜，但是被告一直拖欠原告橱柜制作款7万余元，原告遂提起诉讼。被告以橱柜质量不符合合同约定为由提起反诉，经一审法院委托有资质的机构对原告制作的橱柜进行鉴定，制作橱柜的大芯板厚度为15毫米，不符合合同约定的18毫米，水盆等不锈钢制品的材质不符合合同约定的304不锈钢材质。

解析：根据《合同法》第112条："质量不符合约定的，应当按照当事人的约定承担违约责任。对违约责任没有约定或者约定不明确，依照本法第61条的规定仍不能确定的，受损害方根据标的性质以及损失的大小，可以合理选择要求对方承担修理、更换、重作、退货、减少价款或者报酬等违约责任。"本案中，王某制作的橱柜的质量部分不符合合同约定，但是双方签订的合同没有约定对质量的违约责任，无法协商解决，故应当按照合同法第112条的规定承担违约责任，同时，王某制作的橱柜虽然有质量不合格的地方，但是不影响使用且对方已部分交付给客户使用,考虑到重做的履行费用过高,因此,二审法院对某公司要求重做的主张不予支持,而是依法判决变更为减少价款。

第一节　合同概述

　　合同法本质上是财产流转关系的法律规范。合同法以债权债务关系即当事人间的权利、义务关系为直接调整对象,其深层的社会关系则是社会的财产流转关系。民法调整的财产关系包括静态的财产关系和动态的财产关系,即财产所有和财产流转关系两大部分。合同法调整的是其中的动态的财产流转关系,反映的是平等主体间在转让产品或货币,完成工作和提供劳务的活动中产生的债务的清偿或履行,具体体现着财产从一个民事主体到达另一个主体的合法移转过程。这是合同法与物权法分工的明显不同。合同法与物权法虽都是财产法,然而物权,尤其是其中的所有权,直接规定社会财产的归属关系,其所要解决的是现存财产归谁所有的问题,主要是生产资料归谁所有。因而,所有权及至整个物权,本质上是规定和反映社会财产关系的静止状态。而合同法作为调整债权关系的法律规范,规定和反映的是社会财产或其他劳动成果从生产领域移转到交换领域,并经过交换领域进入消费领域,其内容主要表现为转移已占有的财产,转换的目的或是实现对财产的占有,或是创造一个新的占有。因此,合同是当事人处分财产或获得财产的重要法律手段,充分反映着流通领域内的财产运动状态。合同法通过确认和保障合同当事人正当行使权利、履行义务,依法约束自己的行为,进而对这种财产流转关系进行规范和调整。

一、契约精神

　　契约精神是西方文明社会的主流精神,在民主法治的形成过程中有着极为重要的作用,一方面在市民社会私主体的契约精神促进了商品交易的发展,为法治创造了经济基础,同时为市民社会提供了良好的秩序;另一方面根据私人契约精神,上升至公法领域,在控制公权力、实现人权方面具有重要意义。无论是私法的契约精神(在商品经济中的交易精神),还是公法上的契约精神,对我国社会主义法治国家的构建和社会主义市场经济的良性运转都有着积极作用。

　　(一)一个真实的故事

　　1797年,在美国纽约哈德逊河湾,一个小孩,因坠崖丧生,其父母为孩子立了一块墓碑。后来因为家道衰落,父母把这块地卖掉,卖给新主人的时候,在合同里约定,希望把这坟墓永远保留下去。过了100年,格兰特将军把墓地选在此处,但他并没把小孩的陵墓迁走。1997年,纽约市长又整修了这个小孩的坟墓。

　　这个故事告诉我们,承诺了就要做到!

　　(二)什么是契约精神

　　理论上,契约精神包括三大内容,即契约自由、契约正义、契约严守。

1. 契约自由

　　契约自由包括以下几个方面:选择对方当事人的自由;定价的自由;确定合同具体的权

利义务的自由；选择救济方式的自由；合同变更和解除的自由等。这是市场经济体法律体系的最核心的一个原则，是在合同法中贯彻始终的。契约反映的是双方的真实意愿、自由意志，如果有强迫，就不自由了，就可能导致合同无效。

但是，我们应该看到，契约自由的自由是有限度的，只有有限度，才会受法律保护，这才是契约自由最有价值的部分。

不管是精神法，还是民法，都有一个原则在前面，那就是诚实信用，这是市场经济运行的最基本的体系和法则。我们在行使自由权，包括缔约自由、要价自由、交易自由等。最核心的是，所实现的这个合同具有权利和义务的对等性，或者是体现了诚实性的原则，包括那些拥有非常强的市场力量，甚至垄断和寡占的厂商，也依然要遵循这样一个原则，即所提交的合同不能有霸王条款。如果有这样的条款，就是没有效力的。

所以，我们说契约自由是在一定限度内的自由。如果超过了一定限度，就会导致合同无效，一定要在法律的边界和限度内去行使。

2. 契约正义

契约正义反映的是订立合同的主体双方的平等、公正和公平。任何经济体打交道时，都要讲究权利和义务的平等性、值得信赖性，只有互相赋有权利、赋有义务，才真正是公平公正、互利共赢，在这样的基础上，才有更大的合作空间。如果一方违反，那么另一方会变更，甚至退出，即上面所讲到的契约自由。自由是一个前提，但自由的核心，是让它能够存在，能够易行，双方能够遵守，能促使以后企业合作圆满、顺利。而公正就是基础，如果任何一方只有权利，没有义务，或者说有更多的义务，更少的权利，就违背了契约公正的精神和原则，就会埋下隐患。如果显失公平，法律就主张撤销这个契约或者去变更，即合同无效。在人与人之间、单位与单位之间、股东与股东之间等，都是要遵守契约的，只要双方达成一致，就要公平、公正地完全履行契约。

另外，主体的平等性，体现在无论是自然人、法人还是国家，只要参与到商业活动中，使用的形式是合同，地位就应该平等。

孟德斯鸠说过："在民法慈母般的眼中，每个人就是整个国家。"也就是说，只有具有主体地位的平等性，才能上升到权利、义务的对等性。所以，在英美契约法中，在合同的成立过程中，特别强调一个因素，那就是平等，即我们可以缔结合同，但若这个合同没有足够多的对价，则这个合同是没有效力的，不会受法律保护。

3. 契约严守

有学者做过统计，在现实司法实践中，因合同纠纷引起的案件，有70%是不守约导致的。也就是说，诚实守信是非常重要的。如果签订了合同，而没有得到履行，即双方的权利和义务落空了，就等于没有了契约，这是市场经济体制下一个非常严重的问题。社会的诚信建设遭到了很大破坏，对法治和经济的破坏也非常严重。

17世纪时，一位名叫巴伦支的船长带领荷兰船队，为开辟一条北方新航路，被冰封的海面冻住长达8个月之久。在这8个月中，他们拆甲板烧火取暖，通过打猎获取食物和衣服。甚至在恶劣的险境中，18个人中死去了8人。不可思议的是，他们丝毫未动别人委托给他们的货物，而货物中就有他们需要的药品和衣服。

荷兰商人用他们的生命作代价，信守了"契约神圣"精神，这种契约精神为荷兰带来了世界市场，使得荷兰这个人口不足两千万人，国土面积只有两个半北京大小的欧洲小国，成为17世纪航海和贸易强国。当时荷兰的商船数目超过欧洲所有国家商船数目总和，被誉为"海上马车夫"。

二、我国合同法的发展历程

1999年3月，第九届人大二次会议通过并公布了《合同法》，废除了之前"三法"鼎立的局面。随着改革的不断深化，开放的不断扩大和现代经济建设的不断发展，这三部有关合同的法律在实施中暴露出一些问题：一是国内经济合同、涉外经济合同、技术合同分别适用不同的合同法律，有些共性问题不统一，某些规定较为一致，有的规定则不尽一致，根据社会主义市场经济的实际发展的要求，有必要制定一部统一的合同法；二是近年来，在市场交易中利用合同形式搞欺诈，损害国家、社会和他人利益的情况较为突出。在防范合同欺诈、维护社会主义市场经济秩序方面，需做出补充的规定；三是调整的范围已不能完全适应，同时近年来，也出现了融资租赁等新的合同种类，委托、行纪合同也日益增多，客观也需要做出相应规定。纵观我国合同法的发展历程，可以得出这样一个结论：凡是在我国承认并发展商品经济的时期，合同立法就发达；反之，合同立法就停滞，甚至被取消。当前，社会主义市场经济体制的确立迎来了合同法的春天，与此同时，合同法为市场经济和微观管理提供了法律保障，更加有力地促进社会主义市场经济的健康发展。

三、合同法的基本原则

（一）平等原则

平等原则是指合同当事人的法律地位平等，一方不得将自己的意志强加给另一方。理解平等原则应注意以下两个要点：

第一个要点是平等原则的范围。在一个合同中，当事人之间的关系要求平等，这既不是说合同当事人与其他人的关系平等，也不是说这个当事人在社会生活中的地位是平等的。社会生活中的一些当事人，例如，在政治领域不平等的两个人，一旦加入了一个合同关系，作为合同当事人，双方就是平等的。因此，平等原则的范围仅限于合同关系的当事人之间。

第二个要点是指法律地位平等。法律地位平等的含义就是说，要平等相待，不能够强迫对方，更不能够把自己的意志强加给对方。这里的平等并不是指合同当事人的经济实力平等。法律地位平等主要表现在谈判、签订合同、履行合同时应该和对方平起平坐，共同协商。

（二）自愿原则

自愿原则是"私法自治"的精髓。自愿原则体现了民事活动的基本特征，是民事关系区别于行政法律关系、刑事法律关系的特有原则。民事活动除法律强制性的规定外，由当事人自愿约定。自愿原则主要表现在合同当事人依法享有在缔结合同、选择相对人、决定合同内容以及在变更和解除合同、选择合同补救方式等方面的自由。

(三) 公平原则

《合同法》第 5 条规定："当事人应当遵循公平原则确定各方的权利和义务。"理解公平原则需要注意两个点：一是公平原则的适用范围。公平原则的适用范围是指在合同的当事人之间，在一个合同关系上是公平的。合同当事人和当事人之外的第三人之间的关系是不可以用公平原则去要求的。公平原则适用范围很窄，限于同一个合同关系上的当事人之间的关系。二是公平原则的作用。公平原则是用来衡量当事人之间的权利义务关系的，当事人之间确定的权利与义务要公平。公平是指双方当事人在利害关系上大体平衡。如果一方当事人只享受权利，不承担风险、损失、亏损，而让另一方当事人去承担风险、损失、亏损，却不享有权利，那么就造成当事人的权利义务关系严重不平衡。公平原则是从正面要求当事人在签订合同时要遵循公平原则，维持双方当事人之间的利害关系平衡。

(四) 诚实信用原则

诚实信用原则是指当事人在从事民事活动时，应诚实守信，以善意的方式履行其义务，不得滥用权利，不得规避法律或合同规定的义务。"人无信不立，国无信则衰。"诚实信用既是一个国家经济繁荣与社会发展的基础，也是市场经济秩序的基本内容，系《合同法》的最高指导原则，也被称为"帝王原则"，绝大部分的纠纷都是因违反诚信原则而产生的。

(五) 尊重社会公德原则

《合同法》第 7 条规定："当事人订立、履行合同，应当遵守法律、行政法规，尊重社会公德，不得扰乱社会经济秩序，损害社会公共利益。"

四、合同的概念和分类

(一) 合同的由来

合同是适应私有制商品经济的客观要求出现的，是商品交换在法律上的表现形式。商品生产产生后，为了交换的安全和信誉，人们在长期的交换实践中逐渐形成了许多关于交换的习惯和仪式。这些商品交换的习惯和仪式便逐渐成为调整商品交换的一般规则。随着私有制的确立和国家的产生，统治阶级为了维护私有制和正常的经济秩序，把有利于他们的商品交换习惯和规则用法律形式加以规定，并以国家强制力保障实行。于是商品交换的合同法便应运而生了。古罗马时期，合同就受到人们的重视。签订合同必须经过规定的方式，才能产生法律效力。如果合同仪式的术语和动作有遗漏任何一个细节，就会导致整个合同无效。随着商品经济的发展，这种烦琐的形式直接影响了商品交换的发展。在理论和实践上，罗马法逐渐克服了缔约中的形式主义。要物合同和合意合同的出现，标志着罗马法从重视形式转为重视缔约人的意志，从而使商品交换从烦琐的形式中解脱出来。

合同制在中国古代也有着悠久的历史。《周礼》对早期合同的形式有较为详细的规定。判书、质剂、傅别、书契等都是古代合同的书面形式。经过唐、宋、元、明、清，法律对合同的规定也越来越系统。

(二) 合同的概念

合同是平等主体的自然人、法人、其他组织之间设立、变更、终止民事权利、义务关系的协议。

广义的合同指所有法律部门中确定权利、义务关系的协议；狭义的合同指一切民事合同；还有最狭义合同，仅指民事合同中的债权合同。合同作为一种民事法律行为，是当事人协商一致的产物，是两个以上的意思表示相一致的协议。只有当事人所做出的意思表示合法，合同才具有国家法律约束力。

依法成立的合同从成立之日起生效，具有国家法律约束力。

值得注意的是，婚姻、收养、监护等有关身份关系的协议，适用其他法律的规定。

（三）合同的分类

合同的分类是指基于一定的标准，将合同划分为不同的类型。一般来说，合同可以做出如下分类：

1. 有名合同和无名合同

无名合同又称非典型合同，是指法律上尚未确定一定名称与规则的合同。根据合同自由原则，合同当事人可以自由决定合同的内容。因此，即使当事人订立的合同不属于有名合同的范围，只要不违背法律的禁止性规定和社会公共利益，也仍然是有效的。可见，当事人可以自由订立无名合同。

有名合同又称典型合同，是指由法律赋予其特定名称及具体规则的合同。如买卖合同、借款合同、租赁合同、融资租赁合同、承揽合同、运输合同、技术合同、保管合同、委托合同等都属于有名合同。除《合同法》中规定的合同外，一些单行法律也规定了一些合同关系，如《中华人民共和国担保法》中规定的保证合同、抵押合同和质押合同，《保险法》中规定的保险合同，《中华人民共和国城市房地产法》规定的土地使用权出让和转让合同等。对于有名合同的内容，法律通常设有一些规定，但这些规定大多为任意性规范，当事人可以通过约定来改变法律的规定。也就是说，法律关于有名合同内容的规定，主要规范合同的内容，并非要代替当事人订立合同。从合同立法的发展趋势来看，为了规范合同关系，保护合同当事人权益，各国合同立法都扩大了有名合同的范围，但这种发展趋势并非意味着对当事人合同自由的干预大大加强，而是为了进一步规范合同关系，促使当事人正确订约。

2. 双务合同和单务合同

根据合同当事人是否互相负有给付义务，可将合同分为双务合同和单务合同。双务合同是指当事人双方互负对待给付义务的合同，即双方当事人互享债权、互负债务，一方的权利正好是另一方的义务，彼此形成对价关系。例如在买卖合同中，卖方有获得价款的权利，而买方正好有支付价款的义务；反过来，买方有取得货物的权利，而卖方正好有交付货物并转移货物所有权的义务。单务合同是指合同双方当事人中仅有一方负担义务而另一方只享有权利的合同。例如在借用合同中，只有借用人负有按约定使用并按期归还借用物的义务；在商事法律实践中，大多数的合同都是双务合同，单务合同比较少见。

3. 有偿合同和无偿合同

根据合同当事人之间的权利、义务是否存在对价关系，可将合同分为有偿合同与无偿合同。

有偿合同是指当事人一方给予对方某种利益，对方要得到该利益必须为此支付相应代价的合同。在实践中，绝大多数反映交易关系的合同都是有偿的，如买卖合同、租赁合同、加工承揽合同、运输合同、仓储合同等。无偿合同是指一方给付对方某种利益，对方取得该利益时并不支付相应代价的合同，如赠予合同、借用合同等。在实践中，无偿合同数量比较少。而有的合同既可以是有偿的，也可以是无偿的，如自然人之间的保管合同、委托合同等，双方既可以约定是有报酬的（即有偿的保管、委托），也可以约定为没有报酬（即无偿的保管、委托）。

需要注意的是，双务合同不一定就是有偿合同，无偿合同不一定就是单务合同。在无偿合同中，一方当事人可能也要承担一定的义务，如借用合同是无偿合同，借用人无须向出借人支付报酬，但属于双务合同，出借人有交付借用物的义务，借用人负有正当使用和按期返还的义务。

4. 要式合同和不要式合同

根据法律对合同的形式是否有特定要求，可将合同分为要式合同与不要式合同。

要式合同是指根据法律规定必须采取特定形式的合同。对于一些重要的交易，法律常要求当事人必须采取特定的方式订立合同。例如，中外合资经营企业合同必须由审批机关批准，合同方能成立。不要式合同是指当事人订立的合同依法并不需要采取特定的形式，当事人既可以采取口头方式，也可以采取书面形式。除法律有特别规定以外，合同均为不要式合同。根据合同自由原则，当事人有权选择合同形式，但对于法律有特别的形式要件规定的，当事人必须遵循法律规定。

5. 主合同和从合同

根据合同相互间的主从关系，可将合同分为主合同与从合同。

主合同是指不以其他合同的存在为前提而能够独立存在的合同。从合同是指不能独立存在而以其他合同为存在前提的合同。例如，甲与乙订立借款合同，丙为担保乙偿还借款而与甲签订保证合同，则甲乙之间的借款合同为主合同，甲丙之间的保证合同为从合同。

第二节　合同的订立

一、合同订立的条件

1. 订约主体

所谓订约主体是指实际订立合同的人，他们既可以是未来的合同当事人，也可以是合同当事人的代理人，订约主体与合同主体是不同的，合同主体是合同关系的当事人，他们是实际享受合同权利并承担合同义务的法人。

2. 双方当事人订立合同必须依法进行

所谓依法签订合同，是指订立合同要符合法律、行政法规的要求，由于合同约定的是当事人双方之间的权利和义务关系，而权利和义务是依照法律规定所享有和承担的，因此订立合同必须符合法律、行政法规的规定。如果当事人订立的合同违反法律、行政法规的要求，法律就不予承认和保护，这样，当事人达成协议的目的就不能实现，订立合同也有失去了意义。

3. 当事人必须就合同的主要条款协商一致

合同必须是经过双方当事人协商一致的,所谓协商一致,是指经过谈判、讨价还价后达成的相同的、没有分歧的看法。

4. 合同的成立应具备要约和承诺阶段

要约、承诺既是合同成立的基本规则,也是合同成立必须经过的两个阶段。如果合同没有经过承诺,而只是停留在要约阶段,则合同未成立。合同从合同当事人之间的交涉开始,由合同要约和对此的承诺达成一致而成立。

二、合同的订立阶段

1. 第一阶段——要约

要约又称发盘、出盘、发价或报价等。根据《合同法》第14条规定:"要约是希望和他人订立合同的意思表示。"可见,要约是一方当事人以缔结合同为目的,向对方当事人所做的意思表示。发出要约的人称为要约人,接受要约的人则称为受要约人、相对人和承诺人。

《合同法》第13条规定:要约是订立合同的必经阶段,不经过要约,合同是不可能成立的,要约作为一种订约的意思表示,它能够对要约人和受要约人产生一种拘束力。尤其是要约人在要约的有效期限内,必须受要约的内容拘束。依据《合同法》第14条,要约的意思表示必须"表明经受要约人承诺,要约人即受该意思表示约束"。要约发出后,非依法律规定或受要约人的同意,不得变更、撤销要约的内容,据此表明要约与不能产生行为预期的法律效果的事实行为是不同的。由于要约人要受要约的拘束,因此要约与要约邀请也是不同的。

要约的主要构成要件如下:

第一,要约是由具有订约能力的特定人做出的意思表示。《合同法》第9条规定:当事人订立合同,应当具有相应的民事权利能力和民事行为能力。

第二,要约必须具有订立合同的意图。《合同法》第14条规定:要约是希望和他人订立合同的意思表示,要约中必须表明要约经受要约人承诺,要约人即受该意思表示约束。

第三,要约必须是向要约人希望与其缔结合同的受要约人发出。要约人向谁发出要约也就是希望与谁订立合同,要约只有向要约人希望与其缔结合同的受要约人发出才能够唤起受要约人的承诺。原则上,要约应向一个或数个特定人发出,即受要约人原则上应当特定。向不特定人发出要约,必须具备两个要件:一是必须明确表示其做出的建议是一项要约而不是要约邀请。二是必须明确承担向多人发出要约的责任,尤其是要约人向不特定人发出要约后,应当具有在合同成立以后,向不特定的受要约人履行合同的能力。

第四,要约的内容必须具体确定。《合同法》第14条规定,要约的内容必须具体确定。所谓"具体",是指要约的内容必须具有足以使合同成立的主要条款;所谓"确定",是指要约的内容必须明确,而不能含糊不清,使受要约人不能理解要约人的真实意图。

只有具备上述四个要件,才能构成一个有效的要约。

2. 要约邀请

要约邀请又称引诱要约,《合同法》第 15 条规定：要约邀请是指希望他人向自己发出要约的意思表示。要约邀请不是一种意思表示,而是一种事实行为,也就是说,要约邀请是当事人订立合同的预备行为,在发出要约邀请时,当事人处于订约的准备阶段。要约邀请只是引诱他人发出要约,它不能因相对人的承诺而成立合同。在发出要约邀请以后,要约邀请人撤回其邀请,只要没有给善意相对人造成信赖利益的损失,要约邀请人一般不承担法律责任。

《合同法》第 15 条规定：寄送的价目表、拍卖公告、招标公告、招股说明书、商业广告等为要约邀请,据此对这些行为应认定为要约邀请。

3. 第二阶段——承诺

在一般商事法律活动中,承诺又称"接盘",是指受要约人同意要约的意思表示。承诺应当在要约确定的期限内到达要约人。承诺应与要约的内容一致。凡受要约人对要约的内容做了实质性的变更或修改的,都不构成承诺,而只是一个新的要约。承诺也可以撤回,但撤回承诺的通知必须于承诺到达要约人之前或与承诺同时到达要约人。

任何有效的承诺,都必须具备以下条件：

第一,承诺必须由受要约人做出。要约和承诺是一种相对人的行为。因此,承诺必须由被要约人做出。被要约人以外的任何第三者即使知道要约的内容并对此做出同意的意思表示,也不能认为是承诺。

第二,承诺必须在有效时间内做出。要约在其存续期间才有效力,一旦受约人承诺便可成立合同。因此,承诺必须在此期间做出。如果要约未规定存续期间,那么在对话人之间,承诺应立即做出；在非对话人之间,承诺应在合理的期间做出(《合同法》第 23 条)。凡在要约的存续期间届满后承诺的,是迟到的承诺,不发生承诺的效力,应视为新要约(《合同法》第 28 条)。但是,受约人在要约的存续期间内做出承诺,依通常情形在相当期间内可到达要约人,但因电报故障、信函误投等传达故障致使承诺迟到的,为特殊的迟到。在这种特殊迟到的情况下,承诺人原可期待合同因适时承诺而成立,依诚实信用原则,要约人应有通知义务,即及时地向承诺人发出承诺迟到的通知。怠于为此通知的,承诺视为未迟到,合同因而成立(《合同法》第 29 条)。该承诺迟到的时间,属于一种事实通知,以要约人将迟到的事实通知承诺人即足够,并且依发送而生效力,不到达的风险由承诺人负担。如甲向乙要约,乙的承诺发生特殊的迟到。甲不依法向乙为此承诺迟到的通知,合同成立；甲向乙发送承诺迟到的通知,但因传达故障乙并未收到,合同不成立。所谓及时发出,指依善良管理人的注意,在情事所允许的范围内,不迟延而为发送。在承诺使用快递的传达工具时,承诺迟到的通知原则上亦须使用正确方法。承诺迟到的通知义务,不是法律上真正的义务,而是非真正义务,违反它不产生损害赔偿责任。

第三,承诺必须与要约的内容完全一致,即承诺必须无条件地接受要约的所有条件。据此,凡是第三者对要约人所作的"承诺",凡是超过规定时间的承诺(有的也叫"迟到的承诺"),凡是内容与要约不相一致的承诺,都不是有效的承诺,而是一项新的要约或反要约,必须经原要约人承诺后才能成立合同,关于承诺有效要件,大陆法系各国要求较严，非具备以上三要件者则不能有效。而英、美的法律对此采取了比较灵活的态度。例如，美国《统一商法典》规定，商人之间的要约，除要约中已明确规定承诺时不得附加任何条件或所附加的条款对要约作了重大修改外，被要约人在承诺中附加某些条款，承诺仍可有效。

由此，我们知道，合同的订立是个动态的过程，一般经过要约、新要约、承诺几个反复、复杂的步骤之后才最终订立成功。

案例分析 5-1

某公司要建一栋大楼，需要买水泥，就向本省的三家水泥厂（甲、乙、丙）都发去了函电，"我公司急需150号水泥100吨，如有货请速来电，我公司愿派人前去购买。"三家水泥厂都给该公司（被告）发函回复，告知都有现货，以及水泥的价格。其中，丙水泥厂在发函电的同时，就派车把100吨水泥给被告送去了。在丙的水泥尚未送达之前，被告就已经了解到，乙水泥厂的产品质量较好，遂向乙水泥厂发函，"我公司愿买贵厂100吨150号水泥，盼速发货，运费由我公司承担。"乙回复说"可以，准备发货。"但是，当天下午丙的货已经送到被告公司，被告又不可能要两份水泥，拒收引发纠纷。请问：被告可以拒收丙的水泥吗？为什么？

分析：本案主要涉及合同是否成立问题。合同的订立需要经过要约与承诺，双方函电往来在合同订立的要约与承诺环节尤为重要。

第三节　合同的效力

一、合同效力的概念

合同效力指依法成立受法律保护的合同，对合同当事人产生的必须履行其合同的义务，不得擅自变更或解除合同的法律拘束力，即法律效力。这个"法律效力"不是说合同本身是法律，而是说由于合同当事人的意志符合国家意志和社会利益，国家赋予当事人的意志以拘束力，要求合同当事人严格履行合同，否则即依靠国家强制力，要当事人履行合同并承担违约责任。

合同效力有狭义概念与广义概念之分。

狭义的合同效力是指有效成立的合同，依法产生了当事人预期的法律效果。依《合同法》的建构逻辑，合同的订立是规范缔约当事人之间如何达成合意，合同效力则是进一步规范当事人的合意应具有怎样的法律效力。合同自由是合同法的基本原则和灵魂，只要当事人间的合意不违反国家法律的规定，当事人的意志即发生法律效力。我们所讲的合同效力，通常指的是狭义的效力概念。

广义的合同效力则是泛指合同所产生的所有私法效果。在《合同法》中，不仅有效成立的合同能产生一定的法律效果，无效的合同、效力待定的合同、可撤销的合同也会产生一定的法律效果，附条件或附期限的合同在条件或期限成就前也具有一定的法律效力。广义的合同的效力还可以包括有效的合同违反时所产生的法律效果。依法成立的合同对当事人具有法律拘束力，当事人应当履行其所承担的义务；如果当事人不履行其义务，则应依法承担民事责任。此责任的产生虽然不是当事人所预期的效果，但也是基于合同所产生的，应属于广义的合同效力的范畴。

合同的效力体现在如下方面：

（1）合同对双方当事人的拘束力。

合同对当事人的拘束力表现在权利与义务两方面。即一方面，合同当事人依据法律与合同的规定所产生的权利依法受到法律的保护，合同的当事人有请求和接受债务人履行债务的权利，这些权利也包括合同履行当中的抗辩权、代位权和撤销权等。同时，当事人还有在另一方当事人不履行合同规定的义务时获得补救的权利等。另一方面，依据合同所产生的义务具有法律上的强制性，当事人必须履行。拒绝履行或者不适当履行或擅自变更和解除合同属于违法行为，当事人如果违反合同义务，就应当承担违约责任。

（2）合同对第三人的法律效力。

合同是当事人之间的合意，因此也只能在当事人之间具有法律效力。合同当事人只能向对方当事人行使权利和承担义务，不能请求第三人承担合同上的义务，第三人也不能依据合同向合同当事人主张权利和承担义务。

（3）合同生效后的法律效力。

其表现在当事人违反合同规定，依法将承担法律责任，必要时人民法院也可以采取强制措施，使当事人依合同的规定承担责任，履行义务，对另一方当事人进行补救。

二、合同效力的分类

合同效力是法律赋予依法成立的合同的约束力。合同效力可分为四大类，即有效合同，无效合同，效力待定合同，可变更、可撤销合同。

1. 有效合同

所谓有效合同，是指依照法律的规定成立并在当事人之间产生法律约束力的合同。从现有的法律规定来看，都没有对合同有效规定统一的条件。但是我们从现有法律的一些规定还是可以归纳出作为一个有效合同所应具有的共同特征。根据《民法通则》第55条对"民事法律行为"规定的条件来看，其主要应具有以下条件：行为人具有相应的民事行为能力；意思表示真实；不违反法律或者社会公共利益。因为上述三个条件是民事行为能够合法的一般准则，当然也应适用于当事人签订合同这种民事行为，所以合同有效的条件也应当具备上述三个条件。但根据《合同法》第52条的规定，《民法通则》中的"不违反法律"具体表现为不得"违反法律、行政法规的强制性规定"。同时结合《合同法》第10条规定来看，有些合同的生效或有效还要求合同必须具备某一特定的形式。因此，以上四个条件也就是合同有效的要件。从《合同法》第44条来看，就是要"合法"。当然以上四个条件也都是《民法通则》《合同法》的相关具体规定，只有符合这些条件，合同才能"合法"，也才会有"有效"的可能。

合同如果成立后生效，则会在合同当事人之间产生法律约束力。《合同法》第8条规定，依法成立的合同对当事人具有法律约束力，当事人应当按照约定履行自己的义务，不得擅自变更或者解除合同。而且依法成立的合同，受法律保护。如果一方当事人不履行合同义务，另一方当事人可依照本条规定及合同的具体要求对方履行或承担违约责任。由于目前我国还没有建立起第三人侵害债权制度，因此如果第三人侵害合同债权时，另一方当事人只能依据《合同法》第121条的规定要求违约方承担违约责任，当事人一方和第三人之间的纠纷，依照法律规定或者按照约定解决。也就是说，根据合同的相对性原则和现有的法律规定，有效合同的法律约束力仅限于合同当事人之间，对当事人之外的第三人并无法律约束力，没有为守约方或受害方提供更加全面、有力的保护，有待《合同法》的进一步修改和完善。

2. 无效合同

无效合同是相对有效合同而言的，它是指合同虽然成立，但因其违反法律、行政法规或公共利益，而被确认无效。由此而推断其主要特征有：违法性；无效合同的不得履行性；无效合同自始无效；无效合同自然无效，无须当事人主张而可由法院或仲裁机构主动审查，并指出无效合同由于没有法律约束力，因此不属于合同的范畴。另有学者认为，无效合同是指不具备合同的有效要件且不能补救，对当事人自始即不应具有法律约束力的应由国家予以取缔的合同。

《合同法》第52条却规定，有下列情形之一的，合同无效：

（1）一方以欺诈、胁迫的手段订立合同，损害国家利益。

（2）恶意串通，损害国家、集体或者第三人利益。

（3）以合法形式掩盖非法目的。

（4）损害社会公共利益。

（5）违反法律、行政法规的强制性规定。

3. 效力待定合同

效力待定合同是指合同成立后，因行为人民事行为能力的欠缺而使合同的效力处于不确定状态，有待合同权利和义务的承受人进行追认，追认之后即成为有效合同，不予追认则为无效合同。效力待定合同分三种情形：一是限制民事行为能力人订立的合同，有待其法定代理人去追认；二是无权代理人以被代理人名义订立的合同，有待被代理人去追认；三是无处分权人处分他人财产权利而订立的合同，未经权利人追认，合同无效。无论是限制民事行为能力人订立的合同，或是无权代理人以被代理人名义订立的合同，或是无处分权人处分他人财产而订立的合同，都有共同的特点，那就是合同的行为人与合同的义务人相分离，合同的订立者不承担义务，而承担义务的是与订立者存在特定关系的另外一个人。充分考虑到如经相关权利的追认便具备了合同有效的条件，即解决了"不合法"的问题，从而认定其为有效。这样既不损害国家、社会及公共利益，又充分尊重当事人或相关权利人的意愿，不仅是符合客观事实要求的，而且促进了社会经济的发展。

4. 可变更、可撤销合同

可变更、可撤销合同是指合同成立后，因在合同订立过程中存在可变更或撤销的法定事由，当事人一方或者受损害方有权请求人民法院或仲裁机构变更或撤销，一经撤销则成为无效合同，若不被撤销则为有效合同。可变更、可撤销合同分两种情况：一是当事人任何一方都有权请求变更或者撤销的，其法定事由包括因重大误解订立的和订立合同是显失公平的；

二是受损害一方有权请求变更或撤销的，其法定事由为一方采取欺诈、胁迫的手段或乘人之危，而使受害一方违背真实意思订立合同时。另外，变更和撤销合同属于不同的请求，当事人请求变更的，法院或仲裁机构不得撤销，请求撤销的，法律则没有禁止予以变更。

第四节 合同的履行

一、合同履行的概念

合同履行是指合同的当事人按照合同完成约定的义务，如交付货物、提供服务、支付报酬或价款、完成工作、保守秘密等。

在社会生活中，人们之所以要磋商和订立合同，以自己的某种具有价值的东西去与别人交换，无非是期望能获得更大的价值，创造更多的财富。而这一价值能否实现，取决于双方订立的合同能否真正得以履行。如果仅仅是订立了合同而没有实际履行合同，那么不但为争取签约的所有努力都会付之东流，而且可能招致经济上和信誉上的严重损失。因此，履行合同是实现合同目的最重要和最关键的环节，直接关系到合同当事人的利益，因此也使履行问题成为《合同法》实践中最容易出现争议的问题。

二、合同履行的原则

1. 全面履行原则

《合同法》第 60 条第 1 款规定，当事人应当按照约定全面履行自己的义务。这一规定，确立了全面履行原则。全面履行原则又称适当履行原则或正确履行原则。它要求当事人按合同约定的标的及其质量、数量，合同约定的履行期限、履行地点、适当的履行方式、全面完成合同义务的履行原则。依法成立的合同，在订立合同的当事人间具有相当于法律的效力，因此，合同当事人受合同的约束，履行合同约定的义务应是自明之理。

2. 协作履行原则

协作履行原则是指在合同履行过程中，双方当事人应互助合作，共同完成合同义务的原则。合同是双方民事法律行为，不仅仅是债务人一方的事情，债务人实施给付，需要债权人积极配合受领给付，才能达到合同目的。在合同履行的过程中，债务人应比债权人更多地受诚实信用、适当履行等原则的约束，故协作履行往往是对债权人的要求。协作履行原则也是诚实信用原则在合同履行方面的具体体现。协作履行原则具有以下几个方面的要求：一是债务人履行合同债务时，债权人应适当受领给付；二是债务人履行合同债务时，债权人应创造必要条件、提供方便；三是债务人因故不能履行或不能完全履行合同义务时，债权人应积极采取措施防止损失扩大，否则，应就扩大的损失自负其责。

3. 经济合理原则

经济合理原则是指在合同履行过程中，应讲求经济效益，以最少的成本取得最佳的合同效益。在市场经济社会中，交易主体都是理性地追求自身利益最大化的主体，因此，如何以最少的履约成本完成交易过程，一直都是合同当事人所追求的目标。由此，交易主体在合同履行的过程中应遵守经济合理原则是必然的要求。该原则一直为我国的立法所认可，如

《纺织品、针织品、服装购销合同暂行办法》规定，供需双方应商定选择最快、最合理的运输方法。

4. 情势变更原则

情势变更原则是指合同成立后至履行完毕前，合同存在的基础和环境，因不可归属于当事人的原因发生变更，若继续履行合同将显失公平，故允许变更合同或者解除合同。

情势变更原则实质上是诚实信用原则在合同履行中的具体运用，其目的在于消除合同因情势变更而产生的不公平后果。自第二次世界大战后，由于战争的破坏，战后物价暴涨，通货膨胀十分严重。为了解决战前订立的合同在战后的纠纷，各国学者特别是德国学者借鉴历史上的"情势不变条款"理论，提出了情势变更原则，并经法院采为裁判的理由，直接具有法律上的效力。经过长期的发展，这一原则已成为当代合同法中一个极富特色的法律原则，为各国法所普遍采用。我国法律虽然没有规定情势变更原则，但在司法实践中，这一原则为司法裁判采用。因此，情势变更原则，既是合同变更或解除的一个法定原因，更是解决合同履行中情势发生变化的一项具体规则。

三、合同履行的抗辩权

1. 同时履行抗辩权

当事人互负到期债务，没有先后履行顺序的，应当同时履行。一方在对方履行之前有权拒绝其履行要求；另一方在对方履行债务不符合约定时，有权拒绝其相应的履行要求。

2. 先履行抗辩权

当事人互负债务，有先后履行顺序，先履行一方不履行的，后履行一方有权拒绝其履行要求。先履行一方履行债务不符合约定时，后履行一方有权拒绝其相应的履行要求。

3. 不安履行抗辩权

不安履行抗辩权的行使分为两个阶段：第一阶段为中止履行。应当先履行债务的当事人，有确切证据来证明对方有下列情况之一的，可以中止履行：经营状况部分严重恶化；转移财产、抽逃资金，以逃避债务；丧失商业信用；有丧失或者可能丧失履行债务能力的其他情形。第二阶段为解除合同。当事人依照上述规定中止履行的，应当及时通知对方。对方提供适当担保时，应当恢复履行。中止履行后，对方在合理期限内未恢复履行能力并且未提供适当担保的，中止履行的一方可以解除合同。

不安履行抗辩权的行使是有一定条件和限制的。如无确切证据来证明对方失去履行能力而中止履行，或者中止履行后，对方提供适当担保时而拒不恢复履行，则由不安履行抗辩权人承担违约责任。

四、合同担保

（一）合同担保的概念

合同担保是指法律规定或者当事人约定的确保债务人履行债务，保障债权人的债权得以实现的法律措施。在借贷、买卖、货物运输、加工承揽等经济活动中，债权人为保障其债权的实现，要求债务人向债权人提供担保的合同。合同担保对于提高合同的法律效力，维护当事人的合法权益是十分必要的。

(二) 合同履行中的担保方式

1. 定金

销售方在合同未履行前,可以要求买方预先支付占总货款一定比例的现金,作为到期支付全部货款的保证。定金与预付款的区别:定金是一种担保方式,主要用来惩罚违约行为,而预付款从一开始就属货款的一部分,以上二者可以因约定而相互转化。

定金与违约金的区别:违约金属于损害赔偿性质,其数额认定完全依赖于受损害当事人的损失情况;而定金是一种债权担保,其数额一旦确定,非经双方协商一致不得改变。

2. 保证

销售方可以要求买方提供一个经济实力强大、遵循诚实信用的法人作为第三方来担保买方的付款。一旦买方不能按期付款,由该担保方承担付款责任。担保方应该是自愿的。保证人应与销售方签订书面保证合同,并写明保证的内容、方式,由双方签字、盖章。应在担保合同中明确规定保证人所承担的责任。其中,需要注意"代为履行"和"连带责任"的区别。代为履行指只有在原债务人确无能力履行债务和赔偿损失时,才可以向保证人要求履行债务和赔偿损失。连带责任是指只要债务人不履行债务,不管其是否具有履行能力,债权人都可以直接要求其代为履行或者赔偿损失。原债务变更或修改原债务合同时,必须事先征得保证人得同意,否则保证人不负责保证责任。合理选定保证人。应注意:不能由国有企业的主管部门或其他行政机关担当保证人;选定的担保人确实能承担相应的付款责任,即需要对担保人做资信调查。签订保证合同时,以下内容不可缺少:被担保的债权种类、数额;保证的方式;保证担保的范围;保证的期限。

3. 抵押

买方或第三方提供一定数量的财产作为付款的担保,当债务人不履行债务时,债权人有权依法以该财产折扣拍卖、变卖的价款优先受偿。

应注意的问题:

(1) 应订立书面抵押合同并在合同中注明双方当事人的姓名与名称、所担保的债权数额及范围、抵押物的名称、抵押物的占有归属及抵押日期。

(2) 弄清抵押物担保的范围:赔偿原债权;赔偿由于债务不履行而造成的损失和违约金;实现抵押权所花费的费用(公证、诉讼费)。

(3) 在抵押期间,他人不得使用或处置该抵押物。

4. 质押

卖方或第三方将财产移交给债权人,从而使后者享有债权优先受偿的权利。

质押与抵押的区别:

(1) 抵押时,债权人不占有抵押物人的抵押物;而质押享有出质物的占有权。

(2) 在抵押中,抵押人(债务人)收取抵押物产生的本息;而在质押中,债权人(质权人)收取出质财产的本息。

(3) 在抵押中,债权人享有的是处分抵押财产的请求权;而在质押中,债权人可以独立对质押财产做出决定。

(4) 在抵押中,由于债权人不占有被抵押的财产,因而对抵押财产不产生履行保管的义务;而在质押中,债权人具有妥善保管质押财产的义务。

5. 留置

债权人按照法律规定或者合同规定，对占有的债务人财产进行留置，直到债务人所欠的债务全部还清时再返还债务人。一般有以下特点：留置的财产并不是双方当事人事先约定的，而是在交易活动中债务人欠债权人一定的债务时，债权人为保证其债权的实现，留置处于交易活动中的财产；留置的财产只能是与逾期不履行的债权债务合同相关联的财产。只有在债务人到期无力偿还债务时，债权人才可以行使留置权，否则属违法行为，此担保形式有很大局限性，只限于债权债务有关的财产，如加工承揽合同、定做合同。

第五节 合同的变更、转让和终止

一、合同的变更

合同的变更分为狭义的合同变更和广义的合同变更。狭义的合同变更是指合同有效成立后，尚未履行或者尚未完全履行之前，当事人就其内容进行修改和补充。广义的合同变更还包括合同的转让。

《合同法》规定，合同当事人协商一致，可以变更合同。法律、行政法规规定，变更合同应当办理批准、登记等手续的，依照其规定。当事人对合同变更的内容约定不明确的，推定为未变更。

二、合同的转让

合同的转让即合同主体的变更，是指合同当事人一方依法将其合同权利或者义务全部或部分转让给第三人。合同转让分为权利转让、义务转让和权利与义务一并转让。

（一）权利转让

债权人可以将合同的权利全部或者部分转让给第三人，但有下列情形之一的除外：根据合同性质不得转让；按照当事人约定不得转让；依照法律规定不得转让。

债权人转让权利的，应当通知债务人。未经通知，该转让对债务人不发生效力。债权人转让权利的通知不得撤销，但经受让人同意的除外。债权人转让权利的，受让人取得与债权有关的从权利，但该从权利专属于债权人自身的除外。债务人接到债权转让通知后，债务人对让与人的抗辩，可以向受让人主张。债务人接到债权转让通知时，债务人对让与人享有债权，并且债务人的债权先于转让的债权到期或者同时到期的，债务人可以向受让人主张抵销。

（二）义务转让

债务人将合同的义务全部或者部分转移给第三人的，应当经债权人同意。债务人转移义务的，新债务人可以主张原债务人对债权人的抗辩。债务人转移义务的，新债务人应当承担与主债务有关的从债务，但该从债务专属于原债务人自身的除外。法律、行政法规规定转让权利或者转移义务应当办理批准、登记等手续的，依照其规定。

(三) 权利与义务一并转让

当事人一方经对方同意,可以将自己在合同中的权利和义务一并转让给第三人。权利和义务一并转让的,适用权利与义务转让的规定。

当事人订立合同后合并的,由合并后的法人或者其他组织行使合同权利,履行合同义务。当事人订立合同后分立的,除债权人和债务人另有约定的以外,由分立的法人或者其他组织对合同的权利和义务享有连带债权,承担连带债务。

三、合同的终止

合同的终止是指因发生法律规定或者当事人约定的事由,使当事人之间的权利与义务关系消灭。依据《合同法》规定,有下列情形之一的,合同的权利义务终止:债务已经按照约定履行;合同解除;债务相互抵销;债务人依法将标的物提存;债务人免除债务;债权债务同归于一人;法律规定或者当事人约定终止的其他情形。

合同终止后,当事人应当遵循诚实信用原则,根据交易习惯履行通知、协助、保密等义务。合同的终止,不影响合同中结算和清理条款的效力。

四、违约责任

(一) 违约责任的概念

违约责任是指当事人不履行合同义务或者履行合同义务不符合合同约定而依法应当承担的民事责任。违约责任是合同责任中一种重要的形式,违约责任不同于无效合同的后果,违约责任的成立以有效合同存在为前提。《合同法》第107条规定,当事人一方不履行合同义务或者履行合同义务不符合约定的,应当承担继续履行、采取补救措施或者赔偿损失等违约责任。

(二) 违约责任的形式

1. 继续履行合同

继续履行也称强制实际履行,是指违约方根据对方当事人的请求继续履行合同规定的义务的违约责任形式。

2. 采取补救措施

《合同法》第111条规定,质量不符合约定的,应当按照当事人的约定,承担违约责任。对违约责任没有约定或者约定不明确,依照《合同法》第61条的规定,仍然不能确定的,受害方可根据标的性质,损失的大小可以合理选择,要求对方承担修理、更换、重作、退货、减少价款或者报酬等违约责任。

3. 违约金

当事人可以约定,当一方违约时,根据违约情况向另一方支付一定数额的违约金。也可以约定,因违约产生的损失赔偿额的计算方法。约定的违约金低于造成的损失的当事人可以请求人民法院或者仲裁予以增加。

约定的违约金高于造成的损失的,当事人可以请求人民法院或者仲裁机构予以适当减少。当事人迟延履行违约金的,违约方支付违约金后还应当履行债务。

合同当事人可以依照《合同法》第 114 条第二款的规定,请求人民法院增加违约金,增加后的违约金数额以不超过实际损失为限。增加违约金后,当事人又请求对方赔偿损失的,人民法院不予支持。

4. 赔偿损失

当当事人一方不履行合同义务或者履行合同义务不符合规定时,给对方造成损失的,损失赔偿金额应当相当于因违约所造成的损失,但不得超过订立合同时预见到或者应当预见到的因违反合同可能造成的损失。

5. 定金责任

当事人可以依照《担保法》,约定一方向对方给付定金作为债权的担保。债务履行债务后,定金可抵作价款或者收回。给付定金的一方不履行约定的债务的,无权要求返还定金。收受定金的一方不履行约定的债务的,应当双倍返还定金。

思考与训练

一、思考题

1. 简述合同的概念和分类。
2. 简述要约邀请和要约的区别。
3. 简述合同履行的基本原则。
4. 简述在合同违约责任中,定金和违约金的适用规则。

二、案例分析

1. 孙某原是甲公司的一名采购员,现已被开除。孙某对甲公司怀恨在心,私下复制了公司的印章。一天,孙某到外地遇到乙公司李经理,便以甲公司的名义与乙公司签订了购销合同。在合同履行期到来之前,乙公司电话询问甲公司到期能否履行合同,甲公司声称不知道孙某的行为。之后乙公司便把孙某如何代表甲公司与其签订合同,以及合同主要条款向甲公司做了交代,甲公司经理见该合同有利可图,便答应按期交货,无任何问题。结果由于甲公司经营不善,到期未能生产足够的产品来履行合同,乙公司向法院起诉要求追究甲公司的违约责任。甲公司则以孙某的代理行为无效而拒绝。甲公司的主张合法吗?为什么?

2. 某甲与乙车辆租赁公司签订了一份车辆租赁合同。双方约定,乙要把一辆金龙大巴租给甲,租期为 2012 年 10 月 1 日至 2017 年 9 月 30 日,租金每年 12 万元。甲支付了 12 万元违约保证金,乙交付了车辆以及相关手续,证件齐全。后来甲经营不善,希望尽快解除合同,因为再做下去,甲会严重亏本,于是提出撤销合同。此外,甲研究后发现,车辆的购置附加费凭证上登记的发动机号、车架号与租赁的这辆车相应号码不一致,遂主张汽车租赁公司有欺诈行为,要求返还 12 万元违约保证金,还有已支付的租金 9 000 元,还要求赔偿损失 37 590 元。请问,乙公司是否构成欺诈?法院是否应该判决撤销该合同?

3. 案例分析:1 月,甲、乙两公司签订了一项房屋买卖合同,合同约定甲公司于同年 9 月 1 日向乙公司交付房屋 100 套,并办理登记手续,乙公司则向甲公司分三次付款:第一期支付 2 千万元,第二期支付 3 千万元,第三期则在 9 月 1 日甲公司向乙公司交付房屋时支付

5千万元。在签订合同后,乙公司按期支付了第一期、第二期款项共5千万元。9月1日,甲公司将房屋的钥匙移交乙公司,但并未立即办理房产所有权移转登记手续。因此,乙公司表示剩余款项在登记手续办理完毕后再付。在合同约定付款日期(9月1日)7日后,乙公司仍然没有付款,甲公司遂以乙公司违约为由诉至法院,请求乙公司承担违约责任。甲公司则以乙公司未按期办理房产所有权移转登记手续为由抗辩。请问,甲公司可以行使哪种抗辩权?

4. 案例分析:甲、乙双方签订了一份货物买卖合同,约定由甲代办托运,把货物运到乙所在地,为此甲和丙签订了一份运输合同。可是丙在运输过程中,驾驶员丁发生了重大过失,导致严重交通事故,致使货物严重受损。请问,乙该向谁主张损害赔偿?

第六模块

工业产权

学习目标

1. 掌握商标的授予条件；
2. 掌握商标权内容与取得条件；
3. 列举并理解商标许可使用的法定情形；
4. 复述出专利权主体、客体与内容；
5. 掌握申请商标与专利的程序。

课前案例

高某的父亲于 2012 年 6 月以个人名义注册了一个商标，用于服装加工经营。高某父亲在准备将刚申请的商标用于服装销售时，因患急病医治无效而去世。对高某父亲遗留下的工厂、房屋、金钱等财产来说，高某是遗产的唯一法定继承人。可是，对于父亲享有的注册商标专用权，高某却不知道该如何继承。高某听一位朋友说，商标权是自己父亲申请并享有的，父亲去世后，商标专用权也自然而然无效，所以高某不能使用该商标，否则高某的行为属于违法行为。可是高某认为，在申请注册商标过程中，高某父亲花去设计及注册费用大约 5 000 元，其商标专用权也是用金钱买来的，既然高某能继承父亲的财产，那么高某也应当能继承父亲的注册商标专用权。可又听人说，高某虽有权继承父亲的注册商标专用权，但是需要去商标局办理注册商标转移手续。应该怎样帮助高某解决他的困惑呢？

解析：本案件考查点在于商标权的内容、商标权的继承与许可使用等知识点。

第一节　商标法

一、商标的概念和特征

（一）商标的概念

《中华人民共和国商标法》（简称《商标法》）第8条规定，任何能够将自然人、法人或者其他组织的商品与他人的商品区别开的可视性标志，包括文字、图形、字母、数字、三维标志和色彩组合，以及上述要素的组合，均可以作为商标申请注册。

（二）商标的特征

（1）商标是区别商品或服务来源的标记。生活中使用的其他标记，如社会团体的标章、徽记等虽然也具有识别作用，但它们不能作为商标。另外，用在商品或服务上的标记并不一定都是商标，只有用以区别于他人同类商品或服务的标记才是商标。

（2）商标是用于商品或服务上的标记。商标具有依附于商品或服务的从属性，它与所标志的商品或服务有紧密的联系，即有商品或服务存在，才有商标存在。

（3）商标的构成要素具有显著性。显著性是商标的本质属性，是商标能够获得注册的基本条件。商标的构成要素可以是词或词组、字母、数字、图案、名称、产品的形状或其外观、色彩的组合，以及上述要素或标志的组合。

二、商标的功能

商标的功能又称商标的作用，是指商标在商品生产、交换或提供服务的过程中所具有的价值和发挥的作用。商标的功能主要有：

（1）表示商品服务的来源。商标的基本作用是识别不同的商品生产者和服务者，标明商品的出处。在现代社会，商标的这一功能尤为重要。

（2）区别商品或服务的质量。商标代表不同的商品生产者和服务提供者，即使同一种商品、同一项服务因生产者和服务者不同，其质量也会不同。

（3）便于广告宣传。在市场竞争中，利用商标进行广告宣传，可迅速为企业打开商品的销路。商标被称为商品的无声推销员，借助商标进行宣传，也是商品生产者或服务提供者提高其产品或服务知名度的较好途径。

三、商标的类型

商标按不同的标准，可做不同的分类。

（一）根据商标的结构或外观状态来划分，可将商标分为视觉商标、听觉商标和味觉商标

（1）视觉商标是指商标的构成要素为可视性的文字、图形、色彩、三维标志及其组合的标记。视觉商标包括平面商标和立体商标两种。

（2）听觉商标又称音响商标，指以音符编成的一组音乐或以某种特点的音色为商品或服务的标记。它既可以是自然界中真实的声音，也可以是人工合成的非形状商标。《商标

法》未保护听觉商标。

（3）味觉商标又称气味商标，指以某种特殊气味作为区别不同商品和不同服务项目的商标。因其不能通过视觉感知，故又称非形状商标。《商标法》没有对味觉商标做出规定。

（二）按商标的使用对象划分，可将商标分为商品商标和服务商标

（1）商品商标指商品的生产者或经营者，为了使自己生产或经营的商品与他人生产或经营的商品相区分而使用的标志。例如，使用在汽车上的"奔驰""宝马"等标记，均为商品商标。

（2）服务商标指提供服务的经营者，为将自己提供的服务与他人提供的服务相区别而使用的标志。服务商标由文字、图形或其组合构成。例如，用于宾馆业的"香格里拉"标记、快餐业的"麦当劳""肯德基"标记等均为服务商标。

（三）根据标的使用目的划分，可将商标分为联合商标和防御商标

我国现行《商标法》未对联合商标和防御商标做出规定。但在商标实务中，已经有企业申请注册了这两种商标。注册这两种商标是为了保护其主商标，防止他人影射和搭便车。

（1）联合商标。

联合商标是指同一个商标所有人在同一种商品或类似商品上注册使用的若干个近似商标。在这些近似商标中，首先注册的或主要使用的商标为主商标，其他的商标为该主商标的联合商标。例如，杭州娃哈哈集团公司拥有中国驰名商标"娃哈哈"，为防止他人侵权，该公司又注册了"娃哈哈哈""哈娃""哈哈娃""娃娃哈""Wahaha"等商标。其特点是：一是联合商标不得分开转让。它们只能属于一个商标所有人。因此，联合商标不得分开转让或分开许可使用，必须整体处分。二是联合商标不受3年不使用就失效这一规定的限制。在要求商标必须注册和使用的国家里，通常都规定，只要使用了联合商标中的某一个商标，就可视为整个联合商标都符合使用的要求。三是联合商标的注册可起到积极的防卫作用，防止他人注册和使用与联合商标中的主商标相近似的商标。四是联合商标可起到商标储备作用，一旦市场需要，可调整商标策略，将备用商标调出来使用。

（2）防御商标。

防御商标指驰名商标所有人在不同类别的商品或服务上注册若干个相同商标，原来的商标为主商标，注册在其他类别的商品或服务上的为防御商标。例如，青岛海尔集团在冰箱、空调等产品上均注册了"海尔"商标。注册防御商标的目的是保护其主商标。其特点是：一是防御商标的注册人一般为驰名商标的所有人。一般而言，只有驰名商标所有人才有权申请注册防御商标。二是防御商标的构成要素应特别显著。一般的花、鸟等图形和名称的商标，在各个类别的商品上和服务项目上都已注满，只有特别显著的商标才能注册。三是防御商标一经注册，不因其闲置不用而被国家商标主管机关撤销。只要主商标在使用，防御商标也视为在使用。

四、商标权的取得及注册

商标权指商标所有人对其商标所享有的独占的、排他的权利。在我国，由于商标权的取得实行注册原则，因此商标权实际上是因商标所有人申请、经国家商标局确认的专有权利，

即因商标注册而产生的专有权。

（一）商标权的取得原则

商标权的取得原则指根据什么原则和采取什么方法来获得商标权。一般需要遵循的原则有以下三种：

（1）使用原则，即使用取得商标权原则，是指商标权因商标的使用而自然产生，商标权根据商标使用事实而得以成立。

（2）注册原则，即注册取得商标权原则，是指商标权因注册事实而成立，只有注册商标才能取得商标权。

（3）混合原则，即折中原则，指在确定商标权的成立时，兼顾使用与注册两种事实，商标权既可因注册而产生，也可因使用而成立。

（二）商标注册原则

1. 申请在先原则

申请在先原则是指两个或者两个以上的申请人，在同一种商品或者类似商品上，以相同或者近似的商标申请注册的，商标局受理最先提出的商标注册申请，对在后的商标注册申请予以驳回。申请在先是根据申请人提出商标注册申请的日期来确定的，商标注册的申请日期以商标局收到申请书件的日期为准。因此，应当将商标局收到申请书件的日期作为判定申请在先的标准。

2. 自愿注册原则

自愿注册原则是指商标使用人是否申请商标注册取决于自己的意愿。在自愿注册原则下，商标注册人对其注册商标享有专用权，受法律保护。未经注册的商标，可以在生产服务中使用，但其使用人不享有专用权，无权禁止他人在同种或类似商品上使用与其商标相同或近似的商标，但驰名商标除外。

3. 使用在先原则

在使用申请在先原则无法判定的情况下，采用使用在先原则。《商标法》第29条规定，两个或者两个以上的商标注册申请人，在同一种商品或者类似商品上，以相同或者近似的商标申请注册的，初步审定并公告申请在先的商标；同一天申请的，初步审定并公告使用在先的商标，驳回其他人的申请，不予公告。

五、商标注册的审查和核准

对符合《商标法》规定的商标申请，商标局应予以受理并开始对其进行审查。对商标申请进行审查，是商标能否核准注册的关键。《商标法》采用审查制。商标注册的审查和核准的具体程序如下：

（一）商标注册的形式审查

形式审查是指对商标注册的申请进行审查，看是否具备法定条件和手续，从而确定是否受理该申请。形式审查主要审查以下几方面的内容：

（1）申请人的资格和申请程序。如果申请人不具备主体资格或超越了法人行为能力范围，则不能办理商标注册申请。

(2) 申请文件。审查申请人提交的文件是否齐全，所填写的内容是否符合要求，是否已缴纳了有关费用。

(3) 申请是否符合商标申请的有关原则。审查申请人填写申请书时是否按"一件商标一份申请"等原则进行申请。

(4) 商标的申请日期，编写申请号。商标注册的申请日期，以商标局收到申请文件的日期为准。申请手续齐备并按照规定填写申请文件的，编写申请以退回，申请日期不予保留。

（二）商标注册的实质审查

实质审查是指对申请注册的商标的构成要素是否符合法定条件，以及商标是否混同等进行的审查。实质审查是商标申请能否取得权利的关键环节。实质审查的内容主要有：

(1) 商标的种类和显著特征是否符合《商标法》的规定，违者予以驳回，不予注册。

(2) 商标的构成要素是否违背《商标法》规定的禁用条款，违者予以驳回。

(3) 商标是否与他人在同一种或类似商品上注册的商标相同或相似。

（三）初步审定并公告

经商标局审查，凡是符合上述条件的商标，予以初步审定并公告。初步审定是指商标局对申请注册的商标经过认真审查，如果符合《商标法》的有关规定，则做出可以初步核准的审定。初步审定的商标尚不具有商标专用权，要先在商标公告上公布，广泛征求社会公众的意见。如果申请注册的商标不符合以上条件，那么商标局会发给驳回通知书；如果商标局认为商标申请书可以修正，则发给审查意见书，限其在收到通知之日起15日内修正；未作修正、超过期限修正或修正后仍不符合《商标法》有关规定的，驳回申请，发给申请人驳回通知书。

（四）异议及异议的复审

(1) 申请商标的异议程序。对初步审定的商标，自公告之日起3个月内任何人均可以提出异议。公告期满无异议的，予以核准注册，发给商标注册证，并予公告。经裁定异议成立的，不予核准注册。

(2) 异议的复审。商标局做出异议的裁定后，当事人不服的，可以自收到通知之日起15日内向商标评审委员会申请复审，由商标评审委员会做出裁定，并书面通知异议人和被异议人。当事人对商标评审委员会的裁定不服的，可自收到通知之日起30日内向人民法院起诉。人民法院应当通知商标复审程序的对方当事人作为第三人参加诉讼。

（五）商标的核准注册

对初步审定并公告的商标，公告期满无异议或经裁定异议不能成立的，由商标局核准注册，发予注册证并予以登记和公告。核准注册是申请人取得商标专用权的决定性环节。

六、商标权的内容

（一）商标权的概念和特征

1. 商标权的概念

商标权指商标所有人依法对其注册商标所享有的专有权。注册商标与未注册商标的法律地位不同。我们国家允许使用未注册商标，但它不享有商标专用权。一方面，未注册商标使用人不得对抗其他人的使用；另一方面，如果未注册商标使用人不申请注册，他人就有可能抢先申请注册并取得商标的专用权。

2. 商标权的特征

（1）国家授予性。商标权的取得，要经过申请人的申请、国家主管机关的审批、核准公告后才能获得。商标权是国家授予的，不是自动取得的。

（2）权利内容的单一性。商标权尽管是一种民事权利，但其权利内容比较单一，不包含人身权，只有财产权。

（3）时间的相对永久性。商标权人只能在注册商标的有效期内享有商标专用权。商标有效期届满，应当进行注册；否则，该商标就不再受法律保护。

（二）商标权的具体内容

商标权的内容指商标权人对其注册商标依法享有的一系列权利。其主要包括以下内容：

（1）使用权，即商标权人对其注册商标的使用权利。

（2）转让权，即商标权人依照法定程序，将其所有的注册商标转让给他人的权利。

（3）许可权，即商标权人通过签订使用许可合同，许可他人使用其注册商标的权利。

（4）续展权，即注册商标期满时可继续申请商标法给予保护，从而延长其保护期限的权利。

（5）禁止权，即商标权人禁止他人使用其注册商标的权利。

（6）出质权，即商标权人将其注册商标向金融机构出质，实施贷款融资的权利。

（三）商标权的续展与终止

商标权的续展指注册商标所有人为了在注册商标有效期满后，继续享有注册商标专用权，按规定申请并经批准延续其注册商标有效期的一种制度。商标权的续展制度有利于商标所有人根据自己的经营情况来进行选择。

注册商标有效期满需要继续使用的，应当在期满前6个月内申请续展注册；在此期间未能提出申请的，可给予6个月的宽展期。宽展期满仍未提出申请的，注销其注册商标。每次续展注册有效期为10年。续展注册经核准后，予以公告。

（四）注册商标无效制度

注册商标无效制度指已经注册的商标发生了导致商标权无效的事由，商标局可以根据职权撤销该注册商标，由商标评审委员会根据第三人的请求来判定注销该商品商标的制度。

注册不当的商标指违反《商标法》规定的禁用条款或者是以欺骗手段或其他不正当手段取得注册的商标。对注册不当的商标，应予以撤销。根据《商标法》第41条第1款及其实施条例的有关规定，注册不当商标的表现形式有：

（1）使用了不得作为商标使用的禁用标志。《商标法》第10条规定，下列标志不得作为商标使用：①同中华人民共和国的国家名称、国旗、国徽、国歌、军旗、军徽、军歌、勋章等相同或者近似的，以及同中央国家机关的名称、标志、所在地特定地点的名称或者标志性建筑物的名称、图形相同的；②同外国的国家名称、国旗、国徽、军旗等相同或者近似的，但经该国政府同意的除外；③同政府间国际组织的名称、旗帜、徽记等相同或者近似的，但经该组织同意或者不易误导公众的除外；④与表明实施控制、予以保证的官方标志、检验印记相同或者近似的，但经授权的除外；⑤同"红十字""红新月"的名称、标志相同或者近似的；⑥带有民族歧视性的；⑦带有欺骗性，容易使公众对商品的质量等特点或者产地产生误认的；⑧有害于社会主义道德风尚或者有其他不良影响的。另外，县级以上行政区划的地名或者公众知晓的外国地名，不得作为商标。但是，地名具有其他含义或者作为集体商标、证明商标组成部分的除外；已经注册的使用地名的商标继续有效。

（2）使用了不得作为商标注册的禁用标志。《商标法》第11条规定，不得作为商标注册的禁用标志包括：仅有本商品的通用名称、图形、型号的；仅直接表示商品的质量、主要原料、功能、用途、重量、数量及其他特点的；缺乏显著特征的。

（3）使用了申请立体商标注册禁用的标志。《商标法》第12条规定，以三维标志申请注册商标的，仅由商品自身的性质产生的形状，为获得技术效果而需有的商品形状或者使商品具有实质性价值的形状，不得注册。

（4）以欺骗手段或其他不正当手段取得注册的。如虚构、隐瞒事实真相或伪造申请书及有关文件，以欺骗手段进行注册的，应当依法予以撤销。

七、商标权的许可使用及管理

商标权的许可使用指商标权利人通过签订许可使用合同，许可他人使用其注册商标的行为。在使用许可关系中，商标权人为许可人，获得注册商标使用权的人为被许可人。许可他人使用其注册商标，被许可人只取得了注册商标的使用权，注册商标的所有权仍归属于商标权人。

（一）商标权的许可使用

许可他人使用注册商标是商标权人的一项重要权利，也是国际通用的一项法律制度。同时，商标权的使用许可是现代商标法所规定的重要内容之一。通过签订商标使用许可合同，商标权人可以获得商标使用许可费，被许可人可以获得注册商标的使用权，利用该注册商标打开自己产品的销路，占领市场，获取利益。

（二）商标权使用许可的形式

商标权使用许可的形式有以下三种：独占使用许可；排他使用许可；普通使用许可。

（1）独占使用许可。独占使用许可是指商标注册人在约定的期间、地域和以约定的方式，将该注册商标仅许可一个被许可人使用，商标注册人依约定不得使用该注册商标。

（2）排他使用许可。排他使用许可指商标注册人在约定的期间、地域和以约定的方式，将该注册商标仅许可一个被许可人使用，商标注册人依约定可以使用该注册商标但不得另行许可他人使用该注册商标。

（3）普通使用许可。普通使用许可，是指商标注册人在约定的期间、地域和以约定的方式，许可他人使用其注册商标，并可自行使用该注册商标和许可他人使用其注册商标。

（三）商标管理

商标管理指商标主管机关依法对商标的注册、使用、转让、印制等行为进行的监督、检查等活动的总称。我国的商标管理实行集中注册和分级管理相结合的管理机制。《商标法》

第 2 条规定，国务院工商行政管理部门商标局主管全国的商标注册和管理工作；国务院工商行政管理部门设立商标评审委员会，负责处理商标争议事宜。

根据《商标法》和《商标法实施条例》的有关规定，商标管理机关有权对注册商标的使用予以管理，主要包括以下几个方面：

（1）商标使用的范围是否属于商标局核定的商品范围的管理。

（2）商标标记的使用是否规范的管理。

（3）商标注册人是否及时变更商标注册事项的管理。擅自改变商标注册事项的行为一般有以下两种：

①擅自改变注册商标的构成要素。根据《商标法》的规定，商标的构成要素包括文字、图形、字母、数字、三维标志和颜色的组合，以及上述要素的组合。

②擅自改变注册人名义、地址或者其他注册事项。注册商标注册人的名义和地址的变更都必须办理变更登记，未及时办理登记手续的，将不发生商标专用权的转移或者灭失。

（4）商标注册人是否自行转让注册商标的管理。

（5）商标注册人是否存在连续 3 年停止使用的情况的管理。

（6）国家规定必须使用注册商标的商品是否使用注册商标的管理。

（7）已被撤销或者注销的注册商标的管理。

（8）对使用注册商标的商品质量的管理。

（9）"商标注册证"的管理。

（10）商标使用许可合同的管理。

八、商标的侵权行为与司法保护

（一）侵权行为

《商标法》第 52 条规定了五种侵犯注册商标专用权的行为：

（1）未经商标注册人的许可，在同一种商品或者类似商品上使用与其注册商标相同或者近似的商标的。

（2）销售侵犯注册商标专用权的商品的。

（3）伪造、擅自制造他人注册商标标识或者销售伪造、擅自制造的注册商标标识的。

（4）未经商标注册人同意，更换其注册商标并将该更换商标的商品又投入市场的，这种行为又称为"反向假冒"。

（5）给他人的注册商标专用权造成其他损害的。

（二）商标权的司法救济

《商标法》和《中华人民共和国刑法》（简称《刑法》）对侵犯商标权的行为规定了民事责任、行政责任和刑事责任。

1. 民事救济

《商标法》第 53 条规定，有本法第 52 条所列侵犯注册商标专用权行为之一，并引起纠纷的，由当事人协商解决；不愿协商或者协商不成的，商标注册人或者利害关系人可以向人民法院起诉，也可以请求工商行政管理部门处理。

2. 行政救济

《商标法》第54条规定，对侵犯注册商标专用权的行为，工商行政管理部门有权依法查处；涉嫌犯罪的，应当及时移送司法机关依法处理。

3. 刑事救济

《商标法》第59条对承担刑事责任的侵犯商标专用权的行为做了明确规定：

（1）未经商标注册人许可，在同一种商品上使用与其注册商标相同的商标，构成犯罪的，除赔偿被侵权人的损失外，依法追究刑事责任。

（2）伪造、擅自制造他人注册商标标识或者销售伪造、擅自制造的注册商标标识，构成犯罪的，除赔偿被侵权人的损失外，依法追究刑事责任。

（3）销售明知是假冒注册商标的商品，构成犯罪的，除赔偿被侵权人的损失外，依法追究刑事责任。

九、驰名商标、集体商标、证明商标的保护

（一）驰名商标的概念和特征

驰名商标是指经过长期使用，在市场上享有较高声誉，并为公众所熟知的商标。驰名商标和一般标相比，其特征主要有：

（1）驰名商标为公众所熟知。驰名商标的所有者经营的商品或提供的服务信誉卓著，其产品或服务质量优异，具有较高的知名度，深得消费者信赖，消费者认知程度很高。

（2）驰名商标在市场上享有较高信誉。驰名商标的商品一般是质量稳定和有较长的历史的商品，如"可口可乐"商标的使用已有百年时间。

（3）驰名商标使用的时间比较长。

（4）驰名商标的构成要素更具有显著性。驰名商标的设计一般比较突出、醒目，消费者易认易记，有很强的识别性。

（5）驰名商标的保护有其特殊性。

（二）集体商标的概念和特点

集体商标又称团体商标，指以团体、协会或其他组织名义注册，供该组织成员在商事活动中使用，以表明使用者在该组织中的成员资格的标志。集体商标权是由各成员共同使用的一项集体性权利，具有"共有性"或"公用性"。集体商标与普通商标相比具有如下特点：

（1）集体商标的申请注册人为某一组织体。集体商标的申请人一般为工商业团体、协会或其他组织，个人不能申请注册集体商标。

（2）集体商标的使用范围有明确规定。集体商标由该商标注册人的组织成员在商事活动中使用。

（3）集体商标的功能不同于一般商标。集体商标与普通商标均表明商品或服务的经营者，但集体商标表明商品或服务来自某组织。

（4）集体商标的申请要提交使用管理规则。申请集体商注册的，产品或服务要按一定质量标准加以"统一"。另外，集体商标准许其组织成员使用时不必签订许可合同；集体商标失效后2年内（普通商标为1年），商标局不得核准与之相同或近似的商标注册。

（三）证明商标的概念和特点

证明商标又称保证商标，指由对某种商品或服务具有监督能力的组织控制，而由该组织以外的单位或个人使用其商品或服务，用于证明该商品或服务的原产地、原料、制作方法、质量或其他特定品质的标志。证明商标具有以下特点：

（1）申请人必须具有法人资格。证明商标的注册人必须是依法成立的，具有法人资格，且对商品和服务的特定品质具有检测和监督能力的组织，申请人一般为商会、机关或有关团体。

（2）证明该商品或服务的特定品质。证明商标表明商品或服务具有某种特定品质、原产地、原料、制作工艺和质量。

（3）注册人不能自己使用该证明商标。

（4）受让人有特殊要求。

第二节　专利法

一、专利、专利法与专利制度

（一）专利

专利一词在现代使用主要有以下三种含义：

（1）专利就是专利权的简称。它是一种法定权利，是指对一项发明创造，专利申请人依法向国家专利主管机关提出专利申请，经审查后，向专利申请人授予的规定时间内对该项发明创造享有的专有权利。

（2）专利是指专利权的客体，即取得专利权的发明创造。

（3）专利是指记载发明创造内容的专利文献，如说明书及其摘要、权利要求书等。即专利又可理解为公开的专利文献。

（二）专利法

专利法是国家制定的用以调整由发明创造活动而引起的各种社会关系的法律规范的总称。它的调整对象是一种特殊的社会关系。专利法具有以下特征：

（1）专利法是社会规范与科学技术规范相结合的法律规范。专利法是保护发明创造的法律规范，发明创造本身属于科学技术范式，即没有发明创造，就没有专利法。

（2）专利法既是实体法，又是行政程序法，是以实体法为主，与程序法相结合的法律规范，这表现在专利法不仅规定发明创造的权利人（即专利权人）的权利，而且规定有关专利权的申请、审查、取得与行使的程序等内容。

（3）专利法采用行政和民事相辅相成的结合式调整方式。

（三）专利制度

专利制度是依照专利法，授予专利权和公开发明创造，推动技术进步和创新以及经济发展的一种完整而系统的科学法律管理制度。专利制度有以下特征：

（1）法律保护。专利制度最本质的特征在于它是一种法律制度。专利法是专利制度的基础和其赖以建立的前提条件,是国家专利制度实施和专利工作顺利进行的保障,使专利制度的核心工作顺利进行。

(2) 科学审查。要获得专利权,需经过科学审查。国家专利主管机关依法对申请专利的发明创造进行专利条件的审查。专利制度中的科学审查是现代科学技术发展的客观要求,也是保证专利质量的重要举措。

(3) 技术公开。发明创造通过专利申请的公布或专利的颁布将技术内容向社会公开、传播。这是专利制度进步性的重要表现。

(4) 国际交流。这是针对专利制度在国际范围内进行科学技术、贸易和经济等方面的交往而言的。专利制度对于推动国际技术交流起着重要的作用。

二、专利保护的客体

专利保护的客体是依法以专利形式保护的发明创造成果,依法授予专利、记载于专利文件之中已公开的技术成果。我国专利保护的客体有发明、实用新型和外观设计。

(一) 发明

专利法中的发明是指发明人利用自然规律为解决某一技术领域存在的问题而提出的具有创造性水平的技术方案。所谓技术方案,是指利用自然规律解决人类生产、生活中某一特定技术问题的构思。《中华人民共和国专利法》(简称《专利法》)第2条第2款规定,发明是指对产品、方法或者其改进所提出的新的技术方案。作为专利客体的发明,必须具备两个属性:技术属性和法律属性。

1. 技术属性

(1) 发明是一种技术方案。专利法上的发明并不要求发明是技术本身,它只要求是技术方案即可。

(2) 发明是利用自然规律在技术应用上的创造和革新,而不是单纯地揭示自然规律。

(3) 发明是解决特定技术课题的技术方案,而不是单纯提出课题。当然,提出课题、发明构思往往是发明的先导。

(4) 发明必须通过物品表现出来,或是在作用于物品的方法中表现出来。技术思想与技术方案本身都是观念性的东西,具体物品才是技术思想的载体。

专利法保护的发明具有一定的法律意义。因为被称为发明的新技术方案并不能自动成为专利保护的客体,所以要成为法律上的发明必须具备一定的法定条件。

2. 发明的种类

我国专利法确认的发明种类有产品发明、方法发明和改进发明。

(1) 产品发明。

产品发明是指经过人工制造,以有形形式出现的一切发明。它是人们通过创造性劳动创制出来的各种制成品或产品。这些产品是自然界从未有过的,也是人类社会从未有过的。未经人的加工而属于自然状态的东西不能称为产品发明,如野生药材、矿物质等。产品专利不保护制造方法,只保护产品本身。

(2) 方法发明。

方法发明是利用自然规律系统地作用于一个物品或物质,使之发生新的质变或成为另一种物品、物质的方法的发明。简言之，它是为解决某一特定技术问题所采取的手段、步骤。方法发明多种多样，通常包括制造方法的发明、化学方法的发明、生物方法的发明、将产品用于新用途的方法的发明。方法发明可以涉及全部过程，也可以只涉及其中某个步骤。

（3）改进发明。

改进发明指对已有的产品发明和方法发明提出实质性革新的技术方案。改进发明是在保护已知对象独特性的前提下，对已有产品或方法赋予新的特性或进行新的部分质变。例如，美国通用电气公司用特殊惰性气体的方法改进了爱迪生的白炽灯，显著地改善了白炽灯的质量，这就是改进发明。

（二）实用新型

1. 实用新型的概念

《专利法》第 2 条第 3 款规定，实用新型指对产品的形状、结构及其结合，提出的适用于实用的新的技术方案。这个新技术方案能够在工业上制造出具有使用价值或实际用途的产品。实用新型也是利用自然规律提出的新技术方案，这一点与发明是相同的。实用新型的确也是一种发明，只是其对创造性要求较低，保护范围比发明专利窄，通常人们称之为"小发明"。

2. 实用新型的特征

（1）实用新型必须是产品。这种产品是经过工业方法制造的占据一定空间的实体，如仪器、设备、日用品。这种产品也可以是物品或其中的一部分，只要这种物质能在工业上得到应用或使用。这一点体现了实用新型与发明保护范围的差异，发明既可以是产品也可以是方法，而实用新型仅针对产品，不能是方法。

（2）实用新型必须是具有一定立体形状和结构或者是两者相结合的产物。形状是指外部能观察到的产品固定的主体外形，它不是装饰性的外表，而是具有一定技术效果的形状。

（3）实用新型应具有实用性。实用新型必须在产业上有直接的实用价值。例如，轮胎的花纹是为了防滑。如果产品的形状构造只是为了美观，就不能获得实用新型专利保护。

（4）实用新型的创造性较发明低。专利法一般仅要求实用新型具有实质特点和进步，而不要求如发明那样有突出的实质性特征和显著进步。

（三）外观设计

1. 外观设计的概念与特征

外观设计又称工业品外观设计。《专利法》第 2 条第 4 款规定，外观设计是指对产品的形状、图案或者其结合以及色彩与形状、图案的结合所做出的具有美感，并适于工业应用的新设计。外观设计的特征：

（1）外观设计是对产品的外表所做的设计。外观设计必须与产品有关，并与使用该外观设计的产品合为一体。外观设计涉及的是产品的外观，而不是该产品的结构、用途或制造技术。

（2）外观设计是关于产品形状、图案或者其结合以及色彩与形状、图案相结合的设计。常见的外观设计往往是对产品的形状、图案和色彩的结合。

（3）外观设计富有美感。授予外观设计专利的目的主要是促进商品外观的改进，既增加竞争能力,又丰富人们生活。外观设计美感应以消费者的眼光来衡量,只要多数消费者认为是美观的,就可以认为是富有美感的外观设计。

(4) 外观设计必须是适合于工业上应用的新设计。适合于工业上应用是指使用外观设计的产品能通过工业生产过程大量地复制生产,也包括通过手工业形成批量生产。

2. 不受专利法保护的对象

并非一切发明创造都能够获得法律保护。《专利法》对不授予专利的客体也做了明确规定。

(1) 违反法律、社会公德或妨害公共利益的发明创造。

《专利法》第 5 条第 1 款规定,对违反法律、社会公德或者妨害公共利益的发明创造,不授予专利权。这里的法律指由全国人民代表大会或全国人民代表大会常务委员会依照立法程序制定和颁布的法律,它不包括行政法规和规章。

①违反法律的发明创造,如用于赌博的设备、机器、伪造公文、印章、文物的设备等,不能被授予专利权。发明创造本身的目的并没有违反国家法律,但是由于被滥用,而违反国家法律的,不属此列。

②违反社会公德的发明创造,不利于我国精神文明建设,不能取得专利权。例如,带有暴力凶杀或者淫秽的图片或者照片的外观设计,不能被授予专利权。

③妨害公共利益的发明创造,指发明创造的实施或使用会给公众或社会造成危害,或者会使国家和社会的正常秩序受到影响。

(2) 违法获取或利用遗传资源,并依赖该遗传资源完成的发明创造。

《专利法》第 5 条第 2 款规定,对违反法律、行政法规的规定获取或者利用遗传资源,并依赖该遗传资源完成的发明创造,不授予专利权。

(3) 科学发现。科学发现是指对客观世界存在的未知物质、现象、变化过程与特征和规律的揭示和认识,不是专利法意义上的发明创造,不能授予专利权。

(4) 智力活动的规则和方法。智力活动是人的思维运动,它源于人的思维,是经过推理、分析和判断产生结果。智力活动的规则和方法是人们进行推理、分析、判断、记忆等思维活动的过程,不能在工业上使用,因而不是专利保护的客体。

(5) 疾病的诊断和治疗方法。这是指确定或消除有生命的人体和动物体病灶及病因的步骤过程。它既不能在工业上应用,也不适用于专利保护。从社会人伦的角度考虑,也不允许垄断疾病诊断和治疗方法。

(6) 动物和植物品种。这种发明是针对动物和植物品种本身而言的。《专利法》规定,对动物和植物品种不给予专利保护。但是动物和植物品种的生产方法可以取得专利。

(7) 原子核变换方法和用该方法获得的物质。原子核变换方法是指使一个或几个原子核经分裂或者聚合形成一个或几个新原子核的过程、步骤。用原子核变换方法获得的物质是指用核裂变或核聚变的方法获得的元素或化合物。

(8) 对平面印刷品的图案、色彩或两者的结合做出的主要起标识作用的设计。这类设计固然有一定的新颖性和创造性,但与外包装为主要特色的图案设计,属于对平面印刷品的图案、色彩或两者的结合的专利保护的本质不够协调,需要通过立法修改引导外观设计的创造者重视对产品本身外观的创新活动,以提高中国外观设计专利产品的国际竞争力。

三、专利权的主体

(一) 专利权主体概述

专利权的主体是指有权提出专利申请和获得专利权，并承担与此相适应义务的人。《专利法》规定，发明人和设计人及其合法受让人，发明人和设计人的工作单位以及外国的单位和个人可以成为专利权的主体。

1. 发明人或设计人

所谓发明人，指对产品、方法或其改进提出新技术方案的人，或者对产品的形状、构造或其结合提出适用于实用的新方案的人。所谓设计人，指对产品的形状、图案或其结合以及色彩与形状、图案的结合所做出的富有美感，并适用于工业应用的新设计的人。

2. 共同发明人或设计人

共同发明人或设计人是指两个或两个以上的人对同一发明创造共同构思创造，并都对其实质性特点做出了创造性贡献的人。此项发明创造称为共同发明。《专利法》第8条规定，两个以上单位或者个人合作完成的发明创造，一个单位或者个人接受其他单位或者个人委托所完成的发明创造，除另有协议后，申请的单位或者个人为专利权人。

3. 发明人或设计人的工作单位

《专利法》第6条规定，执行本单位的任务或主要是利用本单位的物质技术条件所完成的发明创造为职务发明创造。与此相对的概念是非职务发明创造。职务发明创造分为以下几种类型：

(1) 在本职工作中做出的发明创造。它既可以是因完成单位下达的本职工作范围的任务，也可以是作为日常本职工作的一部分由发明人或创造人主动完成的发明创造。即完成发明创造的行为发生在职务范围以内。

(2) 履行本单位交付的本职工作之外的任务所做出的发明创造。这主要是按照单位的要求，工作人员承担的正常本职工作之外的短期或临时下达的任务，如发明人或设计人所在单位派往外单位解决某一技术问题所做出的发明创造。

(3) 退职、退休或调动工作后1年内做出的，与其在原单位承担的本职工作或原单位分配的任务有关的发明创造。其应具备以下条件：一是该发明创造是在退职、退休或调动工作后1年内做出的。"1年内"应以正式办理调离或退职、退休手续之日算起；二是该发明创造须与其在原单位承担的本职工作或分配的任务有关，指与其在原单位承担的本职工作或分配任务的工作性质、业务范围和专业技术有联系。

(4) 主要是利用本单位的物质技术条件完成的发明创造。本单位的物质技术条件，包括本单位的资金、设备、零部件、原材料等或不对外公开的技术资料。如果仅仅是利用单位少量的物质条件，这种利用对发明创造的完成只起辅助作用，就不能认定是"主要利用"。

4. 外国人

外国人是具有外国国籍的自然人和依据外国法律成立并在外国登记注册的法人，包括外国自然人、外国企业和外国其他组织。《专利法》原则上承认外国自然人和法人在我国有申请专利和取得专利权的权利。

(1) 在我国有经常居所或营业所的外国人。其指在我国境内长期居住、生活、工作的外国自然人和在我国设有机构、长期营业的外国公司、企业和其他组织。营业场所必须是真实有效的。《专利法》对这部分外国人给予与中国单位和个人完全相同的待遇，不附加任何条件或限制。这也是落实《巴黎公约》所规定的国民待遇原则的体现。

（2）在我国没有经常居所或营业所的外国人，这仅限于以下三种情况：

①外国自然人或法人所属国与我国签订了共同承认申请并取得专利权的双边协定。

②外国自然人或法人所属国与我国共同参加了相互承认申请并取得专利权的国际条约。

③虽不符合上述规定，但外国自然人或法人所属国允许我国自然人或法人去该国申请专利并取得专利权，依照互惠原则，我国也允许该自然人或法人在我国申请专利并取得专利权。

四、授予专利权的条件

一项发明创造要取得专利，必须具备一定的条件，包括形式条件和实质条件。即申请专利的发明创造本身有无专利性，通常又称专利性或专利条件。

（一）发明、实用新型的专利条件

1. 新颖性

新颖性指该发明或者实用新型既不属于现有技术，也没有任何单位或者个人就同样的发明或者实用新型在申请日以前向国务院专利行政部门提出过申请，并记载在申请日以后公布的专利申请文件或者公告的专利文件中。

2. 创造性

创造性是指与现有技术相比，该发明具有突出的实质性特征和显著的进步。现有技术是指申请日以前在国内外为公众所知的技术。这里具体的创造性有如下特征：

（1）发明有突出的实质性特点，指发明相对于现有技术，对所属技术领域的技术人员来说，是非显而易见的。如果通过逻辑分析、推理或有限的试验可以得到，就不具备突出的实质性特点。

（2）发明有显著的进步，指发明与最接近的现有技术相比能够产生有益的技术效果。例如，发明克服了现有技术中存在的缺点和不足，或者为解决某一技术问题提供了一种不同构思的技术方案，或者代表某种新的技术发展趋势。

3. 实用性

实用性又称为工业实用性或产业实用性。实用性指发明或者实用新型能够制造或者使用，并且能够产生积极效果。实用性涉及发明或实用新型能够在工业上制造或使用，而与发明或实用新型的产生方式或是否已实施无关，只与它们的可能应用有关。

（二）外观设计的专利条件

外观设计涉及的是产品外观的美学内容，归根到底是一种外形或式样设计，与作为技术方案的发明和实用新型不同，故而其专利条件也不同。外观设计专利申请授权需要具备如下条件：

1. 创新性

创新性是外观设计获得专利权的基本条件。它是指申请专利的外观设计与已经公开的外观设计不相同，即外观设计是前所未有的。在判断外观设计时，一定要把握公开标准、时间标准和地域标准。

2. 创造性

授予专利权的外观设计与现有设计或现有设计特征的组合相比，应当具有明显区别。即要求外观设计具有创造性的规定，有利于提高我国外观设计专利的授权标准、外观设计专利的质量，促进我国外观设计创新。

3. 美感性

外观设计的美感是一种视觉感受，以肉眼观察作为判断标准。美感作为主观认知活动的一个结果，个人主观色彩较浓，很难规定一个客观标准。不过它有一定的客观基础，即它取决于外观设计的形状、图案、色彩或有机结合。

4. 适用于工业上应用

适用于工业上应用即外观设计能够用于产品的制造。这种产品专利权的内容是指专利权人依法享有的权利及应承担的义务，是专利法律关系的构成要素之一。

五、专利权人的权利和义务

（一）专利权人的权利

1. 实施专利的权利

《专利法》也只是规定专利权人有权禁止他人实施其专利，没有规定专利权人有独占实权。在一般情况下，专利权人自己实施其专利的权利是不言而喻的。

2. 禁止他人未经许可实施其专利的权利

专利权人有权禁止他人未经许可制造、使用、许诺销售、销售或进口其专利产品，或者使用其专利方法以及使用、许诺销售、销售、进口依该专利方法直接获得的产品。

3. 许可他人实施其专利的权利

《专利法》规定，除法律另有规定外，任何单位或个人使用专利产品或实施专利方法都必须得到专利权人的许可。许可权的实质在于专利权人同意被许可人从事只能由专利权人进行的行为。

4. 转让其专利的权利

专利权人有权将其专利的所有权转让给其他单位或个人。转让权和许可专利权原则上是自由的，但它也要受到一定的限制。它涉及的是专利所有权的转移，而不仅是专利使用权的转移。

5. 在专利产品上附标记的权利

这一权利简称"标记权"，就是专利权人享有的在其专利产品或专利产品的包装上标明专利标记或者专利号的权利。专利标记是指专利权人在专利产品上或专利产品包装上注明其发明专利的标记。

6. 从专利实施中获取经济收益的权利

专利权人既可以通过自己实施专利而获得报酬，也可以通过许可他人实施来取得收益，如获得专利使用费，或通过转让专利权而获得转让费。

（二）专利权人的义务

1. 缴纳专利年费的义务

年费是专利权人为维持专利权的效力，从授予专利的当年开始，在专利权有效期内逐年向专利局缴纳的费用。专利权人因不可抗拒的事由未按时缴纳专利年费，从而造成权利丧失的，可在不可抗拒的事由消除之日起2个月内，请求恢复专利权。

2. 实施专利的义务

所谓实施专利，是指将获得专利的发明创造应用于工业生产中，即制造取得专利的产品、应用取得专利的方法或在生产中使用取得专利的产品，其通常意义就是制造专利产品或使用专利方法。

（三）专利权人的权利限制

1. 不视为侵犯专利权的行为

《专利法》规定的对专利权人的权利限制有以下几点：

（1）专利权用尽以后的行为，不视为侵权行为。

（2）对专利发明的先用权，不视为侵权行为。

（3）专为非营利性质的科学研究和实验使用的有关专利，不视为侵权行为。

（4）在临时过境的外国运输工具上，为运输工具自身的需要而在其装置和设备中使用有关专利的，不算侵犯专利权。

2. 强制许可

专利强制实施许可指专利行政部门依法定条件和程序颁发的使用专利的许可。申请人获得这种许可后，无须专利权人同意即可得以实施专利，并可以不支付专利使用费用。强制许可的对象指发明专利和实用新型专利，不包括外观设计。专利实施强制许可的种类包含以下几方面：

（1）不实施的强制许可。

《专利实施强制许可办法》第5条规定，专利权人自专利权被授予之日起满3年，且自提出专利申请之日起满4年，无正当理由未实施或者未充分实施其专利的，具备实施条件的单位或者个人可以根据《专利法》第48条第1款的规定，请求给予强制许可。

（2）为了国家利益或公共利益的强制许可。

《专利实施强制许可办法》第6条规定，在国家出现紧急状态或者非常情况时，或者为了公共利益，国务院有关主管部门可以根据《专利法》第49条的规定，建议国家知识产权局给予其指定的具备实施条件的单位强制许可。

（3）从属专利的强制许可。

《专利实施强制许可办法》第8条规定，一项取得专利权的发明或者实用新型比之前已经取得专利权的发明或者实用新型具有显著经济意义的重大技术进步，其实施又有赖于前一发明或者实用新型的实施的，该专利权人可以根据《专利法》第51条的规定请求给予实施前一专利的强制许可。

六、专利权的期限、终止和无效

(一) 专利权的期限

专利权的期限是专利局授予专利权从发生法律效力到失效之间的时间，是专利权受法律保护的期限。期限届满后，专利权不再受到法律保护。发明专利权的期限为 20 年，实用新型专利权和外观设计专利权的期限为 10 年，均自申请日起计算。

(二) 专利权的终止

专利权的终止是指专利权在保护期届满以及保护期届满前，因法律规定的某种原因而失去效力。专利权因保护期届满而终止，是一种自然终止。《专利法》第 44 条规定，有下列情形之一的，专利权在期限届满前终止：没有按照规定缴纳年费的；专利权人以书面声明放弃其专利权的；专利权人死亡后无人继承。专利权在期限届满前终止的，由国务院专利行政部门登记和公告。

(三) 专利权的无效

1. 专利权的无效的含义与条件

专利权的无效是指被授予的专利权因不符合《专利法》的有关规定，而由有关单位或个人请求专利复审委员会通过行政审理程序宣告无效。《专利法》第 45 条规定，自国务院专利行政部门公告授予专利权之日起，任何单位或者个人认为该专利权的授予不符合本法的有关规定的，可以请求专利复审委员会宣告该专利无效。

请求宣告专利权无效是对一种具有法律效力的无形财产权进行剥夺或重新确认的重要法律行为。对此应注意以下条件要求：

(1) 请求宣告专利权无效的可以是任何单位或个人，当然主要是与被请求宣告无效的专利权有利害关系的单位和个人。

(2) 提出无效请求的法定时间是自专利局公告授予专利权之日起。

(3) 请求人应向专利复审委员会提交专利权无效宣告请求书和有关文件，说明请求宣告无效所依据的事实和理由。

(4) 请求人应按照规定缴纳无效宣告请求费，即应当自无效宣告请求之日起 1 个月内缴纳无效宣告请求费，期满未缴纳或未缴足的，被视为未提出请求，理应提交委托书并载明委托权限。

2. 请求宣告专利权无效的理由

依照《专利法实施细则》第 64 条的规定，专利无效的情况如下：

(1) 取得专利权的发明或实用新型不符合《专利法》第 22 条关于专利"三性"的要求；

(2) 取得专利权的外观设计不符合《专利法》第 23 条关于不相同的或不相近似的要求；

(3) 说明书公开不充分，权利要求书得不到说明书的支持；

(4) 不属于《专利法》所称的发明创造；

(5) 取得专利的发明创造违反了国家法律、社会公德或妨碍公共利益；

（6）取得专利的发明创造属于《专利法》第 25 条规定的不授予专利权的领域；

（7）取得专利权的发明创造不符合申请的原则；

（8）属于重复授权；

（9）取得专利的发明或实用新型的专利申请文件的修改或分案超出了原说明书和权利要求书记载的范围，外观设计专利申请文件的修改超出了原图片或照片表示的范围。

七、专利权的实施许可与转让

专利权的利用是专利权的生命线。贯彻专利法的最终目的是通过利用取得专利权的技术促进技术进步和经济发展。专利权的利用主要涉及专利的实施许可及专利权的转让等问题。

（一）专利的实施许可

1. 专利实施许可的概念与特征

专利实施许可，就是专利权人或其授权的人作为许可方许可他人在一定范围的专利实施许可。其具有以下特征：它是专利使用权的转让，而不是专利所有权的转让；被许可人应当支付专利使用费；应通过签订合同的方式实现；被许可人实施专利有一定时间、地点、范围的限制，不得超过合同约定的范围；被许可人依法取得的使用权受法律保护，包括专利权人在内的任何人不得侵犯。

2. 专利实施许可合同的类型

根据专利转让的范围和权限的不同，专利实施许可合同可分为以下几种类型：

（1）独占实施许可合同。根据这种合同，被许可方在约定的时间和地域内对许可方的专利享有独占使用权，包括许可方在内的其他任何人都不得在上述范围内使用该专利，许可方也不得在上述范围内就该专利技术与第三方签订许可合同。

（2）排他实施许可合同。这类合同又称为独家实施许可合同、独家许可证。根据这种合同，被许可方在合同约定的条件和范围内享有对该专利技术的独家使用权，许可方不得再向第三方发放同样的许可证，但许可方仍有在上述范围内实施其专利的权利。

（3）普通实施许可合同。这类合同又称为一般实施许可合同、一般许可或非独占许可证。根据这种合同，被许可人在约定的条件和范围内可以实施专利并取得利益，专利权人自己仍有使用其专利的权利，并且可就相同的条件和范围向第三方发放这种许可证，将专利的使用权转移给其他人。

（4）从属实施许可合同。这类合同又称为分实施许可合同、从属许可证、分许可证。它是与基本实施许可合同相对而言的。如果实施许可合同中允许被许可方再与第三方签订许可合同，那么被许可方与第三方签订的实施许可合同就是从属实施许可合同。

（5）交叉实施许可合同。这类合同又称为交叉许可证、相互许可证。一般是指当事人之间以专利技术作为合同标的进行对等交换的协议。例如，就改进发明和原发明，从属发明与基本发明有必要相互许可对方利用自己的专利，签订交叉实施许可合同。

3. 专利实施许可合同的内容

专利实施许可合同一般应包括以下条款：合同序言有关术语的定义；合同范围；技术情报和资料，保密事项；技术服务和人员培训；验收标准和方式；合同担保；违约金及赔偿数额的计算方法；技术的改进和发展；争议解决办法和适用的法律；合同生效、有效期等。其中，明确专利实施许可合同中双方当事人的义务是主要内容。

（二）专利权的转让

专利权的转让是指专利权人将其专利权转让给受让人所有，受让人支付变更，它涉及专利所有权的转移。专利权转让使专利权的主体发生了变更。

专利权的转让应采取书面合同的方式，并要履行一定的手续。《专利法》第 10 条第 2 款规定，转让专利申请权或者专利权的，当事人应当订立书面合同，并向国务院专利行政部门登记，由国务院专利行政部门予以公告。专利申请权或者专利权的转让自登记之日起生效。可见，在我国专利申请权和专利权主体资格转让属于要式行为，转让一旦生效，受让人即可依法获得专利申请权。转让合同仅凭当事人签名或盖章不会发生效力，经过专利局登记和公告后才能实现。

专利权转让合同通常应包括以下条款：项目名称；发明创造的名称和内容；专利申请日、申请号、专利号和专利权的有效期限；专利实施和许可实施的情况；价款及支付方式；违约金或损害赔偿额的计算方法；争议解决方法等。

八、专利侵权行为及司法救济

（一）专利侵权行为

1. 概念

专利侵权行为指在专利权有效期限内，行为人未经专利权人许可又无法律依据，以营利为目的实施他人专利的行为。它具有以下特征：

（1）侵害的对象是有效的专利。专利侵权必须以存在有效的专利为前提，实施专利授权以前的技术、已经被宣告无效、被专利权人放弃的专利或者专利权期限届满的技术，不构成侵权行为。

（2）必须有侵害行为，即行为人在客观上实施了侵害他人专利的行为。

（3）以生产经营为目的。非生产经营目的的实施，不构成侵权。

（4）违反了法律的规定，即行为人实施专利的行为未经专利权人的许可，又无法律依据。

2. 分类

专利侵权行为分为直接侵权行为和间接侵权行为两类。

（1）直接侵权行为指直接由行为人实施的侵犯他人专利权的行为。其表现形式包括：

①实施制造发明、实用新型、外观设计专利产品的行为；

②实施使用发明、实用新型专利产品的行为；

③实施许诺销售发明、实用新型专利、外观设计专利产品的行为；

④实施销售发明、实用新型或外观设计专利产品的行为；

⑤实施进口发明、实用新型、外观设计专利产品的行为；

⑥实施使用专利方法以及使用、许诺销售、销售、进口依照该专利方法直接获得的产品的行为；

⑦实施假冒他人专利的行为。

（2）间接侵权行为指行为人本身的行为并不直接构成对专利权的侵害，但实施了诱导、怂恿、教唆、帮助他人侵害专利权的行为。

（二）司法救济

根据专利法及其有关法律的规定，侵权行为人应当承担的法律责任包括民事责任、行政责任与刑事责任。

（1）民事责任。侵权行为人应承担的民事责任为：停止侵权；赔偿损失；消除影响等。

（2）行政责任。对专利侵权行为，管理专利工作的部门有权责令侵权行为人停止侵权行为、责令改正、罚款等。专利工作的部门应当事人的请求，还可以就侵犯专利权的赔偿数额进行调解。

（3）刑事责任。依照《专利法》和《刑法》的规定，假冒他人专利，情节严重的，应对直接责任人员追究刑事责任。

思考与训练

一、思考题

1. 简述商标的构成要素。
2. 试述专利权授予条件。
3. 简述商标侵权行为类型。
4. 简述专利侵权行为类型。

二、案例分析

1. 宋某是某建材公司的经理。某建材公司科技小组开发出一种新型的建筑材料，并为此向国家专利局申请发明专利。一个月前，该项专利的审查批准程序进行到了公开阶段。但没过多久，某建材公司市场销售人员发现建材市场里已有相同的产品出现。经某建材公司调查，发现是某私营企业业主吴某在看到某建材公司的发明公告后私自使用了该技术。某建材公司找到吴某协商，希望他立即停止生产这种产品，并赔偿某建材公司的损失。但吴某称，某建材公司还没有被授予专利权，还不是该产品的专利权人，因此无权要求其停止生产并赔偿损失，并主张自己生产这种产品并不违法。吴某的说法有理有据吗？应该如何保护建材公司的专利权？

2. B公司欠A公司货款20万元，到期未归还，经过多次催要也没有结果。A公司只能通过法律途径来要回这笔货款。经法院几个月以来的审理，判决B公司在判决生效后1个月内归还。可是判决生效后过了3个月，B公司仍然没有偿还货款。无奈之下，A公司准备向法院申请强制执行。可是，经过A公司的调查，目前B公司确实已无其他财产可供执行，只剩下注册商标还可以使用，该注册商标对A公司来说还是有一定价值的，可以在经营业务上使用。B公司的注册商标是否可以作为执行标呢？

第七模块

创业融资法律实务

学习目标

1. 了解创业融资的主要渠道和形式；
2. 掌握企业的融资类型；
3. 熟悉证券发行条件和程序；
4. 熟悉债券发行条件和程序；
5. 熟悉民间借贷的法律风险及法律监管；
6. 掌握银行贷款合同的订立、履行、变更和解除。

课前案例

阿里巴巴集团经营多元化互联网业务，其企业目标是为人们创造便捷的网上交易渠道。自成立以来，发展了消费者电子商务、网上支付、B2B网上交易市场、个人零售、支付、生活分类信息服务及云计算等领先业务。良好的定位以及稳固的结构和优秀的服务使阿里巴巴集团成为全球首家拥有600余万商人的电子商务网站，是全球仅次于谷歌的第二大国际多元化互联网公司。公司业务包括：淘宝、支付宝、阿里软件、阿里妈妈、口碑网、阿里云、中国雅虎、一淘网、淘宝商城、中国万网、聚划算、天猫、全球速卖通、蚂蚁金服和菜鸟网络。

1. 创业伊始，选择性融资

（1）1999年，马云创办阿里巴巴，初始投资50万元。

（2）阿里巴巴面临资金"瓶颈"，但马云拒绝38家投资商。

（3）以高盛为主的投资银行向阿里巴巴投资500万美元。

2. 第二轮融资——挺过互联网寒冬

2000年,阿里巴巴进行了第二轮融资,接受了合计2 500万美元,来自软银、富达、汇亚资金、TDF、瑞典的投资。其中,软银的投资为2 000万美元。

在投资完成后,软银还同时投入大量资金和资源与阿里巴巴在日本和韩国成立合资公司,并且战略性投入管理资源和市场推广资源,帮助阿里巴巴开拓全球业务。

3. 第三轮融资

2004年2月17日,阿里巴巴获得了8 200万美元的巨额战略投资。

2005年8月,在雅虎、软银向阿里巴巴投资数亿美元后,阿里巴巴创办淘宝网,创办支付宝,创办阿里软件。

阿里巴巴的第三次中小企业融资,从软银等风险投资商手中募集到8 200万美元。其中,软银出资6 000万美元。

4. 第四轮融资

2005年8月,阿里巴巴收购雅虎中国,同时得到雅虎10亿美元投资。

快速扩张时期下阿里的两轮融资:

5. 第五轮融资

阿里巴巴用了仅6个月时间就完成了IPO工程,成为互联网领域世界最大的17亿美元IPO融资工程。

6. 第六轮融资

美国时间2014年9月19日,马云在纽交所敲钟,阿里巴巴正式登陆纽交所。上市交易首日市值为2 314亿美元。

问题:

1. 创业企业的融资方式有哪些?
2. 不同发展阶段的企业,融资方式的选择有什么不同?请列表说明。
3. 投融资界常说的PE、VC、IPO是什么意思?
4. 目前,国内外知名的PE和VC有哪些?它们的主要投资领域是什么?请列表说明。
5. 符合怎样的条件企业才能IPO?

第一节 创业融资概述

一、创业融资的概念

创业融资是指创业企业根据自身发展的要求,结合生产经营、资金需求等现状,通过科学的分析和决策,借助企业内部或外部的资金来源渠道和方式,筹集生产经营和发展所需资金的行为和过程。

二、创业融资的渠道与方式

(一)融资渠道

融资渠道是资金来源的方向与通路,体现着资金的源泉和流量。认识融资渠道的种类及每种渠道的特点，有利于企业充分开拓和正确利用融资渠道。总体而言，企业筹集资金的渠道有以下七种：

（1）国家财政资金。国家对企业的投资，历来是国有企业包括国有独资企业的主要资金来源。现有国有企业的资金来源大部分是过去由国家以拨款方式投资形成的。

（2）银行信贷资金。银行对企业的各种贷款是各类企业重要的资金来源。银行一般分为商业性银行和政策性银行。前者为各类企业提供商业性贷款，后者主要为特定企业提供政策性贷款。银行信贷资金有居民储蓄、单位存款等经常性的资金源泉，贷款方式多种多样，可以适应各类企业的多种资金需要。

（3）非银行金融机构资金。非银行金融机构主要有信托投资公司、租赁公司、保险公司、证券公司、企业集团的财务公司等。它们有的承销证券；有的融资融物，有的为了一定的目的而集聚资金，可以为一些企业直接提供部分资金或为企业融资提供服务。这种融资渠道的财力比银行要小，但具有广阔的发展前景。

（4）其他企业资金。企业在生产经营过程中，往往形成部分暂时闲置的资金，同时为了一定的目的也需要相互投资。这也为融资企业提供了资金来源。

（5）民间资金。企业职工和城乡居民的节余货币，可以对企业进行投资，形成民间资金渠道，为企业所利用。

（6）企业自留资金。企业内部形成的资金主要是计提折旧、提取公积金和未分配利润而形成的资金。这是企业的"自动化"融资渠道。

（7）外商资金。外商资金是外国投资者以及我国香港、澳门和台湾地区投资者投入的资金，是外商投资企业的重要资金来源。

（二）融资方式

融资方式是指企业筹措资金所采取的具体形式，体现着资金的属性。认识筹资方式的种类及每种筹资方式的属性，有利于企业选择适宜的融资方式和进行融资组合。企业融资方式一般有以下七种：

（1）吸收直接投资。

（2）发行股票。

（3）银行借款。

（4）商业信用。

（5）发行债券。

（6）发行融资券。

（7）租赁筹资。

（三）融资方式与融资渠道的配合

融资方式与融资渠道有着密切的关系。一定的融资方式可能只适用于某一特定的融资渠道，但是同一渠道的资金往往可以采取不同的方式取得，而同一融资方式又往往适用于不同的融资渠道。因此，企业融资时，必须实现两者的合理配合。融资方式与融资渠道的配合情况如表7-1所示。

表7－1　融资方式与融资渠道的配合情况

渠道＼方式	吸收直接投资	发行股票	银行借款	商业信用	发行债券	发行融资券	租赁筹资
国家财政资金	△	△					
银行信贷资金			△				
非银行金融机构资金	△	△	△		△	△	△
其他企业资金	△	△		△	△	△	△
民间资金	△	△			△	△	△
企业自留资金	△						
外商资金	△	△			△	△	△

三、创业企业融资的类型

企业从不同融资渠道、用不同融资方式筹集的资金，由于具体的来源、方式以及期限等的不同，从而形成不同的资金类型；不同类型资金的结合构成了企业具体的融资组合。企业的全部资金来源通常可分为自有资金与借入资金、长期资金与短期资金、内部融资与外部融资、直接融资与间接融资等类型。

（一）自有资金与借入资金

企业的全部资金来源可以按资金权益性质的不同区分为自有资金和借入资金。合理安排自有资金与借入资金的比例关系，是融资管理的一个核心问题。

1. 自有资金

自有资金也称自有资本或权益资本，是企业依法筹集并长期拥有、自主调配运用的资金来源。根据我国财务制度，企业自有资金包括资本金、资本公积金、盈余公积金和未分配利润。按照国际惯例，其一般包括实收资本（或股本）和留存收益两部分。自有资金具有以下属性：

（1）自有资金的所有权归属企业的所有者，所有者凭其所有权参与企业的经营管理和利润分配，并对企业的经营状况承担有限责任。

（2）企业对自有资金依法享有经营权，在企业存续期内，投资者除依法转让外，不得以任何方式抽回其投入的资本，因而自有资金被视为"永久性资本"。

（3）企业的自有资金是通过国家财政资金、其他企业资金、民间资金、外商资金等渠道，采用吸收直接投资、发行股票、留用利润等方式筹措形成的。

2. 借入资金

企业的借入资金也称借入资本或债务资本，是企业依法筹措并依约使用、按期偿还的资金来源。借入资金包括各种债券、应付票据等。

借入资金具有以下属性：

（1）借入资金体现企业与债权人的债权债务关系。

(2) 企业的债权人有权按期索取本息，但无权参与企业的经营管理，对企业的经营状况不承担责任。

(3) 企业对借入资金在约定的期限内享有使用权，承担按期付息还本的义务。

(4) 企业的借入资金是通过银行信贷资本、非银行金融机构资本、民间资本等渠道，采用银行借款、发行债券、发行融资券、商业信用、财务租赁等方式筹措取得的。借入资金有的可按规定转化为自有资金，如可转换为股票的公司债券。

（二）长期资金与短期资金

企业的资金来源可以按期限的不同区分为长期资金和短期资金，两者构成企业全部资金的期限结构。合理安排企业资金的期限结构，有利于实现企业资金的最佳配置和融资组合。

1. 长期资金

长期资金是指需用期限在1年以上的资金。企业要长期、持续、稳定地进行生产经营活动，就需要一定数量的长期资金。广义的长期资金还可具体区分为中期资金和长期资金。一般的划分标准是：需用期限在1年以上、5年以内的资金为中期资金；需用期限在5年以上的资金为长期资金。企业需要长期资金的原因主要有：购建固定资产；取得无形资产；开展长期投资；垫支于流动资产等。长期资金通常采用吸收直接投资、发行股票、发行债券、长期借款、融资租赁等方式来筹措。

2. 短期资金

短期资金是指需用期限在1年以内的资金。企业由于生产经营过程中资金周转的暂时短缺，往往需要一些短期资金。企业的短期资金，一般通过短期借款、商业信用、发行融资券等方式来融通。企业的长期资金和短期资金，有时也可相互通融。比如，用短期资金来源暂时满足长期资金需要，或者用长期资金来源临时解决短期资金的不足。

（三）内部融资与外部融资

企业的资金来源可以通过内部融资和外部融资形成。企业应在充分利用内部资金来源之后，再考虑外部融资问题。

1. 内部融资

内部融资是指在企业内部通过计提折旧而形成现金来源和通过留用利润等来增加资金来源。其中，计提折旧并不增加企业的资金规模，只是资金的形态转化，为企业增加现金来源，其数量的多寡由企业的资产规模和折旧政策决定。留用利润则增加企业的资金总量，其数量由企业可分配利润和利润分配政策（或股利政策）决定。内部融资是在企业内部"自然地"形成的，因此被称为"自动化的资金来源"，它一般无须花费融资费用。

2. 外部融资

外部融资是指在企业内部融资不能满足需要时，向企业外部筹集形成的资金来源。初创时期的企业，内部融资的可能性是很有限的；成长阶段的企业，内部融资也往往难以满足需要。于是，企业就要广泛开展外部融资。

企业外部融资的渠道和方式很多，本章所列述的融资渠道和融资方式，基本上都适用外部融资。外部融资通常需要花费融资费用，如发行股票和债券需要支付发行成本，取得借款需要支付一定的手续费等。

(四) 直接融资与间接融资

企业的融资活动按其是否以金融机构为媒介,可分为直接融资和间接融资,两者各有特点。

1. 直接融资

直接融资是指企业不经过银行等金融机构,用直接与资金供应者协商借贷或发行股票、债券等办法来融集资金。它是不断发展的融资形式。在直接融资过程中,资金供求双方借助于融资手段直接实现资金的转移,而无须银行等金融机构作媒介。

2. 间接融资

间接融资是指企业借助银行等金融机构而进行的融资活动。它是传统的融资形式。在间接融资形式下,银行等金融机构发挥中介作用。它预先聚集资金,再提供给融资企业。间接融资的基本方式是银行借款,此外还有非银行金融机构借款、融资租赁等某些具体形式。

3. 直接融资与间接融资的差别

直接融资与间接融资相比,两者有明显的差别,主要表现为以下几个方面:

(1) 融资机制不同。直接融资依赖于资金市场机制,以各种证券作为载体;而间接融资则既可运用市场,也可运用计划或行政机制。

(2) 融资范围不同。直接融资具有广阔的领域,可利用的融资渠道和方式较多;而间接融资的范围比较窄,融资渠道和方式比较单一。

(3) 融资效率和费用高低不同。直接融资的手续较为繁杂,所需文件较多,准备时间较长,故融资效率较低,融资费用较高;而间接融资手续比较简便,过程比较简单,比如银行借款只需通过申请、签订借款合同和办理借据,故融资效率较高,融资费用较低。

(4) 融资的意义不同。直接融资能使企业最大限度地利用社会资金,提高企业的知名度与资信度,改善企业的资本结构;而间接筹资主要是满足企业资金周转的需要。

四、创业企业融资的法律环境和金融环境

(一) 融资的法律环境

企业融资的法律环境是指影响企业融资活动的法律和法规,包括《证券法》《证券交易法》《财政法》《银行法》《企业法》《公司法》《企业所得税法》《企业债券管理条例》等。这些法律和法规从不同方面规范或制约着企业的融资活动。

1. 规范不同组织类型企业的融资方式

只有股份公司及改组为股份公司的企业才能采取股票融资方式,其他组织类型的企业一般不能发行股票融资。

2. 规定企业采用债券融资方式的条件

国务院于2011年1月8日发布的《企业债券管理条例》规定,一般企业发行企业债券,必须符合下列条件:

(1) 企业规模达到国家规定的要求。

(2) 企业财务会计制度符合国家规定。

(3) 具有偿债能力。

(4) 企业经济效益良好，发行企业债券前 3 年连续营利。

(5) 所融资金的用途符合国家产业政策。

3. 影响不同融资方式的资金成本

根据《企业所得税法》的规定，企业采用债券、银行借款融资的利息支出，在企业所得税前列支，即免交所得税；而采用股票筹集资金、股利支出则以所得税后利润支付。这就可能导致企业实际负担的债券成本低于股票成本。

（二）融资的金融环境

金融环境是企业融资的外部环境，对企业的融资活动有着十分重要的作用。企业财务人员必须了解金融市场的作用，熟悉金融机构的类型。

1. 金融市场

金融市场是金融性商品交易的场所，如货币资金借贷的场所，债券、股票发行和交易的场所，外汇买卖的场所等。金融市场有广义与狭义之分。广义的金融市场包括所有资金供需的交易场所；狭义的金融市场专指证券发行和买卖的场所，其典型形式为证券交易所。金融市场的种类颇多，当前通用的分类标准有以下几种：

(1) 按交易对象不同，金融市场分为资金市场、外汇市场和黄金市场三大类。

(2) 按偿还期限不同，资金市场分为短期资金市场和长期资金市场。短期资金市场是指资金偿还期限为 1 年以内的市场，通常也称货币市场，包括短期存放市场、同业拆俗市场、票据承兑与贴现市场和短期证券市场等；长期资金市场是指资金偿还期限为 1 年以上的市场，通常也称资本市场，包括长期存放市场、长期证券市场。这是目前世界上普遍应用的分类标准。

(3) 按具体功能不同，证券市场分为初级市场和次级市场。其中，初级市场是由新证券首次发行而形成的市场，又称交易市场。

此外，金融市场按交易区域不同可划分为国际金融市场、全国金融市场和地区金融市场。

金融市场对企业融资的作用主要表现在以下两个方面：一方面，为企业融资活动提供场所，让资金的供需双方相互接触，通过交易实现资金的融通，促进企业的资金在供需上达到平衡，使企业的生产经营活动能够顺利地进行；另一方面，通过金融市场的资金融通活动，促进社会资金的合理流动，调节企业融资以及投资的方向与规模，促使企业合理使用资金，提高社会资金的效益。

2. 金融机构

社会资金从供应者手中转入需求者手中，大多要通过金融机构来实现。这些金融机构主要包括：

(1) 经营存贷业务的金融机构。在我国，这类金融机构主要有工商银行、农业银行、建设银行、中国银行、交通银行、城市合作银行、股份制商业银行、外国银行等。它们的基本功能都是通过吸收存款集聚资金，并把这些资金以贷款的形式提供给资金需要者。

(2) 经营证券业务的金融机构。这类金融机构主要是指全国性或区域性的证券公司。它们通过承担证券的推销或包售工作，为企业融通资金提供服务。

(3) 其他金融机构。其他金融机构主要包括保险公司、租赁公司等。保险公司是通过收取保险费集聚一定资金，当投保人遭受损失时予以赔偿的金融机构。通常，从收取保险费到支付赔偿需间隔较长时期。而且，一般地，赔偿以后会有一定剩余。这些暂时闲置和剩余资金按规定可用于投资，主要是购置公债、风险小而交易灵便的股票和企业债券，有时也进行资金放贷。租赁公司则介于金融机构与企业之间，它先筹集资金购买各种租赁物，然后出租给企业。租赁公司的经营租赁等于向企业提供了短期资金，其融资租赁等于向企业提供了中长期资金。

第二节 直接融资

一、证券融资

（一）证券的发行

1. 证券发行的概念

证券发行是指发行人以筹集资金或者调整股权为目的，做成证券并交付于投资者的行为。证券发行是最重要的证券法律事实。只有通过证券发行，才能使企业获得所需要的投资，使投资者手中的货币成为资本。证券发行还是证券交易的前提，只有合法发行的证券才能进行证券交易，使投资者能够在证券交易市场上将证券转卖并实现获得价差收益的投资目的。证券发行涉及证券发行的类型、证券承销、证券保荐等一系列《证券法》的重要制度，是《证券法》中最重要的制度。

2. 证券发行的类型

（1）股票的发行、公司债券的发行和其他证券的发行是按照发行证券的类型对证券发行进行的分类。中国证监会对于不同的证券规定不同的发行规则。《证券法》第2条规定，在中华人民共和国境内，股票、公司债券和国务院依法认定的其他证券的发行和交易，适用本法；本法未规定的，适用《公司法》和其他法律、行政法规的规定。对于政府债券和证券投资基金份额的发行并不适用《证券法》，而是适用专门的法规或法律，但政府债券、证券投资基金份额的上市交易适用《证券法》。

（2）设立发行和增资发行。

按照证券发行的目的，其可以分为设立发行和增资发行。

①设立发行。设立发行是指为了设立公司而发行证券，也称初次发行、首次发行。设立发行的要求往往比较严格，它代表着一个国家证券市场的基本准入标准。

②增资发行。增资发行是指已经成立的股份有限公司为追加资本而发行股份，也称新股发行。如《证券法》第13条和第14条规定的公司公开发行新股，包括向原股东派发股票（配股）和向社会公众投资者发售新股票（增发）。此外，还有定向增发，即向特定对象增发股票。增资发行的目的很灵活，有的是为了扩大生产经营需要，有的是为了分配利润，有的是为了改变公司的股权结构。增资发行也是上市公司在证券市场上持续融资的方式。

(3) 平价发行、溢价发行和折价发行。

按照证券发行价格和证券票面金额的关系，其可以分为平价发行、溢价发行和折价发行。平价发行就是指证券发行价格和证券票面金额一致。溢价发行是指发行价格超过票面金额。《证券法》第33条规定，股票发行采取溢价发行的，其发行价格由发行人承销的证券公司协商确定。折价发行，即发行价格低于票面金额。对股票而言，如果采用折价发行，则会损害公司资本的真实原则，因此《公司法》第128条规定，禁止折价发行股票，但在债券发行中可以应用折价发行。

(4) 公开发行和非公开发行。

按照发行对象不同，证券发行分为公开发行和非公开发行。

①公开发行。公开发行指以社会上的公众投资者或200人以上的特定者为发行对象。公开发行证券由于涉及的投资者人数众多，因而受到《证券法》和中国证监会的严格监管，未经核准不得进行。《证券法》第10条规定，公开发行证券必须符合法律、行政法规规定的条件，并依法报经国务院证券监督管理机构或者国务院授权的部门核准；未经依法核准，任何单位和个人不得公开发行证券。公开发行应当符合以下情形之一：向不特定对象发行证券；向特定对象发行证券累计超过200人；法律、行政法规规定的其他发行行为。

②非公开发行。非公开发行就是向200人以下的特定对象发行证券。《证券法》并没有对非公开发行的条件和程序进行规定，只是要求非公开发行证券不得采用广告、公开劝诱和变相公开方式。所以，非公开发行其实是《证券法》中一种灵活且比较简易的发行方式。非公开发行既可以是上市公司进行的非公开发行，也可以是非上市公司进行的非公开发行。如果是上市公司进行非公开发行，则应当符合中国证监会的相关规定，并报中国证监会批准。

(5) 公募发行和私募发行。

这种发行也是按发行对象是否特定进行的划分，有相似之处，但并不相同。

公募发行是发行人公开向社会不特定的投资对象发售其证券的方式。私募发行是指发行人向一定范围内的特定对象发行证券的方式，如发行人的内部职工、发行人的重要客户等。

《证券法》中并没有使用公募发行和私募发行这组概念，但在《公司法》和中国证监会发布的规范性文件中使用了"公开募集"和"定向募集"的概念，在证券实践中也常常使用"公募""私募"这样的概念。公募发行仅指《证券法》第10条（即公开发行）中的第一种情况"向不特定对象发行证券"。只要是向特定对象发行的证券，无论人数，均属于私募发行。

(6) 直接发行和间接发行。

其按照发行是否借助于证券中介机构分为直接发行和间接发行。

①直接发行。直接发行是指不通过证券承销机构而由自己承担发行事务和风险的发行方式，如发行人直接向现有股东发行股票、债券直接向特定投资人出售等。直接发行的优点比较多，比如发行人自己就能够控制发行的过程，发行的费用也比较低；但是缺点也比较明显，如发行持续时间比较长，并且发行的风险也比较大。

②间接发行。间接发行即由证券公司担任承销商来发行，从而能够借助承销商的发行

渠道和经验，使发行更为顺利；如果采用包销的方式来发行还能将发行失败的风险转移给承销商。不过间接发行的费用比较高。证券公司的承销业务是证券公司利润的重要来源之一。证券承销可以分为证券代销和证券包销。《证券法》第28条规定，发行人向不特定对象发行的证券，法律、行政法规规定应当由证券公司承销的，发行人应当同证券公司签订承销协议。证券承销业务采取代销或者包销方式。证券代销是指证券公司代发行人发售证券，在承销期结束时，将未售出的证券全部退还给发行人的承销方式。证券包销是指证券公司将发行人的证券按照协议全部购入或者在承销期结束时将售后剩余证券全部自行购入的承销方式。

（二）股票的发行

1. 股票发行的概念

股票发行是指符合发行条件的股份有限公司，依法定程序，以同一条件向特定或不特定对象发售股票的行为。在实践中，《证券法》中的股票发行包括两种情况：首次公开发行股票（IPO）和上市公司发行新股。此外，还可以将股票发行分为公开发行和非公开发行，这种分类与首次公开发行股票和上市公司发行新股存在交叉关系。对于公开发行，由于涉及的投资者众多，因此往往也有比较严格的监管措施。

2. 首次公开发行股票的概念

首次公开发行股票是指以募集方式设立股份公司时进行的、针对不特定对象的、公开的股票发行。如果能够顺利地实施股票的首次公开发行，就意味着股份公司募集设立的成功，且该公司成为上市公司。首次公开发行可以在主板市场进行，也可以在中小板、创业板市场发行，不同的证券市场对于首次公开发行的条件规定并不一致。企业应当按照自己的实际情况选择适宜的证券市场进行首次公开发行。

首次公开发行股票是《证券法》中的重要制度，在首次公开发行股票中，要遵守《证券法》及中国证监会的一系列规定，包括承销、保荐以及信息公开等制度。

3. 首次公开发行股票的条件

（1）发行人应当符合相关条件要求，具体如下：

①发行人具备法定的发行主体资格。发行人应当是依法设立且合法存续的股份有限公司。经国务院批准，有限责任公司在依法变更为股份有限公司时，可以采取募集设立方式公开发行股票。

②发行人符合经营的持续性要求。发行人自股份有限公司成立后，持续经营时间应当在3年以上，但经国务院批准的除外。有限责任公司按原账面净资产值折股整体变更为股份有限公司的，持续经营时间可以从有限责任公司成立之日起计算。

③发行人实行严格的法定资本制。要求发行人的注册资本已足额缴纳，发起人或者股东用做出资的资产的财产权转移手续已办理完毕，发行人的主要资产不存在重大权属纠纷。

④发行人经营的合法性。发行人的生产经营符合法律、行政法规和公司章程的规定，符合国家产业政策。

⑤发行人经营和公司治理机构的稳定性。发行人最近3年内主营业务和董事、高级管理人员没有发生重大变化，实际控制人没有发生变更。发行人的股权清晰，控股股东和受控股

股东、实际控制人支配的股东持有的发行人股份不存在重大权属纠纷。

（2）发行人符合经营独立性要求。

发行人符合经营独立性要求即指发行人应当具有完整的业务体系和直接面向市场独立经营的能力，具体包括：

①发行人的资产完整。生产型企业应当具备与生产经营有关的生产系统、辅助生产系统和配套设施，合法拥有与生产经营有关的土地、厂房、机器设备以及商标、专利、非专利技术的所有权或者使用权，具有独立的原料采购和产品销售系统；非生产型企业应当具备与经营有关的业务体系及相关资产。

②发行人的人员独立。发行人的总经理、副总经理、财务负责人和董事会秘书等高级管理人员不得在控股股东、实际控制人及其控制的其他企业中担任除董事、监事以外的其他职务，不得在控股股东、实际控制人及其控制的其他企业领薪；发行人的财务人员不得在控股股东、实际控制人及其控制的其他企业中兼职。

③发行人的财务独立。发行人应当建立独立的财务核算体系，能够独立做出财务决策，具有规范的财务会计制度和对分公司、子公司的财务管理制度；发行人不得与控股股东、实际控制人及其控制的其他企业共用银行账户。

④发行人的机构独立。发行人应当建立健全内部经营管理机构，独立行使经营管理职权，与控股股东、实际控制人及其控制的其他企业间不得有机构混同的情形。

⑤发行人的业务独立。发行人的业务应当独立于控股股东、实际控制人及其控制的其他企业，与控股股东、实际控制人及其控制的其他企业间不得有同业竞争或者显失公平的关联交易。此外，发行人在独立性方面不得有其他严重缺陷。

（3）发行人应当具备规范的公司治理结构。

①在组织机构方面，发行人已经依法建立健全股东大会、董事会、监事会、独立董事、董事会秘书制度，相关机构和人员能够依法履行职责。

②对发行人的董事、监事和高级管理人员知悉法律以及资格的要求。发行人的董事、监事和高级管理人员已经了解与股票发行上市有关的法律、法规，悉知上市公司及其董事、监事和高级管理人员的法定义务和责任。发行人的董事、监事和高级管理人员符合法律、行政法规和规章规定的任职资格，且不得有下列情形：被中国证监会采取证券市场禁入措施，尚在禁入期的；最近36个月内受到中国证监会行政处罚，或者最近12个月内受到证券交易所公开谴责，因涉嫌犯罪被司法机关立案侦查或者涉嫌违法违规被中国证监会立案调查，尚未有明确结论意见。

③持续合法经营的要求。发行人不得有下列情形：最近36个月内未经法定机关核准，擅自公开或者变相公开发行过证券；有关违法行为虽然发生在36个月前，但目前仍处于持续状态；最近36个月内违反工商、税收、土地、环保、海关以及其他法律、行政法规，受到行政处罚，且情节严重，最近36个月内曾向中国证监会提出发行申请，但报送的发行申请文件有虚假记载、误导性陈述或重大遗漏或者不符合发行条件以欺骗手段骗取发行资格或者以不正当手段干扰中国证监会及其发行审核委员会审核工作；或者伪造、变造发行人或其董事、监事、高级管理人员的签字、盖章；本次报送的发行申请文件有虚假记载、误导性陈

述或者重大遗漏；涉嫌犯罪被司法机关立案侦查，尚未有明确结论意见；严重损害投资者合法权益和社会公共利益的其他情形。

④在处理与控股股东的关系方面，发行人的公司章程中已明确对外担保的审批权限和审议程序，不存在为控股股东、实际控制人及其控制的其他企业进行违规担保的情形。发行人有严格的资金管理制度，不得有资金被控股股东、实际控制人及其控制的其他企业以借款、代偿债务、代垫款项或者其他方式占用的情形。

（4）财务与会计方面符合要求。

①发行人资产质量良好，资产负债结构合理且正常。

②发行人的内部控制在所有重大方面是有效的，并由注册会计师出具了无保留结论的内部控制鉴证报告。

③发行人会计基础工作规范，财务报表的编制符合企业会计准则和相关会计制度的规定，在所有重大方面公允地反映了发行人的财务状况、经营成果和现金流量，并由注册会计师出具了无保留意见的审计报告。发行人编制财务报表应以实际发生的交易或者事项为依据；在进行会计确认、计量和报告时应当保持应有的谨慎；对相同或者相似的经济业务，应选用一致的会计政策，不得随意变更。

④发行人应完整披露关联方关系并按重要性原则恰当披露关联交易。关联交易价格公允，不存在通过关联交易操纵利润的情形。

⑤发行人的财务会计指标应当符合下列条件：最近3个会计年度净利润均为正数且累计超过3 000万元，净利润以扣除非经常性损益前后孰低者为计算依据；最近3个会计年度经营活动产生的现金流量净额累计超过5 000万元；或者最近3个会计年度营业收入累计超过3亿元；发行前股本总额不少于3 000万元；最近一期末无形资产占净资产的比例不高于20%；最近一期末不存在未弥补亏损。

⑥发行人依法纳税，各项税收优惠符合相关法律、法规的规定。

⑦发行人不存在重大偿债风险，不存在影响持续经营的担保及仲裁等重大事项。

⑧发行人申报文件中不得有下列情形：故意遗漏或虚构交易、事项或者其他重要信息；滥用会计政策或者会计估计；操纵、伪造或篡改编制财务报表所依据的会计记录或者相关凭证。

⑨发行人不得有下列影响持续盈利能力的情形：发行人的经营模式、产品或服务的品种结构已经或者将发生重大变化，并对发行人的持续盈利能力构成重大不利影响；发行人的行业地位或发行人所处行业的经营环境已经或者将发生重大变化，并对发行人的持续盈利能力构成重大不利影响；发行人最近一个会计年度的营业收入或净利润对关联方或者存在重大不确定性的客户存在重大依赖；发行人最近一个会计年度的净利润主要来自合并财务报表范围以外的投资收益；发行人在用的商标、专利、专有技术以及特许经营权等重要资产或技术的取得或使用存在重大不利变化的风险以及其他可能对发行人持续盈利能力构成重大不利影响的情形。

（5）募集资金运用符合要求。

①募集资金应当有明确的使用方向，原则上应当用于主营业务。除金融类企业外，募集

资金使用项目不得为持有交易性金融资产和可供出售的金融资产、借予他人、委托理财等财务性投资，不得直接或者间接投资于以买卖有价证券为主要业务的公司。

②募集资金数额和投资项目应当与发行人现有生产经营规模、财务状况、技术水平和管理能力等相适应。

③募集资金投资项目应当符合国家产业政策、投资管理、环境保护、土地管理以及其他法律、法规和规章的规定。

④发行人董事会应当对募集资金投资项目的可行性进行认真分析，确信投资项目具有较好的市场前景和营利能力，有效防范投资风险，提高募集资金使用效益。募集资金投资项目实施后，不会产生同业竞争或者对发行人的独立性产生不利影响。发行人应当建立募集资金专项存储制度，募集资金应当存放于董事会决定的专项账户。

4. 首次公开发行股票的程序

（1）董事会和股东大会决议。

发行人董事会应当依法就本次股票发行的具体方案、本次募集资金使用的可行性及其他必须明确的事项做出决议，并提请股东大会批准。发行人股东大会就本次发行股票所做的决议，至少应当包括下列事项：本次发行股票的种类、数量和发行对象；价格区间或者定价方式；募集资金用途；发行前滚存利润的分配方式；决议的有效期；对董事会办理本次发行具体事宜的授权以及其他必须明确的事项。

（2）向中国证监会提出申请，保荐人保荐。

发行人应当按照中国证监会的有关规定制作申请文件，由保荐人保荐并向中国证监会申报。特定行业的发行人应当提供管理部门的相关意见。

（3）中国证监会受理、预先披露和审核。

①中国证监会的受理。中国证监会收到申请文件后，在5个工作日内做出是否受理的决定。

②预先披露。申请文件受理后、发行审核委员会审核前，发行人应当将招股说明书（申报稿）在中国证监会网站预先披露。发行人也可以将招股说明书（申报稿）刊登于其企业网站，但披露内容应当完全一致，且不得早于在中国证监会网站的披露时间。发行人及其全体董事、监事和高级管理人员应当保证预先披露的招股说明书（申报稿）的内容真实、准确、完整。预先披露的招股说明书（申报稿）不是发行人发行股票的正式文件，不能含有价格信息，发行人不得据此发行股票。发行人应当在预先披露的招股说明书（申报稿）的显要位置声明："本公司的发行申请尚未得到中国证监会核准。本招股说明书（申报稿）不具有据以发行股票的法律效力，仅供预先披露之用。投资者应当以正式公告的招股说明书全文作为做出投资决定的依据。"

③中国证监会的审核。中国证监会受理申请文件后，由相关职能部门对发行人的申请文件进行初审，并由发行审核委员会审核。中国证监会在初审过程中，将征求发行人注册地省级人民政府是否同意发行人发行股票的意见，并就发行人的募集资金投资项目是否符合国家产业政策和投资管理的规定征求国家发展和改革委员会的意见。中国证监会依照法定条件对发行人的发行申请做出予以核准或者不予核准的决定，并出具相关文件。

对首次公开发行的审核,由中国证监会内设立主板市场发行审核委员会(简称主板发行审核委员会)审核。主板发行审核委员会的职责除了审核发行人股票发行(首次公开发行、增发、配股)申请外,还需要审核可转换公司债券以及中国证监会认可的其他证券(如证券投资基金)的发行申请。主板发行审核委员会委员由中国证监会的专业人员和中国证监会外的专家组成,由中国证监会聘任,主板发行审核委员会委员为25名,部分主板发行审核委员会委员可以为专职。其中,中国证监会的人员5名,中国证监会以外的人员20名。主板发行审核委员会设会议召集人5名。主板发行审核委员会的职责是根据有关法律、行政法规和中国证监会的规定,审核股票发行申请是否符合相关条件。主板发行审核委员会委员以个人身份出席主板发行审核委员会会议,依法履行职责,独立发表审核意见并行使表决权。

主板发行审核委员会会议采取两种审核程序:一是普通程序。如果是审核发行人公开发行股票申请和可转换公司债券等中国证监会认可的其他公开发行证券申请,适用普通程序。每次参加主板发行审核委员会会议的委员为7名。表决投票时同意票数达到5票为通过,同意票数未达到5票为未通过。二是特别程序。主板发行审核委员会审核上市公司非公开发行股票申请和中国证监会认可的其他非公开发行证券申请,适用特别程序。每次参加主板发行审核委员会会议的委员为5名。表决投票时同意票数达到3票为通过,同意票数未达到3票为未通过。在特别程序中,委员不得提议暂缓表决。

主板发行审核委员会会议对发行人的股票发行申请投票表决后,中国证监会在网站上公布表决结果。股票发行申请未获核准的,自中国证监会做出不予核准决定之日起6个月后,发行人可再次提出股票发行申请。

(4) 发行人公告募集文件。

在获得中国证监会的发行核准后,发行人应当公告募集文件。首次公开发行所要公告的募集文件主要是招股说明书、招股说明书的摘要和备查文件。具体要求是:

①凡是对投资者做出投资决策有重大影响的信息,均应当在招股说明书中予以披露。发行人及其全体董事、监事和高级管理人员应当在招股说明书上签字、盖章,保证招股说明书的内容真实、准确、完整。保荐人及其保荐代表人应当对招股说明书的真实性、准确性、完整性进行核查,并在核查意见上签字、盖章。

②招股说明书中引用的财务报表在其最近一期截止日后6个月内有效。特别情况下,发行人可申请适当延长,但至多不超过1个月。财务报表应当以年度末、半年度末或者季度末为截止日。

③招股说明书的有效期为6个月,自中国证监会核准发行申请前招股说明书最后一次签署之日起计算。

④发行人应当在发行前将招股说明书摘要刊登于至少一种中国证监会指定的报刊,同时将招股说明书全文刊登于中国证监会指定的网站,并将招股说明书全文置备于发行人住所、拟上市证券交易所,保荐人、主承销商和其他承销机构的住所,以备公众查阅。

⑤保荐人出具的发行保荐书、证券服务机构出具的有关文件应当作为招股说明书的备查文件,在中国证监会指定的网站上披露,并置备于发行人住所、拟上市证券交易所,保荐

人、主承销商和其他承销机构的住所，以备公众查阅。

(5) 发行股票。

①发行股票的时间限制。自中国证监会核准发行之日起，发行人应在6个月内发行股票；超过6个月未发行的，核准文件失效，需重新经中国证监会核准后方可发行。

②发生重大事项时应当暂缓或暂停发行。发行申请核准后、股票发行结束前，发行人发生重大事项的，应当暂缓或者暂停发行，并及时报告中国证监会，同时履行信息披露义务。影响发行条件的，应当重新履行核准程序。

③发行应当发布发行公告，之后就可以向证券市场推介、询价来确定股票的价格，并通过网上发行和网下配售。

案例分析7-1

上市公司A在股票发行申报材料中，对当地国土管理部门未批准处置的两块土地做了违规处理，按照评估结果计入公司总资产，由此虚增公司无形资产1 000万元；在公司股票发行材料中，将公司国家股、法人股和内部职工股数做了相应缩减，该事实在A公司股票发行文件中未作披露；公司股票申请发行前，已将其内部职工股在某产权交易报价系统挂牌交易，对此，A公司未在招股说明中披露。

请问：根据《证券法》相关规定，A公司违反了哪些法律规定？其法律责任应如何承担？

(三) 公司债券的发行

1. 发行公司债券的基本条件

《证券法》第16条规定：《证券法》对公开发行公司债券的总体要求，适用于所有发行公司债券的情形。这些要求如下：

(1) 股份有限公司的净资产不低于3 000万元，有限责任公司的净资产不低于6 000万元。

(2) 累计债券余额不超过公司净资产的40%。

(3) 最近3年平均可分配利润足以支付公司债券一年的利息。

(4) 筹集的资金投向符合国家产业政策。

(5) 债券的利率不超过国务院限定的利率水平。

(6) 国务院规定的其他条件。

2. 禁止发行公司债券的情形

存在下列情形之一的，不得发行公司债券：

(1) 最近36个月内公司财务会计文件存在虚假记载等违法行为。

(2) 本次发行申请文件存在虚假记载、误导性陈述或者重大遗漏。

(3) 对已发行的公司债券或者其他债务有违约或者迟延支付本息的事实仍处于继续状态。

(4) 严重损害投资者合法权益和社会公共利益的其他情形。

3. 公司债券的发行程序

1) 应当由公司董事会制定公司债券发行的方案，交由股东会决议

（1）股东会或股东大会做出发行公司债券的决议。

申请发行公司债券，由股东会或股东大会对下列事项做出决议：发行债券的数量；向公司股东配售的安排；债券期限；募集资金的用途；对董事会的授权事项；其他需要明确的事项。发行公司债券募集的资金，必须符合股东会或股东大会核准的用途，且符合国家产业政策。

（2）发行公司债券的表决规则。

《公司法》第 104 条规定，股东出席股东大会会议，所持每一股份都有一表决权。但是，公司持有的本公司股份没有表决权。股东大会做出决议，必须经出席会议的股东所持表决权过半数通过。但是，若股东大会做出修改公司章程、增加或者减少注册资本的决议，以及公司合并、分立、解散或者变更公司形式的决议，则必须经出席会议的股东所持表决权的 2/3 以上通过。

至于有限责任公司，按照《公司法》第 44 条的规定，股东会的议事方式和表决程序，除本法有规定外，由公司章程规定。股东会会议做出修改公司章程、增加或者减少注册资本的决议，以及公司合并、分立、解散或者变更公司形式的决议，必须经代表 2/3 以上表决权的股东通过。发行公司债券事宜应当由公司章程规定的议事方式和表决程序决定。尽管《公司法》并不要求出席会议的股东所持表决权的 2/3 以上通过，而是过半数通过即可，但是，2006 年 5 月 8 日施行的《上市公司证券发行管理办法》第 44 条规定，股东大会就发行证券事项做出决议，必须经出席会议的股东所持表决权的 2/3 以上通过。因此，上市公司发行包括公司债券在内的各种证券，都需要出席会议的股东所持表决权的 2/3 以上通过。在《上市公司证券发行管理办法》中还详细规定了上市公司的董事会所做出的关于发行公司债券并提交股东大会的决议，应当包括本次证券发行的方案；本次募集资金使用的可行性报告，前次募集资金使用的报告以及其他必须明确的事项。上市公司发行可转换的公司债券所做决议应当包括发行股票所要求的各项内容，包括本次发行证券的种类和数量；发行方式、发行对象及向原股东配售的安排；定价方式或价格区间；募集资金用途；决议的有效期；对董事会办理本次发行具体事宜的授权及其他必须明确的事项。还应当包括债券利率、债券期限、担保事项、回售条款、还本付息的期限和方式、转股期和转股价格的确定和修正等。

若上市公司发行分离交易的可转换公司债券，则股东大会应当就以下事项做出决议：本次证券发行的方案；本次募集资金使用的可行性报告；前次募集资金使用的报告；债券利率；债券期限；担保事项；回售条款；还本付息的期限和方式；认股权证的行权价格；认股权证的存续期限；认股权证的行权期间或行权日。上市公司向本公司特定的股东及其关联人发行证券的，股东大会就发行方案进行表决时，关联股东应当回避。上市公司就发行证券事项召开股东大会，应当提供网络或者其他方式，为股东参加股东大会提供便利。

2）提出发行申请

（1）向相关机构报送有关文件。

发行公司债券时，如果上市公司拟发行公司债券，则应由中国证监会进行审核。其他有限公司和股份公司拟发行公司债券，则由国务院授权的部门（如财政部等）决定是否符合。《证券法》第 17 条规定，申请公开发行公司债券，应当向国务院授权的部门或者中国证监会报送下列文件：公司营业执照；公司章程；公司债券募集办法；资产评估报告和验资报告；国务院授权的部门或者国务院证券监督管理机构规定的其他文件。聘请保荐人的，还应当报送保荐人出具的发行保荐书。发行人依法申请核准发行证券所报送的申请文件的格式、报送方式，由依法负责核准的机构或者部门规定。

（2）发行人承担信息真实义务。

发行人向国务院证券监督管理机构或者国务院授权的部门报送的证券发行申请文件，必须真实、准确、完整。为证券发行出具有关文件的证券服务机构和人员，必须严格履行法定职责，保证其所出具文件的真实性、准确性和完整性。

3）由中国证监会或国务院授权部门进行审核

中国证监会或者国务院授权的部门应当自受理证券发行申请文件之日起3个月内，依照法定条件和法定程序做出予以核准或者不予核准的决定，发行人根据要求补充、修改发行申请文件的时间不计算在内；不予核准的，应当说明理由。

中国证监会依照下列程序审核上市公司发行公司债券的申请：收到申请文件后，5个工作日内决定是否受理；中国证监会受理后，对申请文件进行初审；发行审核委员会按照《中国证券监督管理委员会发行审核委员会办法》规定的特别程序审核申请文件，发行审核委员会由国务院证券监督管理机构的专业人员和所聘请的该机构外的有关专家组成，以投票方式对股票发行申请进行表决，提出审核意见；中国证监会做出核准或者不予核准的决定。

4）公告公司债券募集办法

发行公司债券的申请经核准后，应当公告公司债券募集办法。公司债券募集办法中应当载明下列主要事项：公司名称；债券募集资金的用途；债券总额和债券的票面金额；债券利率的确定方式；还本付息的期限和方式；债券担保情况；债券的发行价格、发行的起止日期；公司净资产额；公司债券总额；公司债券的承销机构。

5）发行公司债券

（1）记名公司债券和无记名公司债券的不同要求。

公司债券既可以为记名债券，也可以为无记名债券。公司发行公司债券应当置备公司债券存根簿。发行记名公司债券的，应当在公司债券存根簿上载明下列事项：债券持有人的姓名或者名称及住所；债券持有人取得债券的日期及债券的编号；债券总额，债券的票面金额、利率、还本付息的期限和方式；债券的发行日期。记名公司债券的登记结算机构应当建立债券登记、存管、付息、兑付等相关制度。发行无记名公司债券的，应当在公司债券存根簿上载明债券总额、利率、偿还期限和方式、发行日期及债券的编号。

（2）公司债券的发行期限。

上市公司发行公司债券可以申请一次核准，分期发行。自中国证监会核准发行之日起，公司应在6个月内首期发行，剩余数量应当在24个月内发行完毕。超过核准文件限定的时效未发行的，须重新经中国证监会核准后方可发行。首期发行数量应当不少于总发行数量的50%，剩余各期发行的数量由公司自行确定，每期发行完毕后5个工作日内报中国证监会备案。

二、民间借贷

（一）民间借贷的概念和特点

民间借贷是指自然人、法人、其他组织之间及其相互之间进行资金融通的行为。民间借贷具有以下特点：

（1）民间借贷是一种民事法律行为。借贷双方通过签订书面借贷协议或达成口头协议来形成特定的债权债务关系，从而产生相应的权利和义务。债权债务关系是中国民事法律关系的重要组成部分，这种关系一旦形成便受法律的保护。

（2）民间借贷是出借人和借款人的合约行为。借贷双方是否形成借贷关系以及借贷数额、借贷标的、借贷期限等取决于借贷双方的书面或口头协议。只要协议内容合法，都是允许的，受到法律的保护。

（3）民间借贷关系成立的前提是借贷物的实际交付。借贷双方间是否形成借贷关系，除对借款标的、数额、偿还期限等内容意思表示一致外，还要求出借人将货币或其他有价证券交付给借款人，这样借贷关系才算正式成立。

（4）民间借贷的标的物必须是属于出借人个人所有或拥有支配权的财产，以不同于出借人或出借人没有支配权的财产形成的借贷关系无效，不受法律的保护。

（5）民间借贷可以有偿，也可以无偿，是否有偿由借贷双方约定。只有事先在书面或口头协议中约定有偿的，出借人才能要求借款人在还本时支付利息。

（6）民间借贷具有灵活、方便、利高、融资快等优点，运用市场机制手段，融通各方面资金为发展商品经济服务，满足生产和流通对资金的需求。

（7）民间借贷出于自愿，借贷双方较为熟悉，信用程度较高，对社会游资有较大吸引力，可吸收大量社会闲置资金，充分发挥资金之效用；其利率杠杆灵敏度高，随行就市，灵活浮动，资金滞留现象少，借贷手续简便，减去了诸多中间环节，提高了资金使用率。这在目前我国资金短缺情况下，无疑是一有效集资途径。

案例分析7-2

甲公司向银行贷款50万元后，甲公司与其下属事业部签订协议，将自己列为担保方，将事业部列为借款人，约定该笔债务由事业部来还。在2年后银行催收时，甲公司在催收单上加盖公章，并由经办人签字说明"此贷款由事业部所用，我司已向事业部去函要求向银行归还贷款，因此，债务人为事业部，我司应配合收贷。"

请问：甲公司要不要承担偿债义务？

（二）民间借贷的主体和效力

1. 民间借贷的主体

《关于审理民间借贷案件适用法律若干问题的规定》（简称《民间借贷规定》）中所称的民间借贷，是指自然人、法人、其他组织之间及其相互之间进行资金融通的行为。

2. 民间借贷的效力

民间借贷只要双方当事人意思表示真实、一致即可认定有效，而非单方当事人的权利，所以有效的民间借贷主要依赖双方当事人的约定，一方当事人不得以"自由"为借口去强迫另一方当事人。因借贷产生的抵押相应有效，但利率不得超过人民银行规定的相关利率。

一般情况下，民间借贷是合法的，它必须是在法律允许的范围内，否则不受保护。民间借贷活动必须严格遵守国家法律、行政法规的有关规定，遵循自愿互助、诚实信用原则。出借人的资金必须是其合法收入的自有资金,禁止吸收他人资金转手放贷。民间借贷的利率由借贷双方协商决定,但协商的利率不得超过国家规定范围。

（三）民间借贷的界限

近年来,随着我国民间金融市场的蓬勃发展,民间借贷成为舆论焦点。以借贷为名,行非法吸收公众存款或者变相吸收公众存款之实,扰乱金融秩序的,则以非法吸收公众存款罪论处。《刑法》虽然规定了非法吸收公众存款罪,但并未对什么是非法吸收公众存款、变相吸收公众存款做出明确规定。1998年国务院发布的《非法金融机构和非法金融业务活动取缔办法》（简称《办法》）第4条规定,本办法所称非法金融业务活动,是指未经中国人民银行批准,擅自从事的下列活动:

（1）非法吸收公众存款或者变相吸收公众存款。

（2）未经依法批准,以任何名义向社会不特定对象进行的非法集资。

（3）非法发放贷款、办理结算、票据贴现、资金拆借、信托投资、金融租赁、融资担保、外汇买卖。

（4）中国人民银行认定的其他非法金融业务活动。

前款所称的非法吸收公众存款,是指未经中国人民银行批准,向社会不特定对象吸收资金,出具凭证,承诺在一定期限内还本付息的活动；所谓变相吸收公众存款,是指未经中国人民银行批准,不以吸收公众存款的名义,向社会不特定对象吸收资金,但承诺履行义务与吸收公众存款性质相同的活动。对于实践中《办法》能否作为非法吸收公众存款罪的定罪量刑依据我们不做讨论。

（四）民间借贷的法律风险

1. 易引发非法集资类犯罪

非法集资是指行为人以非法占有他人财产为主观目的,采用诈骗方法进行非法集资,数额较大的行为。近几年,各地由于民间借贷而引发的恶性事件愈演愈烈。《刑法》对非法集资类犯罪的惩罚力度比较大,具体涉及四个罪名,分别是非法吸收公众存款罪,集资诈骗罪,欺诈发行股票、债券罪,擅自发行股票、公司、企业债券罪。这里将重点分析前两项罪名,即非法吸收公众存款罪和集资诈骗罪。

（1）非法吸收公众存款罪。在现实生活中,许多企业因为不当、不规范的民间借贷行为,常常触犯非法吸收公众存款罪,并因此受到刑事处罚。《刑法》第176条规定,非法吸收公众存款或者变相吸收公众存款、扰乱金融秩序的,构成非法吸收公众存款罪,并对此罪规定了比较重的刑罚。触犯非法吸收公众存款罪的主要行为有两种:一种是借款方不清楚法律、法规的具体规定,难以区分何为合法、何为非法；另一种是行为人浑水摸鱼,妄图给非法借贷活动披上合法外衣。前者以不懂法为由为自己开脱,认为自己的行为是合法的民间借贷行为；后者心存侥幸,试图成为漏网之鱼。究其原因,很大程度上是《刑法》对该罪的规定过于简单、不明确,导致该罪极易和合法的民间借贷相混淆。

（2）集资诈骗罪。一般的民间借贷只要借款方按约偿还了借款,且利率不违反法律的禁止性规定,则视为合法的民间借贷；一旦没有按约履行借款,除了上文所述的非法吸收公众存款罪外,还极易涉嫌集资诈骗罪。

集资诈骗罪有四个基本构成要件：一是以非法占有为目的；二是使用诈骗方法；三是非法集资；四是数额较大。其中，第一点"以非法占有为目的"的争议最大。这里认为"以非法占有为目的"作为非法集资类犯罪的构成要件欠妥。什么行为属于"以非法占有为目的"，历来是学界争论的焦点。"目的"存在于人的内心世界，外界很难客观去评判。"以非法占有为目的"，往往存在于人的主观世界，很难直接判定，只能通过事后的、间接的证据来对事前的心理状态进行报定。在具体的司法案件中，要是借款人起初有偿还的主观目的，但到期后又无力偿还，这时如果机械地将事后的无偿还能力视为事前的"以非法占有为目的"就有些牵强，法官若要认定犯罪嫌疑人符合上述主观要件，也非易事。

2. 民间借贷易引发高利贷

民间借贷本身是民间资金融通的一种方式，其利率偏高的现象被称为"高利贷"，该现象不同程度地存在于我国各个历史时期。高利贷，顾名思义，是指高额利息的借款，最为常见的是所谓"驴打滚""羊羔息"，以极其严厉的复利计算形式而为大众所熟知。放高利贷者都是资金比较充裕的人群，有专门的民间放贷机构，也有家境殷实的个人等。利率的规制是民间借贷的核心问题，也是《民间借贷规定》的重要内容之一，其明确：借贷双方没有约定利息，或者自然人之间借贷对利息约定不明，出借人无权主张借款人支付借期内利息；借贷双方约定的利率未超过年利率 $X\%$，出借人有权请求借款人按照约定的利率支付利息，但如果借贷双方约定的利率超过年利率36%，则超过年利率36%部分的利息应当被认定无效，借款人有权请求出借人返还已支付的超过年利率36%部分的利息；预先在本金中扣除利息的，人民法院应当按照实际出借的金额认定为本金；除借贷双方另有约定的外，借款人可以提前偿还借款，并按照实际借款期间计算利息。中国人民银行下发的《关于取缔地下钱庄及打击高利贷行为的通知》第2条对借贷的利率也有类似规定和限制，并且对何为高利贷行为进行了界定，具体规定为："民间个人借贷利率由借款双方协商确定，但双方协商的利率不得超过中国人民银行公布的金融机构同期、同档次贷款利率（不含浮动）的4倍。超过以上标准，应界定为高利贷行为。"我国现有的法律规范并未对超过规定利率的行为设定合理的惩罚措施，这就导致民间借贷中，高利贷现象严重泛滥，也对我国的金融秩序构成了潜在的威胁。

（五）民间借贷监管法律制度

《民间借贷规定》第11条规定，法人之间、其他组织之间以及它们相互之间为生产、经营需要订立的民间借贷合同，除存在合同法第52条、本规定第14条规定的情形外，当事人主张民间借贷合同有效的，人民法院应予支持。这意味着企业之间为了生产经营需要而相互拆借的资金，自此有了司法保护。

1. 企业间借贷的监管

最高人民法院于1991年颁布的《关于人民法院审理借贷案件的若干意见》对民间借贷主体的规定仅限于至少一方是公民（自然人），而对于企业与企业之间的借贷，按照中国人民银行1996年颁布的《贷款通则》和最高人民法院相关司法解释的规定，一般以违反国家金融监管秩序而被认定为无效。这一制度性规定在司法界被长期遵守。

多年来，企业为了规避企业间资金拆借无效的规定，多通过虚假交易、名义联营、企业高管以个人名义借贷等方式进行民间融资，导致企业风险大幅增加，民间借贷市场秩序受到破坏。而此次司法解释的这一规定对企业来说是重大利好，基于生产经营需要的、正当的企业间资金拆借自此可以公开地进行，不必在地下或绕道操作，降低了企业为规避法律所产生的成本。

《民间借贷规定》明确：借贷双方没有约定利息或自然人之间借贷对利息约定不明，出借人无权主张借款人支付借期内利息；若借贷双方约定的利率未超过年利率36%，则出借人有权请求借款人按照约定的利率支付利息，但如果借贷双方约定的利率超过年利率36%，则超过年利率36%部分的利息应当被认定无效，借款人有权请求出借人返还已支付的超过年利率36%部分的利息；预先在本金中扣除利息的，人民法院应当按照实际出借的金额认定为本金，除借贷双方另有约定的外，借款人可以提前偿还借款，并按照实际借款期间计算利息。

2. P2P等互联网新型民间借贷的监管

近年来，随着互联网及其相关技术的发展，互联网金融在中国得到了迅速发展。P2P网络借贷更是出现井喷式发展，在1年之内由最初的几十家增长到几千家，不仅实现了数量上的增长，借贷种类和方式也得到扩张。

我国已经形成了有别于国外的P2P网贷模式，同时产生了平台角色复杂、监管主体缺位、信用系统缺乏、法律规范缺失等新问题。为了更好地保护当事人的合法权益，进一步促进中国网络小额借贷资本市场良好发展，司法解释分别对P2P涉及居间和担保两个法律关系时，是否承担以及如何承担民事责任做出了规定。《民间借贷规定》第22条规定，借贷双方通过网络贷款平台形成借贷关系，网络贷款平台的提供者仅提供媒介服务，当事人请求其承担担保责任的，人民法院不予支持。网络贷款平台的提供者通过网页、广告或者其他媒介明示或者有其他证据证明其为借贷提供担保，出借人请求网络贷款平台的提供者承担担保责任的，人民法院应予支持。

第三节　间接融资

一、银行贷款合同概述

银行贷款合同又称借款合同、借贷合同，是指银行或其他金融机构与借款人达成的将货币交付给借款人使用，借款人到期向银行或其他金融机构还本付息的书面协议。银行贷款合同有以下特点：

（1）银行贷款合同的贷款人是特定的贷款人，必须是经中国人民银行批准经营贷款业务，持有中国人民银行颁发的"金融机构法人许可证"或"金融机构营业许可证"，并经工商行政管理部门核准登记的金融机构，任何单位和个人未经中国人民银行批准，不得擅自设立金融机构，不许办理贷款业务，不能成为贷款合同的贷款人。贷款合同的这一特征，是我国将信用集中于银行原则的体现。而贷款合同中的借款人是不特定的，可以是法人、其他经济组织、个体工商户、自然户和自然人。

（2）银行贷款合同的标的只能是货币。这是贷款合同区别于一般借贷合同的根本特征。

（3）银行贷款合同是有偿合同，借款人到期必须还本付息。但是，贷款合同利率不得超过法定利率的上、下限。因为贷款合同的利率是调节经济的重要杠杆，利率的升降可以引导社会资金的流向，影响市场价格的变化，所以各国政府都会对利率进行管理。我国的利率是由中国人民银行确定的，商业银行在规定贷款合同利率时，不得超过中国人民银行规定的利率的上、下限。

（4）银行贷款合同是要式合同，必须采取书面形式。不采用书面形式的，根据《合同法》《借款合同条例》的规定，合同不能成立。

二、银行贷款合同的种类

根据中国人民银行于1996年制定的《贷款通则》第7条到第10条的规定，银行贷款合同的种类主要有：

（1）自营贷款、委托贷款和特定贷款。

①自营贷款指贷款人以合法方式筹集的资金自主发放的贷款，其风险由贷款人承担，并由贷款人收回本金和利息。

②委托贷款指由政府部门、企事业单位及个人等委托人提供资金，由贷款人（即受托人）根据委托人确定的贷款对象、用途、金额期限、利率等代为发放、监督使用并协助收回的贷款。贷款人（受托人）只收取手续费，不承担贷款风险。

③特定贷款指国务院批准并对贷款可能造成的损失采取相应补救措施后责成国有独资商业银行发放的贷款。

（2）短期贷款、中期贷款和长期贷款。

①短期贷款指贷款期限在1年以内（含1年）的贷款。

②中期贷款指贷款期限在1年以上（不含1年）5年以下（含5年）的贷款。

③长期贷款指贷款期限在5年（不含5年）以上的贷款。

（3）信用贷款、担保贷款和票据贴现

①信用贷款指以借款人的信誉发放的贷款。

②担保贷款指保证贷款、抵押贷款、质押贷款。保证贷款指按《担保法》规定的保证方式以第三人承诺在借款人不能偿还贷款时，按约定承担一般保证责任或者连带责任而发放的贷款；抵押贷款指按《担保法》规定的抵押方式以借款人或第三人的财产作为抵押物发放的贷款；质押贷款指按《担保法》规定的质押方式以借款人或第三人的动产或权利作为质押标的发放的贷款。

③票据贴现指贷款人以购买借款人未到期商业票据的方式发放的贷款。另外，除委托贷款以外，贷款人发放贷款，借款人应当提供担保。贷款人应当对保证人的偿还能力，抵押物、质物的权属和价值以及实现抵押权、质权的可行性进行严格审查。经贷款审查、评估，确认借款人资信良好，确能偿还贷款的，可以不提供担保。

三、贷款合同的订立

1. 订立贷款合同的原则

根据《合同法》、《中华人民共和国商业银行法》（简称《商业银行法》）、《借款合同条例》和《贷款通则》的规定，贷款人和借款人签订贷款合同时，应当遵循以下原则：

（1）遵守国家法律、法规和信贷政策原则。

法律、法规和信贷政策是贷款人和借款人在从事借贷活动中必须遵守的行为规范。贷款人和借款人只有依照国家的法律、法规和信贷政策签订的贷款合同才具有法律效力，当事人的合法权益才能受到保护。任何违反法律、法规信贷政策的贷款合同，不仅不能得到法律的保护，而且可能给国家或当事人的利益造成损害。贷款人和借款人要遵守国家的法律、法规和信贷政策，在订立贷款合同时必须做到以下两点：一是贷款合同的内容要合法；二是贷款合同的形式要合法。

（2）平等、自愿、公平、诚实信用原则。

平等、自愿、公平、诚实信用是我国民法通则所确定的，一切当事人从事民事活动必须遵循的基本原则。贷款人和借款人在借贷活动中当然也不能例外。因此，《商业银行法》第5条和《贷款通则》第4条又重申了这一原则，明确规定借款人与贷款人的借贷活动应当遵循平等、自愿、公平和诚实信用原则。

（3）协商一致的原则。

贷款合同是双方法律行为，双方当事人的意思表示必须完全一致，合同才能成立。但是，贷款人和借款人的利益和要求却不总是一致的，这就必须经过充分的协商，使双方当事人的意思表示一致，合同才能成立。

（4）实行担保的原则。

实行担保是为了保证贷款人收回贷款，减少银行贷款的风险。因此，《商业银行法》第36条规定，商业银行贷款，借款人应当提供担保。只有经商业银行审查、评估，确认借款人资信良好、确能偿还贷款的，才可以不提供担保。因此，在签订贷款合同时，要求借款人提供担保是原则，不提供担保只是一种例外情况。

2. 订立贷款合同的程序

订立贷款合同是一个贷款人和借款人就合同条款通过协商达成一致的过程。这个过程中的各个步骤便构成了订立贷款合同的程序。根据《贷款通则》的规定，订立贷款合同的程序包括：

（1）借款人提出贷款申请。

借款人需要贷款的，应当向主办银行或者其他银行的经办机构直接申请。借款人应当填写《借款申请书》，在申请书上应当填写借款金额、借款用途、偿还能力及还款方式等主要内容。此外，还应向银行提供以下资料：

①借款人及保证人的基本情况。

②财政部门或会计（审计）事务所核准的上年度财务报告，以及申请借款前一期的财务报告。

③原有不合理占用的贷款的纠正情况。

④抵押物、质物清单和有处分权人的同意抵押、质押的证明及保证人拟同意保证的有关证明文件。

⑤项目建议书和可行性报告。

⑥贷款人认为需要提供的其他有关资料。

(2) 对借款人进行审查。

贷款人受理借款人的申请后,对有权提出申请的借款人进行审查。

①审查借款人在主体上是否合格。

借款人应当是经工商行政管理机关(或主管机关)核准登记的企(事)业法人、其他经济组织、个体工商户或具有中华人民共和国国籍的具有完全民事行为能力的自然人。

②审查申请人是否符合贷款的要求。

借款人申请贷款应当具备产品有市场、生产经营有效益、不挤占挪用信用资金、恪守信用等基本条件。

③对贷款人的信用等级进行评估。

对贷款人的信用等级进行评估,这既可以由贷款人独立进行,内部掌握,也可以由有权部门批准的评估机构进行。评定借款人的信用等级应当根据借款人的领导者素质、经济实力、资金结构、履约情况、经营效益和发展前景等因素进行,即应进行综合评估。

④对借款的合法性、安全性、盈利性等情况进行调查。

在对借款的合法性进行调查时,贷款人首先应当调查自己发放此笔贷款是否违法。借款的合法性是安全性的前提,只有合法的贷款合同才能得到法律的保护。此外,为了保证贷款的安全性,贷款人还应当注意调查借款人在实行承包、租赁、联营、合并(兼并)、合作、分立、产权有偿转让、股份制改造等体制变更过程中,有没有未清偿的原有贷款债务,有没有落实原有的贷款债务或提供相应的担保。如果有未清偿的原有贷款债务、未落实原有贷款债务或提供相应担保的,则贷款人不应贷款。

在保证借款的合法性、安全性的前提下,贷款人还应注意借款能否营利,对影响借款营利性的有关情况进行调查。

⑤核实抵押物、质物、保证人情况。

通过以上五个方面的调查,贷款人可以测定贷款的风险度。审查人员应当对调查人员提供的资料进行核实、评定,复测贷款风险度,提出意见,按规定权限报批。

商业银行经过对借款人审查,认为符合要求条件的,可以批准发放贷款;反之,如果商业银行认为借款人不符合贷款条件,则应拒绝对其发放贷款。

(3) 签订贷款合同。

借款人提出贷款申请,即是向贷款人发出订立贷款合同的要约,贷款人对贷款申请进行审查之后予以认可,即是对要约的承诺。此时,贷款合同即成立。这是最典型的贷款合同的成立方式。但在实践中,贷款人审查贷款申请后,若认为借款人的要约不能接受,需要做出一些修正,则贷款人需在修正有关贷款的条件后,向借款人提出新的要约。而借款人对贷款人的新要约也未必全盘接受,往往提出一些修改条件,再向贷款人发出要约。这个要约、新要约,直至承诺的过程,就是当事人就合同内容不断协商的过程,这个过程在贷款合同的签订过程中是十分必要的,它能切实保证合同内容能体现双方当事人的意志和利益,保障合同内容合法,有利于合同的履行,维护借贷双方的合法权益。

案例分析 7-3

2017 年,哈尔滨某商厦向中国工商银行哈尔滨某支行借款 1 亿元,商厦以位于哈尔滨市的某房产提供抵押,双方签订抵押合同后,未办理抵押登记。借款到期后,商厦无力偿还债务,中国工商银行连续催收未果。2017年7月,中国工商银行起诉要求商厦偿还借款本金及利息,并以抵押财产优先受偿。

请问:工商银行的主张能否得到法律支持?为什么?

四、商业银行贷款的法律限制

(1) 商业银行贷款,应当遵守《商业银行法》第39条资产负债比例管理的规定,即
①资本充足率不得低于8%。
②贷款余额与存款余额的比例不得超过75%。
③流动性资产余额与流动性负债余额的比例不得低于25%。
④对同一借款人的贷款余额与商业银行资本余额的比例不得超过10%。
⑤中国人民银行对资产负债比例管理的其他规定。

中国人民银行根据商业银行资产负债比例管理监控指标来贯彻对商业银行的资产负债比例管理。中国人民银行于1994年2月发布了《商业银行资产负债比例管理暂行监控指标》,并要求各商业银行按照自身资金营运的特点,制定符合各行特点的资产负债比例管理的实施办法,报中国人民银行同意后在本系统内组织实施。

(2) 商业银行应当遵守对关系人贷款的限制性规定。《商业银行法》第40条规定,商业银行不得向关系人发放信用贷款;向关系人发放担保贷款的条件不得优于其他借款人同类贷款的条件。前述关系人是指:商业银行的董事、监事、管理人员、信贷业务人员及其近亲属;前列人员投资或者担任高级管理职务的公司、企业和其他经济组织。

(3) 借款人有下列情形之一者,贷款人不得对其发放贷款:
①不具备借款人的资格和条件的。
②生产、经营或投资国家明文禁止的产品、项目的。
③违反国家外汇管理规定的。
④建设项目按国家规定应当报有关部门批准而未取得批准文件的。
⑤生产经营或投资项目未取得环境保护部门许可的。
⑥在实行承包、租赁、联营、合并(兼并)、合作、分立、产权有偿转让、股份制改造等体制变革过程中,未清偿原有贷款债务、落实原有贷款债务或提供相应担保的。
⑦有其他严重违法经营行为的。

五、贷款合同当事人的权利、义务

1. 借款人的权利

根据《贷款通则》第18条的规定,借款人的权利主要有:
(1) 可以自主向主办银行或者其他银行的经办机构申请贷款并依条件取得贷款。

这是合同自由原则的必然要求。合同自由是市场经济的基础原则,它赋予当事人按照自己的自由意思决定是否缔结合同关系,同谁缔结合同关系,以及决定合同关系的内容,并不受非法干预的权利。

（2）有权按合同约定提取和使用全部贷款。

合同一经有效成立，对双方当事人都有约束力，双方当事人都应依合同的约定行使权利、履行义务。提取和使用全部贷款是借款人的主要权利，贷款人借故不许借款人按合同约定提取和使用全部贷款是一种违约行为，应承担违约责任，向借款人偿付违约金。

（3）有权拒绝合同以外的附加条件。

贷款合同是确定借贷双方权利、义务的书面凭据，借贷双方只受合同义务的约束。除此之外，不再有任何其他义务。因此，借款人有权拒绝贷款人在合同以外附加的任何条件。

（4）有权向贷款人的上级和中国人民银行反映、举报有关情况。

（5）在征得贷款人同意后，有权向第三人转让债务。根据《合同法》第84条的规定，债务人将合同的义务全部或者部分转移给第三人的，应当征得债权人的同意。

2. 借款人的义务

（1）如实提供贷款人要求的资料（法律规定不能提供者除外）。

贷款人贷款给借款人是以借款人到期偿还贷款并支付到期利息为条件的。贷款人为了保证到期收回贷款并取得利息，必须了解借款人的资信情况，这是双方签订贷款合同的前提条件。我国《民法通则》第58条规定，一方以欺诈的方法使对方在违背真实意思的情况下所为的民事行为无效。因此，借款人要与贷款人订立贷款合同，必须如实提供贷款人要求的资料，包括提供所有开户行、账号及存贷款余额情况，配合贷款人的调查、审查和检查。

（2）接受贷款人对其使用信贷资金情况和有关生产经营、财务活动的监督。

贷款人将资金贷与借款人，借款人有归还的义务，这就决定了借款人有义务接受贷款人对其使用信贷资金情况的监督。借款人的有关生产经营、财务活动的情况，对贷款人能否收回贷款，也有重大的影响，因此，也要接受贷款人的监督。为了配合贷款人对其使用信贷资金情况和有关生产经营、财务活动的监督，借款人有义务提供有关的统计、财务报表及有关的资料。

（3）应当按贷款合同约定的用途使用贷款。

借款人不按照合同约定的用途使用贷款是违反合同义务的行为，应当承担违约责任。贷款人有权要求借款人纠正并支付违约金或承担合同约定的其他责任。

（4）应当按合同的约定及时清偿贷款本息。

这是借款人的首要义务。贷款人将货币交付给借款人，是附有还本付息的条件的，因此，借款人必须按照合同约定的期限归还贷款并支付利息。如借款人不履行或不完全履行这一义务，则要承担违约责任。

（5）有危及贷款人债权安全的情况时，应当及时通知贷款人，同时采取保全措施。

借款人与贷款人签订合同后，根据诚实信用原则，在有危及贷款人债权安全的情况下，借款人负有通知义务，并应采取保全措施，比如在借款人有多个债权人的情况下，当其他债权人申请执行贷款人拥有抵押权的抵押物时，借款人有义务通知贷款人。

（6）贷款人不得从事下列行为：

①未经中国人民银行批准，不得对自然人发放外币币种的贷款。

②自营贷款和特定贷款，除按中国人民银行规定计收利息之外，不得收取其他任何费

用；委托贷款，除按中国人民银行规定计收手续费之外，不得收取其他任何费用。

③不得给委托人垫付资金，国家另有规定的除外。

④严格控制信用贷款，积极推广担保贷款。

3. 贷款人的权利

（1）除国务院批准的特定贷款外，有权拒绝任何单位和个人强令其发放贷款。

这也是合同自由原则的必然要求。在合同法律关系中，当事人的地位是平等的，有权自主决定是否订立合同，与谁订立合同及合同的内容，并享有不受非法干预的权利。这一原则在《商业银行法》第4条"商业银行依法开展业务，不受任何单位和个人的干涉"的规定中得到了体现。《贷款通则》第22条更进一步明确规定，贷款人根据贷款条件和贷款程序自主审查和决定贷款，除国务院批准的特定贷款外，有权拒绝任何单位和个人强令其发放贷款。具体来说，贷款人有权根据借款人的条件，决定贷与不贷、贷款金额、期限和利率等。

（2）要求借款人提供与借款有关的资料。

贷款人的此项权利与借款人的此项义务是相对应的，请参阅借款人的第（1）项义务。

（3）了解借款人的生产经营活动和财务活动。

贷款人的此项权利与借款人的此项义务也是相对应的，请参阅借款人的第（2）项义务。

（4）依合同规定从借款人账户上划收贷款本金和利息。

这是贷款人重要的权利，与借款人的此条义务也是相对应的，可参阅借款人的第（4）项义务。此条规定只是强调了贷款人行使收回贷款本息权利的方式：依合同的规定从借款人账户上直接划收。

（5）借款人未能履行贷款合同规定的义务，贷款人有权依合同约定要求借款人提前归还贷款或停止支付借款人尚未使用的贷款。

（6）在贷款将受或已受损失时，可依据合同规定，采取使贷款免受损失的措施。

4. 贷款人的义务

（1）公布所经营的贷款种类、期限和利率，并向借款人提供咨询。贷款人履行此项义务，是为了方便借款人根据贷款人经营的贷款种类、期限和利率来提出贷款申请。

（2）公开贷款审查的资信内容和发放贷款的条件。

贷款人履行此项义务，是为了接受借款人的监督，使贷款的发放更具透明度。

（3）贷款人应当审议借款人的借款申请，并及时答复贷与不贷，短期贷款答复时间不得超过1个月，中期、长期贷款答复时间不得超过6个月，国家另有规定者除外。

（4）应当对借款人的债务、财务、生产、经营情况保密，但对依法查询者除外。

（5）应当根据贷款合同的规定，按时、足额地向借款人提供贷款。

这是贷款人最主要的义务。贷款合同订立后，贷款人必须按约定的时间和数额向借款人提供贷款。贷款人不按合同约定按期、足额发放贷款的，应当承担违约责任。

六、贷款合同的履行、变更与解除

贷款合同的履行是指贷款合同的双方当事人根据合同的约定，完成各自所承担的义务。

当事人订立贷款合同，是为了满足各自的需要，实现各自的经济目的，只有在合同规定的义务得到全面、适当的履行时，当事人的订约目的才能实现。根据《合同法》第 60 条的规定，当事人应当按照约定全面履行自己的义务。当事人应当遵循诚实信用的原则，根据合同的性质、目的和交易习惯履行通知、协助、保密等义务。因此，当事人履行贷款合同应遵循以下原则：

（1）全面履行原则。

全面履行原则是指当事人必须按照法律的规定、合同的约定或者通常的要求、交易习惯，全面、适当地履行合同义务。也就是说，合同的履行主体、履行标的、履行时间、地点、方式等都必须是正确的。正确履行不仅是对债务人履行义务的要求，也是对债权人接受履行的要求。

（2）诚实信用原则。

诚实信用原则是《民法通则》的基本原则，当然适用于合同的履行，并且在合同履行中具有特别重要的意义，是债务履行的一项独立原则。诚实信用是在市场交易活动中形成的用以评价商品交换行为的道德规范，与社会的公平观、正义观是相一致的。就合同的履行来说，诚实信用原则首先要求当事人严格按合同的约定全面履行合同义务。实际履行原则和正确履行原则是诚实信用原则的具体化。此外，诚实信用原则还要求当事人在合同履行过程中相互配合、尽力协作，遇有合同条款约定不清时或者发生意想不到的客观情况时，应公平对待，及时通知对方当事人。总之，诚实信用原则要求当事人在履行合同时，既要考虑自己的利益，也要考虑对方当事人的利益。

1. 贷款合同的履行

贷款合同依法成立后，当事人双方应按照合同约定，履行各自所承担的义务，使权利人的权利得以实现。

（1）贷款发放。贷款人要按借款合同规定按期发放贷款。贷款人不按合同约定按期发放贷款的，应偿付违约金；借款人不按合同约定用款的，也应偿付违约金。

（2）贷后检查。贷款发放后，贷款人应当对借款人执行借款合同情况及借款人的经营情况进行追踪调查和检查，以确保借款人按合同约定用途使用贷款，并保证借款人的偿还能力。

（3）贷款归还。借款人应当按照借款合同约定按时足额归还贷款本息，贷款人在短期贷款到期 1 个星期之前、中长期贷款到期 1 个月之前，应当向借款人发送还本付息通知单；借款人应当及时筹备资金，按时还本付息。贷款人对逾期的贷款要及时发出催收通知单，做好逾期贷款本息的催收工作。贷款人对不能按借款合同约定期限归还贷款的，应当按规定加罚利息；对不能归还或者不能落实还本付息事宜的，应当督促归还或者依法起诉借款人。提前归还贷款，应当与贷款人协商。

案例分析 7-4

2013 年 5 月，银行向科技公司发送逾期贷款催收通知单，科技公司财务负责人余某签字,事后科技公司向银行出具《情况说明》,认可收到该通知。2016年2月、2017年6月,银行多次向科技公司发送催收通知单,一直担任财务负责人的余某签收。此后,科技公司以贷款超过诉讼时效,余某无权签收为由主张免责。

请问:银行作为善意第三人是否可以认定余某为表见代理?

2. 贷款合同的变更与解除

贷款合同依法成立,即发生法律效力,当事人各方都必须严格履行,任何一方不得随意变更或解除。但在贷款合同订立后,可能由于经济状况或其他原因,使原合同不再适应实际情况,当事人需要重新调整相互的权利义务关系,这就需要对贷款合同予以变更或解除。《合同法》和《借款合同条例》都规定,在一定的条件下,借款合同是可以变更或解除的。

根据《合同法》的规定,贷款合同在符合下列条件时,可以变更或解除:

①当事人双方经协商同意,并且不因此损害国家利益和社会公共利益的。

②由于不可抗力致使贷款合同的全部义务不能履行的。

③由于另一方在贷款合同约定的期限内没有履行贷款合同的。

七、违反贷款合同的责任

违反贷款合同的责任,简称违约责任,是指贷款合同的一方或双方当事人因过错致使合同不能履行或不能完全履行时,依照法律规定或合同约定而应承担的法律责任。违约责任是一种财产责任,既可有效地预防违约行为的发生,又能在违约行为发生后,填补对方当事人可能或已经造成的损失。

1. 承担违约责任的条件

《合同法》第107条规定,当事人一方不履行合同义务或者履行合同义务不符合约定,应当承担继续履行、采取补救措施或者赔偿损失等违约责任。可见,合同当事人承担违约责任有两个条件:一是要有违约行为;二是主观上不一定要有过错。

违约行为有两种表现形式:一是不履行合同;二是不完全履行合同。不履行合同是指当事人根本没有履行合同约定的义务。不完全履行合同是指当事人没有履行合同约定的全部义务,而只是履行了一部分义务。当事人有违约行为是承担违约责任的前提条件。

2. 承担违约责任的形式

根据《合同法》《贷款合同条例》《贷款通则》的规定,贷款合同的当事人承担违约责任的形式主要有:支付违约金;支付罚息;停止支付借款人尚未使用的借款,提前收回部分或全部贷款。

(1) 支付违约金。

违约金是当事人在合同中约定的或者由法律规定的,一方当事人违反合同时应向对方当事人支付一定数额的款项。只要贷款合同中约定或法律规定有违约金时,不论是借款人还是贷款人,有违反合同的行为时,就应向对方支付违约金。比如贷款人不按合同约定按期发放贷款的,应向借款人偿付违约金。借款人不按合同约定使用贷款的,也应向贷款人偿付违约金。

(2) 支付罚息。

支付罚息是借款人不能按合同约定期限归还贷款时所应承担的违约责任。在借款人不按规定用途使用贷款时，对违约使用的部分，借款人也应按规定的利率支付罚息。

(3) 停止支付借款人尚未使用的借款，提前收回部分或全部贷款。

这是贷款人依据《贷款通则》和贷款合同，对借款人的违约行为实施的信贷制裁，也是借款人承担违约责任的一种方式。贷款人在借款人有下列行为之一，并且情节特别严重时，可以停止支付借款人尚未使用的贷款，提前收回部分或全部贷款：不按贷款合同约定用途使用贷款的；用贷款进行股本权益性投资的；用贷款在有价证券、期货等方面从事投机经营的；未依法取得经营房地产资格的借款人用贷款经营房地产业务的；依法取得经营房地产资格的借款人，用贷款从事房地产投机的。不按贷款合同约定清偿贷款本息的；套取贷款相互借贷牟取非法收入的；向贷款人提供虚假或者隐瞒重要事实的资产负债表、损益表等资料的；不如实向贷款人提供所有开户行、账号及存款余额等资料的；拒绝接受贷款人对其使用信贷资金情况和有关生产经营、财务活动监督的。

思考与训练

一、思考题

1. 简述创业融资的渠道和方式。
2. 简述企业融资的类型。
3. 简述证券发行的条件和程序。
4. 简述债券发行的条件和程序。
5. 简述民间借贷的法律风险。
6. 简述银行贷款合同的订立、履行、变更和解除。

二、案例分析

某公司董事会根据企业实际情况，决定以发行债券的方式向社会筹集资金，用于扩大生产经营活动和偿还债务，为此特制定了一套发行债券的方案，该方案有关要点如下：

1. 根据会计师事务所的审计结果，本公司的净产金额已经达到 4 500 万元，在此条件下，此次发行债券金额计划为 1 800 万元（不包括前次发行的 500 万元债券）。

2. 此次发行债券筹集的资金部分用于扩大生产经营规模，部分用于偿还前次发行债券应该偿还而尚未偿还的本息。

3. 为了保证本次债券的发行成功，本公司发行债券利率将高于国务院限定的利率 1%。

4. 本公司利润最近几年呈上升趋势，近 3 年的可分配利润分别为 120 万元、180 万元、280 万元。由此看来，在发行债券之后的 1 年，本公司的可分配利润足以支付本次发行债券的利息。

问题：根据本节所学内容对上述要点逐一进行分析，说明该方案要点是否存在问题，为什么？

三、实训项目

设计题目：创业企业融资

设计目的：通过对一家中小企业的深入调查，分析其资本来源，并了解其发展中存在的主要困难，企业的主要融资渠道有哪些。

设计思路与步骤：

1. 被调查公司的选择：进行调查公司的选择，调查时间、地点和内容的准备。
2. 调查报告分工：选定调查的公司，分配任务。任务包括：调查内容的设定；企业调查；调查结果的整理与汇总；调查报告的撰写；调查情况的汇报。
3. 调查报告汇报：进行调查报告的分享与汇报。
4. 调查报告点评：评论员对每个同学的调查报告的分享与汇报进行综合点评。

第八模块

保险法律实务

学习目标

1. 能够了解保险的含义、特点与基本原则；
2. 能够陈述保险法的基本含义、调整对象、适用范围及基本原则；
3. 能够理解保险合同的概念、特征、分类以及形式和内容；
4. 能够理解保险合同的订立、变更、解除与终止；
5. 能够理解保险公司的设立条件及设立程序；
6. 能够了解保险业的经营主体、经营规则以及监督管理制度。

课前案例

德国金泰戈尔有限责任公司承租中国瑞其销售有限责任公司一座楼房用于经营，为预防经营风险，德国金泰戈尔有限责任公司将此楼房在中国静安保险公司投保500万元。中国静安保险公司同意承保，于是，德国金泰戈尔有限责任公司交付了一年的保险金。9个月后，德国金泰戈尔有限责任公司结束租赁，将楼房退还给中国瑞其销售有限责任公司。在保险期的第10个月该楼房发生了火灾，损失300万元。德国金泰戈尔有限责任公司根据保险合同的约定向中国静安保险公司主张赔偿，并提出保险合同、该楼房受损失的证明等资料。中国静安保险公司经过调查后拒绝承担赔偿责任。问题：（1）该楼房可否投保？（2）德国金泰戈尔有限责任公司提出赔偿的请求有没有法律依据？（3）中国静安保险公司拒绝赔偿的法律依据何在？

本案参考结论：（1）该楼房可以投保。（2）德国金泰戈尔有限责任公司提出赔偿的请求没有法律依据。（3）中国静安保险公司拒绝赔偿的法律依据为《保险法》第11条第3项的规定。

第一节 保险与保险法概述

一、保险含义及概述

（一）保险的定义

谈到保险，首先要谈危险。危险是指损失发生及其程度的不确定性。危险是客观存在的现象，不确定性是指损失是否发生的不确定性，损失发生的时间、地点、程度及其承担的主体是不确定的。危险具有客观性、不确定性、可测定性、损失性等特征。有危险，就有危险处理。危险处理是指人类以理性态度对抗各种危害行为或事件，以便减小对于正常生活与社会秩序造成不利影响的主动或被动的应对措施。保险就是危险处理的一种方式。

那么，什么是保险？《保险法》第 2 条规定，本法所称保险，是指投保人根据合同约定，向保险人支付保险费，保险人对于合同约定的可能发生的事故因其发生所造成的财产损失承担赔偿保险金责任，或者当被保险人死亡、伤残、疾病或者达到合同约定的年龄、期限等条件时承担给付保险金责任的商业保险行为。

（二）保险的特征

保险具有下述特征：

(1) 危险依赖性。有法谚为证：无危险，则无保险。
(2) 危险选择性。保险的对象是特定的危险（可保危险）。
(3) 行为营利性。保险是一种自助与互助相结合的商行为。
(4) 分担社会性。保险的功能在于分散危险、消化损失，这是一种让危险转移的危险管理方式。
(5) 资金公益性。
(6) 目的合法性。
(7) 利益对等性。
(8) 金融中介性。

（三）保险与相近概念的比较

1. 保险与储蓄

储蓄是一种使用权让以从中获取利益的行为。它与保险都具有以现有财产应对未来风险，用以保证未来正常生产和生活的善后功能，但是两种不同的理财手段。具体地：

(1) 适用范围不同。储蓄是财产所有人依靠自己的财产积累，应付各种需要，包括补偿意外事故的损失，或用于其他。保险仅限于补偿意外事故造成的损失。
(2) 法律性质不同。储蓄是储蓄人单独实施的具有个体单位性质的自助行为。保险是多数社会单位共同实施的互助共济行为，即众多投保人通过保险将各自面临的风险转移给全体投保人共同承担，依靠全体投保人共同的财力（各自交纳保险费构成的保险基金）来应对意外事故造成的损失。
(3) 实施条件不同。储蓄以存款自愿、取款自由为原则。保险人履行保险责任则具有不确定性，保险人支付保险赔偿金或人身保险金，被保险人或受益人必须具备合同约定的赔付条件。

2. 保险与赌博

两者都属射幸行为，带有偶然性；活动内容均表现为货币价值的不对等性，保险是保险费数额与保险赔付金额的不对等，赌博是赌本与获利结果的不对等。二者的不同在于：

(1) 性质不同。保险在任何国家或地区均合法，受到法律保护；赌博除个别国家或地区外，都是法律禁止的行为。

(2) 目的不同。保险适用目的是保险人向被保险人或受益人提供必然的保障，赌博的目的只是一味追求侥幸情况下的巨大利益。

(3) 适用条件不同。保险的适用结果——投保人（被保险人）应对保险标的具有保险利益，用以防止谋取不正当利益的道德危险；赌博——赢取最大利益的不确定性是不受限制的，此恰为其吸引力所在。

(4) 作用不同。保险是将不确定的危险（偶然事件）变为必然的保障结果，达到分散危险、消除恐惧、消化损失、实现社会安定的效果；赌博则创造和增加危险。

3. 保险与保证

两者都是针对一定风险，由一方当事人（保证人或保险人）向另一方当事人（主债权人或被保险人）提供保障的合同行为。其不同在于：

(1) 适用风险范围不同。保险可适用于各种自然灾害和意外事故造成的损失或被保险人死亡、伤残、患病等风险。保证书的债务人则不履行债务的信用风险。

(2) 适用地位不同。保险是独立的合同行为，包括保证保险在内的各种保险合同，均以保险人与投保人、被保险人之间对应的权利义务关系为内容，不依附于其他法律关系。保证是从合同行为，保证合同的成立是以主债务的存在为前提的，保证人是否履行保证责任取决于主债务的履行与否。

(3) 适用基础不同。保险的适用前提是众多投保人实施的互助共济行为；保险人履行责任的物质基础：全体投保人交纳保险费构成的保险基金。保证适用前提是保证人实施的个别行为，履行的物质基础是：保证人自有财产。

(4) 权利义务内容不同。保险关系是双务内容的，并且保险人履行保险责任是以投保人交付保险费为对价的，属于有偿行为。保证则是单务内容的，保证人履行保证责任无对价条件，属于无偿行为。

二、保险法含义及概述

(一) 保险法的概念

1. 广义的保险法

广义的保险法是以保险关系为调整对象的一切法律规范的总称，包括保险公法和保险私法。

(1) 保险公法。其主要是指以强行规范为特征对相关保险关系加以调整，包括保险监管法、社会保险法和保险的公法条款。

(2) 保险私法。其是指以任意性规范为特征对保险关系加以调整的法律，包括保险合同法、保险组织法和保险的私法条款。保险私法又可分为：形式意义的保险法，即以保险法命名的调整保险私法关系的法律规范。其采用立法形式的分类标准，又分为保险合同法与保险业法独立的模式。实质意义的保险法，即涉及保险合同关系、保险组织法、保险监管法、保险私法条款、保险相关司法解释及法院判例在内的所有规范，构成了实质意义上的保险法。

2. 狭义的保险法

狭义的保险法是指仅包括保险合同法、保险监管法和保险组织法的保险法规。

关于《保险法》的适用范围，海上保险是财产保险，但海上保险优先适用《中华人民共和国海商法》（简称《海商法》）；《海商法》未做规定的，才适用《保险法》。农业保险也是财产保险，但不适用《保险法》。

（二）保险法的调整对象

保险法是以保险关系为调整对象的法律规范，也就是以保险组织、保险对象以及保险当事人的权利义务为调整对象的法律规范。其具体包括三类：

（1）保险合同法。这是保险私法中最核心的内容，规定保险合同的定义、合同的当事人资格、合同订立的程序、合同基本条款、成立及生效、合同解除权、财产保险合同与人身保险合同的特殊规定、合同条款的解释等。

（2）保险业法，又称保险监管法。广义的保险业法包括保险监管法和保险组织法，是调整与规范保险组织及行为，约束保险公司其他从业人员，监督与规范保险市场竞争行为的法律、法规体系。

（3）保险特别法。其主要是指保险法之外其他商法部门法、保险行政法规、地方立法和法院判例有关保险关系的法律规范，即前面提及的保险私法条款。

（三）保险法的特征

保险法有四大基本特征：保险法是私法；保险法是具有公法性的商法；保险法是公益法；保险法具有鲜明的技术性，广泛的社会性，严格的强制性，至善的伦理性，趋同的国际性。

三、我国保险立法的发展

中华人民共和国的保险立法经历了几个关键阶段。1952 年 2 月 3 日，中央人民政府政务院颁布了《关于实行国家机关、国营企业、合作社财产强制保险及旅客强制保险的决定》，政务院财经委员会先后颁布了六个强制保险条例，初步建立了具有中国特色的财产保险与人身伤害责任保险法律制度。

1985 年 3 月 3 日，国务院公布实施了《保险企业管理暂行条例》。1992 年 11 月 7 日，全国人大常委会通过了《海商法》，其中第 12 章"海上保险合同"就海上保险做出了具体要求。

1995 年 6 月 30 日，全国人大常委会通过的《保险法》标志着我国保险法立法与法制建立进入了发展与完善时期。该法是中华人民共和国成立以来调整保险关系的第一部基本法律，采用合同法与保险业法合一的立法体例，形成了我国保险方面的立法特色。

2009年2月28日，全国人大常委会通过了《保险法》修订案，这是我国保险基本法制定后的第二次较大的修订，既反映了保险事业全面发展的社会需求，也是规范保险行为，完善我国保险制度的主要手段，集中体现了保险立法调整社会关系的及时有效性特征。

第二节 保险法的基本原则

一、最大诚信原则

（一）最大诚信原则的含义

没有诚实信用，就没有市场经济；有了诚实信用，当事人才会对市场交易充满信心，增加和扩大市场交易行为。世界许多国家都将诚实信用原则作为债法的一个基本原则。

可以说最大诚信原则在保险合同的各个方面都有体现，比如在订立保险合同时、在履行保险合同时、在解释保险合同时，主要有：投保人的告知义务；保证义务；通知义务；保险人如实解释保险条款义务、保险人说明免责条款义务等。

（二）最大诚信原则的具体体现

最大诚信原则对投保人和保险人都有义务要求。投保人要履行三大义务：如实告知义务；履约保证义务；危险增加时的通知义务。保险人也要履行两大义务：说明义务；弃权与禁止反言。弃权是指保险合同一方当事人以明示或默示方式，放弃合同中的某项权利。比如，投保人没有按期交纳保险费，保险公司可以解除合同，但是保险公司接受了投保人逾期交纳的保险费，就说明保险公司放弃了解除合同的权利。禁止反言运用到保险合同中，是指如果保险公司做了错误的陈述，被保险人依据它为或不为一定的行为，保险公司不得在事后做不同的解释。

案例 8-1

夏某有一辆货运卡车，从事个体运输。2012年4月1日，夏某在永安保险公司为自己的汽车签订了保险合同，保险期限为1年。合同规定：保险公司在规定的时间，按照规定的程序，对汽车进行检查。合同生效以后，保险公司多次协商，对车辆进行全面检查，夏某总是声称业务繁忙，要跑长途，不予配合检查。保险公司仅从外观判断，认为车况极差，不适于安全运营，从时间判断，也应该进行大修。遂书面正式建议：停产大修。夏某无视保险公司的警告。2013年1月15日，由于刹车失灵，发生事故，汽车完全报废，损失金额7万元。此后，夏某依据保险合同向保险公司索赔。

保险公司认为：保险公司曾经书面建议夏某对汽车进行大修，夏某不听从保险公司的建议，遂造成事故的发生。保险公司对此不承担责任。

夏某坚持认为：如何维修汽车，如何安排运输业务是自己的经营权利，保险公司无权干预。既然签订了保险合同，交纳了保险费，出了保险事故，保险公司就应该承担保险责任，按照保险合同赔付全额保险金。

双方协商不果，夏某起诉于法院。

本案参考分析及结论：夏某拒绝配合检查车辆在先，不听保险公司的建议在后，引起保险事故的发生。保险公司不应当承担保险责任，拒陪是合理的。因为保险合同是一种典型的最大诚信合同，被保险人有义务维护保险标的的安全。夏某应该对车辆及时检查和维修，保证在安全状态下运营。夏某不配合检查，拒绝合理的建议，是违背最大诚信原则的行为。

二、保险利益原则

（一）保险利益的含义

保险利益原则又称"可保利益"或"可保权益"，指投保人或被保险人基于对保险标的上的某种权益而能享有的财务利益。如在财产保险中，当某项财产（保险标的）遭受不幸事件时，倘若某人将有财务损失，则他对此财产就具有保险利益；反之，则不具有保险利益。在人寿保险中，保险利益即为投保人或受益人对于他人的继续生存而能享有的财务利益。保险契约的订立，投保人或被保人或受益人对其所投保的保险标的必须具有保险利益；否则保险契约不能生效。

《保险法》规定了保险利益原则："投保人对保险标的应当具有保险利益。投保人对保险标的不具有保险利益的，保险合同无效。保险利益是指投保人对保险标的具有的法律上承认的利益。保险标的是指作为保险对象的财产及其有关利益或者人的寿命和身体。"

（二）保险利益的意义与适用范围

保险利益原则的确定是为了通过法律防止保险活动成为一些人获取不正当利益的手段，从而确保保险活动可以发挥分散风险、减少损失的作用。因此，保险利益原则的重要作用不可偏废。

根据新《保险法》的规定，投保人对以下人员具有保险利益：本人；配偶、子女、父母；前项以外与投保人有抚养、赡养或扶养关系的家庭其他成员、近亲属；与投保人有劳动关系的劳动者。此外，被保险人同意投保人为其订立合同的，视为投保人对被保险人具有保险利益。在财产保险中，凡可使投保人产生经济利害关系的标的，都具有保险利益。

案例 8-2

光华建筑有限责任公司将自己的一批电器转让给光明五金公司，光华建筑有限责任公司是光明五金公司的唯一股东。后来，光华建筑有限责任公司以自己的名义，在永安保险公司为该批电器投保。再后来，发生保险事故，全部电器被毁。光华建筑有限责任公司向永安保险公司索赔。

永安保险公司的律师认为：光华建筑有限责任公司对这批电器没有保险利益。光华建筑有限责任公司虽然是光明五金公司的债权人，但是在没有抵押或者留置的情况下，债权人对债务人的财产没有保险利益。保险公司拒绝赔偿。

本案争论的问题是光华建筑有限责任公司对于该批电器是否具有保险利益。一种意见认为：光华建筑有限责任公司以自己的名义投保，在该财产之上也没有设置抵押权或者留置权，因此不能得到赔偿。另一种意见认为：光华建筑有限责任公司对于该批电器具金钱上的利益，具有一定的经济利益，他们的利益受到了损失，也应当得到赔偿。

本案参考分析及结论：依照现行法律规定，永安保险公司不承担责任。

三、损失补偿原则

（一）损失补偿原则的含义

损失补偿原则是保险人在保险合同所约定的危险事故发生之后，对其所遭受的实际损失或损害，可以获得充分的补偿。基本含义包含两层：

一是只有保险事故发生造成保险标的毁损致使被保险人遭受经济损失时，保险人才承担损失补偿的责任，否则，即使在保险期限内发生了保险事故，但被保险人没有遭受损失，就无权要求保险人赔偿。这是损失补偿原则质的规定。

二是被保险人可获得的补偿量仅以其保险标的在经济上恢复到保险事故发生之前的状态，而不能使被保险人获得多于或少于损失的补偿，尤其是不能让被保险人通过保险获得额外的收益。这是损失补偿原则的量的限定。

（二）损失补偿原则的内容

损失补偿原则的主要内容包括：

（1）赔偿金额应公平合理，合法合情，并征得被保险人的同意。

（2）损失价值的估计，应以发生危险事故的当时当地市价估计为准则。

（3）当损失价值无法估计，或当事人之间出现意见分歧时，可以采用恢复原状或其他方式进行补偿。

（4）保险标的物多于一项时，应逐项分开计算，各项的赔偿金额之和不得超过保险金额。

（5）除定值保险外，应按危险事故发生时实际损失价值为准则，并以保险金额为限，以防道德危险的发生。

（6）严格核对保险单的时效、财产存放地点、保险项目、被保险人，并分析出险的真正原因，努力做到该赔则赔，不该赔则绝不赔。

（三）损失补偿原则的意义

（1）维护保险双方的正当权益，发挥保险的经济补偿功能。坚持损失补偿原则能真正发挥保险的损失补偿功能，同时维护了保险双方的正当权益。对被保险人而言，保险事故造成的经济损失能得到保险公司及时的补偿，生产生活能及时得到恢复；对保险公司而言，其权益也通过损失补偿的限额得到了保护。

（2）防止道德风险的发生。损失补偿原则中关于有损失则赔偿、无损失无赔偿的规定，还有被保险人所获得的补偿总额不能超过其损失总额的规定，都可以防止被保险人通过保险赔偿得到额外利益，从而防止被保险人故意购买高额保险，以获得赔款为目的而故意制造事故。因此，坚持损失补偿原则避免了通过保险来谋利的现象，有利于防止道德风险的发生。

四、保险近因原则

（一）近因原则的含义

近因原则是指保险人只有在造成损失的最直接、最有效原因为承保范围内的保险事故时才承担保险责任，对承保范围外的原因引起的损失，不负赔偿责任。

近因原则是判断风险事故与保险标的的损失直接的因果关系，从而确定保险赔偿责任的一项基本原则，是保险当事人处理保险案件，或法庭审理有关保险赔偿的诉讼案，在调查事件发生的起因和确定事件责任的归属时所遵循的原则。近因是指在风险和损失之间，导致损失的最直接、最有效、起决定作用的原因，而不是指时间上或空间上最接近的原因。按照近因原则，当保险人承保的风险事故是引起保险标的损失的近因时，保险人应负赔偿（给付）责任。长期以来，它是保险实务中处理赔案时遵循的重要原则之一。

（二）近因原则的应用

造成保险标的损失的情况有两种，分单一原因和多种原因。

1. 单一原因

这种情况比较简单，该原因属于保险事故，即为近因，保险人应该承担赔偿责任，否则不予赔偿。

2. 多种原因

在多种原因造成损失的情况下，持续地起决定性作用或支配性作用的原因为近因。多种原因造成的损失又可以分为三种情况：

（1）多种原因同时发生。如果同时发生的诸多原因都属于所保的保险事故，则保险公司应当承担赔偿责任。如果同时发生的诸多原因都不属于所保的保险事故，保险公司就不应当承担赔偿责任。如果同时发生的诸多原因有的属于所保的保险事故，有的不属于所保的保险事故，那么保险公司只承担赔偿所保的保险事故的责任。如果其中一部分是，则赔偿这一部分。如果不好将原因加以区分，则由双方协商解决。

（2）多种原因连续发生。一般是以最直接、最有效的原因为近因。如果近因属于保险标的，则保险公司承担责任。此种情况最为复杂，不好解决。

在以下情况下，以前因为近因：后因是前因的直接的、必然的结果；后因是前因的合理的连续；属于前因自然延续的结果。

多种原因连续发生，保险人是否承担赔偿责任有三种情况：连续发生的原因都是保险危险的，保险人应当承担赔偿责任；不保危险先发生，保险危险后发生，如果保险危险是不保危险的结果，则不赔偿；保险危险先发生，不保危险后发生，如果不保危险仅为因果连锁的一环，则应该赔偿。

（3）多种原因间断发生。即前因与后果之间不相关联，后来发生的事故是一个独立的原因。此时有两种情况：先发生的原因为不保危险，后发生的近因为保险危险，对后发生的赔偿。后发生的近因为不保危险，先发生的原因为保险危险，对先发生的赔偿。

案例 8-3

2002 年 4 月 1 日，夏某为丈夫汪某投保意外伤害险，保险金为 30 万元。保险费为 300 元。保险期间为自 2002 年 4 月 15 日至 2003 年 4 月 14 日。受益人为夏某。2002 年 12 月 12 日，汪某在散步时突然跌倒，送医院抢救无效死亡。医院诊断为"脑溢血死亡"。事后，夏某向保险公司提出给付 30 万元保险金的请求，理由是汪某意外跌倒，导致脑溢血死亡。保险公司认为：汪某一直患严重的高血压，被保险人是由于高血压而引起突然发生脑溢血死亡，不属于保险范围，保险公司不予承担给付意外伤害保险金的责任。夏某遂诉至法院。

本案参考结论：原告不能提供任何证明被保险人发生了意外伤害的证据，故应驳回原告的诉讼请求。

参考理论分析：

在本案中，问题争议的焦点是，被保险人是意外跌倒引起脑溢血死亡，还是脑溢血引起死亡。

受益人认为：被保险人死亡以后，申请人已经提供了医院出具的抢救诊断书、脑溢血死亡证明、被保险人跌倒后死亡的证明。申请人履行了自己的义务，可是保险公司始终没有发出理赔通知。要求保险公司给付30万元的意外伤害保险金。

保险公司认为：被保险人是脑溢血死亡，不属于保险合同条款规定的保险责任。被保险人年事已高，一直患有脑血管疾病，被保险人是由于脑溢血死亡，不是由于跌倒死亡。即使是被保险人由于脑溢血病发引起跌倒而死亡，也是由于被保险人身体之缘故引起的死亡，不是意外伤害导致死亡，不能给付保险金。

在本案中，疾病可以造成意外事故，意外事故也可以造成疾病。如果认定被保险人由于疾病跌倒，加速脑溢血，最后死亡，被保险人就不是死于意外事故，此时，保险公司不应当承担给付保险金的责任。如果认定被保险人意外事故造成了疾病，疾病导致被保险人死亡，被保险人的死亡就是意外事故所致，保险公司应当承担给付保险金的责任。

法院经审理认为：原告患有高血压，随时可能发生身体不适，例如头晕、脑溢血，被保险人突然晕倒，可能是身体不适造成的，不构成保险公司承担保险责任的依据。由于原告人不能提供任何证明被保险人发生了意外伤害的证据，故驳回原告的诉讼请求。

五、保险分摊原则

《保险法》第40条规定，重复保险的投保人应当将重复保险的有关情况通知各保险人。重复保险的保险金额总和超过保险价值的，各保险人的赔偿金额的总和不得超过保险价值。除合同另有约定外，各保险人按照其保险金额与保险金额总和的比例承担赔偿责任。重复保险是指投保人对同一保险标的、同一保险利益、同一保险事故分别向两个以上保险人订立保险合同的保险。

在重复保险的情况下，被保险人可能从不同的保险人处同时获得保险赔偿，其所获得的赔偿额就可能超过其对保险标的所具有的保险利益，从而获得额外利益。这与补偿原则相背离，因此必须加以限制。这就有了保险分摊原则。

分摊原则是指在重复保险的情况下，由各个保险人按照一定的方法共同承担损失的原则。构成分摊原则的条件必须是重复保险，即只须在同一保险标的、同一保险利益、同一保险责任下有数个保险合同存在的情况下，才能适用。

具体地，分摊原则的分摊是指在重复保险情况下，被保险人所能得到的赔偿金由各保险人采用适当的方法进行分摊，将被保险人遭受的损失，分配给不同的保险人承担。

重复保险并不排除被保险人可以同时向不同的保险人请求赔偿，只是应当将重复保险的有关情况通知各保险人，而且被保险人所获得的赔偿不得超过保险价值。

在实际运用中,保险人对损失后的赔款进行分摊的方法主要有以下两种:

(1) 比例责任制。比例责任制又称保险金额比例分摊制,是各保险人按各自单独承保的保险金额占总保险金额的比例来分摊保险事故损失的方式。其计算公式为

某保险人承担的赔偿责任 = 该保险人的保险金额/所有保险人的保险金额总和 × 实际损失

(2) 责任限额制。责任限额制也称赔款比例分摊制,是指保险人承担的赔偿责任以单独承保时的赔款额作为分摊的比例而不是以保额为分摊的基础。其计算公式为

某保险人承担的赔偿责任 = 该保险人单独承保时的赔款金额/所有保险人单独承保时的赔款金额的总和 × 实际损失

六、保险代位原则

《保险法》第44条规定,因第三者对保险标的的损害而造成保险事故的,保险人自向被保险人赔偿保险金之日起,在赔偿金额范围内代位行使被保险人对第三者请求赔偿的权利。前款规定的保险事故发生后,被保险人已经从第三者取得损害赔偿的,保险人赔偿保险金时,可以相应扣减被保险人从第三者已取得的赔偿金额。保险人依照第一款行使代位请求赔偿的权利,不影响被保险人就未取得赔偿的部分向第三者请求赔偿的权利。

这里的代位求偿权是指因第三者对保险标的的损害而造成保险事故的,保险人自向被保险人赔偿保险金之日起,在赔偿金额范围内代位行使被保险人对第三者请求赔偿的权利。

被保险人已经从第三者取得损害赔偿的,保险人赔偿保险金时,可以相应扣减被保险人从第三者处取得的赔偿金额。

保险人依法向第三者请求赔偿时,不影响被保险人就未取得赔偿的部分向第三者请求赔偿。即被保险标的的保险金额不足弥补其实际损失时,被保险人还可就未能得到保险赔偿的损失请求第三者给予赔偿。

在保险人向第三者行使代位请求赔偿权利时,被保险人应当向保险人提供必要的文件和其所知道的有关情况。

在实践中,若出现以下情况,则不适用代位请求赔偿:

(1) 保险事故发生后,保险人未赔偿保险金之前,被保险人放弃对第三者的请求赔偿的权利的,保险人不承担赔偿保险金的责任,以维护自己合法的利益。

(2) 保险人向被保险人赔偿保险金后,被保险人未经保险人同意放弃对第三者请求赔偿的权利的,该行为无效。

(3) 由于被保险人的过错致使保险人不能行使代位请求赔偿的权利的,保险人可以相应扣减保险赔偿金,以使被保险人就自己的过错分担部分责任。

(4) 在家庭财产保险中,保险人不得对被保险人的家庭成员或者其组成人员行使代位请求赔偿的权利,除非这些成员有故意造成保险事故的行为,以维护家庭经济生活的稳定。

(5) 没有代位追偿权的情况。人身保险的被保险人因第三者的行为而发生死亡、伤残或者疾病等保险事故,保险人向被保险人或者受益人给付保险金后,不得享有向第三者追偿的权利。

第三节 保险合同概述

一、保险合同的概念和特征

（一）保险合同的概念

保险合同指投保人与保险人约定关于保险的权利义务关系的协议，即投保人向保险人给付约定的保险费，保险事故发生则由保险人给付约定的保险金。

其核心内容在于：投保人须承担给付保险费的义务，在发生保险事故时，享有保险金给付请求权；在保险人一方，表现为保险人享有受领投保人给付保险费的权利，承担约定的危险，并在保险事故发生时给付保险金的义务。

（二）保险合同的特征

保险合同的特征是在保险合同与其他民法上合同相区别而表现出来的不同于其他民法上合同的属性。保险合同主要有以下特征：

1. 保险合同是债权合同

保险合同不能直接促使权利发生、变动或消灭，是债权合同非物权合同。保险合同属债法上合同的一种，但因保险合同所生之债系属特种之债，故民法上有关债的一般规定也适用于保险合同。但必须以保险法无特别规定者为限。

2. 保险合同是双务合同

以当事人是否互负对待给付义务为标准，可将保险合同分为单务合同与双务合同。若一方负有给付义务，他方不负对待给付义务，则只是当事人单方面负担义务，故称单务合同。保险合同作为双务合同，其内容一方面表现为投保人负有给付保险费的义务，对于保险人所负义务，主要表现为金钱给付说与危险承担说。按金钱给付说，保险人的给付义务是附有停止条件的保险金给付义务。保险合同中保险人所负义务以保险事故发生为要件。危险承担说认为，保险人的义务并非只是保险事故发生时才负给付保险金义务，而是在整个保险期间，保险人均有危险承担的义务。

3. 保险合同是有偿合同（保单赠与的效力）

以当事人取得权益是否须付出相应代价为标准，可将保险合同分为有偿合同与无偿合同两种。若当事人一方取得合同约定的权益，须向对方当事人偿付相应代价，则为有偿合同。若当事人取得约定的权益，无须向对方当事人给付相应代价，则是无偿合同。区分的法律意义在于：其一，订立合同主体的要求不同；其二，当事人的责任轻重不同。保险合同是强制性的有偿合同。给付保险费是投保人必须履行的义务，在保险合同中，无给付保险费的约定或约定免除投保人给付保险费义务的，保险合同无效。

4. 保险合同是射幸合同

以当事人的给付义务的内容（应为给付或给付范围）在缔约时是否确定为标准，可将保险合同分为确定合同和射幸合同。保险合同是典型的射幸合同。在保险合同中，投保人给付保险费的义务在合同成立时即已确定，但保险人是否应履行给付保险金义务（主要的合同义务）以及应给付具体数额，则须待不确定事实（保险事故）是否发生以及发生结果而定。其不确定者，包括以下含义：一是将来是否发生不确定；二是将来会确定发生但发生时间不确定。须注意的是，保险合同作为一种不确定合同，是就各单个保险合同而言的，并且仅就保险人的主要合同义务即赔偿或给付保险金义务为分析标准的。

5. 保险合同是格式合同

格式合同又称标准合同、定式合同、定型化合同。法国称其为附和合同。它是指由当事人一方为与不特定多数人订约而预先拟定，并且不允许相对人对其内容进行变更的合同，即一方当事人要么从整体上接受合同条件，要么不订立合同。

保险合同的订立，并非投保人与保险人自由协商的结果，而是投保人对保险人事先确定的合同内容条款表示"同意"，即投保人既不能自行拟定对保险单的内容，也不能对其修改。在某些情况下，若需要变更保险合同的内容，投保人也只能采用保险人事先拟定的附加条款或附属单据，也就是说，投保人仍然只能表示"同意"。

二、保险合同的分类

（一）定值保险合同与不定值保险合同

根据保险价值在保险合同中是否事先予以确定，保险合同可分为定值保险合同与不定值保险合同。保险价值是指财产保险中的保险标的的价值，《保险法》第40条第1款对此做出了规定。

1. 定值保险合同

定值保险合同指当事人双方缔约时，已经事先确定保险标的的价值，并载于保险单中，作为保险标的于保险事故发生时的价值的保险合同。定值保险合同成立后，若发生保险事故，则双方在合同中事先确定的保险价值即为保险人承担给付保险金义务的计算依据。

若保险事故发生造成保险标的的全部损失，那么无论该保险标的的实际损失如何，保险人均应给付合同所约定的保险金额的全部，不必对保险标的重新估价；若保险事故发生仅造成保险标的的部分损失，则只须确定损失的比例，该比例与双方确定的保险价值的乘积，即为保险人应给付的赔偿金额，无须对保险标的的实际损失的价值进行估量。

定值保险合同主要适用于财产保险。

2. 不定值保险合同

不定值保险合同指保险标的的价值于保险合同订立时并未约定，须待保险事故发生后，再评估保险事故发生时保险标的的价值的保险合同。

《保险法》第40条规定，保险标的的保险价值，可以由投保人和保险人约定并在合同中载明，也可以按照保险事故发生时保险标的的实际价值确定。保险金额不得超过保险价值；超过保险价值的，超过的部分无效。保险金额低于保险价值的，除合同另有约定外，保险人按照保险金额与保险价值的比例承担赔偿责任。这也是关于保险人、投保人投保不定值保险合同，以及在不定值保险合同情形下保险人的保险给付义务的履行数额计算的规则。

（二）补偿性保险合同与给付性保险合同

根据设立保险合同的目的不同，保险合同分为补偿性保险合同与给付性保险合同。保险金额指当事人双方约定的最高赔付金额。

1. 补偿性保险合同

在保险事故发生后，由保险人评定被保险人的损失从而支付保险金。其设立目的在于补偿被保险人因保险事故所遭受的经济损失，即保险事故发生时，由保险人对被保险人所受损失进行评定，并在保险合同确定的保险金额范围内予以补偿。

补偿须满足两个条件：保险事故发生致损；以实际损失为限且不超过保险金额。

2. 给付性保险合同

当事人双方事先协议一定数目的保险金额，待事故发生时，由保险人依照保险金额负给付责任。给付性保险合同属于非补偿性保险合同，绝大多数人身保险合同为给付性保险合同。因为人身保险合同标的的人的生命或健康等无法用货币价值来衡量，故当保险事故发生时，被保险人所遭受的人身伤害客观上是不能获得真正"补偿"的。

（三）财产保险合同与人身保险合同

根据保险标的的性质不同，保险合同分为财产保险合同与人身保险合同。

1. 财产保险合同

财产保险合同指以财产利益为保险标的的保险合同。根据财产保险标的不同，可分为四大类：财产损失保险；责任保险（公众、产品、雇主、职业责任险）；保证保险（对被保证人的行为对第三人造成的经济损失承担赔偿责任，有诚实和确实保证之分。）；信用保险（针对商品销售或商业贷款业务）。

根据所保财产分布行业不同，可分为火险、运输险、工程险、农业险。这里主要记忆每一类及具体分类的概念。

2. 人身保险合同

人身保险合同指以人的生命或身体为保险标的的保险合同。

（四）原保险合同与再保险合同

根据两个以上互相牵连的保险合同的相互关系即保险人承担责任的不同次序，保险合同可分为原保险合同与再保险合同。

1. 原保险合同

原保险合同又称"第一次保险"，在两个以上互相牵连的保险合同中，由投保人与保险人订立的保险合同为原保险合同。

2. 再保险合同

再保险合同又称"第二次保险合同"或"分保"，指再保险人与原保险人将其承担的原保险责任的一部分或全部转让而由再保险人承担而达成的协议。原保险人又称"分出人"，再保险人又称"分入人"。

（五）为自己利益的保险合同、为他人利益的保险合同

根据投保人是否享有保险金请求权为标准，保险合同分为为自己利益的保险合同、为他人利益的保险合同。

1. 为自己利益的保险合同

在财产保险中，投保人以自己为被保险人。在人身保险中，投保人既可以自己为被保险人和受益人，也可以他人为被保险人以自己为受益人。

2. 为他人利益的保险合同

在财产保险中，投保人以他人为被保险人。在人身保险中，投保人既可以自己为被保险人以他人为受益人，也可以他人为被保险人而以被保险人另外他人为受益人。

三、保险合同的主体

（一）保险法律关系的主体类型

（1）保险合同的当事人：投保人、保险人。

（2）保险合同的关系人：被保险人、受益人。

（3）保险合同的辅助人：保险代理人、保险经纪人、保险公估人。

（二）保险合同的当事人

1. 投保人

《保险法》第10条规定，投保人是指与保险人订立保险合同，并按照合同约定负有支付保险费义务的人。成为投保人有两个条件：具备完全民事行为能力；对保险标的具有保险利益。

投保人享有的权利包括：指定和变更受益人；变更和解除保险合同；申请保险合同复效。投保人要履行的义务包括：给付保险费；维护保险标的安全；投保时如实告知；保险事故发生时的通知；事故发生后损失的证明。

2. 保险人

《保险法》第10条规定，保险人是指与投保人订立保险合同，并按照合同约定承担赔偿或者给付保险金责任的保险公司。保险人的条件包括：依法成立的保险经营组织；在核准的经营范围内经营业务。

保险人的权利：收取保险费；变更和解除保险合同。保险人的义务：给付保险金；承担必要的合理费用；保密；返还解约金。

（三）保险合同的关系人

1. 被保险人

《保险法》第12条规定，被保险人是指其财产或者人身受保险合同保障，享有保险金请求权的人。被保险人可以为投保人。在财产保险中，被保险人是保险事故发生时真正受有损失的人。被保险人可以是自然人、法人或其他组织。

《保险法》第33条明确了被保险人的条件：投保人不得为无民事行为能力人投保以死亡为给付保险金条件的人身保险，保险人也不得承保。父母为其未成年子女投保的人身保险，不受前款规定限制。但是，因被保险人死亡给付的保险金总和不得超过国务院保险监督管理机构规定的限额。

《保险法》第34条规定，以死亡为给付保险金条件的合同，未经被保险人同意并认可保险金额的，合同无效。

被保险人的权利包括：同意权；赔偿和保险金请求权；指定或变更受益人。被保险人的义务包括：维护保险标的安全；危险增加及时通知；防止损失扩大。

2. 受益人

《保险法》第18条规定，受益人是指人身保险合同中由被保险人或者投保人指定的享有保险金请求权的人。成为受益人的条件：只存在于人身保险中；由投保人或被保险人在合同中指定。

受益人的权利：保险金请求权。受益人的义务：不得加害被保险人；通知义务。

这里的核心是受益权及其性质。受益权是受益人基于保险合同而行使的权利，是保险法上基于合同所享有的请求权，而非继受的权利。受益权是期待权，非既得权。权利依其实现要件是否已经全部具备，可分为既得权与期待权。既得权指全部要件已经具备，权利人实际享有的权利。期待权是实现要件尚未全部具备，待其余要件发生后才能实际享有的权利。

四、保险合同的形式与内容

（一）保险合同的形式

保险合同形式是保险合同的书面形式。其具体形式包括：

（1）投保单。这是投保人申请保险的一种书面凭证。

（2）暂保单。暂保单是在正式保单开出之前，由保险人或其代理人开出的临时合同。它和正式保单具有同等法律效力。

（3）保险单。这是保险双方订立的正式保险合同，是最基本的保险形式。

（4）保险凭证。这一种简化的保险单，是保险合同的一种证明。

（5）保险条款。保险条款既是明确保险关系双方权利义务的约款，也是保险人对所承保的标的履行保险责任的依据。

（二）保险合同的内容

《保险法》第18条规定，保险合同应当包括下列事项：

（1）保险人的名称和住所。

（2）投保人、被保险人的姓名或者名称、住所，以及人身保险的受益人的姓名或者名称、住所。

（3）保险标的。

（4）保险责任和责任免除。

（5）保险期间和保险责任开始时间。

（6）保险金额。

（7）保险费以及支付办法。

（8）保险金赔偿或者给付办法。

（9）违约责任和争议处理。

（10）订立合同的年、月、日。

投保人和保险人可以约定与保险有关的其他事项。

第四节 保险合同的订立与生效

一、保险合同的订立与成立

（一）基本含义及概念区分

1. 保险合同的订立

保险合同的订立指投保人与保险人之间为保险的意思表示达成合致的状态。其所揭示的是缔约人自接触、洽商直至达成关于保险的合意的过程，是动态行为与静态的保险协议的统一。

2. 保险合同的成立

根据《保险法》第13条的规定，投保人提出保险要求，经保险人同意承保，并就合同的条款达成协议，保险合同成立。依法成立的保险合同，自成立时生效。因此，原则上，保险合同成立的同时就可以生效。但在实践中，由于保险合同成立后，还可能涉及一些审批程序等，因此法律又规定，保险合同双方可以就保险合同的生效约定附条件或附期限，如果达不到一定的条件，或在某个期限前则不生效。

保险合同除了成立和生效的问题外，对于投保人和受益人来说还有一个重要的时间点，保险公司承担保险责任的时间。《保险法》规定，投保人按照约定的时间交纳保险费后，保险人才会按照约定的时间承担保险责任。

3. 保险合同成立与订立的关系

保险合同的成立是合同订立的一部分，标志保险合同的产生与存在，是静态的协议结果；订立包括了成立，还有投保人与保险人接触和洽商的其他动态过程。保险合同的成立是认定其效力的前提。

确定保险合同的效力，首先要确定保险合同是否已经成立，即在当事人之间是否有一个合同关系存在。如果没有合同关系存在，诸如保险合同的履行、变更、解除或解释等问题就无从谈起，保险合同的有效或无效的认定也就失去了最基本的前提。

保险合同作为动态过程，始于其订立，终结于适当履行或责任承担。其间可能涉及保险合同的变更、中止、复效、解除、消灭等环节。保险合同的订立是启动其他环节的前提。保险合同订立的质量也影响着后续环节。

（二）保险合同成立的一般程序

合同的本质是合意，合同的成立是双方当事人的意思表示一致。根据《合同法》的规定，当事人订立合同，采取要约、承诺的方式，承诺的内容应与要约的内容一致，只要当事人意思表示一致，合同就成立。

《保险法》第13条第1款规定，投保人提出保险要求，经保险人同意承保，并就合同的条款达成协议，保险合同成立。导致保险合同成立的合意就是当事人对合同的条款达成的一致的协议。保险合同成立的要件有缔约人，即投保人与保险人关于保险合同内容的意思表示一致。投保人与保险人就保险合同的条款达成合意后，保险合同才成立。

(1) 投保：投保人向保险人发出的订立保险合同的意思表示。

(2) 承保：保险人同意接受投保人提出的保险要约的意思表示。

保险人事先拟订保险条款或以一定的方式招揽保险业务，如通过其从业人员或保险代理人向客户发放关于保险的宣传材料等，不是要约，而是要约邀请。

若将保险人的上述行为作为要约，则要约的效力是使相对人取得承诺权，这样，只要相对人为接受的意思表示，则合同成立，剥夺了保险人对风险进行评估和控制的机会（通常所说的"核保"）。这不符合保险经营的基本原理。

(三) 保险合同订立中应注意的问题

(1) 保险合同缔约中的要约人与承诺人问题。并不是所有保险合同的订立都以投保人为要约人，以保险人为承诺人。

(2) 保险合同成立与保险费交付。在我国保险实证法上，保险合同成立与保险费交付无必然的联系，保险合同成立不因保险费未交付而在法律上认为其不成立。《保险法》规定的保险合同不是要物合同。

(3) 保险合同成立与保险单交付。

案例 8-4

2012 年 3 月 12 日，黎明化学工业有限责任公司到顺安保险公司投保财产保险，按照投保单格式填写了投保申请书：保险期限为 2012 年 3 月 13 日 0 时至 2013 年 3 月 12 日 24 时。

2012 年 3 月 13 日凌晨 4 时，发生泥石流，损失 500 万元。2012 年 3 月 13 日上午，顺安保险公司将其签发的保险单送至黎明化学工业有限责任公司。保险单约定：保险期限自 2012 年 3 月 14 日 0 时至 2013 年 3 月 13 日 24 时。保险单还约定了责任范围、免责条款等其他事项。迟至 2012 年 3 月 20 日，黎明化学工业有限责任公司才将保险费交到保险公司。

黎明化学工业有限责任公司要求顺安保险公司勘察事故现场，提出索赔。顺安保险公司声称：事故发生在约定期限之外，拒绝赔偿。黎明化学工业有限责任公司认为：顺安保险公司擅自修改保险合同，遂起诉于法院。

本案有两种不同意见：

(1) 黎明化学工业有限责任公司认为：《保险法》第 12 条规定，投保人提出保险要求，经保险人同意承保，并就合同的条款达成协议，保险合同成立。保险人应当及时向投保人签发保险单或者其他保险凭证，并在保险单或者其他保险凭证中载明当事人双方约定的合同内容。经投保人和保险人协商同意，也可以采取前款规定以外的其他书面协议形式订立保险合同。保险合同不是要式合同，只要投保人与保险人就金额、费率等达成一致意见，合同就成立了。保险人就应该承担保险责任。黎明化学工业有限责任公司是在顺安保险公司业务人员指导下填写的保险单，是双方的约定。所以，当时擅自修改合同的保险期限，是无效的。

(2) 顺安保险公司认为：发放投保单是要约邀请，投保人填写投保单是要约，经过保险人的同意，签发了保险单，合同才可以成立。投保单与保险单不一致时，以保险单为准。

本案参考分析及结论：法院认为，合同合法有效。顺安保险公司修改保险合同应当视为反要约。黎明化学工业有限责任公司接受保险单视为对反要约的承诺。保险公司对该事故不承担责任。

二、保险合同的生效

（一）保险合同的成立与生效的关系

保险合同成立，才有所谓合同生效与合同不生效的问题。若意思表示不一致，合同本质上最低限度的要求尚不具备，则合同根本无法构成，即不发生拘束力。

保险合同的成立不同于保险合同的生效。保险合同的成立是协议存在的事实，即保险合同的成立只是解决合同是否存在的问题，虽然也受法律的规范引导，但遵循着意思自治的原则，是当事人意思自治的结果。对于已经存在的保险合同进行何样的法律评价，是合同效力等制度要调整的内容。保险合同的生效是国家通过法律评价投保人与保险人的合意的表现，是法律承认其意思的结果。成立的保险合同符合法律的要求才能生效，否则，或无效，或撤销，或效力未定。

保险合同生效有三个要件：主体适格；意思表示真实；内容合法。

（二）保险合同的法律效力

保险合同的法律效力，指法律赋予依法成立的保险合同对当事人及关系人的拘束力。

1. 保险合同对合同相对性的突破

合同的效力原则局限在合同当事人之间，这不仅是由合同的相对性决定的，也是由合同在本质上是当事人之间的合意决定的。保险合同的效力包括对合同当事人的效力与对第三人的效力。

2. 保险合同对当事人各方的拘束力

当事人负有适当履行合同的义务；违约方依法承担违约责任；当事人不得擅自变更、解除合同，不得擅自转让合同权利义务；当事人享有请求给付的权利、保有给付的权利、自力实现债权的权利、处分债权的权利、保全债权的代位权和撤销权、担保权等；法律规定的附随义务也成为合同效力的内容。

保险合同除了对当事人具有约束力外，对保险合同的关系人也有约束力。

（三）保险责任的开始

保险责任开始主要有以下类型：

（1）合同中明确约定了具体时间。
（2）以投保人支付保险费作为前提条件。
（3）以保单签发时间为准。
（4）以保单交付时间为准。

案例 8-5

2010 年 4 月 1 日，生病在家的李小姐与上门推销保险的业务员签订了保险合同。李小姐请业务员代填投保书。投保书健康询问栏的事项为：0. 健康；1. 残疾；2. 低能；3. 癌症、肝硬化、癫痫病、严重脑震荡、精神病、心脏病、高血压。业务员觉得这些与李小姐情况不符，就留了空白，没有填写。李小姐阅后，没有异议，签了字。保险公司在核对时，也没有注意这点，签发了保险单。

2011年3月15日，李小姐因病亡故。受益人向保险公司申请给付保险金。保险公司在审核时发现，李小姐在投保时就已经重病在家，而李小姐没有将真实情况告知保险公司。保险公司拒付。受益人要求未果，起诉。法院审理后，判保险公司给付保险金。

本案有两种意见：

(1) 保险公司不应该给付保险金。理由是：李小姐知道自己生病，没有在投保书中填写有关情况，违反告知义务，保险公司应该拒付。

(2) 保险公司应当给付保险金。理由是：投保书要求投保人告知的哪一项，都与李小姐情况不符，李小姐无法告知，如果有过错，错在保险公司。保险公司在核保后签发保险单，可以看作保险公司放弃告知权利，于是丧失解除合同的权利。所以，保险公司应该给付保险金。

本案参考分析及结论：保险公司不应该以李小姐未如实告知为由而拒付保险金。在本案中，投保书设计不合理，李小姐养病在家，应该告知保险公司。由于疏忽，没有履行告知义务，本来不应该给付保险金。但是，保险公司疏于审查，在投保书健康栏没有填写的情况下，没有进一步的查询，就签发了保险单，具有重大过失。这应该看作保险公司默认李小姐可以不做健康告知。所以，保险公司不应该以李小姐未如实告知为由而拒付保险金。

三、保险合同的无效

(一) 保险合同无效的概念

保险合同无效是指保险合同成立的，因法律规定或合同约定的原因，自始不发生效力。保险合同无效不同于保险合同失效，无效是指合同成立时即不具有法律拘束力，不存在复效的问题。

(二) 保险合同无效的原因

(1) 承保危险不存在。

(2) 投保人或被保险人对保险标的不具有保险利益。包括：

①保险人在订立保险合同时，有向投保人明确说明合同中关于保险人责任免除条款的义务，其未明确说明的，该条款不产生法律效力。

②在财产保险合同中，保险金额不得超过保险价值；超过保险价值的，超过的部分无效。

③父母以其未成年子女为被保险人订立人身保险合同，以死亡为给付保险金条件，其死亡给付保险金额总和不得超过保险监督管理机构规定的限额。该规则属于强行性规则，违反的，其超过部分无效。

(3) 在复保险中，除另有规定外，投保人故意违反通知及告知义务或企图以此获得不法利益的，保险合同无效。

(4) 在超额保险中，如果是因投保人欺诈而订立的保险合同，则保险合同全部无效。

(5) 在人身保险中，为保护被保险人的利益，各国一般对以他人生命为标的而订立的死亡保险合同加以限制。

（6）在人寿保险合同中，如果被保险人真实年龄与保险合同所记载的年龄不符，且其投保时真实年龄已超过保险人所规定的保险限度，则保险合同无效。

（三）保险合同无效的确认及法律后果

保险合同一经被确认无效后，当事人之间的权利义务关系即告消灭，可视为合同自始未生效。尚未履行的不再履行，已经履行的应恢复原状。

第五节　保险合同的效力变动

一、保险合同的变更

保险合同内容变更系指当事人间享有的权利、承担的义务发生变化，而合同当事人并未改变，表现为保险合同条款的变化。

保险合同的变更要件：原已存在着保险合同关系；保险合同内容发生变化；保险合同的变更须经过双方当事人协议或依法直接规定或法院裁决，有时依形成权人的意思表示；保险合同变更须遵守法律要求的方式。

保险合同变更的效力：变更后的合同取代原合同，当事人应按变更后的合同履行义务、行使权利，不会引起合同效力的中断或中止。变更不溯及既往，对于以前已履行的部分不产生效力。

二、保险合同的转让

（一）保险合同转让的概念

所谓保险合同转让，是指保险合同当事人一方依法将其合同的权利和义务全部或部分地转让给第三人的行为。根据《合同法》的规定，保险合同的转让主要包括为以下三种形态：合同权利的转让；合同义务的转让；合同权利义务的概括转让。

保险合同的转让不同于保险合同的变更：

（1）保险合同的转让是合同当事人的改变，而并不改变保险合同的内容，而合同变更是改变合同内容，当事人并不发生变化。

（2）保险合同的转让，可产生两个法律关系，涉及三方当事人。

（二）财产保险合同的转让

财产保险合同的转让分为法定与约定两种。法定转让指投保人或被保险人死亡或破产时发生的转让。约定转让指合同订立后投保人或被保险人因为保险标的或风险转移等事实发生通过合意将合同的权利、义务转移给第三人，由第三人继续享受合同权利并承担合同义务。

关于保险标的转让是否会引起保险合同的转让，各国法律规定不尽相同。根据《保险法》第34条规定，保险标的转让应通知保险人，经保险人同意继续承保后，依法变更合同。但是货物运输保险合同和合同另有约定的除外。

我国法律关于保险标的转让的规定，采取了另一种立法例，包括两重含义：

一是保险标的转让并不当然引起保险合同转让为一般原则。

二是保险标的转让引起保险合同当然转让为例外。根据《保险法》第34条的规定，只有货物运输保险合同中保险标的的转让无须经过保险人的同意，即可发生保险合同转让的效力。旨在促进交易便捷，为交易提供相应保险保障。

（三）人身保险合同的转让

因保险人资格的消灭而引起人寿保险合同权利义务的概括转让。

《保险法》第88条规定，经营有人寿保险业务的保险公司被依法撤销的或者被依法宣告破产的，其持有的人寿保险合同及准备金，必须转移给其他经营有人寿保险业务的保险公司。不能同其他保险公司达成转让协议的，由保险监督管理机构指定经营有人寿保险业务的保险公司接受。据此，因保险人的原因导致的人寿保险合同转让包括如下含义：

（1）保险公司被依法撤销或者被依法宣告破产，是引起人寿保险合同转让的法定原因。

（2）转让的双方当事人包括被依法撤销或被依法宣告破产的经营人寿保险业务的保险公司（简称"终止保险公司"，即转让人）和接受转让的经营人寿保险业务的保险公司（受让人）。转让人不得将人寿保险合同及准备金转让给没有经营人寿保险业务的保险公司。

（3）转让的对象包括人寿保险合同及其根据该合同而提取的准备金。

（4）受让人的接受包括自愿接受和强制接受。

三、保险合同的中止与复效

（一）保险合同的中止

1. 含义

所谓保险合同的中止，是指在保险合同有效期限内，因某种事由出现而使合同的效力处于暂时停止的状态。从保险合同中止到效力恢复时为止，保险合同的效力处于待定状态。而保险合同也从一个已生效的合同而变成一个效力待定的合同，其效力可能恢复，也可能不再恢复。

2. 保险合同效力中止的立法目的

（1）针对长期保险合同，难免投保人因疏忽或经济一时变化而不能按时交付保险费。为了不轻易使其合同失其效力，在投保人而言，尽力保障其获得保险保障是最大的立法价值取向，其中包含有伦理因素，涵盖着法律中的情理。

（2）避免一时的合同义务不履行而导致所有的合同适当履行化为乌有，完全失去效力，对受保险合同保障的人有失公允。表面上看合乎公平，实质上给当事人的公平产生不公平的效果。

（3）可以使保险人继续保有合同业务，巩固其已有的业务，但最基本的是前两条，这不是其主要的追求价值取向，只有附带价值。

3. 保险合同中止的构成要件。

（1）在我国，仅适用于人身保险合同，而不适用于财产保险合同。

（2）保险合同的投保人交付保险费的方式采用叠交方式，而不是一次性清偿保险费债务的交付方式。

(3) 投保人已经交付了首期保险费，保险合同已经发生效力。

(4) 投保人超过合同约定期限 60 日未交付当期保险费。

(5) 保险合同没有约定其他补救办法，事后也未达成其他协议的。

(二) 保险合同的复效

保险合同的复效是指导致保险合同中止的法定事由消除后，具备相应的条件，其效力即行恢复为未中止前的状态，恢复效力的合同是效力中止之前的保险合同的继续。

保险合同的复效条件：

(1) 投保人向保险人提出复效请求。

(2) 投保人须在法律规定的期限内提出复效申请。

(3) 投保人补交保险费。

(4) 被保险人请求复效时须符合投保条件。

(5) 保险人和投保人就复效条件达成协议。

四、保险合同的解除

保险合同的解除是指保险合同有效期间内，有解除权的一方当事人向他方做解除合同的意思表示，使合同关系消灭的行为。

《保险法》第 15 条规定："除本法另有规定或者保险合同另有约定外，保险合同成立后，投保人可以解除合同。"

《保险法》规定的保险人法定解除合同的条件有：

(1) 投保人违反告知义务。

(2) 投保人谎称发生或故意制造保险事故。

(3) 投保人或被保险人未按约定履行其对保险标的安全应尽的责任。

(4) 保险标的危险程度增加。

(5) 投保人申报的被保险人年龄不真实。

(6) 保险合同经过复效期。

保险合同解除的溯及力：依照法定解除可退还保险费也可不退还；但约定解除要退还保险费。

五、保险合同的终止：保险合同权利义务关系的消灭

保险合同的终止是指保险合同在其存续期间内，因一定事由的发生，使合同的效力自终止时起归于消灭，有广义与狭义之别。

保险合同终止的原因包括：

(1) 因保险合同约定的保险期间届满而终止。

(2) 保险合同因保险人终止而终止。

(3) 保险事故发生后因保险人适当履行保险给付义务而终止。

(4) 保险合同因保险标的物全部灭失而终止。

(5) 因合同主体行使合同终止权而终止。

（6）因法律规定的情况出现而终止。

保险合同的终止，其效力自终止时起向将来消灭而不再继续，并不溯及既往，所以双方当事人均无恢复原状的义务。

需要注意的是，保险合同的终止在性质上与保险合同的无效不同。

第六节 保险合同的履行与解释

一、保险合同的履行

保险合同的履行是指保险合同当事人双方依法全面完成合同约定义务的行为，包括投保人义务的履行和保险人义务的履行两方面。其前提条件是，发生保险事故或保险合同约定的期间届满。

（一）投保人义务的履行

1. 如实告知

如实告知是指投保人在订立保险合同时将保险标的重要事实，以口头或书面形式向保险人做真实陈述。所谓保险标的重要事实，是指对保险人决定是否承保及影响保险费率的事实。如实告知既是投保人必须履行的基本义务，也是保险人实现其权利的必要条件。《保险法》实行"询问告知"的原则，即投保人只要如实回答了保险人的询问，就履行了如实告知义务。

案例 8-6

2015年11月25日，某单位为全体职工投保了人身险，每个职工150份（10年期），月交保险费50元。2018年5月，该单位职工符某因交通事故不幸死亡，其家人带着单位开的介绍信及其他证明资料到保险公司申领保险金。保险公司查验单证时发现被保险人投保时所填写的年龄与其户口簿上登记的不一致，投保单上填写的年龄63岁与实际年龄不符，实际上投保时符某已经66岁（投保单规定的最高投保年龄65岁）。于是，保险公司以单位投保时申报的被保险人的年龄已超过保险合同规定的年龄为理由，拒付保险金，并在扣除手续费后，向该单位退还符某的保险费。请问，你认为本案应如何解决？

解析：本案主要考察人身保险合同中投保人和保险人的义务。在人身保险合同中，被保险人的年龄是测评风险、决定保险费率及能否投保的一个决定性因素。一般来说，年龄越大，风险也越大。该案中投保人在投保时出现年龄登记错误的情况，根据《保险法》规定，人身保险合同中投保人申报的被保险人年龄不真实，并且其真实年龄不符合合同约定的年龄限制的，保险公司可以解除合同，但是自合同成立之日起逾2年的除外。

2. 交付保险费

交付保险费是投保人的最基本的义务，也是保险合同生效的必要条件。《保险法》要求：保险合同成立后，投保人按照约定交付保险费，并应根据合同约定，一次交付或分期交付。

3. 维护保险标的安全

保险合同订立后，财产保险合同的投保人、被保险人应当遵守国家有关消防、安全、生产操作、劳动保护等方面的规定，维护保险标的安全。保险人有权对保险标的安全工作进行检查，经被保险人同意，可以对保险标的采取安全防范措施。投保人、被保险人未按约定维护保险标的安全的，保险人有权要求增加保险费或解除保险合同。

4. 危险增加通知

按照权利义务对等和公平原则，被保险人在保险标的危险程度增加时，应及时通知保险人，保险人则可以根据保险标的危险增加的程度决定是否提高保险费和是否继续承保。被保险人未履行危险增加通知义务的，保险标的因危险程度增加而发生的保险事故，保险人不负赔偿责任。

5. 保险事故发生通知

《保险法》第21条第1款规定，投保人、被保险人或者受益人知道保险事故发生后，应当及时通知保险人。其目的在于：

（1）使保险人得以迅速调查事实真相，不致因拖延时日而使证据灭失，进而影响责任的确定。

（2）便于保险人及时采取措施，协助被保险人抢救被保险财产，处理保险事故，使损失不致扩大。

（3）使保险人有准备赔偿或给付保险金的必要时间。同时，履行保险事故发生通知义务，是被保险人或受益人获得保险赔偿或给付的必要程序。保险事故发生后的通知可以采取书面或口头形式，法律要求采取书面形式的应当采取书面形式。

6. 出险施救

《保险法》第41条第1款规定，保险事故发生时，被保险人有责任尽力采取必要的措施，防止或者减少损失。为鼓励投保人、被保险人积极履行施救义务，《保险法》第41条还规定，被保险人为防止或者减少保险标的的损失所支付的必要的、合理的费用，由保险人承担。

7. 提供单证

《保险法》第22条规定，保险事故发生后，向保险人提供单证是投保人、被保险人或受益人的一项法定义务。向保险人索赔应当提供的单证是指与确认保险事故的性质、原因、损失程度等有关的证明和资料，包括保险单、批单、检验报告、证明材料等。财产保险合同、人身保险合同的保险金请求均应履行该项义务。

8. 协助追偿

在财产保险中由第三人行为造成保险事故的保险人在向被保险人履行赔偿保险金后，享有代位求偿权，即保险人有权以被保险人名义向第三人索赔。《保险法》第47条规定，在保险人向第三者行使代位请求赔偿权利时，被保险人应当向保险人提供必要的文件和其所知道的有关情况。《保险法》第45条第3款规定，由于被保险人的过错致使保险人不能行使代位请求赔偿的权利的，保险人可以相应扣减保险赔偿金。

(二) 保险人义务的履行

1. 承担保险责任

承担保险责任是保险人依照法律规定和合同约定所应承担的最重要、最基本的义务。

(1) 保险人承担保险责任的范围主要包括：

①保险金。在财产保险合同中，根据保险标的的实际损失确定，但最高不得超过合同约定的保险标的的保险价值。在人身保险合同中，即为合同约定的保险金额。

②施救费用。《保险法》第42条第2款规定，保险事故发生后，被保险人为防止或者减少保险标的的损失所支付的必要的合理的费用，由保险人承担；保险人所承担的数额在保险标的损失赔偿金额以外另行计算，最高不超过保险金额的数额。

③争议处理费用。争议处理费用是责任保险的被保险人因给第三人造成损害的保险事故而被提起仲裁或诉讼的、应由被保险人支付的费用，即责任保险中应由被保险人支付的仲裁费、鉴定费等。依照《保险法》第50条规定，除合同另有约定外，由被保险人支付的上述费用，由保险人承担。

④检验费用。依照《保险法》第48条规定，必要的合理的检验费，由保险人承担。

(2) 承担保险责任的时限。

①保险人在收到被保险人或者受益人的赔偿或者给付保险金的请求后，应当及时做出核定，对于属于保险责任的，在与被保险人或者受益人达成有关赔偿或者给付保险金额的协议后10日内，履行赔偿或者给付保险金义务。

②保险合同对保险金额及赔付期限有约定的，保险人应依照合同的约定，履行赔偿或者给付保险金义务。

③保险人对其赔偿或者付赔偿金的数额不能确定的，保险人自收到赔偿或者给付保险金的请求和有关证明、资料之日起60日内，确定最低数额先予支付；待赔偿或者给付保险金的最终数额确定后，支付相应差额。

(3) 索赔时效。

《保险法》第26条对索赔时效做了明确规定（人寿保险的索赔时效），被保险人或受益人对保险人请求给付保险金的权利，自其知道保险事故发生之日起5年不行使而自动消灭；人寿保险以外的其他保险的索赔时效；被保险人或者受益人对保险人请求保险金赔偿或给付的权利，自其知道保险事故发生之日起2年不行使而消灭。

2. 及时签发保险单证

《保险法》第12条规定，保险合同成立后，保险人应当及时向投保人签发保险单或者其他保险凭证，并在保险单或者其他保险凭证中载明当事人双方约定的合同内容。保险合同成立后，及时签发保险单证是保险人的法定义务。保险单证即保险单或者其他保险凭证，既是保险合同成立的证明，也是履行保险合同的依据。

3. 为投保人、被保险人或再保险分出人保密

保险人或者再保险接受人在办理保险业务中，对投保人、被保险人或者再保险分出人的业务和财产情况，负有保密的义务。因此，为投保人、被保险人或者再保险分出人保密是保险人或者再保险接受人的一项法定义务。

4. 相关条款说明

《保险法》第16条规定，订立保险合同，保险人应当向投保人说明保险合同的条款内容，并可以就保险标的或者被保险人的有关情况提出询问，投保人应当如实告知。保险人承担条款说明义务的原因是：保险人因其从事保险业经营而熟悉保险业务，精通保险合同条款，并且保险合同条款大都由保险人制定，而投保人常常受到专业知识的限制，对保险业务和保险合同条款多不甚熟悉，加之对合同条款内容的理解可能存在偏差、误解，这均可能导致被保险人、受益人在保险事故或事件发生后，得不到预期的保险保障。

《保险法》第17条规定，保险合同中规定有关于保险人责任免除条款的，保险人在订立保险合同时应当向投保人明确说明，未明确说明的，该条款不产生效力。由于免责条款是当事人双方约定的免除保险人责任的条款，直接影响投保人、被保险人或者受益人的利益，被保险人、受益人可能因免责条款而在保险事故或事件发生后得不到预期的保险保障，因此保险人在订立保险合同时，必须向投保人明确说明。否则，免责条款不发生法律效力。

二、保险合同解释

（一）保险合同解释的含义

保险合同解释是指在保险合同的条款或者内容发生争议时，当事人对保险合同使用的语言文字有不同认识的，依照法律规定的方式或者常用的方式，对保险合同的内容予以确定或者说明。

《保险法》第30条规定，采用保险人提供的格式条款订立的保险合同，保险人与投保人、被保险人或者受益人对合同条款有争议的，应当按照通常理解予以解释。对合同条款有两种以上解释的，人民法院或者仲裁机构应当做出有利于被保险人和受益人的解释。

（二）保险合同解释的原则

保险合同属于格式合同，合同条款也往往由保险人事先印就。合同订立后，当事人之间可能会产生对合同条款理解不一致的情况，如果因此申请仲裁或向法院起诉的，理应对有争议的保险合同条款做出公平合理、准确恰当的解释，既要保护被保险人或受益人的权益，也要维护保险人的正当利益。

在对保险合同的解释原则上，《保险法》第31条规定，人民法院或仲裁机关应当做有利于被保险人和受益人的解释，即采用不利解释。对保险合同做不利于保险人的解释，原因在于保险合同已经基本上实现了格式化。而格式保险合同由保险人备制，极少反映投保人、被保险人或者受益人的意思，投保人在订立保险合同时一般只能表示接受或不接受保险人拟就的条款。另外，保险合同的格式化也实现了合同术语的专业化，保险合同所用术语非普通人所能理解，这在客观上也有利保险人的利益。因此，为了保护被保险人或者受益人的利益，各国均采用不利于保险人的解释原则。

对保险合同用不利于保险人的解释原则不是在任何情形下都使用，而只是在当事人或被保险人、受益人对保险合同条款有争议时，并且用其他解释原则不能正确解释的情况下才能活用。

保险合同解释的具体原则有：

1. 文义解释原则

文义解释原则即按照保险合同条款通常的文字含义并结合上下文解释的原则。如果同一词语出现在不同地方，则前后解释应一致，专门术语应按本行业的通用含义解释。

2. 意图解释原则

意图解释原则是指必须尊重双方当事人在订约时的真实意图进行解释的原则。这一原则一般只能适用于文义不清，条款用词不准确、混乱模糊的情形，解释时要根据保险合同的文字、订约时的背景、客观实际情况进行分析推定。

3. 有利于被保险人和受益人的原则

按照国际惯例，对于单方面起草的合同进行解释时，应遵循有利于非起草人的解释原则。由于保险合同条款大多是由保险人拟定的，因此当保险条款出现含糊不清的意思时，应做有利于被保险人和受益人的解释。但这种解释应有一定的规则，不能随意滥用。此外，采用保险协议书形式订立保险合同时，由保险人与投保人共同拟定的保险条款，如果因含义不清而发生争议，并非保险人一方的过错，那么其不利的后果不能仅由保险人一方承担。如果一律做对于被保险人有利的解释，显然是不公平的。

4. 批注优于正文，后批优于先批的解释原则

保险合同是标准化文本，条款统一，但在具体实践中，合同双方当事人往往会就各种条件变化进一步磋商，对此大多采用批注、附加条款、加贴批单等形式对原合同条款进行修正。当修改与原合同条款相矛盾时，采用批注优于正文、后批优于先批、书写优于打印、加贴批注优于正文批注的解释原则。

5. 补充解释原则

补充解释原则是指当保险合同条款约定内容有遗漏或不完整时，借助商业习惯、国际惯例、公平原则等对保险合同的内容进行务实、合理的补充解释，以便合同的继续执行。

案例 8-6

2017年，绿色食品有限责任公司委托铁路部门承运500吨水蜜桃，又向保险公司投保了货物运输保险。保险合同中规定，对保险标的如下情况，保险公司不承担赔偿责任：被保险货物自有的缺陷；被保险人的故意或过失行为；运输过程中发生的盗窃损失；其他不属于保险责任范围的损失。

但是，在保险合同中，没有规定水蜜桃因腐烂造成的损失，是否属于保险责任。货物到达目的地时发现，三分之二的水蜜桃已经腐烂。经过技术监督部门对水蜜桃腐烂原因的鉴定，结论是：并非是货物本身的缺陷，而是装载不当以及气温异常所致。

绿色食品有限责任公司提出索赔申请。保险公司予以拒绝。保险公司认为：货物损失确实存在，但是，根据保险合同，该损失不属于保险责任范围。随后，绿色食品有限责任公司起诉于法院，请求保险公司承担赔偿责任。

对此案有以下不同意见：

第1种意见认为：保险公司不承担赔偿责任。理由：在保险合同中，没有规定水蜜桃因腐烂造成的损失，是否属于保险责任。同时，保险合同还规定，对于"其他不属于保险责任范围的损失",保险公司不承担赔偿责任。因此,保险公司仅仅对保险合同明确约定的保险责任承担责任,对于其余的损失,保险公司有权拒赔。

第2种意见认为:保险公司应当承担赔偿责任。理由:在保险合同中关于"其他不属于保险责任范围的损失"的约定,不明确。同时,保险公司也没有对此条款向投保人做具体的说明和解释。双方当事人对此意见不一致,对保险合同条款的具体内容发生争议。

本案参考分析及结论:保险公司应该承担赔偿责任。根据《保险法》第30条规定,对于保险合同的条款,保险人与投保人、被保险人或者受益人有争议时,人民法院或者仲裁机关应当做有利于被保险人和受益人的解释。还有,《保险法》第17条规定,保险合同中规定有关于保险人责任免除条款的,保险人在订立保险合同时应当向投保人明确说明,未明确说明的,该条款不产生效力。故应当采纳绿色食品有限责任公司的意见。

第七节 保险业法

一、保险组织

(一)保险组织的类型

保险业直接关系公共利益和社会稳定,各国皆对经营保险业的组织形式有严格的限制。一般来说,保险人采取的组织形式包括股份有限公司、有限责任保险公司、相互保险公司、保险合作社和个人保险组织。

1. 股份有限保险公司

股份有限保险公司是指公司资本分为等额股份,股东在一定人数以上的保险公司。这既是保险人营业的主要形式,也是保险人营业的基本组织形式。

2. 有限责任保险公司

有限责任保险公司是指由50人以下股东共同出资,每个股东以其所认缴的出资额为限对公司承担有限责任,公司以其全部资产对其债务承担责任的企业法人。我国有限责任保险公司的主要形式是国有独资保险公司和国有控股有限公司。

3. 相互保险公司

相互保险公司是由所有参加保险的人自己设立的保险法人组织,其经营的目的是为各保单持有人提供低成本的保险产品,而不是追逐利润。相互保险公司没有股东,保单持有人的地位与股份公司股东的地位相似,公司为他们拥有。公司运营资金主要源于保险费,其前期的所需资金一般是通过借贷方式由外部筹措;成员以交纳的保险费为依据,参与公司盈余分配和承担公司亏损时的弥补责任。

4. 保险合作社

保险合作社是由对某种危险具有同一保障要求的人自愿集股设立,社员共同管理组织、经营业务,共同分担危险的营业组织。保险合作社依据合作原则从事保险业务,是同股份有限保险公司与相互保险公司并存的一种保险组织。它一般属于社团法人,是非营利机构,以较低的保险费满足社员的保险需求,社员与投保人基本上是一体的。

5. 个人保险组织

个人保险组织是以自然人个人独立与投保人缔结保险合同，并利用个人财产独立承担责任的保险营业形式。以此种方式经营保险的个人需有一定量的个人财产。由于个人财产难以承担较大的危险，因此个人形式的保险营业受到限制，逐渐消失。劳合社是目前世界上唯一存在的个人保险组织。

二、保险公司的设立

（一）保险公司的设立条件

保险公司的设立条件是指法律规定设立保险公司必须具备的条件。保险公司的设立应该符合法定要件，并须经保险监督管理机构批准。根据《保险法》第68条和《保险公司管理规定》第6条的规定，保险公司的设立应具备以下条件：

1. 合法的公司章程

公司章程是关于公司组织和行为规范的重要文件，是公司设立的必要条件。

2. 符合法定数额的资本额

根据《保险法》第69条的规定，设立保险公司，其注册资本的最低限额为2亿元，保险监督机构根据保险公司的业务范围、经营规模可以调整其注册资本的最低下限额，但不能低于最低资本限额2亿元。

3. 适格的高级管理人员

保险公司管理人员是指对保险公司总公司及其分支机构经营管理活动具有决策权或者重大影响的下列人员：总公司、分公司、中心支公司总经理、副总经理、总经理助理；总公司董事会秘书、合规负责人、总精算师、财务负责人；分公司营业经理；与上述高级管理人员具有相同职权的负责人。

4. 健全的组织结构和管理制度

健全的组织机构和管理制度是保险公司正常有效地开展业务的必要条件。组织机构是组织调控的条件保证，公司管理制度则是规范调控的条件保证，二者是保险公司内部组织活动与外部营业行为的基础。

完善的制度是保险公司正常营业的规范保证，内容包括公司的财务会计制度、人事管理制度、劳动工资制度、业务管理制度以及员工工作纪律等。

5. 适于保险营业的营业场所与设施

保险业的经营须具备与经营范围与规模相适应的营业场所和设施，这是保险公司进行营利性营业行为的物质前提。保险业的营业场所是指行政办公和经营业务的房产、办公设备和租用的工作场所。保险营业设施是指保险业正常所必需的通信设备、交通设备、信息处理设备、文档存储设备、安全装备等。

（二）保险公司的设立程序

保险经营是一种专业性营业行为，其经营状况关乎保险团体的危险承担，关乎经济安全与社会稳定，这决定了保险公司的设立及其营业行为并非保险公司的当然性权利，而需国家依法定条例许可才能进行保险业经营。因此，《保险法》对保险公司的设立实行许可设立原则，即审批主义原则。《保险法》第 67 条第 1 款规定，设立保险公司应当经国务院保险监督管理机构批准。保险公司的设立程序如图 8-1 所示。

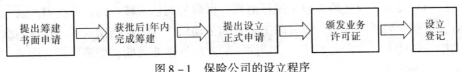

图 8-1　保险公司的设立程序

设立保险公司，对设立人而言，应经过筹建申请和书面申请；对保险监督管理机构而言，要进行相应的初步审查与许可审查两个阶段。

（1）筹建保险公司的申请。

申请设立保险公司，应当向国务院保险监督管理机构提出书面申请，并提交材料。

（2）拟设立保险公司的筹建。

申请人应当自收到批准筹建通知之日起 1 年内完成筹建工作；筹建期间不得从事保险经营活动。

（3）提出设立保险公司正式申请。

设立保险公司的申请经保险监督管理机构初步审查合格后，申请人也已根据《保险法》与《公司法》的规定完成了保险公司的筹建，若具备《保险法》第 68 条规定的设立保险公司的条件，则应向保险监督管理机构提交正式申请文件，中国银行保险监督管理委员会（简称保监会）对其申请进行许可审查。

（4）颁发经营保险业务许可证。

经批准设立的保险公司，由保监会颁发经营保险业务许可证；否则，保险公司不能进行登记与开展保险业务。

（5）保险公司的设立登记。

经批准开业的保险公司，应当持批准文件以及经营保险业务许可证，向工商行政管理部门办理登记注册手续，领取营业执照后方可营业。

（6）重大变动事项审批。

保险公司设立后，一些重大事项的变动，如出资人或者持有公司股份 10% 以上的股东的变动、公司或者分支机构营业场所的变动等，须经保险监督管理机构批准。保险公司更换董事长、总经理，要报保险监督管理机构审查其任职资格。

（7）人寿保险公司不得解散。

经营有人寿保险业务的保险公司除分立、合并外，不得解散；经营有人寿保险业务的保险公司可以被依法撤销或被依法宣告破产，但其持有的人寿保险合同及准备金，必须转移给其他经营有人寿保险业务的公司；不能同其他保险公司达成转让协议的，由保险监督管理机构指定经营有人寿保险业务的公司接受。换句话说，就是人寿保险单的持有者不会因保险公司的被撤销或被宣告破产而受到影响。

（8）不能支付到期债务破产。

保险公司不能支付到期债务，经保险监督管理部门同意，由人民法院依法宣告破产。这里应注意，保险公司的破产原因是单一的，就是不能支付到期债务。保险公司破产时，破产财产的分配向被保险人和受益人倾斜，赔偿或者给付保险金在拖欠的国家税款之前受偿。

《保险法》第87条、89条规定，保险公司不能支付到期债务，经保险监督管理机构同意，由人民法院依法宣告破产。保险公司被宣告破产的，由人民法院组织保险监督管理机构等有关部门和有关人员成立清算组，进行清算。保险公司依法破产的，破产财产优先支付清算费用后，按照下列顺序清偿：所欠职工工资和劳动保险费用；赔偿或者给付保险金；所欠税款；清偿公司债务。破产财产不足清偿同一顺序的清偿要求的，按照比例分配。

（9）监事会及人员组成。

国有独资保险公司设立监事会，监事会由三方人士组成：保险监管部门的代表、有关专家和保险公司工作人员的代表。这不同于一般的国有独资公司。

三、保险经营规则

1. 分业经营规则

同一保险人不得同时兼营财产保险业务和人身保险业务；但是，经营财产保险业务的保险公司经保险监督管理机构核定，可以经营短期健康保险业务和意外伤害保险业务。也就是说，一家保险公司若经营人身保险业务就不得经营财产保险业务，反之亦然。

还应知道，保险业务由保险公司专营，保险公司不得兼营非保险业务。《保险法》第8条规定，保险业和银行业、证券业、信托业实行分业经营、分业管理，保险公司与银行、证券、信托业务机构分别设立。国家另有规定的除外。

《保险法》第92条规定，保险公司的业务范围：财产保险业务，包括财产损失保险、责任保险、信用保险等保险业务；人身保险业务，包括人寿保险、健康保险、意外伤害保险等保险业务。同一保险人不得同时兼营财产保险业务和人身保险业务。但是，经营财产保险业务的保险公司经保险监督管理机构核定，可以经营短期健康保险业务和意外伤害保险业务。保险公司的业务范围由保险监督管理机构依法核定。保险公司只能在被核定的业务范围内从事保险经营活动。保险公司不得兼营本法及其他法律、行政法规规定以外的业务。

2. 偿付能力的维持

保险公司通过提取保证金、保险准备金、公积金和保险保障基金来维持其偿付能力。

（1）保证金是在保险公司成立时，按照注册资本总额的20%提取的。保证金要存入保险监管部门指定的银行，除保险公司清算时用于清偿债务外，不得动用。

（2）保险准备金分未到期责任准备金和未决赔款准备金，准备金都是从收取的保险费中提取的，也都是为承担保险责任准备的。其中，未决赔款准备金是直接为赔偿做准备的；未到期责任准备金是由于保险人承担保险责任的期间与其会计核算的期间不一致决定的，保险人在本年度所收取的保险费，在本年度未赔偿的，不得列入本年度的收入。

（3）公积金是从税后利润中提取的，其用途与一般公司相同。

（4）保险保障基金是一种总准备金，从保险费中按照1%的比例提取，保险保障基金要集中管理，统筹使用。保险保障基金通常是用来应付特大的自然灾害事故的（《保险法》第97条规定，为了保障被保险人的利益，支持保险公司稳健经营，保险公司应当按照保险监督管理机构的规定提存保险保障基金。保险保障基金应当集中管理，统筹使用。保险保障基金管理使用的具体办法由保险监督管理机构制定）。

3. 强制再保险

对于巨额的保险，保险公司所承担的责任不得超过其实有资本金加公积金总和的10%，超过的部分应当办理再保险。巨额保险以外的保险，保险公司应当按照保险监督管理机构的有关规定办理再保险。这也是本次《保险法》修订变动较大之处，应引起注意。

《保险法》第100条规定，保险公司对每一危险单位，即对一次保险事故可能的最大损失范围所承担的责任，不得超过其实有资本金加公积金总和的10%；超过的部分，应当办理再保险。《保险法》第102条规定，保险公司应当按照保险监督管理机构的有关规定办理再保险。

4. 资金运用限制

保险公司作为金融机构，其收益的来源为保险基金的运用，但保险公司在运用资金时必须稳妥。《保险法》第105条规定，保险公司在收取保险费后加以运用时，仅限于在银行存款、买卖政府债券、金融债券和国务院规定的其他资金运用形式。保险公司的资金不得用于设立证券经营机构，不得用于设立保险业以外的企业。保险公司运用的资金和具体项目的资金占其资金总额的具体比例，由保险监督管理机构规定。保险公司的资金不得用于设立保险业以外的企业，与保险法修订前的保险公司的资金不得投资于企业是有本质区别的，修订后的《保险法》为保险公司持股、买卖基金券留有了余地。

四、保险辅助人

保险代理人与保险经纪人在修订《保险法》时涉及较多，加强了保险人对保险代理人的管理，强化了监管。

1. 保险代理人

保险代理人是保险人的代理人，在保险人的授权范围内代为办理保险业务，向保险人收取代理手续费，既可以是单位，也可以是个人。个人保险代理人在代为办理人寿保险业务时，不得同时接受两个以上保险人的委托。这句话的意思是，个人做某一寿险公司的代理人就不得再做其他寿险公司的代理人或是再做其他财险公司的代理人。但做财险公司的代理人则不受此限制，其可以接受两家以上财产保险公司的委托。

《保险法》第129条是本次保险法修订做出较大变动的一条，原有保险法强调所有人寿保险业务的保险代理人均不得接受两个以上保险人的委托，而本次修订仅限制个人代理人，单位代理人不再受此限制。第129条的内容是："个人保险代理人在代为办理人寿保险业务时，不得同时接受两个以上保险人的委托。"

保险代理人根据保险人的授权代为办理保险业务的行为，由保险人承担责任，保险代理人为保险人代为办理保险业务，有超越代理权行为，投保人有理由相信其有代理权，并已签订保险合同的，保险人应当承担赔偿责任；但是保险人可以追究越权的保险代理人的责任。

保险代理是一种特殊的代理制度，主要表现在：保险代理人与保险人在法律上视为一人；保险代理人所知道的事情，都假定为保险人所知的；保险代理必须采用书面形式。

2. 保险经纪人

保险经纪人是为投保人服务的，保险经纪人基于投保人的利益为投保人与保险人订立合同提供中介服务，但佣金却要由保险人支付。支付保险经纪人佣金的人应注意不是投保人。保险经纪人只能是单位，个人不能做保险经纪人。保险经纪人在办理保险过程中，因过错给投保人、被保险人造成损失的，要承担赔偿责任。保险代理人与保险经纪人要执业须取得许可证，向工商行政管理部门办理登记，领取营业执照，并缴存保证金或者投保职业责任保险。

五、保险的监督管理

对保险的监管重点是维持保险公司的偿付能力，但就考试而言，重点是了解对保险合同的条款与费率的监管、对保险公司的接管。

1. 对条款和费率实施监管

凡是关系社会公众利益的保险险种、依法实行强制保险的险种和新开发的人寿保险险种等的保险条款和保险费率，都要报保险监督管理机构审批。其他险种的保险条款和费率由保险公司拟订后，报保险监管部门备案。

《保险法》第107条是进行了较大修订的一条，该条的内容是："关系社会公众利益的保险险种、依法实行强制保险的险种和新开发的人寿保险险种等的保险条款和保险费率，应当报保险监督管理机构审批。保险监督管理机构审批时，遵循保护社会公众利益和防止不正当竞争的原则。审批的范围和具体办法，由保险监督管理机构制定。其他保险险种的保险条款和保险费率，应当报保险监督管理机构备案。"

2. 对保险公司的接管

对于已经发生偿付能力危机或可能发生偿付能力危机的保险公司，保险监管部门可以实施接管，接管的期限最长不得超过2年。接管期间，尽管要由接管组织亲自经营保险公司，但被接管的保险公司的债权与债务不因接管而发生变化。

思考与训练

一、思考题

1. 简述保险与赌博、保险与保证的区别。
2. 强制保险的实施形式有哪些？
3. 简述保险利益原则的构成要件。
4. 财产保险与人身保险的区别是什么？
5. 投保人在投保时应当告知的"重要事实"的含义是什么？
6. 简述代位原则的主要内容。

二、案例分析

1. 2017年1月3日，王某买了一辆大众牌轿车，同时为自己的大众牌爱车买了车辆损失险和第三者责任险。然而不幸的是，王某的爱车在投保一个月后被偷窃。在爱车被盗一段时间后，王某突然收到交警部门的通知：他的大众轿车在李县与他人的轿车发生重大交通事故，王某的轿车受损严重，肇事嫌疑人弃车逃逸；他人轿车被撞坏，司机受伤。因为这起交通事故系窃贼驾驶被盗车辆所致，所以交通部门认定窃贼应当负全部责任。事故发生后，肇事嫌疑人一直在潜逃中，车祸另一方司机要求王某赔偿其经济损失。与此同时，王某认为自己的轿车受损，于是也向保险公司提出赔付轿车全损险和第三者责任险。保险公司受案后拒绝赔偿损失，理由是保险公司认为损失是由偷车贼造成的，并不是被保险人造成为的，不属于承保范围。

问题：

（1）王某要求保险公司承担车辆损失险是否合理？为什么？

（2）王某要求保险公司承担第三者责任险是否合理？为什么？

（3）本案应如何处理？

2. 2010年2月10日，A公司与B公司订立柑橘买卖合同，由A通过铁路运输向B供应两车皮柑橘，共计2 800篓。A作为托运方通过铁路承运部门向某保险公司投保国内铁路货物运输综合险，其中关于保险责任部分规定：保险人还应赔偿遭受盗窃或整件提货不着的损失。这批货被如期运达目的地，在卸货时发现列车车门被撬，覆盖柑橘的保温被子被撕开。清点后发现柑橘实有2 723篓，被盗77篓；因地处东北，气候严寒，另有220篓被冻坏。A公司即向保险公司提出索赔全部损失（共297篓）。保险公司只愿意赔偿77篓被盗柑橘的损失，认为另220篓不属于责任范围而拒绝赔偿。

请问，本案保险公司应如何承担责任？

第九模块

劳动法律实务

学习目标

1. 了解劳动法的产生背景、概念和调整对象；
2. 了解劳动合同的订立原则、程序和内容；
3. 理解劳动合同履行、解除和终止的情形；
4. 理解劳动合同解除和终止的法律后果；
5. 掌握劳动争议处理的机构、基本原则和争议的解决办法。

课前案例

阿里巴巴月饼门事件（简称月饼门事件）：中秋节为员工准备月饼是阿里巴巴公司的传统，每位员工都能分到一盒。2016年的月饼因为造型可爱，受到大家欢迎，不少员工希望再多买几盒送给亲朋好友。为此，阿里巴巴公司决定将为数不多的余量月饼通过内网面向员工以成本价销售，并临时开发了一个内部预定页面，规定每人限购3盒。

2016年9月12日下午，阿里巴巴的4名员工抱着抢月饼、秀技术的心态，采用黑客技术手段作弊，通过改写代码抢购月饼。16点整，4名员工一共多抢到了124盒月饼。其他员工很快发现了这4名员工抢到的月饼数量超过了限购数量。16点30分，人事部门对4名员工进行约谈。17点30分，阿里巴巴公司与4名员工正式解除劳动合同，并且向4名员工支付了经济补偿。

问题：为什么看起来是员工做错事，但解除劳动合同时用人单位还要支付经济补偿？

第一节　劳动法概述

一、劳动法的产生

1802年，英国通过了《学徒健康和道德法》，该法代表着劳动法的产生。在工业革命的社会背景下，英国最早完成从工场手工业至机器化大生产的转变，形成了劳动法得以产生的社会基础——工业劳动的社会化。因此，现代意义的劳动法其实是工业革命的产物。

（一）圈地运动：雇主和雇员形成的前提

任何生产过程的完成都离不开生产力三要素——劳动者、生产资料和劳动对象。劳动法产生的前提是劳动力和生产资料分别归属于不同的主体。15世纪末至16世纪初，由于美洲大陆的发现以及环球航运的发展，英国的对外贸易迅速增长，刺激了英国羊毛出口业和毛织业的发展，羊毛价格不断上涨。大封建主强行拆除农民和手工业主的住房，把农民和手工业者从他们自己的地上赶走，把耕地变成牧羊场。"羊吃人"的圈地运动导致农民和小手工业者流离失所。

圈地运动完成了资本原始积累，使得劳动力与生产资料分别归属于不同的主体，为现代劳动法的产生提供了必要的前提。一方面，大封建主通过圈地运动实现了生产资料的原始积累，为工业化大生产奠定了物质基础；另一方面，农民和小手工业者失去了生产资料——土地的保障，自由得一无所有，只能出卖自己的劳动力。此外，圈地运动使得原来农业和小商品经济时代的自给自足生产瓦解，建立了资本主义生产方式所需要的国内商品市场。

（二）身份解放：实质平等的需求

圈地运动、启蒙运动以及革命运动等使人们逐渐脱离了"政治身份"（隶属于统治者）、"血缘身份"（隶属于家庭）的束缚，迎来了身份解放，获得了独立的主体地位，能够基于自主意志订立契约，出卖自己的劳动力。因此，英国法学家梅因说：所有进步社会的运动，到此处为止，是一个"从身份到契约"的运动。然而，基于自由主义的契约制度忽视了个体的差异性，将人从社会现实中抽离，不参与交易的自由和信息对等的缺失以及资源的有限性使得市场失灵，助长了"强者越强、弱者越弱"的马太效应。因而，在个体间形成了一种新的"身份"——强势主体与弱势主体。有学者感叹"契约的死亡"。因为现代契约法中出现了这样一种倾向，即近代社会"从身份到契约"的运动在现代社会中正转变为"从契约到身份"的运动。而对基于经济实力差距形成的强弱"新身份"需要相应地采取"不等者不等之"的策略，即以实质平等的价值为引导的法律调整。

（三）工业革命：社会关系的转变

生产工具的创新往往会引发生产力的大发展，蒸汽机的发明使机器生产替代了手工劳动。18世纪60年代始于英国的工业革命，不仅是技术革命，更是一场社会关系的革命。由于机器工业的蓬勃发展，整个欧洲逐步完成了从农业社会向工业社会的转变，社会的基本生产组织由农业社会时代的家庭变为工业社会时代的工厂。"前资本主义发展仍然将房屋和院落看作经济单元，这是手工劳动和农业劳动中经济团体的最小细胞。在共同的经济活动中，男人和女人，父母和孩子分工并结合。资本主义将房子、院落和家庭这些生产共同体爆破了。更强一些的社会学构造，即新的经济共同体企业，将原本是家庭成员的个别肢体从家庭中拽出来，使他们当中的每一个都成为另外一些经济单元的成员，男人去到工厂，家庭从此不再是一个具有自己生产任务的社会学构成。"

如果说资本原始积累仅仅为劳动法的产生提供了前提和可能，工业革命则使得这种可能变为现实：作为生产资料所有者的资本家为了实现机器化大生产，需要大量地雇用劳动者；而被迫离开土地的农民和小手工业者为了实现生存需求，只有出卖自己的劳动力。因此，劳动力所有人与生产资料所有人之间形成了劳动力的买卖关系。

（四）工业劳动社会化的法律调整——劳动法的产生

社会关系决定了法律的产生及调整方式，因此，社会关系是第一性的，而法律仅具有第二性，工业革命使得工业劳动关系社会化，而相应的法律调整却滞后于社会关系的发展，对于此种新兴的社会关系的法律调整经历了从传统私法向劳动法转变的过程。

《罗马法》将劳动给付关系置于租赁关系中，当时的租赁关系分为物的租赁、雇佣租赁和承揽租赁。而以自由主义、个人主义以及营利主义为基础的《法国民法典》几乎完全继承了《罗马法》的规定，将劳动力的租赁分为三类，即约定为他人提供劳务的劳动力租赁、水陆运送旅客的劳动力租赁、依包工或承揽从事工程建筑的劳动力租赁，分别相当于雇佣、运输和承揽。其将工业劳动关系视为简单的劳动力商品交换关系，与通常的商品买卖没有区别。然而，由于劳动关系当事人双方经济实力的差距、劳动力的自然因素和社会因素以及劳动力市场供求的失衡等，资本家为尽量攫取利润，大量雇佣童工，要求工人在极差的劳动条件下长时间地劳动。"工人在法律上和事实上都是有产阶级即资产阶级的奴隶。他们竟可以像商品一样地被卖掉，像商品一样地涨价跌价。可是，对资产阶级来说，现在的情况比起旧的奴隶制来却是无比有利：他们可以随便在什么时候辞退自己的工人，同时并不因此使投下的资本受到损失，工人劳动的代价无论如何要比奴隶劳动的代价便宜得多。"因此，资本家对工人过度的压榨逐渐引发诸多社会问题，如人口素质的下降等。资本家意识到传统私法无法满足工业劳动关系的调整需求，开始积极介入劳动关系，劳动法应运而生。

二、劳动法的概念和调整对象

（一）劳动法的概念

劳动法应该是调整劳动关系以及与劳动关系密切联系的其他社会关系的法律规范的总和。

（二）劳动法的调整对象

1. 劳动关系

劳动关系是指人们在劳动过程中发生的社会关系。并非所有在劳动过程中发生的社会关系都属于劳动法的调整对象。作为劳动法调整对象的劳动关系，是指劳动力所有者（劳动者）与劳动力使用者（用人单位）之间在劳动过程中发生的，一方提供劳动力，另一方提供劳动报酬的社会关系。"劳动关系以劳动给付为目的之受雇佣人与雇佣人间之关系。劳动关系从来被视为纯粹私法上债的关系。然劳动关系于债的经济的要素之外，实含有身份的社会的要素，与民法上单纯的债之关系及纯粹的雇佣关系不同。"因为劳动力具有财产性和人身性双重属性，所以劳动关系不仅是特定主体之间的交换关系，还是雇佣劳动者对于雇主的人身从属关系。因此，劳动关系具有以下特点：

（1）人身性与财产性的兼容，即形式上的财产性，实质上的人身属性。

劳动关系的履行过程实际上就是劳动者连续不断地出卖劳动力，而雇主支付劳动报酬的过程。劳动关系在形式上是劳动力的使用权和雇主的财产所有权的交换，劳动者通过出卖劳动力的使用权，获得劳动报酬；雇主则通过给付劳动报酬，获得了劳动力的使用权，进而将劳动者的劳动力转化为一般的社会劳动，并将其凝结到所生产的产品中。所以，劳动关系在形式上是一种商品买卖，具有财产属性。

但是，劳动力的人身属性，使得其不同于一般物的交换。一方面，劳动力的存在与劳动者的人身不可分离。尽管作为交易标的的劳动力在经济意义上与劳动者相分离，但其实质上无法独立于劳动者而存在，因此劳动者的劳动给付行为不同于不具有人身属性的物的出卖，劳动力的提供在事实上使劳动者的人身产生从属性。另一方面，劳动力所有权交换过程以及交换的目的具有人身保障性。并且，在劳动过程中，对劳动力的任何损害，都直接危及劳动者的生存。这些原因使得劳动关系具有实质上的人身属性。

（2）从属性与平等性的兼容，形式上的平等性，实质上的从属性。

劳动关系在形式上具有平等性，在实质上则具有从属性。其平等性表现为：一方面，作为交易标的的劳动力具有一般商品的特性，其被转化为一般的社会劳动，最后劳动者获得一般等价物——货币。如果抛开人身属性带来的特殊性，仅仅认为是劳动力使用权与财产（劳动报酬）所有权的交换，那么其与一般标的物的交换没有区别，也要遵循等价交换这一商品交换的基本原则。另一方面，劳动力商品的交换形式具有契约性。劳动者与雇主通过缔结劳动契约的方式，就劳动力使用权与财产所有权的交换达成一致。一般而言，契约是平等主体意思自治的结果，缔结契约的双方之间地位平等，劳动契约也不例外。

劳动力除了具有一般商品的财产性之外，还具有人身属性，而人身属性决定了劳动关系实质的从属性。一方面是人格的从属性。雇主通过支付劳动报酬，获得劳动力的使用权。在实际劳动过程中，劳动力的使用则是通过支配、指示劳动者来实现的。因此，人格的从属性是指负有给付义务的劳动者基于用人单位明示、默示或依劳动的本质。在约定期间，对自己的生活内容和时间不能自行支配。换言之，人格上的从属性是对劳动者自行决定的自由权的一种限制。具体而言，一是劳务给付的具体内容不是由劳务提供者——劳动者决定，而是由劳务受领者——用人单位决定；二是劳动者进入雇主的经济组织和生产场所，从而在生活空间方面不能自行支配。另一方面是经济的从属性，即劳动者纳入雇主的组织结构，劳动者并不是为自己劳动，而是从属于他人，为他人的目的而劳动。因此，显然表明了经济上的不独立性；受雇人既不是用自己的生产工具从事劳动，也不能用指挥性、计划性或创造性的方法对自己所从事的工作施加影响。

劳动关系的特点之间具有相互对应的密切的逻辑联系：形式上的财产性决定了形式上的平等性，而实质上的人身性决定了实质上的从属性。

2. 与劳动关系密切相关的其他社会关系

人是社会关系产生的前提，任何社会关系的形成都是围绕人展开的。当社会关系经法律调整转变为法律关系时,该社会关系中的"人"演变为法律关系的"主体"。然而,人的社会关联性,使得围绕人所建立的不同法律关系相互关联。因此,其他社会关系之所以与劳动关系密切相关,是因为其他社会关系的主体与劳动关系的主体——雇佣劳动者与生产资料所有权人(雇主)之间具有密切关系。

劳动关系的相关主体是指与劳动关系当事人具有密切联系的其他社会主体,它们通常会直接或间接地与劳动者或雇主形成相关的社会关系,从而成为劳动法的调整对象。这些主体主要包括以下几类:劳动行政机构,如劳动行政部门;社会保险经办机构;劳动市场服务机构,如职业介绍以及职业培训机构;劳动团体,如工会组织以及用人单位团体;劳动争议处理机构,如劳动争议仲裁委员会等。

三、劳动法的基本原则

根据我国社会主义市场经济制度和劳动法的基本要求,结合法律部门基本原则的确认依据,我们认为,劳动法的基本原则应为以下五项。

(一)维护劳动者合法权益与兼顾用人单位利益相结合的原则

维护劳动者的合法权益是劳动法的立法宗旨。我们说,资本主义国家的劳动法是限制资本家对劳工剥削的法,社会主义国家的劳动法则是保护劳动人民利益的法,这都是从劳动立法宗旨来讲的。《劳动法》第1条规定,为了保护劳动者的合法权益,调整劳动关系,建立和维护适应社会主义市场经济的劳动制度,促进经济发展和社会进步,根据《宪法》,制定本法。劳动法强调保护劳动者的合法权益是基于:

(1)劳动者作为劳动关系的一方当事人,与对应的用人单位主体相比较属于弱者,为防止以强凌弱,国家法律对劳动者予以特别保护,从而使双方主体处于平等的法律地位。

(2)在市场经济条件下,市场竞争机制中的用人单位均有追求利润最大化的欲望,因而容易发生侵犯劳动者权益的行为或事件,这就要求用法律来抑制用人单位的侵权行为,保护劳动者的合法权益。

(3)用人单位的权利往往由主体组织法加以规定。劳动法赋予劳动者的权利与主体组织法赋予用人单位的权利相互制衡,才能使权利的行使在法律规范的范围内进行,以防止滥用权利现象的发生。

维护劳动者合法权益原则在我国劳动法中体现在两个方面:一方面,法律、法规明确规定了劳动者应享有的基本权利和在各个劳动环节中的具体权利。例如,《劳动法》第3条规定,劳动者享有平等就业和选择职业的权利、取得劳动报酬的权利、休息休假的权利、获得劳动安全卫生保护的权利、接受职业技能培训的权利、享受社会保险和福利的权利、提请劳动争议处理的权利以及法律规定的其他劳动权利。同时,《劳动法》在劳动合同与集体合同、工作时间与休息休假、工资、劳动安全卫生、职业培训、劳动争议等章节中,将劳动者的权益更加具体化。另一方面,《劳动法》具体规定了用人单位必须履行的劳动义务,如遵守工时制度、限制加班加点、提供劳动安全卫生保护、支付劳动保障费用、不得低于当地最低工资标准支付工资等。这些规定,都体现了维护劳动者合法权益这一立法指导思想。

劳动法在突出体现保护劳动者合法权益的同时,也兼顾维护用人单位的利益。

(1)从法律中权利、义务相一致的原则来讲,劳动者享有劳动权利是以履行劳动义务为前提的。法律不允许任何主体只享有权利而不履行义务，或者只履行义务而不享有权利。劳动者只有在全面履行劳动义务的条件下，才能充分享有法律赋予的权利。例如，《劳动法》第3条第1款规定了劳动者应享有的基本权利，第2款就规定了劳动者的基本义务。

（2）劳动法适应市场经济的客观要求，在维护用人单位的利益方面也有具体的规定。例如，《劳动法》规定，用人单位有招收录用职工的自主权；有依法自主确定本单位的工资分配方式和工资水平；在劳动者严重违纪，或者不能胜任工作，或者患病及非因工负伤超过医疗期限，以及在用人单位生产经营状况发生严重困难等情况下，享有解除劳动合同的权利等。这些都是为了维护用人单位的利益做的规定。而用人单位提高了效益，得到了发展，又为劳动者各项权利的实现打下了基础。但必须明确的是，对用人单位利益的保护，在《劳动法》视野中，只能是"兼顾"，即应建立在对劳动者保护的前提下。

（二）实行劳动行为自主与劳动标准制约相结合的原则

法律赋予劳动关系当事人意思自治、行为自主权，是社会主义市场经济的客观要求。市场经济的建立和发展完善，需要有一个完善的市场体系，包括商品市场、资本市场和劳动力市场为主的各生产要素市场。资本主义市场经济的形成过程已经表明，只有在劳动力成为商品，劳动者作为劳动力所有者进入市场的条件下，才会有市场经济。在劳动力市场中，用人单位作为劳动关系的一方当事人是独立面向市场的主体，享有用人自主权，即按照自己的需要和意愿去寻找确定劳动关系的另一方当事人；劳动者作为劳动力的所有者，按照择业自主、就业自愿的原则成为劳动关系的另一方主体。用人单位与劳动者经过互相选择，在平等自愿、协商一致的基础上，通过签订劳动合同，确立劳动关系。他们离开劳动力市场进入劳动过程后，用人单位由于生产过程的分工和竞争的需要，享有法律赋予的劳动管理自主权、劳动分配自主权及辞退权等；劳动者则是自愿接受这些条件而成为单位集体劳动的一员。这些都充分体现了劳动行为自主的原则。

在实行劳动行为自主的同时，必须看到，劳动法律关系当事人之间具有职责上的从属关系和劳动力人身性质的特点。因此，要求国家制定劳动标准，明确规定劳动的基本条件，以制约用人单位的行为，保护劳动者的合法权益。《劳动法》规定的工作时间制度、最低工资制度、女职工和未成年工的特殊劳动保护制度等，均属于劳动标准制度。它们是用人单位必须向劳动者提供的最低劳动条件和劳动待遇，如果用人单位违反《劳动法》的这些规定，给劳动者造成侵害，则要承担相应的赔偿责任；对用人单位的直接责任人，要分情况给予行政制裁、民事制裁，直至追究其刑事责任。

（三）坚持劳动者平等竞争与特殊劳动保护相结合的原则

建立劳动者平等竞争机制，既是发展社会主义市场经济、提高劳动生产率的客观要求，也是劳动者在法律上一律平等原则的重要体现。《劳动法》首先明确规定了劳动者有平等的就业和选择职业的权利，即劳动者不论性别、民族、出身及财产状况等，有权就业，并通过劳动获取劳动报酬；有权参与平等竞争，选择适合自己特点的职业和用人单位；有权利用国家和社会所提供的各种就业保障条件，以提高就业能力和增加就业机会。其次，劳动者在劳动报酬、劳动安全卫生保护、劳动保险、职业培训、劳动争议处理等方面一律平等地受到劳动法律、法规的保护，而不论劳动者是在全民所有制单位就业，还是在其他非全民所有制单位就业。也就是说，劳动者不论民族、种族、性别、职业、职务、劳动关系的所有制性质及用工形式等，在劳动法中一律平等，劳动法所直接规定或要求达到的劳动标准都一律适用；禁止对任何劳动者在劳动方面歧视。

劳动法在坚持劳动者平等竞争原则的同时，还必须注重对特殊劳动者的劳动保护。由于生理方面和社会方面的种种原因，在劳动者中不可避免地形成一些特殊劳动者群体，为使他们真正与其他劳动者处于平等的法律地位，必须给他们以特殊劳动保护。因此，特殊劳动保护制度便成为世界各国劳动法的一项重要内容。《劳动法》特殊保护的对象是女职工、未成年工、残疾劳动者、少数民族劳动者及退役军人劳动者等。《劳动法》第14条规定，残疾人、少数民族人员、退出现役的军人的就业，法律、法规有特别规定的，从其规定；第58条规定，国家对女职工和未成年工实行特殊劳动保护。同时，劳动法律、法规在就业、从事职业、安全卫生、解除劳动合同等方面对不同的特殊劳动者群体分别做了不同的保护规定。例如，在劳动就业方面，对退役军人、残疾人、少数民族劳动者及妇女劳动者，均做了特别保护规定；在从事职业方面，对女职工、未成年人规定了禁止用人单位安排其从事有害健康的繁重体力劳动和有毒有害的工作；在劳动安全卫生保护方面，做了女职工的"三期"（孕期、产期、哺乳期）给予特别保护的规定和对未成年工实行定期体格检查的规定；在解除劳动合同方面，规定了女职工"三期"内，用人单位不得解除劳动合同的规定等。这些具体保护规定，为特殊劳动者群体实现劳动权提供了法律保障。

（四）贯彻按劳分配与公平救助相结合的原则

按劳分配是我国经济制度的一项重要内容，也是我国劳动法的一项基本原则。《中华人民共和国宪法》（简称《宪法》）第6条第1款规定，社会主义公有制消灭人剥削人的制度，实行各尽所能，按劳分配的原则。《劳动法》第46条第1款规定，工资分配应当遵循按劳分配原则，实行同工同酬。

"各尽所能、按劳分配、同工同酬"的基本要求是：每一个具有劳动能力的劳动者，都有平等的权利和义务，都应尽自己的能力为社会劳动；用人单位应以劳动为尺度，按照劳动的数量和质量给劳动者支付劳动报酬，即用人单位通过对职工个人劳动技能、劳动条件、劳动强度、劳动贡献的全面考核，确定对职工个人的工资分配；劳动者不分性别、年龄、民族和种族，等量劳动（包括数量、质量与贡献）应当取得等量报酬。

按劳分配与分配上的平均主义是不相容的。平均主义是手工业和小农经济的思想要求，贯彻按劳分配原则本身就意味着反对在分配上搞平均主义。长期以来，由于计酬标准和管理水平上的一些问题，平均主义思想在分配上表现得相当突出，比如曾经存在的"吃大锅饭"现象就是平均主义分配思想的反映。因此，在我国分配制度中，要真正贯彻按劳分配原则，应当注意做到：要体现奖勤罚懒、奖优罚劣；要体现多劳多得，鼓励多做贡献；要体现效益分配优先，兼顾公平；要体现脑力劳动与体力劳动、复杂劳动和简单劳动之间的差别。此外，在贯彻按劳分配原则时，还要求正确处理生产与生活的关系，也就是在发展生产的基础上，逐步提高劳动报酬和福利待遇。

在贯彻按劳分配原则的同时，要求兼顾公平救助原则。公平救助原则主要体现在社会保险制度上。《宪法》第45条第1款规定，中华人民共和国公民在年老、疾病或者丧失劳动能力的情况下，有从国家和社会获得物质帮助的权利。国家发展为公民享受这些权利所需要的社会保险、社会救济和医疗卫生事业。《劳动法》第70条规定，国家发展社会保险事业，建立社会保险制度，设立社会保险基金，使劳动者在年老、患病、工伤、失业、生育等情况下获得帮助和补偿。物质帮助权是指因劳动者暂时或永久丧失劳动能力时，有获得物质帮助的权利，以使劳动者本人及其家属能够获得基本的生活保障。物质帮助权是劳动报酬权的延伸或补充。《劳动法》还规定了劳动者退休养老保险、患病或非因工负伤保险、因工伤残或患职业病保险、失业保险及生育保险制度。所有的劳动者均可按照法律、法规规定的条件和标准享受社会保险待遇。

公平救助原则的实现受制于按劳分配原则的贯彻，只有真正贯彻按劳分配原则，调动广大劳动者的劳动积极性，创造出更多、更丰富的物质财富，才能使公平救助原则得到充分的体现。

（五）坚持法律调节与三方对话相结合的原则

在我国社会主义市场经济体制下，劳动力资源的配置以市场为手段，劳动关系的确立与运行要求以法律制度做保障，劳动关系运行中出现的当事人之间的冲突与矛盾也必须依据劳动法律、法规处理，这些都是不言而喻的。但是劳动关系的多变性与复杂性及劳动标准的基准性特点，又使劳动者、用人单位、政府三方代表协商对话机制成为《劳动法》的原则。

《劳动法》中所称的三方性原则，是指政府、工会组织、用人单位组织三方在平等的基础上，通过一定的组织机构和运作机制，共同对有关劳动关系的重大问题（劳动立法、经济与社会政策的制定、就业与劳动条件、工资水平、职业培训、社会保障、职业安全与卫生、劳动争议处理以及对产业行为的规范与防范等）进行规范和协调处理。

三方性原则的理论基础是社会连带关系理论。社会连带关系理论最早是由法国社会学家杜尔克姆提出的，他认为人类社会存在着"机械的"和"有机的"连带关系。法国法学家莱翁·狄骥进一步在此基础上，提出社会连带关系或者社会相互依赖是一个重大事实。

一方面，人类在社会生活中始终是联合的，这种联合的基础在于人类共同的需要，人类只有共同生活才能满足共同的需要。人们在共同生活中贡献自己同样的能力，以实现共同的需要，这就是一种"同求的连带关系"。另一方面，人们有不同的能力和不同的需要，为此，就必须互相交换服务，每个人贡献出自己固有的能力来满足他人的需要，并由此从他人手中获得报酬，这就产生了社会分工，这就是"分工的连带关系"。"社会连带关系"是一种事实，而不是某种道德观念，而且在不同的国家、不同的社会阶段具有不同的形态。在其代表作《宪法论》第1章中，莱翁·狄骥指出："社会的相互依赖主要是一种法律的关系，我所说的客观法的基础是社会的连带关系。"

劳动关系是一种典型的社会连带关系。作为劳动关系的双方当事人，用人单位与劳动者之间是一种互相依赖、互相促进、共存共荣的社会伙伴关系。然而，劳动者与用人单位之间本质上属于不平等关系，而且双方在利益分配方面还存在着明显的对立关系。用人单位关心的是用人单位利益的最大化，因此，强调降低生产成本，提高生产效率，取得用人单位的发展；工人组织则强调劳动者权益的保护，特别是希望劳动者能分享用人单位发展的成果，保证劳动者收入能稳定增长，希望用人单位能不断地改善劳动者的工作条件。因此，对于涉及劳动关系的重大问题难免出现分歧，单纯依靠双方当事人的自觉自愿来实现合作是不现实的，而必须要由国家进行适当的干预，有限度地介入劳动关系，并且积极推动劳动关系双方的合作,进而充分调动各方的积极性,达到相互的协调和平衡,共同创造一个繁荣、民主、文明的社会。这样就形成了劳动者、用人单位与政府三方协商对话与合作的劳动关系调整新机制。

三方性原则最早是由国际劳工组织率先提出的,是国际劳工组织为缓解劳资对抗,防止社会矛盾激化而用来稳定和协调劳动关系的措施。三方性原则既是国际劳工组织行动的基本原则,也是国际劳工组织与联合国其他机构相比的独特之处。

(1)从组织形式上看,国际劳工组织实行"三方机制",即国际劳工大会、国际劳工局理事会及所属各委员会、区域会议等国际劳工组织机构的活动,均由会员国政府、雇主和工人三方代表参加,三方代表享有独立平等的发言权和表决权。

(2)从活动内容上看,制定国际劳工标准是国际劳工组织的主要行动手段。国际劳工标准无论以公约还是建议书的形式制定,都是经过充分听取政府、雇主、工人三方代表意见,并经过三方代表讨论通过后发布的。

三方性原则得到了西方市场经济国家的普遍认同,已成为世界多数国家劳动法的一个基本原则。

在我国劳动法律中,三方性原则也得到了相应的体现。现行的《劳动法》、《中华人民共和国工会法》(简称《工会法》)以及《集体合同规定》、《劳动争议处理条例》和《工资协商办法》等法律、法规、规章中规定了三方机制运作的基本框架:

(1)我国在1990年就已经批准了国际劳工组织的《1976年三方协商促进贯彻国际劳工标准公约》(第144号公约)和同名建议书。国务院提请审议的说明指出,批准这项公约旨在建立一项工作程序,以便就涉及劳动者权益的国际劳工公约的制定、批准、实施及其监督检查等,进行国家一级的政府与雇主和工会组织代表间的协商,使各方意见都能得到充分反映。

(2)2001年修订的《工会法》第34条第2款规定,各级人民政府劳动行政部门应当会同同级工会和企业方面代表,建立劳动关系三方协商机制,共同研究解决劳动关系方面的重大问题。这是我国第一次明确实行三方协商机制的法律。

(3)在劳动基准制定过程中,也逐步实行三方合作原则。例如,2004年劳动和社会保障部联合颁布的《最低工资规定》第8条第1款规定,最低工资标准的确定和调整方案,由省、自治区、直辖市人民政府劳动保障行政部门会同同级工会、企业联合会/企业家协会研究拟订,并将拟订的方案报送劳动保障部。方案内容包括最低工资确定和调整的依据、适用范围、拟订标准和说明。劳动保障部在收到拟订方案后,应征求全国总工会、中国企业联合会/企业家协会的意见。

(4)根据《劳动法》,我国劳动争议仲裁委员会是由劳动行政部门代表、同级工会代表和用人单位代表三方共同组成的。

《集体合同规定》中也有三方共同协调处理集体争议的条文。同时,三方性原则也在我国法治的实践中得以运用。

(1)建立了国家级协调劳动关系的三方机制。2001年8月,由劳动和社会保障部、中华全国总工会、中国企业联合会(中国企业家协会)三方组成了国家级协调劳动关系的三方会议制度,使中国的劳动关系协调工作有了一个较为规范和稳定的工作机制,并开展了卓有成效的工作。

(2) 我国省级三方机制全部建立,大部分省、自治区、直辖市在市(地)一级普遍建立了三方机制,有的地方已延伸到县(市)、乡镇(街道)和村(社区)。

2002年8月,全国建设系统建立了协调劳动关系的三方会议制度,这是全国第一个行业性最高层面的劳动关系协调机制,标志着产业性三方机制的启动。各级三方机制在协调劳动关系、促进改革发展中发挥了积极作用。

当然,贯彻三方性原则在我国仍然存在着很大的不足之处。具体表现在:
(1) 三方机制相关法律不完善。
(2) 劳动者与用人单位双方主体的代表性须进一步增强。
(3) 三方机制运行的社会影响力不大。
(4) 通过三方机制解决问题的针对性有待提高。对此,我们应坚持从国情出发,吸收借鉴国外市场经济国家经验,不断完善有中国特色的三方机制,以促进劳动关系的和谐发展。

第二节 劳动合同订立、履行与终止

一、劳动合同的概念及特征

(一) 劳动合同的概念

劳动合同也称劳动契约。在西方国家,沿用传统立法概念,将其称为雇佣合同或雇佣契约。我国对劳动合同的定义可分为学理定义和立法定义两种。从学理上定义,可概括为:劳动合同是劳动关系双方当事人确立、变更、终止劳动权利义务关系的协议。这个概念强调了劳动合同的劳动权利义务关系的广泛性,既包括以劳动合同形式产生权利义务关系,也包括对权利义务关系的变更和终止。从立法上定义,《劳动法》第16条第1款规定,劳动合同是劳动者与用人单位确立劳动关系、明确双方权利和义务的协议。这个定义强调了劳动合同与权利义务之间的紧密关联性,通过立法引导双方当事人,要使其劳动关系产生预期的法律效力,必须签订劳动合同。

劳动合同作为劳动者和用人单位确立劳动关系的基本法律形式,是稳定劳动关系,保障劳动过程的平稳运行,维护劳动者和用人单位的合法权益,促进经济发展和社会进步的重要手段。这是因为:

(1) 以劳动合同作为建立劳动关系的基本形式,是世界各国普遍的做法,也是建立和完善我国社会主义市场经济体制的客观要求。

(2) 劳动过程是非常复杂的,也是千变万化的,不同行业、不同单位和不同劳动者在劳动过程中的权利义务各不相同,国家法律、法规只能对共性问题做出原则性的规定,而不可能对当事人的权利义务进行具体规定。这就要求双方当事人依法签订劳动合同,明确相互的权利和义务。

(3) 劳动合同是双方当事人履行义务、享受权利的依据,一旦发生劳动争议,则是劳动争议调解委员会、仲裁委员会及人民法院处理劳动争议的依据。

(二) 劳动合同的特征

劳动合同除具有一般合同的特征，即平等性、自愿性、目的性外，还具有以下主要特征。

(1) 主体的特定性。劳动合同的主体一方为用人单位，另一方为劳动者。在这里的用人单位是指具有用人权利能力和用人行为能力，通过招工或招聘行为雇佣或聘用劳动者的用人主体，包括各种性质的企业、个体经济组织、特定范围劳动用工关系下的国家机关、事业单位以及社会团体、民办非企业单位、依法成立的会计师事务所、律师事务所等合伙组织和基金会等。劳动者是指具有劳动权利能力和劳动行为能力并被用人单位雇佣的自然人。因此，各种社会组织与社会组织之间、社会组织与个体经济组织之间、自然人与自然人之间，因含有劳务性质而签订的合同都不是劳动合同。即使签订了所谓的"劳动合同"，也不属于劳动法上的劳动合同，并且不由《劳动法》调整。

(2) 较强的法定性。劳动合同是双方当事人在平等、自愿的基础上缔结的协议，具体的劳动权利与劳动义务允许双方当事人协商议定。但劳动关系的人身从属性特征，使得劳动者签订劳动合同时也可能成为附属性一方而丧失独立意志。所以，劳动合同双方当事人在缔结劳动合同、确定劳动权利义务时，不得违背国家法律和行政法规的规定。如为了切实保障劳动者的合法权益，国家法律在工时休假制度、最低工资待遇、劳动保护条件、社会保险待遇等方面均有基准规定，这就要求当事人的意志不得违背国家意志，在国家法律、法规许可的范围内确定具体的劳动权利和义务，以形成劳动合同关系。另外，由于集体合同具有劳动基准法的效力，因此劳动合同也不得违背集体合同的规定。劳动合同的法定性表明了以合同形式建立的劳动关系与一般民事关系之间的差别。民商法的意思自治原则，使其所调整的民商事合同均建立在当事人的意思自治基础上，当事人间权利义务的确立，鲜有国家意志的强力干预。因此，合同当事人的选择、合同内容、合同形式、合同解除、合同争议的解决方式等均由当事人自行协商。

(3) 劳动合同往往涉及第三人的物质利益。劳动者的配偶、父母及子女均不是合同当事人，但因劳动合同的某些条款或履行结果而与劳动合同发生紧密联系。例如，劳动者子女的就学问题、劳动者家属的住房问题及其他特殊困难等。劳动者因生育、年老、患病、工伤、残废、死亡等原因，部分或全部、暂时或永久地丧失劳动能力时，用人单位不仅要对劳动者本人给予一定的物质帮助，而且对劳动者所供养的直系亲属也要给予一定的物质帮助。对工资的衡量无论是双方协商的工资还是国家规定的最低工资，都包含着对劳动者家庭成员基本生活费用的要求等。

(4) 合同履行中劳动者主体的从属性。在劳动合同的履行中，劳动者必须加入用人单位的组织，成为用人单位的普通一员。劳动者必须服从用人单位的劳动纪律和规章制度，接受用人单位的管理和监督，这种从属性是社会化大生产决定的，法律只是对这种从属性进行确认。但必须明确的是，这种从属性必须是法律许可限度内的从属性。也就是说，用人单位对劳动者的管理和监督，用人单位依据劳动纪律和规章制度对劳动者的支配，必须具有合法性，禁止任何对劳动者的违法管理和支配。

(5) 劳动合同的目的在于劳动过程的实现，而不单纯是劳动成果的给付。劳动过程是一个相当复杂的过程，有的劳动直接创造价值或实现价值，有的劳动则是间接地帮助创造或实现价值；有的劳动成果当时就能衡量，有的劳动成果将来才能看到。比如，对劳动者的职业培训也是劳动过程的一个重要组成部分，劳动者在接受培训期间，不但不创造价值，单位还要为他们支付相当的学费，但只要他们完成了学习任务，就实现了该阶段的劳动过程。因此，劳动合同的目的在于劳动过程的实现。当然，这一特征并不排除劳动合同对劳动成果的要求。

二、劳动合同的种类

依不同的标准可对劳动合同进行多种分类，其中具有法律意义的分类主要有：

（1）以合同期限为标准分类，劳动合同可分为有固定期限的劳动合同、无固定期限的劳动合同和以完成一定的工作为期限的劳动合同。这种分类是世界各国对劳动合同的普遍立法通例，《劳动法》、《中华人民共和国劳动合同法》（简称《劳动合同法》）及其配套法规也采取了这种分类。

有固定期限的劳动合同，也称为定期劳动合同，是指双方当事人在劳动合同中约定一个明确的合同期限，期限届满可以依法续订，否则就终止双方的权利义务关系的劳动合同种类。这种劳动合同种类往往参考或依据用人单位的性质、工作特点、劳动者的履历等诸多因素来规定。有固定期限劳动合同的优点是：适用范围广，应变能力强，既能保持劳动关系的相对稳定，又能促进劳动力的合理流动；缺点是：容易产生短期化，影响劳动关系的和谐稳定。

无固定期限的劳动合同，也称为不定期劳动合同，是指用人单位与劳动者约定无确定终止时间的劳动合同。不定期劳动合同关系比定期劳动合同关系更稳定。由于不定期劳动合同对劳动者的就业保护具有一定程度上的优势，尤其是就防止用人单位在使用完劳动者"黄金年龄段"后不再使用劳动者而言，不定期劳动合同更有效。因此，许多国家和地区在立法中将此类合同作为常规性合同，放在较高的地位，并通过立法规范来保护一定范围内的劳动者。2007年6月29日第十届全国人大常委会第28次会议通过、自2008年1月1日起施行的《劳动合同法》第14条第2、3款对无固定期限合同做了全面的规定：用人单位与劳动者协商一致，可以订立无固定期限劳动合同。有下列情形之一，劳动者提出或者同意续订、订立劳动合同的，除劳动者提出订立固定期限劳动合同外，应当订立无固定期限劳动合同：劳动者在该用人单位连续工作满10年的；用人单位初次实行劳动合同制度或者国有企业改制重新订立劳动合同时，劳动者在该用人单位连续工作满10年且距法定退休年龄不足10年的；连续订立2次固定期限劳动合同，且劳动者没有本法第39条和第40条第1款、第2款规定的情形，续订劳动合同的。用人单位自用工之日起满1年不与劳动者订立书面劳动合同的，视为用人单位与劳动者已订立无固定期限劳动合同。

以完成一定工作为期限的劳动合同，是指双方当事人把完成某一项工作或劳动任务作为劳动关系的存续期间，约定任务完成后合同即自行终止的劳动合同。虽然其期限长短要视工作的进展情况而定，但因为一项工作最终是要完成的，且完成的时间一般也是可以大致预期的，所以以完成一定的工作为期限的合同，本质上仍然是一种有固定期限的合同。同时，此类合同不存在续订问题，它一般适用于铁路、公路、桥梁、水利、建筑以及工作无连续性的特定项目。比如，"工程筹备期间""农副产品收购期间""旅游团滞留期间"等，均可能成为劳动合同的有效期限。

（2）根据用工形式的不同来分类，劳动合同可分为典型劳动合同、非典型劳动合同。典型劳动合同就是依据《劳动合同法》的一般规定而订立的劳动合同；非典型劳动合同就是依照《劳动合同法》的特别规定而订立的劳动合同。二者在形成的劳动条件方面有较大不同。《劳动合同法》规定的非典型劳动合同之外的劳动合同均属典型劳动合同。非典型劳动合同主要包括两种：劳务派遣合同和非全日制劳动合同。劳务派遣合同是指劳务派遣单位（用人单位）与被派遣劳动者订立劳动合同后，再与接受以劳务派遣形式用工的单位（用工单位）订立劳务派遣协议，将被派遣劳动者派遣至用工单位，从而形成的非典型形式劳动合同。劳务派遣合同的法律关系涉及被派遣劳动者、用人单位、用工单位三方。依据《劳动合同法》第68条规定，非全日制劳动合同是指劳动者和用人单位签订的，以小时计酬为主，劳动者在同一用人单位一般平均每日工作时间不超过4小时，每周工作时间累计不超过24小时的非典型形式的劳动合同。

（3）按照用人单位的所有制性质进行分类，劳动合同可分为国有单位劳动合同、集体单位劳动合同、私营企业劳动合同、外商投资企业劳动合同、个体经济组织劳动合同等。在我国现阶段，还有必要按照用人单位的所有制性质对劳动合同进行分类，但意义大大降低。

（4）按照劳动合同的存在形式进行分类，劳动合同可分为书面劳动合同、口头劳动合同。另外，还可按劳动者的岗位性质、劳动者的国籍等标准进行不同的分类。

三、劳动合同的订立原则

劳动合同的订立原则是指劳动合同订立过程中双方当事人应当遵循的法律准则。《劳动合同法》规定，订立劳动合同，应当遵循平等自愿、协商一致、合法、公平、诚实信用的原则。

（一）平等自愿原则

平等是指用人单位和劳动者在缔结合同时法律地位上的平等。在订立劳动合同过程中，当事人双方都是以劳动关系主体资格出现的，是平等主体之间的关系。双方都要依法在协商一致的基础上达成协议，用人单位不得以用人主体的身份，借助于我国劳动力市场供大于求的现实，在订立劳动合同时对劳动者提出不平等性的附加条件。

自愿是指订立劳动合同完全是出于双方当事人自己的真实意志，劳动合同的订立必须由当事人自己的意愿独立地完成意思表示，他人不得强迫对方完成这种意思表示。

平等和自愿的关系：平等和自愿是辩证统一的关系，平等是自愿的基础和前提，自愿是平等的必然体现，不平等就难以真实实现自愿。

（二）协商一致的原则

协商一致是指劳动合同的内容、条款，在法律、法规允许的范围内，由双方当事人共同讨论、协商，在取得完全一致的意思表示后确定。

（三）合法原则

合法原则是劳动合同有效并受国家法律保护的前提条件。其基本要求包括以下几方面：

（1）目的必须合法。当事人双方签订劳动合同的宗旨和实现法律后果的意图不违反法律、法规的规定。对于劳动者来说，是为了实现劳动就业，获得劳动报酬，以维持生活和生存。对于用人单位来说，是为了使用劳动力来组织社会生产劳动，发展经济。当事人不得以订立劳动合同的合法形式掩盖其非法意图，达到不良企图的目的。

（2）主体必须合法。订立劳动合同的双方当事人必须具备订立劳动合同的主体资格。对于用人单位来说，必须具备法人资格，具备承租合同义务的能力，个体工商户必须具备民事主体的权利能力和行为能力；对于劳动者来说，必须具备法定的劳动年龄，具备劳动权利能力和劳动行为能力。任何一方如果不具备订立劳动合同的主体资格，其所订立的劳动合同就属于违法合同，是无效的。

（3）内容必须合法。双方当事人在劳动合同中设立的权利、义务必须符合国家法律、法规和政策的规定。劳动合同的内容不得违反国家制定的强制性劳动标准（如最高工时限制标准、最低工资标准、劳动安全卫生标准等），即使允许双方协商议定的内容也不能违反法律、法规的规定。

（4）形式必须合法。《劳动法》第 16 条规定，建立劳动关系应当订立劳动合同。《劳动法》第 19 条同时规定，劳动合同应当以书面形式订立。由此可知，在我国，劳动合同是正式合同，是以书面形式订立的有效合同。

签订劳动合同时，用人单位既可以由法定代表人签订，也可以由其授权的有关部门负责人签订；劳动者则必须本人签订。

（四）公平原则

公平原则是指劳动合同的内容应当公平、合理，就是在符合法律规定的前提下，劳动合同双方公正、合理地确立双方的权利和义务。有些劳动合同往往只规定了一个最低工资标准，虽然在此基础上，双方是自愿达成协议的，但是合法的未必是公平、合理的。例如，同一个工作岗位，两个资历、能力都相当的人，工资收入差别却很大，或者能力强的收入比能力差的还低，就是不公平的。又如，用人单位提供少量的培训费用培训劳动者，却要求劳动者订立较长的服务期，而且在服务期内不提高劳动者的工资，或者不按照正常工资调整机制提高工资。这些现象虽然都不违反法律的强制性规定，但不合理、不公平。此外，还要注意的是，用人单位不能滥用优势地位迫使劳动者订立不公平的合同。公平原则是社会公德的体现。将公平原则作为劳动合同订立的原则可以防止劳动合同当事人，尤其是用人单位滥用优势地位损害劳动者的权利，有利于平衡劳动合同双方当事人的利益，有利于建立和谐稳定的劳动关系。

（五）诚实信用原则

诚实信用原则就是当事人在订立劳动合同时都要讲诚实守信用，双方都不得有欺诈行为。《劳动合同法》第 8 条规定，用人单位招用劳动者时，应当如实告知劳动者工作内容、工作条件、工作地点、职业危害、安全生产状况、劳动报酬以及劳动者要求了解的其他情况。用人单位有权了解劳动者与劳动合同直接相关的基本情况。劳动者应当如实说明，双方都不得隐瞒事实真相。现实中有的用人单位不告诉劳动者职业危害，或者提供的工作条件与约定的不一样等，也有的劳动者提供假文凭等，这些行为都违反了诚实信用原则。此外，现实中还有劳动者与用人单位订立劳动合同后，又找到了别的单位，就对原单位悔约不去工作,这也违反了诚实信用原则。诚实信用既是劳动合同法的一项基本原则,也是一项社会道德原则。

关于劳动合同的形式问题,在实践中一直存在不同的看法。有人认为,劳动合同原则上应当采用书面形式订立,但若采用口头形式订立,双方当事人对他们之间存在的劳动关系也不可否认,也可以认定该合同有效。在实际生活中,如果用人单位没有与劳动者签订规范的劳动合同,则用人单位向录用职工下发的"录用通知书""工作证""职工登记表"等都是证明用人单位与录用职工之间存在劳动关系的书面证据,在处理劳动纠纷时,有关部门可根据上述证据认定双方的劳动关系存在,并依照《劳动法》的规定对当事人予以法律保护。

四、劳动合同的订立程序

劳动合同的订立程序就是签订劳动合同必须履行的法律手续。按照合同的一般原理,合同订立的程序有要约和承诺两个阶段。劳动合同虽然是一种合同,但其订立程序与一般合同的订立程序有所不同。劳动合同的被要约方在开始时是不确定的,需要首先确定被要约方,即确定与用人单位签订劳动合同的劳动者才能完成要约与承诺的全过程。劳动合同的订立程序可以概括为以下两个阶段。

(一)由用人单位提出要约邀请,寻找并确定劳动者

这一阶段包括以下四个步骤:一是公布招工简章或就业规则。公布的内容包括两个方面:招工条件;录用后的权利义务。其涉及招工的工种或岗位、招收的名额、招收对象及条件、招工地区或范围、录用后的工资、福利待遇、劳动保护条件和应遵守的单位规章制度等。从法律角度看,招工简章或就业规则具有要约的法律效力。二是自愿报名。劳动者根据招工条件,结合自身的志愿爱好,自愿报名。根据《劳动法》规定,单位招收职工时必须招收年满16周岁的劳动者,特殊行业招收未满16周岁未成年人时需要经过特殊审批。符合条件的劳动者自愿报名应招,是对公布内容的一种认可,表明愿意在此基础上与用人单位协商订立劳动合同。三是全面考核,用人单位对报名的应招人员可以进行德、智、体全面考核,具体考核内容可以根据生产或工作的性质和需要有所侧重。例如,招收学徒工人,可以侧重文化考核;招收技术工人,可以侧重该工种的技能考核;招收繁重体力劳动者,可以侧重身体素质的考核;招收初级技术工人,考核标准可以稍低;招收高级技术工人,考核标准可以稍高。四是择优录用。用人单位对应招人员进行全面考核后,应严格按照公正、公平的原则进行评判,不得徇私舞弊;对考核结果必须公开张榜,公布择优录用人员,接受群众监督。经过上述四个步骤,用人单位就能够确定受要约人,即愿意接受用人单位条件并与该单位协商订立劳动合同的劳动者,于是进入第二阶段。

(二)签订劳动合同,即完成要约和承诺的全过程

经过上一阶段,受要约人确定后,即由用人单位提出劳动合同的草案,劳动者如果完全同意,即视为承诺,劳动合同即告成立。如果劳动者对劳动合同草案提出修改意见或要求增加新的内容,应视为对要约的拒绝。双方继续经过新的要约、再要约,反复协商,直至最终达成一致的协议。劳动合同书应由用人单位的法定代表人或其书面委托代理人与劳动者签字(盖章),并注明签订日期。经双方当事人签字(盖章)的劳动合同书一式两份,用人单位

和劳动者各持一份。

此外，对有些劳动合同，国家行政法规和地方性法规要求备案、鉴证的，应当按规定向劳动行政主管部门备案和鉴证，之后劳动合同才能发生法律效力。

案例分析 9-1

小张在大学毕业后，在网上投了很多简历。某天接到一家公司的电话，通知他面试。见面后，小张得知以后主要在市内跑销售业务，月薪保底 2 000 元，提成另算，月薪最高可达 8 000 元。一番商讨后，双方很快签订了合同。

但是，正式上班后，老板说由于工作需要，他要被派往外省某地常驻。小张不肯，老板说，不同意就算违约，需交付违约金 2 万元。

请问：合同有什么不当之处？小张是否需要支付违约金？

五、劳动合同的内容

劳动合同的内容是指劳动合同当事人确定双方权利义务的各项条款。劳动合同的条款依据其对劳动合同成立的效力的影响，可以分为必备条款和当事人约定的其他条款。

必备条款是指依照法律规定成立劳动合同必须具备的条款，也叫法定条款。任何一项劳动合同都必须具备这些条款，只有当事人就这些必备条款意思表示一致，该合同才能成立，否则劳动合同将不能成立。《劳动法》规定，劳动合同应具备以下七项必备条款。

（一）劳动合同期限

劳动合同期限是指双方当事人订立的劳动合同起始和终止的时间，也就是劳动关系具有法律效力的时间。劳动合同期限是订立劳动合同时必须明确的内容，分为有固定期限、无固定期限和以完成一定工作为期限三种。采取哪种类型作为合同的期限由当事人双方协商确定。

（二）工作内容

工作内容是指劳动者应为用人单位提供的劳动，包括工作岗位、工作任务和要求。这是劳动者履行劳动合同的主要义务，即在合同中加以明确规定。工作内容通常包括劳动者进入用人单位后从事何种工作、生产和工作应达到的数量、质量指标或应完成的任务。

（三）劳动保护和劳动条件

劳动保护是指用人单位为了保障劳动者在劳动过程中的身体健康与生命安全，预防伤亡事故和职业病的发生而采取的有效措施。在劳动保护方面，凡是国家有关规定标准，用人单位必须按国家标准执行，劳动合同的约定只能高于国家标准，而不能低于国家标准。国家没有规定标准的，劳动合同中的约定标准以不使劳动者的生命安全受到威胁、身体健康受到侵害为前提条件。劳动者有特别要求并经用人单位同意的，也应在合同中写明。

劳动条件是指劳动者完成劳动任务的必要条件。用人单位在保证提供必要的劳动条件下，才能要求劳动者完成所给付的劳动任务，因此，劳动条件也是劳动合同不可缺少的内容。特别是劳动过程需要对劳动条件有特别要求的，双方当事人应在合同中具体明确地加以规定，以避免劳动纠纷的发生，同时也有利于用人单位生产、经营及管理计划的实现。

（四）劳动报酬

按约定向劳动者支付报酬，是用人单位的一项基本义务。这里的劳动报酬是指劳动者因参加社会劳动，按约定标准，应从用人单位取得的劳动收入。在决定工资条款时要特别注意，工资的约定标准既不能低于当地最低工资标准，也不能低于本单位集体合同中规定的最低工资标准。

（五）劳动纪律

劳动纪律是指人们在共同劳动中必须遵守的规则和秩序。它要求劳动者必须按照规定的时间、程序和方法来完成自己应承担的工作任务，并保证其工作达到规定的质量标准。劳动纪律是集体劳动过程得以顺利实现的必要条件。在劳动合同中应当明确规定劳动者必须遵守的国家有关劳动的法律、法规和用人单位内部的规章制度。

（六）合同终止条件

合同终止的条件，即导致或引起劳动法律关系消灭的条件，包括法定终止条件和约定终止条件两种。例如，合同期限届满、约定义务完成，就属于法定终止条件；双方当事人根据自己的实际情况，经与对方协商同意，把一定情形的发生或出现作为合同终止的法律事实，在劳动合同中加以明确规定，即为约定终止条件。

（七）违反劳动合同的责任

违反劳动合同的责任是指当事人一方或双方，由于自己的过错造成劳动合同不能履行或不能完全履行，按照法律、法规和劳动合同的规定而承担的行政责任、经济责任和刑事责任。劳动合同中的违约责任条款，在执行国家法律、法规的前提下，应就承担违约责任的方式和免责的有关事项做出规定。在劳动合同中明确规定违约责任，有助于督促双方当事人自觉履行合同义务，减少和避免违约行为的发生；同时，能在违约行为发生后使受损害的一方得到经济补偿，从而预防和减少纠纷的发生。

《劳动合同法》规定，劳动合同应当具备以下条款：用人单位的名称、住所和法定代表人或者主要负责人；劳动者的姓名、住址和居民身份证或者其他有效身份证件号码；劳动合同期限；工作内容和工作地点；工作时间和休息休假；劳动报酬；社会保险；劳动保护、劳动条件和职业危害防护；法律、法规规定应当纳入劳动合同的其他事项。与《劳动法》相比，《劳动合同法》增加了三项必备条款，即双方当事人基本信息、职业危害、社会保险。

约定条款是指双方当事人在劳动合同中协商议定的条款，除上述法定条款之外，劳动合同的双方当事人可根据实际需要，在协商一致的基础上，约定其他补充条款。约定条款内容只要不违反法律、法规的规定，同法定条款一样，对当事人具有法律约束力。一般常见的约定条款主要有以下内容。

1. 试用期

（1）试用期的含义与适用条件。

试用期是用人单位与劳动者在劳动合同中协商约定的对劳动者的考察期。同一用人单位与同一劳动者只能约定1次试用期。以完成一定工作任务为期限的劳动合同或者劳动合同期限不满3个月的，不得约定试用期。

(2) 试用期的期限。

针对实践中一些用人单位滥用试用期的问题，如试用期过长、过分压低劳动者在试用期内的工资、在试用期内随意解除劳动合同等，《劳动合同法》规定：劳动合同期限3个月以上不满1年的，试用期不得超过1个月；劳动合同期限1年以上不满3年的，试用期不得超过2个月；3年以上固定期限和无固定期限的劳动合同，试用期不得超过6个月。以完成一定工作任务为期限的劳动合同或者劳动合同期限不满3个月的，不得约定试用期。同一用人单位与同一劳动者只能约定一次试用期。

(3) 试用期的报酬。

劳动者在试用期的工资不得低于本单位同岗位最低档工资或者劳动合同约定工资的80%，并重申试用期工资不得低于用人单位所在地的最低工资标准。

(4) 法律责任。

在试用期中，除劳动者有《劳动合同法》第39条和第40条第1款、第2款规定的情形外，用人单位不得解除劳动合同。用人单位在试用期解除劳动合同的，应当向劳动者说明理由。

案例分析9-2

王伟刚刚大学毕业，与一个用人单位签订了为期3年的劳动合同，其中双方约定，转正后月工资为3 000元。试用期为1年，试用期期间，工资为800元。（合同其余内容省略）

请问：这个合同当中有什么不合法之处？

2. 保密事项

劳动过程涉及商业秘密的，当事人应当对有关保密事项在劳动合同中加以明确规定，使之成为劳动者履行劳动合同的一项基本义务。劳动者保守用人单位的商业秘密，是职业道德的基本要求。用人单位与劳动者可以在劳动合同中约定保守用人单位的商业秘密和与知识产权相关的保密事项。对负有保密义务的劳动者，用人单位可以在劳动合同或者保密协议中与劳动者约定竞业限制条款，并约定在解除或者终止劳动合同后，在竞业限制期限内按月给予劳动者经济补偿。劳动者违反竞业限制约定的，应当按照约定向用人单位支付违约金。

3. 竞业限制

竞业禁止合同不同于一般的保密合同，竞业禁止是指劳动者在解除或者终止劳动合同后，不得到与本单位生产或者经营同类产品、从事同类业务的有竞争关系的其他用人单位，或者自己开业生产或者经营同类产品、从事同类业务。竞业禁止合同通过限制劳动者再就业的种类和范围来防止劳动者泄露和使用用人单位的商业秘密，但是限制了劳动者就业权和择业权，限制了劳动者利用其从工作经历中获得的知识、经验和技能在其熟悉的领域工作谋生的自由，具有明显的不对等性。为了平衡劳动者、用人单位、社会三者利益，在赋予用人单位有权与劳动者在劳动合同中约定保守用人单位的商业秘密和与知识产权相关的保密事项的同时，对其做出一系列限制规定。

(1) 目的限制。竞业禁止是为了保护商业秘密，因此用人单位必须证明拥有商业秘密。瑞士《民法典》第340条规定，雇主不能证明存在值得保护的利益的，该竞业禁止协议无效。

(2) 适用对象的限制。竞业禁止的主体范围不宜过宽，仅限于用人单位的高级管理人员、高级技术人员和其他知悉用人单位商业秘密的人员。

(3) 限制的期限。其限制期限不得超过2年。

(4) 必须给予劳动者相应的补偿。对于补偿的具体数额，《劳动合同法》没有具体规定，但是一些地方法规已经做出明确规定。

4. 补充保险

社会保险是指除了国家基本保险以外，用人单位根据自己的实际情况为劳动者建立的一种保险，它用来满足劳动者高于基本保险需求的愿望，包括补充医疗保险、补充养老保险等。补充保险的建立依用人单位的经济承受能力而定，由用人单位自愿实行，国家不做强制的统一规定，只要求用人单位内部统一。

5. 福利待遇

福利待遇包括住房补贴、通信补贴、交通补贴、子女教育补贴等。待遇有所不同，福利待遇已成为劳动者就业选择的一个重要因素。

6. 其他约定的条款

劳动过程是非常复杂的，劳动合同当事人的具体要求也是千差万别的，如职工培训问题、住房问题、夫妻两地分居问题、子女上学就业问题等，均可成为劳动合同的约定内容。这些内容只要不违反国家法律和行政法规的规定，一经双方商定，均为合同有效而对当事人产生法律约束力。

六、劳动合同的履行

(一) 劳动合同履行的含义

劳动合同的履行是指当事人双方按照劳动合同规定的条件，履行自己所应承担义务的行为。《劳动法》第17条第2款规定，劳动合同依法订立即具有法律约束力，当事人必须履行劳动合同规定的义务。劳动合同的履行，并不是当事人一方所能完成的，必须由双方当事人共同完成。只有当事人双方各自履行自己所应承担的义务，才能保证劳动合同履行。

(二) 劳动合同履行的原则

《劳动法》第17条第2款规定，结合劳动法律关系的特点，履行劳动合同应当遵循以下几项原则。

(1) 亲自履行原则。亲自履行是指劳动合同当事人自觉履行劳动合同规定的义务的行为。劳动法律关系是劳动者与用人单位依法形成的权利、义务关系。劳动者提供劳动力，用人单位使用劳动力的特点，决定劳动合同当事人享有的权利必须亲自享受而不能转让，义务必须亲自履行而不得代行和转移。因此，劳动合同当事人双方必须亲自履行劳动合同规定的义务。

(2) 权利、义务统一原则。劳动合同当事人双方互为权利、义务主体，其权利、义务是在劳动过程中实现的。这就决定了当事人的权利、义务具有不可分割的统一性，不能只享受权利而不履行义务，也不能只尽义务而不享受权利。劳动合同当事人双方互有请求权，以保证劳动合同规定的双方权利、义务得以实现。因此，当事人双方必须按照权利与义务统一原则履行劳动合同。

（3）全面履行原则。劳动合同规定的各项条款有其内在联系，是不能割裂的统一整体，当事人任何一方不得分割履行某些条款规定的义务或者不按合同约定履行。当事人双方必须按合同约定的时间、地点和方式，全面履行劳动合同规定的各项义务。只有当事人双方按合同全面履行自己的义务，才能保证劳动合同得以全面履行。

（4）协作履行原则。协作履行是指当事人双方相互协作、共同完成劳动合同规定的任务。协作履行原则是根据劳动合同客体特征提出的。劳动法律关系客体是劳动行为，而劳动行为是在运用劳动能力、实现劳动过程中发生的行为，只有当事人双方协作，才能完成劳动合同规定的任务。因此，协作履行是劳动合同履行的必然要求。

（三）劳动合同的履行行为

劳动合同的履行是指劳动合同在依法订立生效之后，双方当事人按照劳动合同规定的条款，完成劳动合同规定的义务，实现劳动合同规定的权利的活动。按照合同履行程度，劳动合同履行行为分为完全履行、不完全履行、部分履行、单方不履行四种情况。凡是当事人双方按照劳动合同规定的条件，各自完成自己所应承担的义务，就称为劳动合同完全履行。如果当事人双方只完成劳动合同规定的一部分义务，就称为劳动合同不完全履行或部分履行。劳动合同的不履行是指当事人双方都违反劳动合同的规定而没有履行自己应当承担义务的行为。如果当事人一方履行劳动合同规定自己应当承担的义务，而另一方没有履行劳动合同规定自己应当承担的义务，就称为劳动合同的单方不履行。当事人不履行或不完全履行劳动合同属于违约行为，应当承担违约责任。

七、劳动合同的解除

（一）解除的类型

劳动合同的解除是指劳动合同在订立以后，尚未履行或者未全部履行以前，由于合同双方或者单方的法律行为导致双方当事人提前消灭劳动关系的法律行为。其可分为协商解除、约定解除和法定解除。

1. 协商解除

协商解除是指劳动合同订立后，双方当事人因某种原因，在完全自愿的基础上，协商一致、合意解除劳动合同，提前终止劳动合同的效力。协商解除适用的条件：双方自愿；平等协商；不得损害第三方利益。

2. 约定解除

约定解除是指当事人双方通过协商一致，同意提前终止劳动合同效力，或者双方约定了提前终止劳动合同的条件，当条件成立时，提前终止劳动合同的法律效力。

3. 法定解除

法定解除是指出现国家法律、法规或合同规定的可以解除劳动合同的情况时，无须双方当事人一致同意，合同效力可以自然或单方提前终止。

（二）法定解除

1. 劳动者单方解除劳动合同，即通常所称的"辞职"

（1）一般解除。劳动者提前30日以书面形式通知用人单位，可以解除劳动合同，在试用期内解除劳动合同时，应提前3日通知用人单位。

（2）特殊解除。用人单位有下列情形之一的，劳动者可以解除劳动合同：

①未按照劳动合同的约定提供劳动保护或者劳动条件；

②未及时足额支付劳动报酬；

③未依法为劳动者交纳社会保险费；

④用人单位的规章制度违反法律、法规的规定，损害劳动者权益；

⑤因劳动合同无效而解除；

⑥法律、行政法规规定劳动者可以解除劳动合同的其他情形。

2. 用人单位单方解除劳动合同

《劳动合同法》在赋予劳动者单方解除劳动合同权利的同时，也赋予用人单位对劳动合同的单方解除权，以保障用人单位的用工自主权，但为了防止用人单位滥用解除权，随意与劳动者解除劳动合同，立法上严格限定了企业与劳动者解除劳动合同的条件，以保护劳动者的合法权益。

（1）即时辞退。有的学者称之为"过错性辞退"。《劳动合同法》规定了下列情形：

①在试用期间被证明不符合录用条件的；

②劳动者严重违反用人单位的规章制度的；

③严重失职、徇私舞弊、给用人单位造成重大损害的；

④劳动者同时与其他用人单位建立劳动关系，对完成本单位的工作任务造成严重影响，或者经用人单位提出拒不改正的；

⑤符合劳动合同无效的情形，用人单位解除劳动合同的；

⑥被依法追究刑事责任的。

（2）无过失辞退的。《劳动合同法》第40条规定，因劳动者非过失性原因和客观情况的需要而导致劳动合同无法履行时，用人单位可以向对方提出通知后或额外支付劳动者2个月工资后，方可单方解除劳动合同。主要的情形有：

①劳动者患病或者非因工负伤，在规定的医疗期满后不能从事原工作，也不能从事由用人单位另行安排的工作的；

②劳动者不能胜任工作，经过培训或者调整工作岗位，仍不能胜任工作的；

③劳动合同订立时所依据的客观情况发生重大变化，致使劳动合同无法履行，经用人单位与劳动者协商，未能就变更劳动合同内容达成协议的。

（3）经济性裁员。经济性裁员是指用人单位由于经营不善等经济性原因，为了克服经营困难、扭转不利局面而不得不辞退部分劳动者的行为。此种情况下用人单位是成批地解除职工的劳动合同，涉及面广，触及职工利益大，需要极为慎重。

经济性裁员作为用人单位单方解除劳动合同的一种方式，必须满足法定条件，只有同时具备实体性条件和程序性条件，才是合法有效的经济性裁员。

①实体性条件。

第一，依照《企业破产法》规定进行重整的；

第二，生产经营发生严重困难的；

第三，企业转产、重大技术革新或者经营方式调整，经变更劳动合同后，仍需裁减人员的；

第四，其他因劳动合同订立时所依据的客观经济情况发生重大变化，致使劳动合同无法履行的。

②程序性条件。

《劳动合同法》规定了经济性裁员必须符合的法定程序，这些法定程序需要按照以下顺序，全部进行。

第一，必须提前30日向工会或者全体职工说明情况，并听取工会或者职工的意见。

第二，裁减人员方案向劳动行政部门报告。报告性质上属于事后告知，不是事前许可或者审批。

③用人单位经济性裁员遵循的原则。

《劳动合同法》主要从劳动合同期限和保护社会弱势群体角度出发，规定了三类优先留用人员，具体包括：与本单位订立较长期限的固定期限劳动合同的劳动者；订立无固定期限劳动合同的劳动者；家庭无其他就业人员，有需要扶养的老人或未成年人的劳动者。

3. 用人单位不得单方解除劳动合同的情形

为保护一些弱势劳动者群体，对用人单位法定解除权加以限制是各国通行的做法。劳动者具备一定条件的，《劳动合同法》禁止用人单位解除劳动合同。

（1）从事接触职业病危害作业的劳动者未进行离岗前职业病健康检查，或者疑似职业病病人在诊断或者医学观察期间的。

（2）在本单位患职业病或者因工负伤并被确认丧失或者部分丧失劳动能力的。

（3）患病或者非因工负伤，在规定的医疗期内的。

（4）女职工在孕期、产期、哺乳期的。

（5）在本单位连续工作满15年，且距法定退休年龄不足5年的。

（6）法律、行政法规规定的其他情形。

案例分析9-3

小李在一家公司工作，双方签订了为期3年的劳动合同。在工作2年后，小李怀孕了，身体越来越不方便。某天，公司通知她，由于她不再能胜任原来繁重的体力劳动，遂决定解除和她的劳动合同。小李自然不同意。

请问：公司的做法是否合法？为什么？

八、劳动合同的终止

劳动合同的终止是指劳动合同的法律效力由于一定法律事实的出现而终结，劳动者与用人单位之间原有的权利和义务不再存在。

《劳动法》规定，劳动合同期满或者当事人约定的劳动合同终止条件出现，劳动合同即行终止。也就是说，《劳动法》规定的劳动合同终止包括两类：一类是法定终止，即劳动合同因期满而终止；另一类是约定终止，即劳动合同因当事人约定的终止条件出现而终止。在《劳动法》的实施过程中，一些用人单位随意与劳动者约定劳动合同终止条件，并据此终止劳动合同，使无固定期限劳动合同提前消灭，不能真正起到维护劳动者就业稳定权益的作用。同时，在劳动者退休、死亡或者用人单位破产等情形下，劳动合同如何处理，法律没有做出规定。

《劳动合同法》规定，有下列情形之一的，劳动合同终止：

（1）劳动合同期满的。

（2）劳动者开始依法享受基本养老保险待遇的。

（3）劳动者死亡，或者被人民法院宣告死亡或者宣告失踪的。

（4）用人单位被依法宣告破产的。

（5）用人单位被吊销营业执照、责令关闭、撤销或者用人单位决定提前解散的。

（6）法律、行政法规规定的其他情形。

《劳动合同法》对劳动合同终止的限制性规定：

（1）对"三期"女职工的特殊保护。

（2）对疑似职业病病人的特殊保护。

（3）对医疗期职工的特殊保护。

（4）在本单位连续工作满15年，且距法定退休年龄不足5年的职工的特殊保护。

（5）法律、行政法规规定的其他情形。

九、劳动合同解除和终止的法律后果

（一）解除和终止劳动合同的经济补偿

经济补偿金是指在劳动合同解除或终止后，用人单位依法一次性支付给劳动者的经济上的补偿。一般而言，经济补偿金的支付标准按照《劳动法》《劳动合同法》《违反和解除劳动合同的经济补偿办法》来执行。所以，经济补偿金一般由法律规定按照劳动者的工作年限加以发放。

1. 经济补偿金的计算

用人单位对劳动者因解除或终止劳动合同进行经济补偿，计算经济补偿金的普遍模式是

工作年限×每工作一年应得的经济补偿

（1）计算经济补偿中的工作年限。劳动者在单位工作的年限，应从劳动者向该用人单位提供劳动之日起计算。如劳动者李某自2008年在某企业工作，其间劳动合同一年一签，一直工作到2012年。最后一份劳动合同期满后终止，用人单位依法支付经济补偿时，计算的工作年限应从2008年算起，共4年。如果劳动者为同一用人单位提供劳动多年，但间隔了一段时间，也先后签订了几份劳动合同，工作年限原则上应从劳动者提供劳动之日起连续计算，已经支付经济补偿的除外。总之，《劳动合同法》关于"在本单位工作的年限"，不能理解为连续几个合同的最后一个合同期限，原则上应该连续计算。

另外,对于因用人单位的合并、兼并、合资、单位改变性质、法人改变名称等原因而改变工作单位的,其改制前的工作时间可以计算为"在本单位的工作时间"。

(2) 计算标准。经济补偿的计算标准为:6 个月以上不满 1 年的,按 1 年计算;不满 6 个月的,向劳动者支付半个月工资的经济补偿。如果劳动者工作 1 年零 6 个月,则经济补偿为 2 个月的工资;如果劳动者工作 1 年零 5 个月,则经济补偿为一个半月的工资;如果劳动者工作 5 个月,则经济补偿为半个月的工资。

(3) 计算基数。计算经济补偿时,若工作满 1 年,则支付 1 个月工资。关于 1 个月工资,《劳动合同法》规定,月工资是指劳动者在劳动合同解除或者终止前 12 个月的平均工资。这样的规定统一了月工资的内容,便于操作,一目了然。

(4) 计算封顶。关于在经济补偿时计算封顶的问题,主要是考虑到有些高端劳动者,工资收入较高,在劳动关系中并不总处于弱势地位,如果完全适用经济补偿的规定,用人单位负担太重,也体现不出经济补偿的性质和特点。因此《劳动合同法》在经济补偿的计算封顶问题中,对高端劳动者做了一定限制,即从两个方面进行:一是工作年限;二是月工资基数。规定劳动者月工资高于用人单位所在直辖市、设区的市级人民政府公布的上年度职工月平均工资的 3 倍的,用人单位向其支付经济补偿的标准按职工月平均工资 3 倍的数额支付,向其支付经济补偿的年限最高不超过 12 年。

(二) 经济补偿金支付的情形

根据《劳动合同法》第 46 条规定,经济补偿金的支付情形主要是以下几种:

(1) 劳动者被迫解除劳动合同的,用人单位需支付经济补偿。根据《劳动合同法》第 38 条的规定,劳动者被迫解除劳动合同有如下情形:

①用人单位未按照劳动合同约定提供劳动保护或者劳动条件的;

②未及时足额支付劳动报酬的;

③未依法为劳动者交纳社会保险费的;

④用人单位的规章制度违反法律、法规的规定,损害劳动者权益的;

⑤因《劳动合同法》第 26 条第 1 款规定的情形致使劳动合同无效的;

⑥法律、行政法规规定劳动者可以解除劳动合同的其他情形;

⑦用人单位以暴力、威胁或者非法限制人身自由的手段强迫劳动者劳动的,或者用人单位违章指挥、强令冒险作业危及劳动者人身安全的,劳动者可以立即解除劳动合同,不需事先告知用人单位。

(2) 协商解除劳动合同的,用人单位需支付经济补偿。协商解除劳动合同用人单位需支付经济补偿的前提条件是,解除劳动合同的动议系用人单位首先提出,如果是劳动者主动提出要求解除劳动合同,即劳动者主动要求辞职,此种情况下双方协商解除劳动合同,用人单位可不支付经济补偿。

(3) 非过失性辞退的,用人单位需支付经济补偿。

《劳动合同法》第 40 条规定,有如下情形,用人单位提前 30 日以书面形式通知劳动者本人或者额外支付劳动者 1 个月工资后可解除劳动合同:

①劳动者患病或者非因工负伤,在规定的医疗期满后不能从事原工作,也不能从事由用

人单位另行安排的工作的；

②劳动者不能胜任工作，经过培训或者调整工作岗位，仍不能胜任工作的；

③劳动合同订立时所依据的客观情况发生重大变化，致使劳动合同无法履行，经用人单位与劳动者协商，未能就变更劳动合同内容达成协议的；

④用人单位依法裁员，需支付经济补偿。

固定期限劳动合同期满终止时，用人单位需支付经济补偿。

（4）在特殊情形下劳动合同终止，用人单位需支付经济补偿。《劳动合同法》第44条第4款、第5款规定，特殊情形下劳动合同终止是指：用人单位被依法宣告破产导致劳动合同终止的；用人单位被吊销营业执照、责令关闭、撤销或者用人单位决定提前解散导致劳动合同终止的。这两种情形下导致劳动合同终止，劳动者无任何过错，用人单位支付经济补偿合情合理。

（5）法律、行政法规规定的其他情形。

（三）劳动合同解除或终止后附随义务

劳动合同依法解除或者终止，劳动关系结束后，劳动合同中约定的权利义务结束，但是原劳动合同双方当事人仍应履行有关的法定义务：

（1）用人单位有出具解除或者终止劳动合同证明的义务；

（2）用人单位有在15日内为劳动者办理档案和社会保险关系转移手续的义务；

（3）劳动者有按照双方约定，遵循诚实信用的原则办理工作交接的义务；

（4）用人单位有在办理交接手续时向劳动者支付经济补偿的义务；

（5）用人单位有对已经解除或者终止的劳动合同文本至少保存2年备查的义务。

（四）违约金条款

违约金原是民事责任中的一种形式，是指合同当事人约定在一方不履行合同时向守约方支付一定数额的货币。这种民事责任形式只有在合同当事人有约定或法律有直接规定时才能适用，当事人一方不得自行规定。《劳动合同法》对此明确规定，除了下列两种情形外，禁止用人单位与劳动者约定由劳动者承担违约金：

（1）参加用人单位出资组织的专项技术培训的劳动者违反服务期规定。

（2）用人单位与知悉用人单位商业秘密的人员签订了竞业禁止条款。违约金数额由双方约定。

有下列情形之一，用人单位与劳动者解除约定服务期的劳动合同的，劳动者应当按照劳动合同的约定向用人单位支付违约金：

（1）劳动者严重违反用人单位的规章制度的。

（2）劳动者严重失职，徇私舞弊，给用人单位造成重大损害的。

（3）劳动者同时与其他用人单位建立劳动关系，对完成本单位的工作任务造成严重影响，或者经用人单位提出，拒不改正的。

（4）劳动者以欺诈、胁迫的手段或者乘人之危，使用人单位在违背真实意思的情况下订立或者变更劳动合同的。

（5）劳动者被依法追究刑事责任的。

第三节 劳动争议解决

一、劳动争议的处理机构

(一) 劳动争议调解组织

《中华人民共和国劳动争议调解仲裁法》(简称《劳动争议调解仲裁法》) 第 10 条规定, 发生劳动争议, 当事人可以到下列调解组织申请调解:

(1) 企业劳动争议调解委员会。
(2) 依法设立的基层人民调解组织。
(3) 在乡镇、街道设立的具有劳动争议调解职能的组织。

1. 企业劳动争议调解委员会

根据《劳动争议调解仲裁法》第 10 条第 2 款的规定, 企业劳动争议调解委员会由职工代表和企业代表组成。职工代表由工会成员担任或者由全体职工推举产生; 企业代表由企业负责人指定; 企业劳动争议调解委员会主任由工会成员或者双方推举的人员担任。

2. 依法设立的基层人民调解组织

基层人民调解组织指人民调解委员会。根据《人民调解委员会组织条例》第 2 条的规定, 人民调解委员会是村民委员会和居民委员会下设的调解民间纠纷的群众性组织, 在基层人民政府和基层人民法院指导下进行工作。基层人民政府及其派出机关指导人民调解委员会的日常工作由司法助理员负责。该条例第 3 条规定了组成人民调解委员会的成员及选换方式。人民调解委员会由委员 3~9 人组成, 设主任 1 人, 必要时可以设副主任。人民调解委员会委员由群众选举产生, 每 3 年改选 1 次, 可以连选连任。人民调解委员会的委员由为人公正、联系群众, 热心人民调解工作, 并有一定法律知识和政策水平的成年公民担任。

3. 在乡镇、街道设立的具有劳动争议调解职能的组织

根据《劳动争议调解仲裁法》第 11 条的规定, 劳动争议调解组织的调解员应当由公道正派、联系群众、热心调解工作, 并具有一定法律知识、政策水平和文化水平的成年公民担任, 与担任人民调解委员会的委员要求基本一致。

(二) 劳动争议仲裁委员会

劳动争议仲裁委员会按照统筹规划、合理布局和适应实际需要的原则设立。省、自治区人民政府可以决定在市、县设立; 直辖市人民政府可以决定在区、县设立。直辖市、设区的市也可以设立一个或者若干个劳动争议仲裁委员会。劳动争议仲裁委员会不按行政区划层层设立。省、自治区、直辖市人民政府劳动行政部门对本行政区域的劳动争议仲裁工作进行指导。

劳动争议仲裁委员会由劳动行政部门代表、工会代表和企业方面代表组成。其依法履行下列职责: 聘任、解聘专职或者兼职仲裁员; 受理劳动争议案件; 讨论重大或者疑难的劳动争议案件; 对仲裁活动进行监督。

劳动争议仲裁委员会下设办事机构, 负责办理劳动争议仲裁委员会的日常工作。

二、劳动争议的基本原则

《劳动法》第78条规定:"解决劳动争议,应当根据合法、公正、及时处理的原则依法维护劳动争议当事人的合法权益。"

(一) 合法原则

合法原则指劳动争议处理机构在争议处理过程中要依据法律、法规、规章等劳动实体法律和程序法律来解决争议。

(二) 公正原则

公正原则是指在争议处理过程中,要以事实为依据,法律为准绳,忠于争议的客观事实,依法秉公处理。

(三) 及时原则

及时原则是指在处理劳动争议时,在不违反程序性规定的条件下,尽快、及时、高效地处理劳动争议。劳动争议处理不同于一般民事争议处理的及时处理原则,体现了对劳动关系双方最基本的保护,尽快解决纠纷,尽早确定、稳定双方关系,对维护正常社会秩序具有很重要的意义。

(四) 调解原则

调解原则是指在处理劳动争议时,在尊重当事人自愿的前提下,以说服劝导的方式,依法劝说当事人在互谅互让的基础上,通过协商,达成协议,从而解决纠纷。

三、劳动争议协商

(一) 劳动争议协商的概念和特点

劳动争议协商是指发生劳动争议的双方当事人在没有第三人的参与下,通过双方平等对话、互谅互让并做出必要的妥协而达成和解的处理方式。

劳动争议协商作为解决劳动争议的一种方式,具有以下特征:

(1) 双方性。劳动争议协商是劳动争议的双方当事人自行协商解决争议,无第三者介入。调解、仲裁、诉讼都依靠第三者介入并发挥重要作用甚至是关键作用。在劳动争议协商中,即使劳动者请工会或者第三方共同与用人单位协商,工会或者第三方也是站在劳动者的立场上参与协商的,代表的是劳动者的利益,其本身并不是劳动争议当事人之外的独立第三方。

(2) 自愿性。劳动争议双方是基于自愿进行协商的,任何人不得强迫。

(3) 选择性。劳动争议当事人可以选择通过协商方式来解决争议,也可以不选择协商方式而直接选择调解或仲裁方式解决争议。

(4) 便捷性。劳动争议协商无法定程序,可以随时随地进行协商,简便、快捷、灵活,成本低廉,和解协议也易于执行。

(二) 劳动争议协商的形式

《劳动争议调解仲裁法》第4条规定,发生劳动争议后,劳动者可以与用人单位协商,也可以请工会或者第三方共同与用人单位协商，达成和解协议。可见，劳动争议协商有三种形式。

（1）劳动者独自与用人单位协商。这属于当事人自行协商，通常为当事人解决劳动争议的首选方式。它是指劳动者和用人单位发生劳动争议后，在没有其他任何第三方人员参加的情况下，双方当事人就解决争议、化解矛盾自行协商，以求达到和解的行为。

（2）工会参与协商，即劳动者邀请工会组织共同与用人单位协商。此时，工会组织是在帮助劳动者维权，其身份不是中立的。这里所指的"工会"，既包括职工当事人所在用人单位的工会，也包括用人单位以外的其他各级工会。

（3）第三方参与协商，即劳动者邀请工会之外的第三方共同与用人单位协商。这里所称的第三方，是指独立于劳动争议当事人双方之外，与其没有任何利害关系，可以接受其请求或委托参与劳动争议协商，依法为其提供帮助的有关组织或个人。第三方包括律师、专家、法律援助机构等。第三方参与协商是在利用自己的专业知识和经验帮助劳动者实现其利益，其地位也不是中立的。

（三）劳动争议协商的效力

《最高人民法院关于审理劳动争议案件适用法律若干问题的解释（三）》第10条确认了劳动者和用人单位自行达成的协议的法律效力：劳动者与用人单位就解除或者终止劳动合同办理相关手续、支付工资报酬、加班费、经济补偿或者赔偿金等达成的协议，不违反法律、行政法规的强制性规定，且不存在欺诈、胁迫或者乘人之危情形的，应当认定有效。前款协议存在重大误解或者显失公平，当事人请求撤销的，人民法院应予支持。

四、劳动争议调解

（一）劳动争议调解的概念

劳动争议调解是指基层群众调解组织对用人单位与劳动者发生的劳动争议，以国家的劳动法律、法规为准绳，以协商的方式，使双方当事人达成协议，消除纷争。劳动争议调解的重要法律依据有《劳动争议调解仲裁法》《企业劳动争议协商调解规定》等法律、法规。

劳动争议调解属于民间调解，其特点主要有：

(1) 其调解机构是社会组织，而不是国家机关。

(2) 其调解活动具有任意性，基本上不受固定程序和形式的约束，也可将道德规范、社会习惯作为调解的依据。

(3) 调解书仅具有合同性质，不具有强制执行的效力。

劳动争议调解机构是专门处理劳动争议的群众性组织。《劳动争议调解仲裁法》将劳动争议调解组织不再局限于企业调解委员会，而是整合了现在社会上已经成立的各种劳动调解组织来参与劳动争议，包括基层人民调解组织，在乡镇、街道设立的具有劳动争议调解职能的一些组织，把矛盾、纠纷化解在基层，有利于促进劳动关系的和谐稳定。

1. 当事人申请

劳动争议发生后，任何一方当事人都可以自知道或应当知道其权利被侵害之日起30日内，以口头或书面形式向本单位劳动争议调解委员会或其他调解机构申请调解，并填写

《劳动争议调解申请书》。口头申请的，调解组织应当当场记录申请人基本情况、申请调解的争议事项、理由和时间。

2. 受理

调解委员会接到调解申请后，应对调解申请书进行审查，看其是否符合受理条件和范围。调解委员会应在接到《劳动争议调解申请书》4日内做出受理与否的决定。对不予受理的，应向申请人说明理由。经审查决定受理的，应征询对方当事人意见，对方当事人愿意调解的，将调解地点、要求等以口头或书面形式通知对方当事人；对方不愿调解的，应做好记录，在3日内以书面形式通知申请人。对调解委员会无法决定是否受理的案件，由调解委员会主任决定是否受理。

3. 调查核实

调解委员会对决定受理的案件，应及时指派1~2名调解人员对争议事项进行全面调查核实。调查应制作笔录，并由调查人员签名或盖章。

4. 调解

调解方式分为简易调解方式和会议调解方式。对于争议事实清楚、情节较简单、双方分歧不大的劳动争议，可采取简易调解方式，由劳动争议调解委员会指定1~2名调解委员进行调解。除简单劳动争议外，其他劳动争议应采取会议调解方式进行，由调解委员会主任主持召开，有关单位和个人也可以参加调解会议协助调解。对于案情复杂、影响大、涉及面广或对用人单位和劳动者有教育意义的劳动争议，在征得当事人同意后，调解会议可以公开进行，允许一些群众旁听调解，必要时还可聘请有关部门和人员参加会议协助调解。调解劳动争议，应当充分听取双方当事人对事实和理由的陈述，耐心疏导，帮助其达成协议。

5. 达成调解协议

经调解，双方当事人自愿达成调解协议的，由调解委员会制作调解协议书。调解协议书由双方当事人签名或盖章，经调解员签名并加盖调解组织印章后生效，对双方当事人具有约束力，当事人应当履行。若调解不成，则应制作笔录，填写调解意见书。

案例分析 9-4

小赵在一家公司上班，双方签订了为期5年的劳动合同，劳动合同约定的月工资为4 000元。但是在工作了2年7个月以后，公司常常以资金周转困难为由拖欠小赵工资，最长的一次拖欠了半年之久。小赵权衡再三，提出辞职，并向公司提出经济补偿的请求。经过激烈的争执，最后公司同意补全拖欠的工资，再额外补偿4 000元。

请问：公司的做法是否合法？为什么？

（二）调解协议的效力

根据《劳动争议调解仲裁法》第14条的规定，调解协议书对双方当事人具有约束力，当事人应当履行。2006年颁布的《最高人民法院关于审理劳动争议案件适用法律若干问题的解释（二）》第17条也明确规定，劳动争议调解协议具有劳动合同的约束。

1. 申请司法确认调解协议

根据《民事诉讼法》第194条、第195条的规定，当事人可申请司法确认调解协议。由双方当事人依照人民调解法等法律，自调解协议生效之日起30日内，共同向调解组织所在地基层人民法院提出。人民法院受理申请后，经审查，符合法律规定的，裁定调解协议有效。一方当事人拒绝履行或者未全部履行的，对方当事人可以向人民法院申请执行；不符合法律规定的，裁定驳回申请，当事人既可以通过调解方式变更原调解协议或者达成新的调解协议，也可以向人民法院提起诉讼。

2. 调解协议无效或可撤销的情形

（1）无效调解协议。

下列调解协议无效：损害国家、集体或者第三人利益；以合法形式掩盖非法目的；损害社会公共利益；违反法律、行政法规的强制性规定；人民调解委员会强制调解的。

（2）可变更、可撤销的调解协议。

下列调解协议，当事人一方有权请求人民法院变更或撤销：因重大误解订立的；在订立协议时显失公平的；一方以欺诈、胁迫的手段或者乘人之危，使对方在违背真实意思的情况下订立的调解协议。

3. 申请仲裁

自劳动争议调解组织收到调解申请之日起15日内未达成调解协议的，当事人可以依法申请仲裁；达成调解协议后，一方当事人在协议约定期限内不履行调解协议的，另一方当事人可以依法申请仲裁。

4. 申请支付令

支付令是法院根据债权人的申请，督促债务人履行债务的程序。申请支付令的程序和执行，按照民事诉讼法的有关规定执行。因支付拖欠劳动报酬、工伤医疗费、经济补偿或者赔偿金事项达成调解协议，用人单位在协议约定期限内不履行的，劳动者可以持调解协议书依法向人民法院申请支付令。人民法院应当依法发出支付令。

五、劳动争议仲裁

（一）仲裁的概念

劳动争议仲裁是指劳动争议仲裁机构根据劳动争议当事人的请求，对劳动争议的事实和责任依法做出判断和裁决，并对当事人具有法律约束力的一种劳动争议处理方式。根据《劳动法》第79条的规定，劳动争议仲裁是提起劳动争议诉讼的前置程序，是为了更快、更便捷、更有效地解决劳动争议。

与劳动争议调解相比，劳动争议仲裁具有以下特点：

（1）仲裁机构是一种依法组成的半官方机构，而非民间机构。

（2）仲裁申请可由任何一方当事人提起，无须双方达成合意。

（3）仲裁机构在调解不成的情况下可做出裁决，仲裁调解或仲裁裁决依法生效后具有强制执行的效力。

与劳动争议诉讼相比，劳动争议仲裁具有以下特点：

（1）仲裁机构不属于司法机构，无采取强制措施的权力。

（2）仲裁程序较诉讼程序简便，重在提高解决劳动争议的效率。

（3）仲裁调解或仲裁裁决不具有最终解决争议的效力，但"一裁终局"的案件除外。

(4) 对生效的仲裁调解或仲裁裁决,仲裁机构不能强制执行,当事人须申请法院执行。

(二) 劳动争议仲裁机构

1. 劳动争议仲裁委员会办事机构

劳动争议仲裁委员会是经国家授权,依法设立,独立仲裁处理劳动争议案件的专门机构。劳动争议仲裁委员会的设置不按照县、市、区的行政区划进行。仲裁委员会由下列人员组成:劳动行政主管部门的代表;与会的代表;政府指定的经济综合管理部门的代表。仲裁委员会委员的确认或更换,须报同级人民政府批准。

2. 劳动争议仲裁委员会

劳动争议仲裁委员会下设办事机构,负责办理劳动争议仲裁委员会的日常工作。根据《劳动争议仲裁委员会组织规则》第12条的规定,仲裁委员会办事机构在仲裁委员会领导下,负责劳动争议处理的日常工作,主要职责是:承办处理劳动争议案件的日常工作;根据仲裁委员会的授权,负责管理仲裁员,组织仲裁庭;管理仲裁委员会的文书、档案、印鉴;负责劳动争议及其处理方面的法律、法规及政策咨询;向仲裁委员会汇报、请示工作;办理仲裁委员会授权或交办的其他事项。

3. 劳动争议仲裁庭和仲裁员

劳动争议仲裁庭在仲裁委员会领导下处理劳动争议案件,实行一案一庭制。仲裁庭由一名首席仲裁员、两名仲裁员组成。简单案件,仲裁委员会可以指定一名仲裁员独自处理。仲裁庭的首席仲裁员由仲裁委员会负责人或授权其办事机构负责人指定,另两名仲裁员由仲裁委员会授权其办事机构负责人指定或由当事人各选一名,具体办法由省、自治区、直辖市自行确定。

仲裁员包括专职仲裁员和兼职仲裁员。二者须经省级以上劳动行政主管部门考核认定,取得仲裁员资格后,方可担任专职或兼职仲裁员。专职仲裁员由仲裁委员会从劳动行政主管部门专门从事劳动争议处理工作的人员中聘任。兼职仲裁员由仲裁委员会从劳动行政主管部门或其他行政部门的人员、工会工作者、专家、学者和律师中聘任。

仲裁庭是在仲裁委员会的授权和指导下,以仲裁委员会的名义独立仲裁劳动案件,向仲裁委员会负责的专门机构。仲裁庭对重大或疑难案件的处理,应当提交劳动争议仲裁委员会讨论决定。对于仲裁委员会的决定,仲裁庭必须执行。

(三) 劳动争议仲裁的管辖

劳动争议仲裁委员会负责管辖本区域内发生的劳动争议。劳动争议由劳动合同履行地或者用人单位所在地的劳动争议仲裁委员会管辖。双方当事人分别向劳动合同履行地和用人单位所在地的劳动争议仲裁委员会申请仲裁的,由劳动合同履行地的劳动争议仲裁委员会管辖。

(四) 劳动争议仲裁的程序

1. 申请

劳动争议发生后,当事人不愿自行协商解决或协商不成的,或者不愿申请调解或调解不成的,在仲裁时效期间内,当事人均可向有管辖权的仲裁委员会提出申请。根据《劳动争议调解仲裁法》第27条第1款的规定,劳动争议申请仲裁的时效期间为1年,仲裁时效期间从当事人知道或者应当知道其权利被侵害之日起计算。这个规定延长了《劳动法》第82条规定的60天，使得劳动争议当事人有充足的时间来申请仲裁。此外，《劳动争议调解仲裁法》第27条第4款还规定了在劳动关系存续期间：因拖欠劳动报酬发生争议的，劳动者申请仲裁不受本条第1款规定的仲裁时效期间的限制；但劳动关系终止的，应当自劳动关系终止之日起1年内提出。

2. 受理

劳动争议仲裁委员会收到仲裁申请之日起5日内，认为符合受理条件的，应当受理，并通知申请人；认为不符合受理条件的，应当书面通知申请人不予受理，并说明理由。对劳动争议仲裁委员会不予受理或者逾期未做出决定的，申请人可以就该劳动争议事项向人民法院提起诉讼。

劳动争议仲裁委员会受理仲裁申请后，应当在5日内将仲裁申请书副本送达被申请人。被申请人收到仲裁申请书副本后，应当在10日内向劳动争议仲裁委员会提交答辩书。劳动争议仲裁委员会收到答辩书后，应当在5日内将答辩书副本送达申请人。被申请人未提交答辩书的，不影响仲裁程序的进行。

3. 仲裁准备

劳动争议仲裁委员会对决定受理的案件，应当在受理仲裁申请之日起5日内将仲裁庭的组成情况书面通知当事人。符合回避条件的仲裁员应当回避，当事人也可申请相关人员回避。仲裁委员会对回避申请应当及时做出决定。

仲裁庭应当在开庭5日前，将开庭日期、地点书面通知双方当事人。当事人有正当理由的，可以在开庭3日前请求延期开庭。是否延期，由劳动争议仲裁委员会决定。

4. 开庭审理

开庭审理是指在当事人和其他参与人的参加下，仲裁庭或仲裁员依照法律规定的程序在庭上对案件进行全面审查并做出裁决的活动。当事人在仲裁过程中有权进行质证和辩论。当事人提供的证据经查证属实的，仲裁庭应当将其作为认定事实的根据。劳动者无法提供由用人单位掌握管理的仲裁请求有关的证据，仲裁庭可以要求用人单位在指定期限内提供。用人单位在指定期限内不提供的，应当承担不利后果。

5. 和解和调解

当事人申请劳动争议仲裁后，可以自行和解。达成和解协议的，可以撤回仲裁申请。仲裁庭在做出裁决前，应当先行调解。调解达成协议的，仲裁庭应当制作调解书。调解书应书写明仲裁请求和当事人协议的结果。调解书由仲裁员签名，加盖劳动争议仲裁委员会印章，送达双方当事人。调解书经双方当事人签收后，发生法律效力。调解不成或者调解书送达前，一方当事人反悔的，仲裁庭应当及时做出裁决。

6. 裁决

仲裁庭裁决劳动争议案件，应当自劳动争议仲裁委员会受理仲裁申请之日起45日内结束。案情复杂需要延期的，经劳动争议仲裁委员会主任批准，可以延期并书面通知当事人，但是延长期限不得超过15日。逾期未做出仲裁裁决的，当事人可以就该劳动争议事项向人民法院提起诉讼。仲裁庭裁决劳动争议案件时，其中一部分事实已经清楚，可以就该部分先行裁决。

裁决应当按照多数仲裁员的意见做出，少数仲裁员的不同意见应当记入笔录。仲裁庭不能形成多数意见时，裁决应当按照首席仲裁员的意见做出。裁决书应当载明仲裁请求、争议事实、裁决理由、裁决结果和裁决日期。裁决书由仲裁员签名，加盖劳动争议仲裁委员会印章。对裁决持不同意见的仲裁员，可以签名，也可以不签名。

7. 仲裁执行

（1）先予执行。

仲裁的先予执行，是指在仲裁裁决之前，为了不影响劳动者的生活，对某些当事人之间权利义务关系明确的案件，仲裁庭根据当事人的申请，在仲裁裁决之前做出先予执行的裁决，并及时移送法院执行的制度。

仲裁庭对追索劳动报酬、工伤医疗费、经济补偿或者赔偿金的案件，根据当事人的申请，可以裁决先予执行，移送人民法院执行。

仲裁庭裁决先予执行的，应当符合下列条件：当事人之间权利义务关系明确；不先予执行将严重影响申请人的生活。劳动者申请先予执行的，可以不提供担保。

（2）强制执行。

当事人对发生法律效力的调解书、裁决书，应当依照规定的期限履行。一方当事人逾期不履行的，另一方当事人可以依照民事诉讼法的有关规定向人民法院申请执行。受理申请的人民法院应当依法执行。

（五）劳动争议仲裁的效力

对于一般的劳动争议仲裁，当事人对仲裁裁决不服的，可以自收到仲裁裁决书之日起15日内向人民法院提起诉讼；期满不起诉的，裁决书发生法律效力。

下列劳动争议，仲裁裁决为终局裁决，裁决书自做出之日起发生法律效力：

（1）追索劳动报酬、工伤医疗费、经济补偿或者赔偿金不超过当地月最低工资标准12个月金额的争议。

（2）因执行国家的劳动标准在工作时间、休息休假、社会保险等方面发生的争议。

《最高人民法院关于审理劳动争议案件适用法律若干问题的解释（二）》第13条规定，劳动者依据调解仲裁法第47条第1款规定，追索劳动报酬、工伤医疗费、经济补偿或者赔偿金，如果仲裁裁决涉及数项，每项确定的数额均不超过当地月最低工资标准12个月金额的，应按照终局裁决处理。

一裁终局制度是劳动争议经仲裁庭裁决后即行终结的制度。由该规定可以看出，适用一裁终局的劳动争议仲裁案件有两类：一是小额仲裁案件；二是标准明确的仲裁案件。这两类案件在全部劳动争议案件总数中所占比例较大，也正因为如此，"一裁终局"可以解决多数劳动争议案件处理周期长的问题。

当然，上述规定案件的终局裁决也不是绝对的。劳动者如果对该仲裁裁决不服，可以自收到仲裁裁决书之日起15日内向人民法院提起诉讼。如果用人单位对该仲裁裁决不服，有证据证明有下列情形之一，则可自收到仲裁裁决书之日起30日内向劳动争议仲裁委员会所在地的中级人民法院申请撤销裁决：适用法律、法规确有错误的；劳动争议仲裁委员会无管辖权的；违反法定程序的；裁决所根据的证据是伪造的；对方当事人隐瞒了足以影响公正裁决的证据的；仲裁员在仲裁该案时有索贿受贿、徇私舞弊、枉法裁决行为的。依据用人单位提交的上述证据，人民法院经组成合议庭审查核实确有发生的，应当裁定撤销仲裁裁决。仲裁裁决被人民法院裁定撤销的，当事人可以自收到裁定书之日起 15 日内就该劳动争议事项向人民法院提起诉讼。

六、劳动争议诉讼

(一) 劳动争议诉讼的概念和受案范围

1. 劳动争议诉讼的概念

劳动争议诉讼是指劳动争议当事人不服劳动争议仲裁委员会的裁决，在规定的期限内向人民法院起诉，人民法院依法受理后，依法对劳动争议案件进行审理的活动。这种诉讼形式既是解决劳动争议的最后程序，也是对劳动争议的最终处理。

2. 劳动争议诉讼的受案范围

劳动争议诉讼的受案范围是指法院受理劳动争议案件的范围，也称法院的主管范围，即法院受理哪些劳动争议案件。劳动者和用人单位之间发生的关于《劳动争议调解仲裁法》第 2 条所规定的劳动争议，当事人不服仲裁裁决的，有权在收到裁决书 15 日内向法院起诉；仲裁机构以超过仲裁时效等为由决定不受理的，当事人也有权在收到不予受理的书面通知或决定之日起 15 日内起诉。仲裁以当事人撤回申诉或达成调解协议而结案的，当事人无权向法院起诉。这是法院受理劳动争议案件的一般范围。同时，法院还受理一些特殊情形下的劳动争议案件：

(1) 劳动争议仲裁委员会以当事人申请仲裁的事项不属于劳动争议为由，做出不予受理的书面裁决、决定或者通知，当事人不服，依法向人民法院起诉的，属于劳动争议案件的，应当受理；虽不属于劳动争议案件，但属于人民法院主管的其他案件，也应当依法受理。

(2) 劳动争议仲裁委员会以当事人的仲裁申请超过仲裁时效为由，做出不予受理的书面裁决、决定或者通知，当事人不服，依法向人民法院起诉的，人民法院应当受理；对确已超过仲裁申请期限，又无不可抗力或者其他正当理由的，依法驳回其诉讼请求。

(3) 劳动争议仲裁委员会以申请仲裁的主体不适格为由，做出不予受理的书面裁决、决定或者通知，当事人不服，依法向人民法院起诉的，经审查，确属主体不适格的，裁定不予受理或者驳回起诉。

(4) 劳动争议仲裁委员会为纠正原仲裁裁决错误更新做出裁决，当事人不服，依法向人民法院起诉的，人民法院应当受理。

(5) 劳动争议仲裁委员会仲裁的事项不属于人民法院受理的案件范围，当事人不服，依法向人民法院起诉的，裁定不予受理或者驳回起诉。

(二) 劳动争议诉讼的管辖

劳动争议案件由用人单位所在地或者劳动合同履行地的基层人民法院管辖。劳动合同履行地不明确的，由用人单位所在地的基层人民法院管辖。如果当事人双方就同一仲裁裁决分别向有管辖权的人民法院起诉的，后受理的人民法院应当将案件移送给先受理的人民法院。

(三) 劳动争议案件的审判程序

人民法院在审理劳动争议案件时，依照《民事诉讼法》的相关程序来进行审理，同样遵循司法审判中的一般诉讼原则，如以事实为根据、以法律为准绳的原则，独立行使审判权的原则，回避原则等。

1. 起诉和受理

当事人对仲裁裁决不服的，可在接到仲裁裁决书 15 日内向人民法院起诉，由人民法院民事审判庭审理。对于符合起诉条件的，人民法院应当受理；人民法院决定受理的案件，应当自当事人起诉之日起 7 日内立案。认为不符合受理条件的，应当在 7 日内裁定不予受理，原告对裁定不服的，可以提起上诉。

2. 审理前的准备和调查

人民法院应当在立案之日起 5 日内将起诉状副本发送被告，被告应当在收到之日起 15 日内提出答辩状。人民法院应当在收到答辩状之日起 5 日内将答辩状副本发送原告。

人民法院对决定受理的案件，应当在受理案件通知书和应诉通知书中向当事人告知有关的诉讼权利义务，或者口头告知。合议庭组成人员确定后，应当在 3 日内告知当事人。

审判人员须认真审核诉讼材料，调查收集必要的证据，这是审理前准备工作的一项重要内容。必要时，还可委托外地人民法院进行调查。此外，对于必须共同进行诉讼的当事人没有参加诉讼的，人民法院应当通知其参加诉讼。

3. 调节和审判

审理劳动争议案件，一般应先行调解，若当事人不同意调解，则开庭审理；当事人同意调解的，适用普通程序审理的案件，则由合议庭进行调解。

开庭审理包括法庭调查、法庭辩论、评议宣判等阶段。开庭审理的主要任务在于审查、核实证据，查明案件事实，分清是非责任，正确适用法律，确认当事人之间的权利义务关系，保护当事人的合法权益。

法庭调查按照下列顺序进行：当事人陈述；告知证人的权利义务，证人作证宣读未到庭的证人证言；出示书证、物证、视听资料和电子数据；宣读鉴定意见；宣读勘验笔录。

法庭辩论按照下列顺序进行：原告及其诉讼代理人发言；被告及其诉讼代理人答辩；第三人及其诉讼代理人发言或者答辩；互相辩论。法庭辩论终结，由审判长按照原告、被告、第三人的先后顺序征询各方最后意见。

法庭辩论终结后，即进入评议宣判阶段，应当依法做出判决。判决前能够调解的，还可以进行调解，调解不成的，应当及时判决。能够当庭宣判的，可以当庭宣判，不能当庭宣判的，应定期宣判。当庭宣判的，应当在 10 日内将判决书发给当事人；定期宣判的，宣判后应立即将判决书发给当事人。

4. 第二审程序

对判决或裁定不服的，可向上级法院提起上诉。根据《民事诉讼法》的规定，实行两审终审制。

思考与训练

一、思考题

1. 简述劳动法的调整对象。

2. 简述劳动合同订立的原则和内容。
3. 简述劳动合同解除和终止的情形。
4. 简述劳动合同争议的解决办法。

二、案例分析

小刘在一家公司工作了很长时间，一直表现很优秀，深得老板器重。之前，他分别签订了两次3年期限的劳动合同，合同期满后，他正在犹豫是否续签，公司为了留住他，决定跟他签订长达5年的劳动合同。小刘认为时间太长，想签2年，被公司拒绝。

请问：谁的说法更合乎法律规定？为什么？

三、实训项目

设计题目：模拟劳动争议仲裁

设计目的：通过模拟劳动争议案件，由学生扮演仲裁员、书记员、评论员、申请人、被申请人等仲裁参与人角色，以仲裁审判为参照，模拟审判某一案件的活动。使学生们通过分析和研究案例，模拟案件的处理，解释法律规定，掌握案情与法律之间的关系，将所学的法学理论运用于实践之中，从而加深参与者对法律知识和仲裁程序的了解。对弘扬法制思想，普及法律知识，活跃学术气氛，增强学生理论联系实际的能力有着十分重要的作用。

设计思路与步骤：

1. **课程设计准备**：进行课程设计的理论和时间准备、场地的准备。
2. **模拟仲裁分工**：选定现实案例，分配角色。角色包括：首席仲裁员；仲裁员；申诉方；被申诉方代理人；书记员；评论人。
3. **模拟劳动仲裁**：进行劳动争议仲裁模拟。
4. **点评模拟劳动仲裁**：评论员对每个同学模拟过程中的表现进行综合点评。
5. **课程设计总结和完成设计报告**：全组成员总结课程设计情况，完成课程设计报告。

第十模块

企业破产法律实务

学习目标

1. 了解破产原因、破产的申请与受理；
2. 了解债务人财产的概念、破产费用和公益债务、债权申报条件；
3. 了解债权人会议、债权人委员会、管理人的职责；
4. 了解破产清算、破产重整、破产和解的程序。

课前案例

江苏舜天船舶股份有限公司破产重整案①

2015年12月22日，中国银行股份有限公司南通崇川支行以被申请人江苏舜天船舶股份有限公司（简称舜天船舶公司）不能清偿到期债务且资产不足以清偿全部债务为由，向江苏省南京市中级人民法院（简称南京中院）申请重整舜天船舶公司。南京中院依法组织召开听证会对重整申请进行了审查。

南京中院经审查查明，舜天船舶公司于2003年6月成立，公司经营范围主要包括船舶与非船舶交易等，实际控制人为江苏省国信资产管理集团有限公司。2011年8月，舜天船舶公司股票在深交所挂牌交易。近年来，受航运、船舶市场持续低迷和经营管理不善的影响，舜天船舶公司自2014年起出现巨额亏损，2015年公司股票被处以"退市风险警示"特别处理，公司经营持续恶化，负债80亿余元。

南京中院认为，舜天船舶公司不能清偿到期债务，且现有资产不足以清偿全部债务，已发生重整事由。2016年2月5日，南京中院逐级报请最高人民法院（简称最高法院）批准，

---

① 案例节选自《中华人民共和国最高人民法院公报》。

依法裁定受理舜天船舶公司破产重整案。请思考：
1. 法院受理破产申请后的法律后果。
2. 破产重整计划草案应该由谁制定，由谁表决通过。

第一节　破产法概述

一、破产法的发展

破产是商品经济发展到一定阶段必然出现的法律现象，为了妥善处理破产事件，减少其消极影响，维护社会安定，完善的破产制度至关重要。破产清算的有效实施不仅能保证市场主体及时出清，而且破产重整、和解制度可以拯救具有重整价值的企业，促进经济结构优化。

破产具有以下法律特征：一是破产必须以债务人不能清偿到期债务为前提。二是破产以公平清偿债权为宗旨。在破产的情况下，各债权人之间就存在债权受偿上的利益冲突，破产是为了协调各债权人之间的利益冲突，保证全体债权人公平地受偿，而不是保证个别债权人的利益。三是破产是一种强制执行程序。债务人一旦进入破产程序，就必须受法院的破产执行程序的支配。

破产制度的立法方面：2006年8月27日中华人民共和国第十届全国人民代表大会常务委员会第23次会议通过了《中华人民共和国企业破产法》（简称《企业破产法》），2007年6月1日起施行。为了规范人民法院指定管理人和确定管理人报酬的工作，最高人民法院于2007年4月4日公布了最高人民法院《关于审理企业破产案件指定管理人的规定》和最高人民法院《关于审理企业破产案件确定管理人报酬的规定》，这两部规定也同时自2007年6月1日起施行。司法解释方面：《最高人民法院关于适用〈中华人民共和国企业破产法〉若干问题的规定（一）》已于2011年8月29日由最高人民法院审判委员会第1527次会议通过，自2011年9月26日起施行。《最高人民法院关于适用〈中华人民共和国企业破产法〉若干问题的规定（二）》已于2013年7月29日由最高人民法院审判委员会第1586次会议通过，自2013年9月16日起施行。《最高人民法院关于适用〈中华人民共和国企业破产法〉若干问题的规定（三）》已于2019年2月25日由最高人民法院审判委员会第1762次会议通过，自2019年3月28日起施行。

二、破产法的目的与适用范围

（一）破产法的目的

《企业破产法》规定了中国的破产包括破产清算、破产重整、破产和解三种情形。《企业破产法》首先保证了债权人整体利益最大化，其次保证了债权人之间的公平受偿。

（二）破产原因

《企业破产法》第2条规定：企业法人不能清偿到期债务，并且资产不足以清偿全部债务或者明显缺乏清偿能力的，依照本法规定清理债务。企业法人有前款规定情形，或者有明显丧失清偿能力可能的，可以依照本法规定进行重整。

1. 复合破产原因

企业法人不能清偿到期债务，并且资不抵债；企业法人不能清偿到期债务，并且明显缺乏清偿能力。相关条件的认定如下：

（1）"不能清偿到期债务"的认定：一是债权债务关系依法成立；二是债务履行期限已经届满；三是债务人未完全清偿债务。

（2）"资产不足以清偿全部债务"的认定：债务人的资产负债表显示其全部资产不足以偿付全部债务的，人民法院应当认定债务人资产不足以清偿全部债务，审计报告、资产评估报告等材料具有同等效力，如有相反的证据则除外。

（3）"明显缺乏清偿能力"的认定：尽管债务人的账面资产大于负债，但是存在下列情形之一，则人民法院应当认定其明显缺乏清偿能力。一是因资金严重不足或者财产不能变现等原因，无法清偿债务；二是法定代表人下落不明且无其他人员负责管理财产，无法清偿债务；三是经人民法院强制执行，无法清偿债务；四是长期亏损且经营扭亏困难，无法清偿债务；五是导致债务人丧失清偿能力的其他情形。

2. 单一破产原因

企业法人有明显丧失清偿能力可能的，可以依照本法规定进行重整。

（1）"明显丧失清偿能力可能"的认定：企业法人虽然尚未出现不能清偿的客观事实，但已经出现经营危机，有潜在的丧失清偿能力的可能。

（2）出现该类破产原因，只能启动重整程序。

作为破产原因的法律事实，既可以是复合的，也可以是单一的。目前，大多数国家采用单一规定，以债务人不能清偿到期债务为唯一原因，而《企业破产法》第2条规定，我国采用复合规定和单一规定并存的方式。

（三）破产法的适用范围

破产法的主体适用范围：《企业破产法》适用于企业法人。但是企业法人以外的组织（如合伙企业）的清算，属于破产清算的，参照适用《企业破产法》的规定程序。商业银行、证券公司、保险公司等金融机构有《企业破产法》规定的破产情形的，国务院金融监督管理机构可以向人民法院提出对该金融机构进行重整或者破产清算的申请。国务院金融监督管理机构依法对出现重大经营风险的金融机构采取接管、托管等措施的，可以向人民法院申请中止以该金融机构为被告或者被执行人的民事诉讼程序或者执行程序。金融机构实施破产的，国务院可以依据本法和其他有关法律的规定制定实施办法。

破产法的地域适用范围：破产法的地域适用范围是指破产法域外效力的问题，即一国的破产宣告对位于其他国家的破产人的财产是否有效。《企业破产法》规定，对债务人在中华人民共和国领域外的财产发生效力。对外国法院做出的发生法律效力的破产案件的判决、裁定，涉及债务人在中华人民共和国领域内的财产，申请或者请求人民法院承认和执行的，人民法院依照中华人民共和国缔结或者参加的国际条约，或者按照互惠原则进行审查，认为不违反中华人民共和国法律的基本原则，不损害国家主权、安全和社会公共利益，不损害中华人民共和国领域内债权人的合法权益的，裁定承认和执行。

三、破产申请与受理

(一) 破产的申请

《企业破产法》第 2 条规定，债务人可以向人民法院提出重整、和解或者破产清算申请。债务人不能清偿到期债务，债权人可以向人民法院提出对债务人进行重整或者破产清算的申请。企业法人已解散但未清算或者未清算完毕，资产不足以清偿债务的，依法负有清算责任的人应当向人民法院申请破产清算。

通过表 10-1 可以得知，有三种主体可以提起破产申请：

(1) 债务人可以提出清算、重整、和解三种申请类型，提出的条件同《企业破产法》第二条规定的两种复合原因和一种单一原因。但是需要注意的是，破产是债务人具备的一项权利，而非义务。也就是说，即便是债务人符合企业的原因也可以不提出申请，人民法院不得强制干涉。

(2) 债权人可以提出清算、重整两种申请类型，提出条件：债务人不能清偿到期债务。值得注意的是，这仅仅是破产原因的构成要件之一，之所以这样规定，是因为"资产不足以清偿全部债务或者明显缺乏清偿能力"等事实通常属于外部债权人无法获知的企业内部情况。所以债权人提出破产申请只需要提供债务人"不能清偿到期债务"的证据即可。但是其债权有如下要求：须为具有给付内容的请求权；须为法律上可以强制执行的请求权；须为已到期的请求权。以下几种情况的债权不能申请债务人破产：基于物权或人身权提出的无给付内容的请求；已超过诉讼时效期间的债权；丧失了申请执行权的债权；未到期的债权。

(3) 依法负有清算责任的人可以提出破产清算。提出条件如下：企业法人已解散但未清算或者未清算完毕；资产不足清偿债务的。

所谓"依法负有清算责任的人"，依照相关的法律：有限责任公司解散时，清算人由股东组成；股份有限责任公司解散后，其清算责任可以是董事、股东大会确定的人员，或人民法院制定有关人员组织的清算组。

表 10-1 破产申请人对比

申请人	类型	提交材料
债务人	清算、重整、和解	(1) 破产申请书； (2) 财产状况说明、债务清册、债权清册、有关财务会计报告、职工安置预案以及职工工资的支付和社会保险费用的交纳情况
债权人	清算、重整	(1) 破产申请书； (2) 债务人不能到期还债的证据
清算人	清算	(1) 破产申请书； (2) 有关证据

(二) 破产申请的审查与受理

不同的申请主体提出破产申请后，人民法院的审查与受理的流程对比如图 10-1 所示。

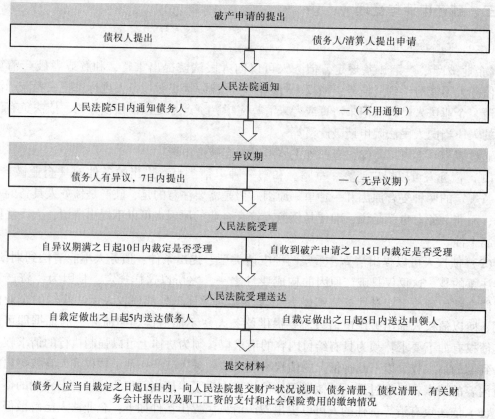

图 10-1 债权人和债务人/清算人的破产申请与受理流程

1. 破产申请的审查

人民法院在受到破产申请之后需要进行审查来决定是否受理，而审查分为形式审查与实质审查。

形式审查是指判定破产申请是否具备法律规定的申请形式条件的工作程序，主要包括：

(1) 申请人是否具有申请资格。

(2) 是否属于人民法院的管辖范围。

(3) 破产材料是否完整。

(4) 破产费用是否预交。

实质审查是判定被申请破产的企业法人是否具备《企业破产法》第 2 条规定的破产原因。

目前，在我国，当债权人、债务人向人民法院提出破产申请后，破产程序并不当然开始。人民法院应当在法定期限内，对破产申请予以形式审查和实质审查，然后做出是否受理的裁决。人民法院裁定受理破产申请的，应当同时指定管理人。

2. 申请的不受理与驳回

(1) 裁定不受理破产申请的，应当自裁定做出之日起 5 日内送达申请人并说明理由。申请人对裁定不服的，可以自裁定送达之日起 10 日内向上一级人民法院提起上诉。

(2) 人民法院受理破产申请后至破产宣告前，经审查发现债务人不符合本法第 2 条规定情形的，可以裁定驳回申请。申请人对裁定不服的，可以自裁定送达之日起 10 日内向上一级人民法院提起上诉。

3. 公告的内容

人民法院裁定受理破产申请的，应当同时指定管理人。人民法院应当自裁定受理破产申请之日起 25 日内通知已知债权人，并予以公告。公告应当载明下列事项：

(1) 申请人、被申请人的名称或者姓名。
(2) 人民法院受理破产申请的时间。
(3) 申报债权的期限、地点和注意事项。
(4) 管理人的名称或者姓名及其处理事务的地址。
(5) 债务人的债务人或者财产持有人应当向管理人清偿债务或者交付财产的要求。
(6) 第一次债权人会议召开的时间和地点。
(7) 人民法院认为应当通知和公告的其他事项。

（三）管理人

1. 管理人和债务人职责对比

管理人由人民法院指定。管理人可以由有关部门、机构的人员组成的清算组或者依法设立的律师事务所、会计师事务所、破产清算事务所等社会中介机构担任。人民法院根据债务人的实际情况，可以在征询有关社会中介机构的意见后，指定该机构具备相关专业知识并取得执业资格的人员担任管理人。

管理人确定后，全权接管债务人企业，执行破产程序管理特别是破产财产和事务的管理。二者在破产申请受理后的职责对比如表 10 - 2 所示。

表 10 - 2　破产申请受理后管理人职责与债务人职责对比

情形	管理人	债务人
职责与义务	管理人履行下列职责： (1) 接管债务人的财产、印章和账簿、文书等资料； (2) 调查债务人财产状况，制作财产状况报告； (3) 决定债务人的内部管理事务； (4) 决定债务人的日常开支和其他必要开支； (5) 在第一次债权人会议召开之前，决定继续或者停止债务人的营业； (6) 管理和处分债务人的财产； (7) 代表债务人参加诉讼、仲裁或者其他法律程序； (8) 提议召开债权人会议； (9) 人民法院认为管理人应当履行的其他职责	债务人的有关人员承担下列义务： (1) 妥善保管其占有和管理的财产、印章和账簿、文书等资料； (2) 根据人民法院、管理人的要求进行工作，并如实回答询问； (3) 列席债权人会议并如实回答债权人的询问； (4) 未经人民法院许可，不得离开住所地； (5) 不得新任其他企业的董事、监事、高级管理人员
时间区间	自人民法院受理破产申请的裁定送达债务人之日起至破产程序终结之日	

2. 破产中的组织机构

债权人会议认为管理人不能依法、公正执行职务或者有其他不能胜任职务情形的，可以申请人民法院予以更换。管理人依照本法规定执行职务，向人民法院报告工作，并接受债权人会议和债权人委员会的监督。管理人应当列席债权人会议，向债权人会议报告职务执行情况，并回答询问。

企业破产过程中涉及的临时组织机构由管理人、债权人会议、债权人委员会组成。在有限责任公司成立以及正常经营的过程中，一般资产大于债务，所以全体股东组成的股东会有比较大的话语权。股东会是最高的权力机构，股东会选出来非职工代表担任董事、监事，董事会任命总经理等高级管理人员。其中，董事会是有限责任工作的最高决策机构，总经理负责执行并对董事会负责，而监事会负责监督董事会和高级管理层。当公司破产时，一般是债务大于资产，所以债权人有比较大的话语权，所以全体债权人组成的债权人会议是最高的权力机构，人民法院决定的管理人相当于董事、高级管理人员的职位，负责破产程序中债务人财产的管理，债权人会议选举债权人委员会，负责监督管理人。有限责任公司组织机构与破产程序的简单对比如表10-3所示，详细的职权对比见第四节。

表10-3 有限责任公司组织机构与破产程序对比

机构	有限责任公司	企业法人破产
权力机构	股东会（全体股东）	债权人会议（全体债权人）
决策执行机构	董事会、高级管理人员	管理人
监督机构	监事会（股东大会选举＋职工代表）	债权人委员会（债权人会议选举＋职工代表）

（四）破产受理的法律后果

破产案件的受理是指法院认为破产申请复核破产条件而予以接受，并开始破产程序的司法行为。破产申请的受理是破产程序开始的标志，具有表10-4中的法律影响。

表10-4 破产申请受理的法律后果

破产受理	具体情形	法律后果
人民法院受理破产申请后	个别清偿	债务人对个别债权人的债务清偿无效
	对管理人为给付	债务人的债务人或者财产持有人应当向管理人清偿债务或者交付财产
	待履行合同的处理	（1）管理人对破产申请受理前成立而债务人和对方当事人均未履行完毕的合同有权决定解除或者继续履行，并通知对方当事人。 （2）管理人自破产申请受理之日起2个月内未通知对方当事人，或者自收到对方当事人催告之日起30日内未答复的，视为解除合同。 （3）管理人决定继续履行合同的，对方当事人应当履行；但是，对方当事人有权要求管理人提供担保。管理人不提供担保的，视为解除合同

续表

破产受理	具体情形	法律后果
人民法院受理破产申请后	保全解除/执行中止诉讼/仲裁中止	有关债务人财产的保全措施应当解除，执行程序应当中止
		已经开始而尚未终结的有关债务人的民事诉讼或者仲裁应当中止；在管理人接管债务人的财产后，该诉讼或者仲裁继续进行
		有关债务人的民事诉讼，只能向受理破产申请的人民法院提起

有关破产受理的法律后果应注意以下几点：

（1）个别清偿无效，是为了避免某些债权人的优先、个别受偿损害其他债权人的利益，保证所有债权人能够按照管理人的财产分配方案统一清偿。

（2）对管理人给付，便于管理人对债务人财产实施全面管理，以保证破产财产的安全，使债务人财产得到最大的价值实现，最大限度地满足破产企业的债权人的债权要求。

（3）待履行合同的处理。注意此处仅限于"双方均未履行"或"双方均未履行完毕"的双务合同。如果债务人在己方履行交货义务而对方未履行付款义务的时候进入破产程序，则对方被认定为债务人的债务人（次债务人）；相反，如果在对方已经交付全部货物而己方尚未付款的时候进入破产程序，则只需要对方申报债权即可。

（4）保全解除和执行中止，其中保全措施是指冻结、扣押、查封等。

第二节　债权人财产

破产申请受理时属于债务人的全部财产，以及破产申请受理后至破产程序终结前债务人取得的财产，为债务人财产。

值得注意是，债务人财产是指破产案件受理后至破产宣告做出之前属于债务人的财产，债务人财产在破产宣告做出后便称为破产财产，两个概念的主要区别是表明债务人即破产主体在破产程序的不同阶段的法律地位不同，详细区别见下文。

一、影响债权人财产的因素

破产申请受理后至破产程序终结前债务人取得的财产，主要包括债务人财产本身增值、债务人经营收益以及管理人行使撤销权、追回权、取回权获得的财产。此外，债务人财产还可能受到其债权人行使抵消权、别除权的影响。为了保证破财程序的进行，随时支付的破产费用和公益债务也会影响债务人的财产。

（一）撤销权

1. 撤销权的概念

撤销权又称否认权，是指管理人请求法院对破产债务人在破产申请受理前法定期限内实施的、对恶意减少其财产而有损于全体债权人公平受偿的行为予以撤销的权利。

撤销权的行使有两个法律后果：一是损害债权人利益的行为归于无效；二是因行使撤销

权而取回的财产回归债务人。撤销权主要有针对欺诈破产的撤销和针对个别清偿的撤销两种情形，具体要求如表10-5所示。

表10-5 撤销权

类型	针对欺诈破产的撤销	针对个别清偿的撤销
	人民法院受理破产申请前1年内，涉及债务人财产的下列行为，管理人有权请求人民法院予以撤销： （1）无偿转让财产的； （2）以明显不合理的价格进行交易的； （3）对没有财产担保的债务提供财产担保的； （4）对未到期的债务提前清偿的； （5）放弃债权的	人民法院受理破产申请前6个月内，债务人有本法第2条第1款规定的情形，仍对个别债权人进行清偿的，管理人有权请求人民法院予以撤销。 但是，个别清偿使债务人财产受益的除外
因上述行为而取得的债务人的财产，管理人有权追回	

2. 撤销权的特征

（1）撤销权的行使主体是管理人。

（2）债务人的撤销权的行使有法定期限的限制，这是避免任意扩大撤销权的范围而妨害正常交易，影响经济秩序的稳定。具体来讲，针对欺诈破产的撤销权的法定期限为破产受理前1年以内，针对个别清偿的撤销权的法定期限为破产受理前6个月以内。

（3）撤销权的目的是防止全体债权人的公平受偿受到损害。

值得注意的是，针对欺诈破产的撤销权的第四种情形：对未到期债务提前清偿的，若该债务在破产申请受理前已经到期，不予撤销，但符合"针对个别清偿的撤销"除外。而针对个别清偿的撤销所涉及的行为，针对的是到期、合法债务的清偿。

3. 个别清偿的例外

债务人对债权人进行的以下个别清偿，不予撤销：

（1）债务人为维系基本生产需要而支付水费、电费等的；

（2）债务人支付劳动报酬、人身损害赔偿金的；

（3）使债务人财产受益的其他个别清偿。

4. 两个个别清偿

（1）撤销权中的个别清偿：时间上是破产受理之后，对象是受理前6个月的个别清偿，条件是债务人有本法第2条第1款规定的破产情形，需要行使撤销权。

（2）破产受理后法律后果中的个别清偿：时间上是破产受理之后，对象是受理后个别清偿，后果是无效。

（二）追回权

1. 追回权概念

追回权（见表10-6）是指为满足债权人最大比例的清偿要求而设置的，由破产管理人对债务人在破产程序开始前一定期限内所为的有损债权人利益的无效行为通过人民法院进行否认并追回所转移的财产的权利。

表 10-6 追回权

类型	情形	注意事项
撤销权	针对欺诈破产的撤销； 针对个别清偿的撤销	—
无效行为	涉及债务人财产的下列行为无效： （1）为逃避债务而隐匿、转移财产的； （2）虚构债务或者承认不真实的债务的	无效行为
企业管理层	债务人的董事、监事和高级管理人员利用职权从企业获取的非正常收入和侵占的企业财产，管理人应当追回	（1）侵占的企业财产； （2）非正常的收入。 ①绩效奖金； ②普遍拖欠职工工资情况下的工资收入； ③其他非正常收入
追缴出资	人民法院受理破产申请后，债务人的出资人尚未完全履行出资义务的，管理人应当要求该出资人缴纳所认缴的出资，而不受出资期限的限制	（1）出资不受诉讼时效抗辩； （2）管理人依据《公司法》的相关规定，主张发起人和负有监督股东履行出资义务的董事、高级管理人员，协助抽逃出资的其他股东、董事、高级管理人员、实际控制人等承担相应责任，并将财产归于债务人财产的，法院应予以支持

2. 注意事项

关于企业高级管理层的非正常收入的处理：

（1）管理人追回绩效奖金后，董事、监事、高级管理人员返还绩效奖金形成的债权应当作为普通破产债权清偿。

（2）工资性收入，按照该企业职工平均工资计算的部分应作为拖欠职工工资清偿，高出该企业职工平均工资计算的部分应作为普通破产债权清偿。

（3）董事、监事、高级管理人员返还其他非正常收入形成的债权应作为普通破产债权清偿。

（三）取回权

1. 取回权概念

取回权是指财产所有人取回属于自己所有的财产的权利，包括债务人的取回权和其他财产所有权人的取回权。其他财产所有权人取回权是指从管理人接管的财产中取回不属于债务人财产的请求权，包括一般取回权和出卖人取回权。具体情形如表 10-7 所示。

通常指的取回权并不包括债务人的取回权，仅指其他财产所有权人的取回权，取回权是对特定物的返还请求权，故取回权不参加债权申报，取回权人不参加债权人会议，而由权利人个别行使权利。

表 10-7 取回权

类型	情形	分类
债务人	人民法院受理破产申请后，管理人可以通过清偿债务或者提供为债权人接受的担保，取回质物、留置物。 前款规定的债务清偿或者替代担保，在质物或者留置物的价值低于被担保的债权额时，以该质物或者留置物当时的市场价值为限	—
一般取回权	人民法院受理破产申请后，对于债务人占有的不属于债务人的财产，该财产的权利人可以通过管理人取回	（1）租赁物的取回权； （2）借用物的取回权； （3）寄存的取回权； （4）定作物的取回权
出卖人取回权	人民法院受理破产申请时，出卖人已将买卖标的物向作为买受人的债务人发运，债务人尚未收到且未付清全部价款的，出卖人可以取回在运途中的标的物。但是，管理人可以支付全部价款，请求出卖人交付标的物	破产申请受理后： （1）出卖人可以取回运途中的标的物； （2）运途中主张了取回权但未实现到达管理人的标的物可以取回； （3）运途中未主张取回权而到达管理人的标的物不可取回

2. 取回权的法律特征

（1）取回权的标的物不归债务人所有，但是归债务人占有。

（2）取回权的发生依据是物权关系，是以物权为基础的请求权。如由于租赁、借贷、承揽等原因而被债务人占有，所有权人请求返回的情况属于最典型的取回权。

（3）取回权是不依破产程序行使的权利，取回权不参加债权申报，取回权人不参加债权人会议，而直接从破产管理人控制的财产中取回。

3. 取回权的行使

权利人依据《企业破产法》的规定行使取回权，应当在破产财产变价方案或者和解协议、重整计划草案提交债权人会议表决前向管理人提出。权利人在上述期限后主张取回相关财产的，应当承担延迟行使取回权增加的相关费用。

（四）抵销权

1. 抵销权概念

债权人在破产申请受理前对债务人负有债务的，可以向管理人主张抵销。其本质是债权人通过行使抵销权而直接用债务人的财产来清偿破产债权，实际上获得了破产程序之外的优先清偿，从而避免了通过一般债权申报而受到的财产分配损失，因而它具有三个特征，并且有表 10-8 中列的三种禁止抵销的情形。

2. 抵销权特征

(1) 破产抵销权不受债权债务种类、期限的限制。

(2) 破产抵销权只能由债权人提出，抵销权是债权人的权利，而且它的行使的实质是债权人的个别优先受偿，有可能损害其他债权人的权利，故管理人不能提出。

(3) 破产抵销权的行使以等额抵销为原则，超出抵销债务额的债务，不因抵销权的行为而消灭，也就是说，债权人未抵销的债权列为一般债权。

3. 抵销权三种禁止抵销的情形

表10-8 抵销权三种禁止抵销的情形

类型	禁止抵销	具体情形
抵销权	—	债权人在破产申请受理前对债务人负有债务的，可以向管理人主张抵销
禁止抵销	债务人破产受理后取得债权	债务人的债务人在破产申请受理后取得他人对债务人的债权的，不得抵销
	突击债务	破产申请前1年内：债权人已知债务人有不能清偿到期债务或者破产申请的事实，对债务人负担债务的，不得抵销
	突击债权	破产申请前1年内：债务人的债务人已知债务人有不能清偿到期债务或者破产申请的事实，对债务人取得债权的，不得抵销

(1) 债务人的债务人在破产案件受理后取得他人对债务人的债权的，不得抵销。

债务人的债务人在破产程序中应当向管理人完全履行其所负债务，这种履行所产生的利益应当归入债务人财产。而债务人的债务人如果在破产案件受理后通过转让取得他人的对债务人的债权，并以此与其债务抵销，则会消灭或者部分消灭其所负担的债务，减少债务人财产的价值；同时，会诱发债务人的债务人在破产案件受理后低价收买他人对债务人的债权的道德风险。

(2) 债权人恶意对债务人负担债务的，不得抵销。

在破产案件受理前对债务人负有债权的人，在得知债务人有不能清偿到期债务或者已经提出破产申请的情况下，仍然对债务人负担债务的，法律上就推定其是为了在债务人被裁定进入破产程序后行使破产抵销权做准备，并对这种恶意抵销的情况予以禁止。其本质是债权人为获得债务人相同价值"特定财产"而做出的抵销准备，这样可以保证足额获得受偿，而非一般债权申报后的部分受偿。

(3) 债务人的债务人恶意取得对债务人的债权的，不得抵销。

在破产程序中，债权的清偿是比例清偿。也就是说，债权人在破产程序中通常是要或多或少受到损失的。从正常的商业判断，一般来说，没有人愿意拥有破产债权。因此，债务人的债务人在得知债务人有不能清偿到期债务或者破产申请的事实，对债务人的债权有很大的可能转化为破产债权的情况下，仍然对债务人取得债权，法律必然推定其有行使破产抵销权的恶意。其本质是"以货抵债"，而在破产的过程中，其他债务人更偏好人民币财产而非实物财产。

(五) 别除权

1. 别除权的概念

别除权就是债务人被宣告破产进行清算程序后,对破产人的特定财产享有担保权的权利人,可就担保物获得有限清偿。别除权是抵押权、质押权、留置权在破产程序中的实现方式。

2. 别除权的特征

(1) 别除权的担保物权和法定特别优先权。别除权是针对特定的担保财产行使的,诸如抵押权、质押权、留置权都构成别除权,而作为一般保证的保证人所担保的债权则不构成别除权。

(2) 别除权的行使对象是属于破产人所有的特定财产。别除权与追回权的区别就是别除权的标的物是属于债务人所有的财产,而取回权的标的物归取回权人所有。

(3) 别除权的行使可不依破产程序。别除权的实质是基础特定财产担保物权,故别除权可不依破产程序而有限受偿。

3. 别除权行使的注意事项

(1) 别除权人必须按期向人民法院申报债权,若逾期未申报,则视为自动放弃担保权。

(2) 在破产案件受理后至破产宣告前,未经人民法院的准许,不得行使别除权。

(3) 破产重整期间,对债务人的特定财产享有的担保权暂停行使。但是担保物有损害或者价值明显减少可能的,足以危害担保权人权利的,担保权人可以向人民法院请求恢复行使担保权。

(4) 当别除权标的物不足以清偿被担保的全部债务时,差额部分只能作为普通债权参加集体清偿。

(5) 别除权人放弃优先受偿权利的,其债权作为普通债权。

4. 债务人财产与破产财产

债务人财产与破产财产对比如图 10-9 所示。

表 10-9 债务人财产与破产财产对比

类别	债务人财产	破产财产
概念	破产申请受理时属于债务人的全部财产,以及破产申请受理后至破产程序终结前债务人取得的财产,为债务人财产	债务人被宣告破产后,债务人称为破产人,债务人财产称为破产财产
目的	破产宣告以前,债务人财产的管理都服从于债务清理和企业拯救目的	破产宣告以后,债务人财产成为以清算分配为目的的破产财产
担保物权	设置抵押、质押、留置的财产属于债务人财产但不属于破产财产	

(六) 破产费用和公益债务

1. 破产费用

实质破产程序开始后,为破产程序的进行而需支付的费用即为破产费用,其主要针对的是人民法院或者管理人的费用,包括:破产案件的诉讼费用;管理、变价和分配债务人财产的费用；管理人执行职务的费用、报酬和聘用工作人员的费用。

2. 公益债务

实质法院受理破产申请后，为全体债权人的共同利益而负担的债务即为公益债务，其主要针对的是人民法院和管理人之外的债务，包括：因管理人或者债务人请求对方当事人履行双方均未履行完毕的合同所产生的债务；债务人财产受无因管理所产生的债务；因债务人不当得利所产生的债务；为债务人继续营业而应支付的劳动报酬和社会保险费用以及由此产生的其他债务；管理人或者相关人员执行职务致人损害所产生的债务；债务人财产致人损害所产生的债务。

3. 清偿原则

（1）破产费用和共益债务由债务人财产随时清偿。

（2）债务人财产不足以清偿所有破产费用和共益债务的，先行清偿破产费用。

（3）债务人财产不足以清偿所有破产费用或者共益债务的，按照比例清偿。

（4）债务人财产不足以清偿破产费用的，管理人应当提请人民法院终结破产程序。人民法院应当自收到请求之日起15日内裁定终结破产程序，并予以公告。

案例分析10-1

人民法院受理了某国有企业的破产案件，后经管理人确认，其破产费用合计为150万元。共益债务合计为400万元（其中，欠A企业100万元，欠B企业300万元），此时可以分为以下三种情形：

（1）假设债务人财产为1 000万元，那么该1 000万元可以同时清偿破产费用和共益债务，剩余的450万元用于职工工资、税款和普通债权的清偿。

（2）假设债务人财产只有200万元，那么优先清偿破产费用150万元，剩余的50万元用于清偿共益债务，由于不足以清偿全部的共益债务，按照规定，应该按照比例清偿，即清偿率为50/400×100% = 12.5%，清偿A企业100×12.5% = 12.5（万元）；清偿B企业300×12.5% = 37.5（万元）。

（3）假设债务人财产只有100万元，此时不足以清偿破产费用，根据规定，应该由管理人申请人民法院裁定终结破产程序，破产程序终结后，该100万元的财产按照比例清偿的办法支付相应的破产费用。

二、债权的申报

（一）债权申报的概念

债权申报是债权人在人民法院受理破产申请后，在法定期限内依照法定程序主张并证明其债权，以便参加破产程序的法律行为。有以下注意事项：

（1）债权申报是以财产给付为内容的请求权。

（2）债权申报是法院受理破产申请前成立的对债务人享有的债权。受理申请后形成的债务是破产费用或是公益债务。

（3）债权申报是平等主体之间的请求权。对债务人的罚款等财产性行政处罚，不得申报。如果债务人由于重整或和解而继续存续，则处罚机关可以根据具体情况决定是否执行处罚。

(二) 债权的申报、审查、确认

1. 债权的申报

债权申报期限自人民法院发布受理破产申请公告之日起计算，最短不得少于 30 日，最长不得超过 3 个月。债权人应当在人民法院确定的债权申报期限内向管理人申报债权。债权人申报债权时，应当书面说明债权的数额和有无财产担保，并提交有关证据。申报的债权是连带债权的，应当说明。

2. 债权的审查

管理人收到债权申报材料后，应当登记造册，对申报的债权进行审查，并编制债权表。债权表和债权申报材料由管理人保存，供利害关系人查阅。依法编制的债权表，应当提交第一次债权人会议核查。

3. 债权的确认

债务人、债权人对债权表记载的债权无异议的，由人民法院裁定确认。债务人、债权人对债权表记载的债权有异议的，可以向受理破产申请的人民法院提起诉讼。

4. 未申报后果

债权人未依照本法规定申报债权的，不得依照本法规定的程序行使权利。在人民法院确定的债权申报期限内，债权人未申报债权的，可以在破产财产最后分配前补充申报。但是，此前已进行的分配，不再对其补充分配。为审查和确认补充申报债权的费用，由补充申报人承担。

(三) 债权的范围

债权申报的期限与范围如表 10-10 所示。

表 10-10 债权申报的期限与范围

范围	情形	注意事项
未到期的债权	在破产申请受理时视为到期；附利息的债权自破产申请受理时起停止计息	停止计息
不确定债权	附条件、附期限的债权和诉讼、仲裁未决的债权，债权人可以申报	能否获偿，看最后分配公告日，该债权能否确认
连带债权	连带债权人可以由其中一人代表全体连带债权人申报债权，也可以共同申报债权	—
代位求偿权	(1) 债务人的保证人或者其他连带债务人已经代替债务人清偿债务的，以其对债务人的求偿权申报债权；(2) 债务人的保证人或者其他连带债务人尚未代替债务人清偿债务的，以其对债务人的将来求偿权申报债权。但是，债权人已经向管理人申报全部债权的除外	(1) 以现时偿还权申报债权；(2) 以将来偿还权申报债权；(3) 不得重复受偿

续表

范围	情形	注意事项
合同解除损害赔偿请求权	管理人或者债务人依照本法规定解除合同，对方当事人以因合同解除而产生的损害赔偿请求权申报债权	若履行就是共益债务
受托人请求权	债务人是委托合同的委托人，被裁定适用本法规定的程序，受托人不知该事实，继续处理委托事务的，受托人以由此产生的请求权申报债权	—
票据付款人请求权	债务人是票据的出票人，被裁定适用本法规定的程序，该票据的付款人继续付款或者承兑的，付款人以由此产生的请求权申报债权	—
职工债权	债务人所欠职工的工资和医疗、伤残补助、抚恤费用，所欠的应当划入职工个人账户的基本养老保险、基本医疗保险费用，以及法律、行政法规规定应当支付给职工的补偿金，不必申报，由管理人调查后列出清单并予以公示	不必申报，由管理人调查后列出清单并予以公示

第三节　债权人会议

一、债权人会议概述

（一）债权人会议

1. 债权人会议概念

债权人会议是全体债权人参加破产程序并集体行使权利的决议机构。债权人会议应依法申报债权的债权人和一定比例的职工和工会代表参加。

2. 债权人的表决权

（1）依法申报债权的债权人为债权人会议的成员，有权参加债权人会议，享有表决权。

（2）债权尚未确定的债权人，除人民法院能够为其行使表决权而临时确定债权额的以外，不得行使表决权。

（3）对债务人的特定财产享有担保权的债权人，未放弃优先受偿权利的，对于和解协议、破产财产的分配方案不享有表决权。

3. 债权人的职责

债权人的职责类似于有限责任公司中的股东会，两者对比如表 10 – 11 所示。

表 10-11 有限责任公司股东会与债权人会议对比

职务		公司成立（有限责任）	公司破产
权力机构	机构	股东会（全体股东）	债权人会议
	组成	全体股东	（1）全体债权人； （2）债权人会议应当有债务人的职工和工会的代表参加，对有关事项发表意见
	首次会议	首次股东会会议由出资最多的股东召集和主持，依照本法规定行使职权	第一次债权人会议由人民法院召集，自债权申报期限届满之日起 15 日内召开
	会议提议	（1）定期会议应当依照公司章程的规定按时召开； （2）代表 1/10 以上表决权的股东，1/3 以上的董事，监事会或者不设监事会的公司的监事提议召开临时会议的，应当召开临时会议	以后的债权人会议，在人民法院认为必要时，或者管理人、债权人委员会、占债权总额 1/4 以上的债权人向债权人会议主席提议时召开
	会议召集主持	（1）有限责任公司设立董事会的，股东会会议由董事会召集，董事长主持；董事长不能履行职务或者不履行职务的，由副董事长主持；副董事长不能履行职务或者不履行职务的，由半数以上董事共同推举一名董事主持； （2）有限责任公司不设董事会的，股东会会议由执行董事召集和主持	（1）债权人会议设主席一人，由人民法院从有表决权的债权人中指定； （2）债权人会议主席主持债权人会议
	会议通知	召开股东会会议，应当于会议召开 15 日前通知全体股东。但是，公司章程另有规定或者全体股东另有约定的除外	召开债权人会议，管理人应当提前 15 日通知已知的债权人
	议事规则	（1）股东会的议事方式和表决程序，除本法有规定的外，由公司章程规定； （2）股东会会议做出修改公司章程、增加或者减少注册资本的决议，以及公司合并、分立、解散或者变更公司形式的决议，必须经代表 2/3 以上表决权的股东通过	债权人会议的决议，由出席会议的有表决权的债权人过半数通过，并且其所代表的债权额占无财产担保债权总额的 1/2 以上。但是，本法另有规定的除外

续表

职务		公司成立（有限责任）	公司破产
权力机构	职权	股东会行使下列职权： （1）决定公司的经营方针和投资计划； （2）选举和更换非由职工代表担任的董事、监事，决定有关董事、监事的报酬事项； （3）审议批准董事会的报告； （4）审议批准监事会或者监事的报告； （5）审议批准公司的年度财务预算方案、决算方案； （6）审议批准公司的利润分配方案和弥补亏损方案； （7）对公司增加或者减少注册资本做出决议； （8）对发行公司债券做出决议； （9）对公司合并、分立、解散、清算或者变更公司形式做出决议； （10）修改公司章程； （11）公司章程规定的其他职权	债权人会议行使下列职权： （1）核查债权； （2）申请人民法院更换管理人，审查管理人的费用和报酬； （3）监督管理人； （4）选任和更换债权人委员会成员； （5）决定继续或者停止债务人的营业； （6）通过重整计划； （7）通过和解协议； （8）通过债务人财产的管理方案； （9）通过破产财产的变价方案； （10）通过破产财产的分配方案； （11）人民法院认为应当由债权人会议行使的其他职权

（二）债权人会议职权的注意事项

（1）债权人会议职权（见表10-11）中第6项、第7项（重整计划、和解协议）为选择性通过事项，若无法通过，则宣告破产。详见第五节：重整与和解。

（2）债权人会议职权中第（8）项、第（9）项、第（10）项（管理方案、变价方案、分配方案），经债权人会议表决未通过的，由人民法院裁定。破产财产的分配方案经债权人会议二次表决仍未通过的，由人民法院裁定。

债权人对人民法院关于债务人财产的管理方案、破产财产的变价方案做出的裁定不服的，债权额占无财产担保债权总额1/2以上的债权人对人民法院关于破产财产的分配方案做出的裁定不服的，可以自裁定宣布之日或者收到通知之日起15日内向该人民法院申请复议。复议期间不停止裁定的执行。

（3）担保债权的债权人对债权人会议职权中第（7）项、第（10）项（和解协议、分配方案）没有表决权。

二、债权人委员会与管理人

（一）债权人委员会

1. 债权人委员会概念

债权人委员会由债权人会议选任的债权人代表和1名债务人的职工代表或者工会代表组

成。债权人委员会应当经法院书面决定认可。

2. 债权人委员会职权

债权人委员会的主要职责是对管理人对债务人财产的管理和处分进行监督，其职权相当于有限责任公司中的监事会或者不设监事会的监事的职权。两者的对比如表 10-12 所示。

表 10-12　有限责任公司监事会与债权人委员会对比

职务		公司成立（有限责任）	公司破产
监督机构	构成	监事会	债权人委员会
		股东大会选举 + 职工代表	债权人会议选举 + 职工代表
		（1）有限责任公司设监事会，其成员不得少于3人。股东人数较少或者规模较小的有限责任公司，可以设1~2名监事，不设监事会。 （2）监事会应当包括股东代表和适当比例的公司职工代表，其中职工代表的比例不得低于1/3，具体比例由公司章程规定	（1）债权人会议可以决定设立债权人委员会。债权人委员会由债权人会议选任的债权人代表和一名债务人的职工代表或者工会代表组成。债权人委员会成员不得超过9人。 （2）债权人委员会成员应当经人民法院书面决定认可
	职权	监事会、不设监事会的公司的监事行使下列职权： （1）检查公司财务； （2）对董事、高级管理人员执行公司职务的行为进行监督，对违反法律、行政法规、公司章程或者股东会决议的董事、高级管理人员提出罢免的建议； （3）当董事、高级管理人员的行为损害公司利益时，要求董事、高级管理人员予以纠正； （4）提议召开临时股东会会议，在董事会不履行本法规定的召集和主持股东会会议职责时召集和主持股东会会议； （5）向股东会会议提出提案； （6）依照本法第151条的规定，对董事、高级管理人员提起诉讼； （7）公司章程规定的其他职权	债权人委员会行使下列职权： （1）监督债务人财产的管理和处分； （2）监督破产财产分配； （3）提议召开债权人会议； （4）债权人会议委托的其他职权

（二）管理人

1. 管理人概念

管理人是人民法院指定的、全权接管债务人企业、执行破产程序管理特别是破产财产和事务的管理结构或人员。

2. 管理人职权

管理人主要职责是对债务人财产进行全权管理，其职权相当于有限责任公司中的董事会或者不设董事会的执行董事和高级管理人员的职权。两者的对比如表10-13所示。

表10-13 有限责任公司董事、高级管理人员与管理人的对比

职务		公司成立（有限责任）	公司破产
决策执行机构	组成	董事会、高级管理人员	管理人
	产生	股东会选举产生	管理人由人民法院指定
	职权	1. 董事会对股东会负责，行使下列职权： （1）召集股东会会议，并向股东会报告工作； （2）执行股东会的决议； （3）决定公司的经营计划和投资方案； （4）制定公司的年度财务预算方案、决算方案； （5）制定公司的利润分配方案和弥补亏损方案； （6）制定公司增加或者减少注册资本以及发行公司债券的方案； （7）制定公司合并、分立、解散或者变更公司形式的方案； （8）决定公司内部管理机构的设置； （9）决定聘任或者解聘公司经理及其报酬事项，并根据经理的提名决定聘任或者解聘公司副经理、财务负责人及其报酬事项； （10）制定公司的基本管理制度； （11）公司章程规定的其他职权。 2. 有限责任公司可以设经理，由董事会决定聘任或者解聘。经理对董事会负责，管理公司日常事务。 3. 股东人数较少或者规模较小的有限责任公司，可以设一名执行董事，不设董事会。执行董事可以兼任公司经理。执行董事的职权由公司章程规定	1. 管理人经人民法院许可，在第一次债权人会议召开之前，可以决定继续或者停止债务人的营业。 2. 管理人实施下列行为，应当及时报告债权人委员会： （1）涉及土地、房屋等不动产权益的转让； （2）探矿权、采矿权、知识产权等财产权的转让； （3）全部库存或者营业的转让； （4）借款； （5）设定财产担保； （6）债权和有价证券的转让； （7）履行债务人和对方当事人均未履行完毕的合同； （8）放弃权利； （9）担保物的取回； （10）对债权人利益有重大影响的其他财产处分行为。 未设立债权人委员会的，管理人实施前款规定的行为应当及时报告人民法院。 3. 管理人经人民法院许可，可以聘用必要的工作人员

第四节　破产重整与破产和解

一、破产重整与破产和解

（一）概念

1. 破产重整

破产重整是指濒临破产或已经发生破产原因但又有挽回希望的企业，通过与企业所有利

害关系人的协调，通过法律手段强制进行营业重整，以避免破产而重回新生的法律制度。

破产重整的提出：

(1) 债务人或者债权人可以依照本法规定，直接向人民法院申请对债务人进行重整。

(2) 债权人申请对债务人进行破产清算的，在人民法院受理破产申请后、宣告债务人破产前，债务人或者出资额占债务人注册资本 1/10 以上的出资人，可以向人民法院申请重整。

破产重整期间：人民法院裁定债务人重整之日至经债权人会议通过、人民法院裁定认可。

2. 破产和解

破产和解是指由债务人申请并提出和解协议草案，经债权人会议讨论通过的债务解决方案。

破产和解的提出：

(1) 债务人可以依照本法规定，直接向人民法院申请和解。

(2) 也可以在人民法院受理破产申请后、宣告债务人破产前，向人民法院申请和解。

破产和解期间：人民法院裁定和解之日至和解协议经债权人会议通过、人民法院裁定认可。

(二) 表决与通过

1. 重整的表决

(1) 出席会议的同一表决组的债权人过半数同意重整计划草案，并且其所代表的债权额占该组债权总额的 2/3 以上的，即为该组通过重整计划草案。一般有四个表决组：对债务人的特定财产享有担保权的债权；职工债权；债务人所欠税款；普通债权。

(2) 重整计划通过与批准。各表决组均通过重整计划草案时，重整计划即为通过。

自重整计划通过之日起 10 日内，债务人或者管理人应当向人民法院提出批准重整计划的申请。人民法院经审查认为符合《企业破产法》规定的，应当自收到申请之日起 30 日内裁定批准，终止重整程序，并予以公告。

(3) 重要的效力。经人民法院裁定批准的重整计划，对债务人和全体债权人均有约束力。

2. 和解的表决

(1) 债权人会议通过和解协议的决议，由出席会议的有表决权的债权人过半数同意，并且其所代表的债权额占无财产担保债权总额的 2/3 以上。

(2) 和解的通过与批准。债权人会议通过和解协议的，由人民法院裁定认可，终止和解程序，并予以公告。

(3) 和解的效力。经人民法院裁定认可的和解协议，对债务人和全体和解债权人均有约束力。

(三) 转化破产

1. 重整的转化

(1) 失败：重整计划草案未获得通过且未依照《企业破产法》强制重整规定获得批准，或者已通过的重整计划未获得批准的，人民法院应当裁定终止重整程序，并宣告债务人破产。

(2) 执行问题：债务人不能执行或者不执行重整计划的，人民法院经管理人或者利害关系人请求，应当裁定终止重整计划的执行，并宣告债务人破产。

(3) 法律后果：人民法院裁定终止重整计划执行的，债权人在重整计划中做出的债权调整的承诺失去效力。债权人因执行重整计划所受的清偿仍然有效，债权未受清偿的部分作为破产债权。上述规定的债权人，只有在其他同顺位债权人同自己所受的清偿达到同一比例时，才能继续接受分配。

2. 和解的转化

(1) 失败：和解协议草案经债权人会议表决未获得通过，或者已经债权人会议通过的和解协议未获得人民法院认可的，人民法院应当裁定终止和解程序，并宣告债务人破产。

(2) 执行问题：债务人不能执行或者不执行和解协议的，人民法院经和解债权人请求，应当裁定终止和解协议的执行，并宣告债务人破产。

(3) 法律后果：人民法院裁定终止和解协议执行的，和解债权人在和解协议中做出的债权调整的承诺失去效力。和解债权人因执行和解协议所受的清偿仍然有效，和解债权未受清偿的部分作为破产债权。上述规定的债权人，只有在其他债权人同自己所受的清偿达到同一比例时，才能继续接受分配。

破产重整与破产和解程序对比如图 10-2 所示。

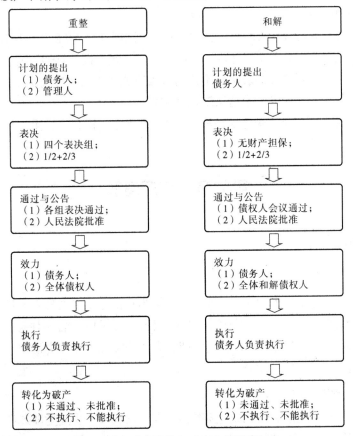

图 10-2 破产重整与破产和解程序对比

二、重整中的特殊情形

(一) 重整期间的禁止行为

在重整期间,债务人的出资人不得请求投资收益分配。

在重整期间,债务人的董事、监事、高级管理人员不得向第三人转让其持有的债务人的股权。但是,经人民法院同意的除外。

(二) 重整的终止

在重整期间,有下列情形之一的,经管理人或者利害关系人请求,人民法院应当裁定终止重整程序,并宣告债务人破产:

(1) 债务人的经营状况和财产状况继续恶化,缺乏挽救的可能性。
(2) 债务人有欺诈、恶意减少债务人财产或者其他显著不利于债权人的行为。
(3) 由于债务人的行为致使管理人无法执行职务。

(三) 重整计划的再次表决

部分表决组未通过重整计划草案的,债务人或者管理人可以同未通过重整计划草案的表决组协商。该表决组可以在协商后再表决一次。双方协商的结果不得损害其他表决组的利益。

(四) 重整的强制执行

企业重整不仅关系到债权人的利益,而且关系到整个社会的利益,所以在以下条件下,人民法院可以对未通过的重整计划进行强行批准制度,强行批准有如下前提条件:

(1) 未通过重整计划草案的表决组拒绝再次表决或者再次表决仍未通过重整计划草案。
(2) 债务人或者管理人可以申请法院批准重整计划草案。
(3) 重整计划草案符合《企业破产法》第87条规定(简言之,重整计划结果优于破产清算)。

第五节 破产清算

一、破产清算

(一) 破产宣告

人民法院依照本法规定宣告债务人破产的,应当自裁定做出之日起5日内送达债务人和管理人,自裁定做出之日起10日内通知已知债权人,并予以公告。债务人被宣告破产后,债务人称为破产人,债务人财产称为破产财产,人民法院受理破产申请时对债务人享有的债权称为破产债权。

(二) 重整、和解、清算之间的转换

破产的重整、和解、清算既可以直接提起,也可以在人民法院受理破产案件之后进行转化,直接提出申请见第一节破产法概述,而三者之间的转化详情如图10-3所示。

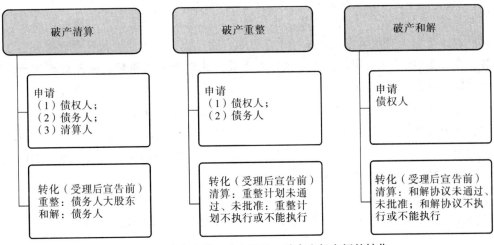

图 10-3 破产清算、破产重整、破产和解之间的转化

二、变价方案

管理人应当及时拟订破产财产变价方案，提交债权人会议讨论。变价出售破产财产应当通过拍卖进行。但是，债权人会议另有决议的除外。破产企业可以全部或者部分变价出售。企业变价出售时，可以将其中的无形资产和其他财产单独变价出售。按照国家规定，不能拍卖或者限制转让的财产，应当按照国家规定的方式处理。

三、破产财产分配顺序

破产财产在优先清偿破产费用和共益债务后，依照下列顺序清偿：

（1）破产人所欠职工的工资和医疗、伤残补助、抚恤费用，所欠的应当划入职工个人账户的基本养老保险、基本医疗保险费用，以及法律、行政法规规定应当支付给职工的补偿金。

（2）破产人欠缴的除前项规定以外的社会保险费用和破产人所欠税款。

（3）普通破产债权。

（4）注意事项：

①破产财产不足以清偿同一顺序的清偿要求的，按照比例分配。

②破产企业的董事、监事和高级管理人员的工资按照该企业职工的平均工资计算。

案例 10-2

某企业因经营管理不善，依法被人民法院宣告破产。经管理人确认：该企业的全部财产变价收入为 300 万元；向中国建设银行某支行信用贷款 66 万元；其他债权合计为 300 万元；欠职工工资和法定补偿金 65 万元，欠税款 35 万元；管理人查明法院受理案件前 3 个月无偿转让作价为 80 万元的财产（不包括在以上变价收入中）；破产费用共 30 万元。

问:在本案中,中国建设银行某支行可以得到多少清偿额?

知识要点:(1)破产财产的确定。根据规定,人民法院受理破产申请前1年内,无偿转让财产的,管理人有权请求人民法院予以撤销,由于以上破产企业法院受理案件前3个月无偿转让作价为80万元的财产,因此该行为无效,该财产应该追回,并入破产财产分配破产财产,破产财产=300+80=380(万元)。

(2)破产债权的确定。根据题意,破产债权为300+66=366(万元)。

(3)破产分配。破产费用30万元应该优先支付,其次是职工的工资65万元,再次是欠缴的税款35万元,最后,剩余的清偿破产债权的破产财产=380-30-65-35=250(万元)

清偿率=$250/366 \times 100\% \approx 68.3\%$。

甲的破产债权为66万元,因此甲获得的债权清偿数为:

清偿数=清偿率×某个债权人的破产债权=$66 \times 68.3\% = 45.08$(万元)

四、破产财产分配计划的拟订与执行

(1)管理人应当及时拟订破产财产分配方案,提交债权人会议讨论。

(2)债权人会议通过破产财产分配方案后,由管理人将该方案提请人民法院裁定认可。

(3)破产财产分配方案经人民法院裁定认可后,由管理人执行。

五、特殊债权的处理

(1)对于附生效条件或者解除条件的债权,管理人应当将其分配额提存。

管理人依照上述规定提存的分配额,在最后分配公告日,生效条件未成就或者解除条件成就的,应当分配给其他债权人;在最后分配公告日,生效条件成就或者解除条件未成就的,应当交付给债权人。

(2)债权人未受领的破产财产分配额,管理人应当提存。债权人自最后分配公告之日起满2个月仍不领取的,视为放弃受领分配的权利,管理人或者人民法院应当将提存的分配额分配给其他债权人。

(3)破产财产分配时,对于诉讼或者仲裁未决的债权,管理人应当将其分配额提存。自破产程序终结之日起满2年仍不能受领分配的,人民法院应当将提存的分配额分配给其他债权人。

六、破产的终结

破产人无财产可供分配的,管理人应当请求人民法院裁定终结破产程序。

管理人在最后分配完结后,应当及时向人民法院提交破产财产分配报告,并提请人民法院裁定终结破产程序。人民法院应当自收到管理人终结破产程序的请求之日起15日内做出是否终结破产程序的裁定。裁定终结的,应当予以公告。管理人应当自破产程序终结之日起10日内,持人民法院终结破产程序的裁定,向破产人的原登记机关办理注销登记。破产清算、破产严整、破产和解对比如表10-14所示。

表 10-14　破产清算、破产重整、破产和解对比

内容	破产清算	破产重整	破产和解
终点	企业注销登记	若重整成功，则企业存续	若和解成功，则企业存续
担保权	对破产人的特定财产享有担保权的权利人，对该特定财产享有优先受偿的权利	在重整期间，对债务人的特定财产享有的担保权暂停行使（有例外）	对债务人的特定财产享有担保权的权利人，自人民法院裁定和解之日起可以行使权利
事务管理	管理人接管	(1) 管理人接管；(2) 在重整期间，经债务人申请，人民法院批准，债务人可以在管理人的监督下自行管理财产和营业事务	管理人接管或债务人在管理人的监督下继续经营企业

思考与训练

一、思考题

1. 简述破产的概念与特征。
2. 简述债权申报的范围。
3. 简述破产费用与共益债务的清偿原则。
4. 对比有限责任公司的股东、董事、经理等高级管理人员的职权与债权人会议、债权人委员会、管理人的职权。
5. 简述重整强制执行的条件。
6. 简述破产重整、破产和解、破产清算之间的转换。

二、案例分析

深圳市福昌电子技术有限公司重整案

（一）基本案情

福昌电子公司作为国内通信产业龙头企业华为、中兴的一级供应商，核心业务是为这两家企业提供各种手机、3C 产品零配件的委托加工及制造服务，年产值 10 亿元，有员工 3 510 名，与 557 家供应商保持合作关系，是一家关系到该产业生态链稳定的生产型企业。2015 年 10 月，福昌电子因管理不善、资金链断裂，突然宣布停产停业，引发 3 000 余名员工、500 余家供货商围堵政府、上街游行等激烈维权行为，引起了媒体的广泛关注，时任深圳市委书记马兴瑞做出专项批示，要求妥善处理、积极挽救。2015 年 11 月 12 日，福昌电子的债权人正式向深圳中院申请福昌电子破产重整。

（二）审理情况

深圳中院决定以"预重整"方式审理该案，即在法院正式立案受理前选定管理人进入企业清理债权、债务，协助展开谈判，研究恢复生产。随后该院确定一级管理人深圳市正源清算事务有限公司担任福昌电子管理人。管理人进场后，摸清了财务底数，协调劳动和经济

主管部门完成了 3 510 名员工和 500 余家供货商的核实和安抚工作，积极协助潜在重组方了解企业情况。2016 年 6 月 29 日，深圳中院裁定受理福昌电子重整案，并批准福昌公司在重整期间继续营业。2016 年 12 月 26 日，福昌电子向法院和债权人会议提交重整计划草案；2017 年 3 月 21 日，福昌电子债权组经二次表决通过了《重整计划草案》；4 月 18 日，深圳中院裁定批准福昌电子重整计划。

（三）典型意义

福昌电子通过重整妥善安置职工 3 510 人，确认并支付职工债权 4 061 万元，重整期间未发生任何职工维权的群体性事件。重整审核确认各类债权合计 4.10 亿元，税款债权、职工债权、建设工程款均全额清偿；普通债权 15 万元以下部分全额清偿，15 万元以上部分先按照 5% 比例清偿，预估最终清偿率可达 20.58%，实现了对广大债权人，尤其是小额债权人合法权益的切实保护。通过重整，福昌电子保留了华为、中兴一级供应商资质，稳定了一方产业链，维持了地方产业生态的平衡。该案是国内第一宗通过预重整成功的案件，被评为全国法院服务供给侧结构性改革十大典型案例。

——《2017 年度全国法院十大破产典型案例》

三、实训活动：破产模拟

1 名学生担任人民法院、1 名学生担任管理人、1 名学生担任债权人主席，剩余学生平均分为四组，分别为担保权的债权人小组、无担保权的债权人小组、职工代表、国家税务代表，完成如下活动模拟：

（1）债权人向法院申请破产清算，并提供证据。

（2）人民法院受理并公告，制定管理人。

（3）四个小组分别派出代表申报债权，内容涵盖有担保的债权、无担保的债权、保证债权、合同解除损失赔偿债权等，并提供证据。

（4）债务人申请破产重整。

（5）管理人制订重整计划并由四个债权人小组表决。

（6）表决不通过，重整转破产清算，管理人按照法律规定变价并分配财产。

第十一模块

商事争议的解决

学习目标

1. 能够了解民事诉讼的基本制度；
2. 能够理解商事争议诉讼解决的程序；
3. 能够了解仲裁制度的基本内容；
4. 能够理解商事争议仲裁程序；
5. 能够理解涉外商事仲裁的法律规定。

课前案例

2017年，甲县A公司和乙县B公司在丙县订立了一份水泥供销合同。该合同约定：运输方式：由A公司代办托运；履行地点：A公司在丁县的仓库。A公司依照约定履行了合同，B公司尚欠A公司30万元的货款。4个月后，B公司在当地报纸上刊登了"大幅度降价处理水泥"的广告，同时着手准备分立成为两个公司。为此，A公司以B公司的行为可能影响货款的偿还和B公司即将分立为由，向法院提起诉讼。请问：对于本案纠纷应由哪个法院管辖？为什么？

解析：依据《中华人民共和国民事诉讼法》（简称《民事诉讼法》）规定，诉讼管辖一般适用"原告就被告的"原则，且因合同纠纷提起的诉讼，由被告住所地或者合同履行地人民法院管辖，因此本案的管辖权法院应该是丁县和乙县法院。

第一节 商事纠纷的诉讼解决

一、民事诉讼与民事诉讼法

(一) 民事诉讼与民事诉讼法的概念

1. 民事诉讼的概念

民事诉讼就是指法院在双方当事人和其他诉讼参与人的参加下，在审理民事案件过程中所进行的各种诉讼活动，以及由此产生的各种诉讼关系的总和。诉讼活动包括法院的审判活动和诉讼参与人的诉讼活动。

2. 民事诉讼法的概念

民事诉讼法是指由国家制定或认可的调整人民法院、当事人和其他诉讼参与人在审理民事案件程中所进行的各种诉讼活动以及由此产生的各种诉讼关系的法律规范的总和。民事诉讼法有广义和狭义之分。狭义上的民事诉讼法也叫形式意义的民事诉讼法，指国家立法机关制定的关于民事诉讼的专门法律。我国现行的民事诉讼法是指1991年颁布实施的《民事诉讼法》。广义上的民事诉讼法也是实质意义的民事诉讼法，除民事诉讼法典外，还包括宪法、其他实体法、程序法有关民事诉讼的规定，以及最高人民法院发布的相关司法解释。

(二) 民事诉讼法的效力

民事诉讼法的效力就是指民事诉讼法的适用范围，是指民事诉讼法在何时何地对何人何事发生作用。

1. 对事效力

对事效力是指我国民事诉讼法对哪些案件有效。凡是发生在平等主体之间的财产关系和人身关系纠纷包括商业合同纠纷、知识产权纠纷、企业投资纠纷、企业并购纠纷等诉讼都是用民事诉讼法的规定解决的。

2. 对人效力

对人效力是指我国民事诉讼法对哪些人有效。《民事诉讼法》第4条规定，凡在中华人民共和国领域内进行民事诉讼，必须遵守本法。由此可见，不仅中华人民共和国全体公民、法人和其他组织适用，而且适用于在我国进行诉讼的外国人、无国籍人、外国企业和组织。外国法院对中华人民共和国公民、法人和其他组织的民事诉讼权利加以限制的，中华人民共和国人民法院对该国公民、企业和组织的民事诉讼权利，实行对等原则。

3. 空间效力

空间效力是指我国民事诉讼法对空间的适用范围。民事诉讼法适用于中华人民共和国的一切领域，包括领陆、领水、领空。

4. 时间效力

时间效力是指民事诉讼法的有效时间。现行民事诉讼法自1991年4月9日起产生法律上的效力。

(三) 民事诉讼法律关系

民事诉讼法律关系就是民事诉讼主体在诉讼过程中形成的以诉讼权利与诉讼义务为内容的一种社会关系。

民事诉讼法律关系的主体是指在民事诉讼中享有诉讼权利、承担诉讼义务的人,主要有人民法院、当事人、检察院、其他诉讼参与人等。需要强调的是,民事诉讼法律关系的一方始终是人民法院,人民法院依法行使审判权。人民法院在民事诉讼中处于主导地位,代表国家形式审判权,解决民事纠纷。人民检察院作为法律的监督机关,对人民法院生效的裁判发现确有错误的,依法享有抗诉权,并在人民法院再审该案时,派员参加人民法院的审理活动。

民事诉讼法律关系的内容是指在民事诉讼法律关系主体依法享有的诉讼权利和诉讼义务。

民事诉讼法律关系的客体是指民事诉讼法律关系主体之间的诉讼权利与诉讼义务所指向的对象,即各主体行使诉讼权利、履行诉讼义务所共同要达到的目标。

二、民事诉讼法的基本制度

(一) 合议制度

合议制度是指由3名以上的审判人员组成审判集体,代表人民法院行使审判权,对案件进行审理并做出裁判的制度。

依据《民事诉讼法》及相关规定,除法律特别规定基层人民法院运用简易程序审理案件可以适用独任审判外,其他均适用合议制。合议庭的成员人数,必须是单数。

合议庭设审判长一人,主持合议庭的日常审判工作。合议庭的审判长由院长或者庭长指定审判员一人担任,人民陪审员不得担任。院长或者庭长参加审判的,由院长或者庭长担任。合议庭评议案件,实行少数服从多数的原则。评议应当制作笔录,由合议庭成员签名。评议中的不同意见,必须如实记入笔录。

合议庭成员在行使审判职权时,应遵守审判纪律。审判人员有贪污受贿、徇私舞弊、枉法裁判行为的,应当追究法律责任;构成犯罪的,依法追究刑事责任。

(二) 回避制度

回避制度是根据法律规定,人民法院在审理某一案件的审判人员和其他人员与案件有利害关系或者其他关系,可能影响案件公正处理时,退出案件审理的原则和制度。回避制度的设立可以避免因人类心理及情感上的偏私性带来的审判不公现象;提高当事人对人民法院的公正信任度,可以更好地维护当事人的合法权益。

回避制度不仅适用于审判人员,也适用于书记员、翻译人员、鉴定人、勘验人。依据《民事诉讼法》规定,审判人员有下列情形之一的,应当自行回避,当事人有权用口头或者书面方式申请他们回避:

(1) 是本案当事人或者当事人、诉讼代理人近亲属的。

(2) 与本案有利害关系的。

(3) 与本案当事人、诉讼代理人有其他关系，可能影响对案件公正审理的。

审判人员接受当事人、诉讼代理人请客送礼，或者违反规定会见当事人、诉讼代理人的，当事人有权要求他们回避。当事人提出回避申请，应当说明理由，在案件开始审理时提出；回避事由在案件开始审理后知道的，也可以在法庭辩论终结前提出。被申请回避的人员在人民法院做出是否回避的决定前，应当暂停参与本案的工作，但案件需要采取紧急措施的除外。

人民法院对当事人提出的回避申请，应当在申请提出的3日内，以口头或者书面形式做出决定。申请人对决定不服的，可以在接到决定时申请复议一次。复议期间，被申请回避的人员，不停止参与本案的工作。人民法院对复议申请，应当在3日内做出复议决定，并通知复议申请人。

(三) 公开审判制度

民事诉讼中的公开审判制度是指人民法院对案件的审理过程和审理结果依法向社会公开的法律制度。

依据《民事诉讼法》第134条规定，人民法院审理民事案件，除涉及国家秘密、个人隐私或者法律另有规定的以外，应当公开进行。离婚案件、涉及商业秘密的案件，当事人申请不公开审理的，可以不公开审理。人民法院对公开审理或者不公开审理的案件，一律公开宣告判决。

(四) 两审终审制度

两审终审制度是法院审理案件的一种审级制度，指一个案件需经两级法院审判后方可宣告终结并发生法律效力，即案件经过一审人民法院判决后，判决并不立即生效，在规定的上诉期内任何一方当事人均可向上一级人民法院提出上诉，上级人民法院的判决属于终审判决，不允许再次上诉。两审终审制度主要针对发生了民事权利义务争议的诉讼案件。实行两审终审制有利于及时纠正错误的裁判，有利于上级人民法院对下级人民法院的审判工作进行监督，维护国家法制的统一。两审终审审级不多，可以方便诉讼参与人参加诉讼，防止案件因久拖不决而影响结案效率，维护当事人的合法权益。

(五) 陪审制度

陪审制度是指审判机关吸收法官以外的社会公众代表参与案件审判的制度。陪审制只适用于第一审案件。陪审员在法院执行职务时，与审判员有同等的权利。陪审员从年满23岁的有选举权和被选举权的公民中选举产生，但被剥夺政治权利的除外。陪审员制度实际上是分享审判权利，进行司法监督的一种制度，在审判组织内部实现制约与配合，使法律与社会一般道德趋于协调，弥补法律之不足。

2015年4月24日，第十二届全国人大常委会第14次会议授权最高人民法院在北京、河北、黑龙江、江苏、福建、山东、河南、广西、重庆、陕西10个省（区、市），各选5个法院开展为期2年的人民陪审员制度改革试点工作。

三、民事诉讼的案件管辖

(一) 管辖的概念

民事诉讼中的管辖是指确定同级不同地区的人民法院之间和上下级人民法院之间受理第一审民事案件的分工和权限。其实质是确定民事案件第一审审判权的归属。

管辖权的意义和价值在于：

(1) 管辖权是国家司法权的重要内容，它体现了国家主权的精神，管辖权的完整和科学可以维护和捍卫国家主权，保护我国公民和法人组织的合法权利。

(2) 管辖权的直接功能在于明确各级法院之间以及同级法院之间受理第一审民事案件的权限范围，可以避免不必要的推诿或争夺管辖的现象发生，使民事案件能够及时公正地得到解决。

(3) 管辖制度的明确性和科学性，使当事人清楚自己行使诉权的方向，避免因管辖不明带来"告状无门"现象，为当事人行使各项诉讼权利提供了便利。

(二) 管辖的类型

如图 11-1 所示，民事诉讼管辖可以分为级别管辖、地域管辖和指定管辖三类。

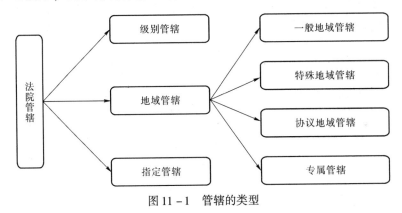

图 11-1 管辖的类型

1. 级别管辖

级别管辖是指确定划分各级人民法院之间受理第一审民事案件的分工和权限。它是确定法院管辖的首要环节。确定一个民事案件的法院管辖时，首先要确定的是由各级人民法院中的哪一级法院受理；确定级别管辖的意义在于可使当事人明确就具体案件应向哪一级法院起诉，避免盲目和诉累；可使不同级别法院分工明确，避免就具体案件在管辖上的推诿和任意性。

我国法院在设置上分为基层人民法院、中级人民法院、高级人民法院、最高人民法院和各专门人民法院。各专门人民法院在级别上相当于中级人民法院。可见，我国法院在组织系统上分为四级。

(1) 基层人民法院管辖的第一审民事案件。

《民事诉讼法》第 18 条规定，基层人民法院管辖第一审民事案件，但本法另有规定的除外。根据本条规定可以看出，基层人民法院作为法院组织体系中的最基层单位，其主要任务是审理各类第一审案件，包括民事案件。此外，除法律规定由中级法院、高级法院、最高法院管辖的第一审民事案件外,所有第一审民事案件均由基层人民法院管辖。

(2) 中级人民法院管辖的第一审民事案件。

根据《民事诉讼法》第19条的规定,中级人民法院管辖以下三类第一审民事案件:重大涉外案件;在本辖区有重大影响的案件;最高人民法院确定由中级人民法院管辖的案件。这是指最高人民法院根据审判工作需要,以最高人民法院的规范性文件确定由中级人民法院作为第一审管辖法院的民事案件。根据最高人民法院的司法解释及有关通知和决定,此类案件有:海事海商案件;专利纠纷案件;涉及台、港、澳同胞及企业组织的经济纠纷案件。

(3) 高级人民法院管辖的第一审民事案件。

根据《民事诉讼法》第20条的规定,只有在其辖区内政治上、经济上有重大影响的民事案件,才由高级人民法院作为第一审法院。高级人民法院设立在各省、直辖市和自治区政府所在城市,它担负着其辖区内各中级和基层人民法院的审判监督和指导任务,同时要审理辖区内不服各中级法院一审判决的上诉案件。

(4) 最高人民法院管辖的第一审民事案件。

根据《民事诉讼法》第21条的规定,最高人民法院管辖的第一审民事案件有两类:一是在全国有重大影响的案件;二是认为应当由本院审理的案件。这主要包括对全国的国民经济有重大影响的案件,有必要由最高人民法院专门做出司法解释的案件及影响较大的涉外案件。这体现了国家最高审判机关在案件审理上的权威性、慎重性和指导性。

2. 地域管辖

地域管辖是指同级人民法院之间在各自辖区内受理第一审民事案件的分工和权限。地域管辖是在案件审判级别确定后对管辖权的进一步划分,主要解决同级法院之间哪一个法院管辖的问题。因此,级别管辖是地域管辖的前提和基础,地域管辖是级别管辖的具体落实。两者共同构成管辖制度的核心内容,包括一般地域管辖、特殊地域管辖、专属管辖、协议管辖等。

(1) 一般地域管辖。

一般地域管辖又称普通管辖,是指以当事人住所与所在地法院辖区的隶属关系来确定管辖法院的管辖,即当事人在哪个法院辖区,案件就由哪个人民法院管辖。

一般地域管辖通常适用的原则称为"原告就被告"原则。《民事诉讼法》第22条规定,对公民提起的民事诉讼,由被告住所地人民法院管辖;被告住所地与经常居住地不一致的,由经常居住地人民法院管辖。对法人或者其他组织提起的民事诉讼,由被告住所地人民法院管辖。例如,依据民事诉讼法规定,因合同纠纷提起的诉讼,由被告住所地或者合同履行地人民法院管辖。

这里要注意的是,几个被告住所地、经常居住地在两个以上人民法院辖区的,各该人民法院都有管辖权;另外,对个人合伙及合伙型联营组织提起诉讼的,由被告注册登记地法院管辖;没有登记注册,几个被告又不在同一辖区的,各被告住所地的法院均有管辖权。

(2) 特殊地域管辖。

特殊地域管辖是指以诉讼标的或诉讼标的物所在地、法律事实所在地及被告住所地为标准而确定第一审受理法院的管辖,也称为"特别管辖"或"特殊管辖"。特殊地域管辖属于共同管辖,案件类型比较特殊且与法院辖区的联结标准呈多元化。根据《民事诉讼法》的规定,下面九种情况适用特殊地域管辖:

①因合同纠纷提起的诉讼,如合同没有实际履行,当事人双方住所地又都不在合同约定的履行地的,应由被告住所地人民法院管辖。

②因保险合同纠纷提起的诉讼,由被告住所地或者保险标的物所在地人民法院管辖。

③因票据纠纷提起的诉讼,由票据支付地或者被告住所地人民法院管辖。

④因铁路、公路、水上、航空运输和联合运输合同纠纷提起的诉讼,由运输始发地、目的地或者被告住所地人民法院管辖。

⑤因侵权行为提起的诉讼,由侵权行为地或者被告住所地法院管辖。侵权行为地是指侵害他人合法权利的法律事实所在地,包括侵权行为实施地和侵权行为结果发生地。一般情况下,行为的实施地与行为的结果发生地是一致的;但在有些情况下,行为的实施地和行为结果发生地却并不吻合,此时,侵权行为实施地和侵权行为结果发生地人民法院均有管辖权。因产品质量不合格造成他人财产、人身损害提起的诉讼,产品制造地、产品销售地、侵权行为地和被告住所地人民法院都有权管辖。

⑥因铁路、公路、水上和航空事故请求损害赔偿提起的诉讼,由事故发生地或者车辆、船舶最先到达地、航空器最先降落地或者被告住所地人民法院管辖。

⑦因船舶碰撞或其他海事损害事故请求损害赔偿提起的诉讼,由碰撞发生地、碰撞船舶最先到达地、加害船舶被扣留地或者被告住所地人民法院管辖。

⑧因海难救助费用提起的诉讼,由救助地或者被救助船舶最先到达地人民法院管辖。

⑨因共同海损提起诉讼,由船舶最先到达地、共同海损理算地或者航程终止地的人民法院管辖。

(3)专属管辖。

专属管辖是指法律强制规定此类案件必须由特定的人民法院管辖,其他人民法院无管辖权,也不允许当事人协议变更的管辖制度。专属管辖是一种强制程度最强的管辖。排他性是专属管辖的重要特征,凡依法应适用专属管辖的案件,只能由法定法院管辖,其他法院无管辖权;不准许当事人协议变更;不再适用一般地域管辖和特殊地域管辖原则;外国法院无权管辖我国专属管辖案件。

根据《民事诉讼法》的规定,国内纠纷专属管辖有三种情形:因不动产纠纷提起的诉讼,由不动产所在地人民法院管辖;因港口作业中发生的纠纷提起的诉讼,由港口所在地人民法院管辖;因继承遗产纠纷提起的诉讼,由被继承人死亡时住所地或者主要遗产所在地人民法院管辖。

案例分析 11-1

甲公司位于 A 市,乙公司位于 B 市。甲公司和乙公司签订了一房屋买卖合同,该房屋位于 C 市。双方在合同中约定:日后若因此合同履行及此合同有关的事项发生争议,应向甲公司所在地人民法院提起诉讼。

此约定是否合法？

分析：依据民事诉讼法的相关法律规定，因不动产纠纷提起的诉讼，由不动产所在地人民法院管辖。本案中甲公司和乙公司交易标的物属于不动产。双方合同履行发生争议，应该由房屋所在地法院C市人民法院管辖。

（4）协议地域管辖

协议管辖是指当事人在纠纷发生前或纠纷发生后，以协议的形式确定第一审民事案件的管辖法院，又称"合意管辖"或"约定管辖"。协议管辖是尊重当事人的意思表示，方便当事人进行诉讼的制度。合同的双方当事人可以在书面合同中协议选择被告住所地、合同履行地、合同签订地、原告住所地、标的物所在地人民法院管辖。

3. 指定管辖

指定管辖是指上级人民法院以裁定的方式指定下级人民法院对某一案件行使管辖权，其实质是法律赋予上级人民法院在下级人民法院出现管辖困难或者发生争议时，及时依职权确定案件的管辖法院。

案例分析11-2

某省甲市A区法院受理一起两家公司的保管合同纠纷案件，根据被告管辖权异议，A区法院将案件移送该省乙市B区法院审理。乙市B区法院经审查认为，A区法院移送错误，本案应归甲市A区法院管辖，发生争议。该如何处理？

分析：本案的关键点是管辖权的争议。人民法院发现受理的案件不属于本院管辖的，应当移送有管辖权的人民法院，受移送的人民法院应当受理。受移送的人民法院认为受移送的案件依照规定不属于本院管辖的，应当报请上级人民法院指定管辖，不得再自行移送。

四、民事审判程序

（一）第一审程序

人民法院审理第一审民事案件时通常适用的程序称为"第一审普通程序"。它是民事诉讼的基础程序，是审判程序中最完整、最系统的程序，具有广泛的适用性。通常包含以下几个过程和阶段：

1. 起诉和受理

起诉是指公民、法人和其他组织认为自己的民商事已受到侵害或者与他人发生争议，以自己的名义依法向人民法院提出诉讼请求，要求人民法院通过审判给予司法保护的诉讼行为。主动提出该请求的当事人称为原告。

我国人民法院奉行"不告不理"原则，即民事纠纷的主体未向人民法院提起诉讼的，人民法院不能依职权启动民事诉讼程序，不能对民事纠纷进行审理和判决。

受理是指人民法院通过审查原告的起诉，认为符合法律规定的起诉条件，决定立案审理，从而引起诉讼程序开始的一种诉讼行为。诉讼程序是由原告的起诉引起的，但只有在起诉被人民法院受理之后，诉讼程序才能真正开始。因此，决定诉讼程序开始的行为不是原告的起诉行为，而是人民法院的受理行为。

当事人起诉到人民法院的民事纠纷，适宜调解的，先行调解，但当事人拒绝调解的除外。人民法院收到原告的起诉状后，应当进行审查，并在 7 日内决定是否立案。符合立案条件的人民法院应当立案受理并通知原告，并将起诉状副本在立案之日起 5 日内发送被告，被告应在收到起诉状副本后 15 日内提交答辩状。不符合起诉条件的，应当在 7 日内做出裁定书，不予受理；原告对裁定不服的，可以提起上诉。

2. 审理前的准备

审理前的准备就是指人民法院受理案件后进入开庭审理前所进行的一系列准备性的诉讼活动，以保证庭审顺利和有效地进行。

审理前的准备工作主要有：

（1）在法定期间内及时送达起诉状副本和答辩状副本。

（2）告知当事人有关的诉讼权利和义务。

（3）依法组成合议庭并告知当事人。

（4）组织当事人进行证据交换。

（5）审核诉讼材料，调查收集必要的证据。

（6）追加和更换当事人，通知第三人参加诉讼等。

3. 开庭审理

审理前的准备阶段结束后，诉讼即进入开庭审理阶段。开庭审理又称法庭审理，是人民法院在完成审前准备后，在确定的日期，在双方当事人及其他诉讼参与人的参加下，依法定形式和程序，在法庭上对民事案件进行审理的诉讼活动。

开庭审理是整个诉讼程序的核心阶段，整个民事诉讼程序是围绕着开庭审理而展开的。开庭审理也是所有的诉讼法律关系主体集中进行诉讼活动的场所。在开庭审理过程中，所有的合议庭成员和所有的当事人及诉讼参与人都要出庭。开庭审理的顺序分为开庭准备、法庭调查、法庭辩论、案件评议和宣告判决四个阶段。

（1）开庭准备。开庭准备不同于审理前的准备，是开庭审理的预备阶段，具体是指在事先确定的开庭日期到来时，在正式进入实体审理前，为保证案件审理的顺利进行而应当由人民法院进行并完成的准备工作。其具体包括以下两项：查明当事人和其他诉讼参与人是否当庭，宣读法庭纪律；核对当事人，宣布案件，宣布审判人员、书记员名单，告知当事人的诉讼权利义务，询问当事人是否提出回避申请。

（2）法庭调查。法庭调查是开庭审理的中心环节，是对案件进行实体性审理的重要阶段。根据《民事诉讼法》的规定，法庭调查按照下列顺序进行：

①当事人陈述。

②告知证人的权利义务，证人作证，宣读未到庭的证人证言。

③出示书证、物证和视听资料。

④宣读鉴定结论。

⑤宣读勘验笔录。

（3）法庭辩论。法庭辩论是指在合议庭的主持下，双方当事人根据此前法庭调查已经基本查明的事实和证据，阐明自己的观点，论述自己的意见，反驳对方的主张，相互进行言词辩论的诉讼活动。根据《民事诉讼法》的规定，法庭辩论按照下列顺序进行：原告及其诉讼代理人发言；被告及其诉讼代理人答辩；第三人及其诉讼代理人发言或者答辩；互相辩论。

(4) 案件评议和宣告判决。经过开庭审理后当事人不愿意调解或者调解不成的，合议庭应当休庭进行评议，就案件的性质、认定的事实、适用的法律、是非责任和处理结果做出结论。合议庭评议后，应当由审判长宣布继续开庭并宣读裁判。

(二) 第二审程序

民事诉讼当事人不服地方各级人民法院未生效的第一审判决、裁定，在法定期限内提起上诉，请求上一级法院进行审判，上一级法院对当事人提起的上诉案件进行审理所适用的程序，称为第二审程序。

1. 上诉的提起

民事诉讼当事人不服地方各级人民法院未生效的一审判决、裁定，在法定期限内提出上诉状请求上一级人民法院进行审判的诉讼行为，称为上诉。法律赋予当事人的这一权利，称为上诉权；提起上诉的案件，称为上诉案件。当事人不服一审法院判决提起上诉的期限为15日，对一审裁定不服提起上诉的期限为10日。

上诉人的上诉状应当通过原审人民法院提出，并按对方当事人或法定代表人的人数递交上诉状副本。当事人直接向第二审人民法院上诉的，第二审人民法院收到上诉状后，应当在5日内将上诉状移交原审人民法院，便于原审人民法院对上诉状进行审查和及时报送有关材料。原审人民法院收到上诉状、答辩状，应当在5日内，连同全部案卷和诉讼证据，报送第二审人民法院。

2. 上诉案件的审理

第二审人民法院审理上诉案件，只对当事人上诉请求的有关事实和适用法律进行审理。第二审人民法院对上诉案件，既可以开庭审理，也可以依法进行裁判。

3. 上诉案件的裁判

第二审人民法院对上诉案件，经过审理，按照下列情形，分别处理：

(1) 原判决、裁定认定事实清楚，适用法律正确的，以判决、裁定方式驳回上诉，维持原判决、裁定。

(2) 原判决、裁定认定事实错误或者适用法律错误的，以判决、裁定方式依法改判、撤销或者变更。

(3) 原判决认定基本事实不清的，裁定撤销原判决，发回原审人民法院重审，或者查清事实后改判。

(4) 原判决遗漏当事人或者违法缺席判决等严重违反法定程序的，裁定撤销原判决，发回原审人民法院重审。

第二审人民法院的判决、裁定，是终审的判决、裁定，当事人不得再提起上诉或者以同一事实和理由再行起诉。如果认为二审裁判有错误，则可依审判监督程序加以解决。

(三) 审判监督程序

审判监督程序也称再审程序，是指人民法院依照法律规定，对已经发生法律效力的判决、裁定，由法院、检察院或当事人提起或申请，对案件进行再次审理的程序。我国实行两审终审制度，案件经过一审、二审程序后即终结。审判监督程序是民事诉讼中的一种独立的审判程序，是纠正人民法院已发生法律效力的错误裁判的一种补救程序，不增加审级的审判程序，不是民事诉讼必经程序。

1. 审判监督程序的提起

（1）人民法院主动提起和决定再审。各级人民法院院长对本院已经发生法律效力的判决、裁定、调解书，发现确有错误，认为需要再审的，应当提交审判委员会讨论决定。最高人民法院对地方各级人民法院已经发生法律效力的判决、裁定、调解书，上级人民法院对下级人民法院已经发生法律效力的判决、裁定、调解书，发现确有错误的，有权提审或者指令下级人民法院再审。

（2）依人民检察院抗诉而再审。人民检察院对人民法院已经生效的民事判决、裁定，发现确有错误或者审判人员有违法行为，依法提请人民法院对案件重新进行审理的活动。对于未生效的裁判，人民检察院不能行使抗诉权。最高人民检察院对各级人民法院已经发生法律效力的判决、裁定，上级人民检察院对下级人民法院已经发生法律效力的判决、裁定，发现确有错误的，或者发现调解书损害国家利益、社会公共利益的，应当提出抗诉。

（3）依当事人申请而再审。当事人对人民法院已经发生法律效力的判决、裁定及调解书，认为有错误的，向原审人民法院或者上级人民法院提出申请，请求再审的诉讼行为。当事人为无诉讼行为能力人的，应由其法定诉讼代理人代为申请再审。当事人申请再审，应当在判决、裁定发生法律效力后 2 年内提出。

五、执行程序

执行程序是指人民法院根据已经发生法律效力的判决、裁定和其他法律文书的规定，采取法律措施，强制当事人履行义务的程序。在我国，执行程序的发生，必须具备以下四个条件：

（1）必须有执行依据，即人民法院据以执行的法律文书，包括人民法院制作的判决书、裁定书、调解书、支付令，仲裁机构的裁决书、调解书，公证机关赋予强制执行效力的债权文书。

（2）执行根据必须具有给付内容。

（3）执行根据必须已经发生法律效力。只有已经发生法律效力的法律文书，才能作为执行根据。

（4）必须是负有义务的一方当事人拒不履行法律文书确定的义务。如果义务人已自动履行义务，就不需要人民法院执行。

申请执行的期间为 2 年。从法律文书规定履行期间的最后一日起计算；法律文书规定分期履行的，从规定的每次履行期间的最后一日起计算；法律文书未规定履行期间的，从法律文书生效之日起计算。

六、涉外民事诉讼程序的特别规定

涉外民事诉讼是指具有涉外因素的民事诉讼，具体是指人民法院在双方当事人及其他诉讼参与人的参加下，审理和解决涉外民事案件的活动。

涉外因素是指民事诉讼所涉及的民事法律关系中的主体、客体或内容三项中的某一项具有涉外的情况。其具体表现为：

(1) 诉讼当事人一方或双方是外国人、无国籍人、外国企业和组织。
(2) 诉讼当事人之间民事法律关系发生、变更和消灭的法律事实存在于外国。
(3) 诉讼当事人争议的标的物在外国。

(一) 涉外民事诉讼的特殊原则

涉外民事诉讼除了适用我国国内民事诉讼的基本原则外，还适用以下几项特殊原则：

1. 适用我国民事诉讼法原则

《民事诉讼法》第259条规定，在中华人民共和国领域内进行涉外民事诉讼，适用本法规定。本法没有规定的，适用本法其他有关规定。

2. 适用我国缔结或者参加的国际条约原则

在审理涉外民事诉讼案件时，遇有我国缔结或者参加的国际条约与我国民事诉讼法有不同规定的情况，适用该国际条约的规定；此外，我国虽然参加但对条约中的某些条款予以保留的，对这些保留条款，我国人民法院在审理涉外案件时不予适用。

3. 司法豁免原则

司法豁免权是指一个国家根据本国法律或者参加、缔结的国际条约，对居住在本国的外国代表和组织赋予其免受本国司法管辖的权利。

《民事诉讼法》第261条规定，对享有外交特权与豁免权的外国人、外国组织或国际组织提起的民事诉讼，应当按照我国缔结或者参加的国际条约以及我国有关法律的规定办理。

4. 使用我国通用的语言、文字原则

使用我国通用的语言、文字原则是指在涉外民事诉讼中，人民法院审理案件，当事人进行诉讼活动，在语言的交流和制作有关法律文书、诉讼文书时应当使用我国通用的语言、文字。根据该原则，外国当事人提交诉状时必须附具中文译本，在诉讼中必须使用中文语言。外国当事人不知晓中国语言、文字，要求提供翻译的，可以提供，但费用由当事人承担。

5. 委托中国律师代理诉讼的原则

委托中国律师代理诉讼的原则是指外国人、无国籍人、外国企业和组织在我国人民法院起诉、应诉，需要委托律师代理诉讼，必须委托中国的律师。根据这一原则，外国人委托诉讼代理人且该代理人在诉讼中还能享有律师所享有的权利，应当委托具有中华人民共和国律师资格且执有律师工作执照的中国律师。外国律师不得在我国以律师名义从事诉讼业务，但是，这并不排除外国人委托本国律师以非律师身份担任诉讼代理人。

(二) 涉外民事诉讼的管辖

涉外民事诉讼管辖是指一国法院对涉外民事案件的审判权限和人民法院系统内各人民法院受理第一审涉外民事案件的分工和权限。

1. 牵连管辖

牵连管辖是指根据诉讼与法院所在地的一定的牵连关系来确定管辖法院的制度。因合同纠纷或者其他财产权益纠纷，对在中华人民共和国领域内没有住所的被告提起的诉讼，如果合同在中华人民共和国领域内签订或者履行，或者诉讼标的物在中华人民共和国领域内，或者被告在中华人民共和国领域内有可供扣押的财产，或者被告在中华人民共和国领域内设有代表机构，则可以由合同签订地、合同履行地、诉讼标的物所在地、可供扣押财产所在地、侵权行为地或者代表机构住所地人民法院管辖。

2. 协议管辖

协议管辖是指某些涉外民事案件由双方当事人协议约定由某个国家的法院行使司法管辖权。

3. 专属管辖

专属管辖是指法律规定特定的涉外民事案件的管辖权专属于我国的法院。《民事诉讼法》第266条规定，因在中国领域内履行中外合资经营企业、中外合作经营企业和中外合作勘探开发自然资源合同中发生纠纷提起的诉讼，由中国法院专属管辖。

（三）涉外民事诉讼的期间

涉外民事案件相对国内民事案件来说复杂程度高，审理难度较大，所以，依据我国民事诉讼法规定，人民法院审理涉外民事案件的期间，不受民事诉讼法规定的审理期间的限制。

第二节　商事纠纷的仲裁解决

一、仲裁法概述

（一）仲裁的概念与特征

在汉语中，"仲裁"一词从字义上讲，"仲"表示居中，"裁"表示衡量、评断、做出结论。按照《现代汉语词典》的解释，仲裁就是争执双方同意的第三者对争执事项做出决定。仲裁作为一个法律概念有着其特定的含义，即仲裁是指发生争议的双方当事人，根据其在争议发生前或争议发生后所达成的协议，自愿将该争议提交中立的第三方进行裁判的争议解决制度和方式。

仲裁是基于争议的双方通过仲裁协议，完全自愿由非官方的民间组织依照法定的程序主持进行，最终做出裁决的行为。仲裁的特征如下：

（1）自愿性。提交仲裁需双方当事人自愿达成仲裁协议，当事人可以协商选择是否仲裁、选择哪个仲裁机构、仲裁什么事项、选择哪个仲裁员等。

（2）公正性。仲裁遵循以事实为根据、以法律为准绳和当事人在运用法律上一律平等的原则。仲裁依法独立进行，没有级别管辖和地域管辖，不受行政机关、社会团体和个人的干涉。仲裁员具有较高的专业水平和良好的道德素质，保证裁决的公正性。

（3）即时性。仲裁实行一裁终局制度，一旦裁决即发生法律效力。仲裁程序简单灵活，当事人可以自由进行选择适用仲裁程序，避免环节烦琐，及时解决当事人之间的争议。

（4）经济性。仲裁可以及时地解决争议，减少当事人在时间、精力上的耗费，从而节省费用。

（5）保密性。仲裁不公开进行，有利于保护商业秘密，维护商业信誉。

(6) 强制性。仲裁裁决一旦做出即具法律效力，对双方当事人具有约束力。当事人对仲裁裁决应当履行，否则权利人可以依法向法院申请强制执行。

商事仲裁与商事诉讼的区别如表 11-1 所示。

表 11-1 商事仲裁与商事诉讼的区别

区别项目	商事仲裁	商事诉讼
启动条件	当事人签订仲裁协议，表明双方自愿将争议提交仲裁机构	不需要双方协议，只要一方起诉符合法定条件，法院就会受理
机构设置	仲裁委员会由人民政府组织有关部门和商会一起组建，监督机构是中国仲裁协会，其仲裁员大多是律师和政府机构人员兼职从事	法院是法定的审判机构
当事人权利	当事人有权选择仲裁员	审判人员由人民法院确定
程序	一裁终局制，当事人不得就同一事实再次申请仲裁，也不得向人民法院再行起诉、上诉；一般不公开审理	可经过一审、二审和再审三个阶段，无特殊情况必须公开审理

（二）仲裁法的概念

所谓仲裁法，是指由国家制定或认可的，规范和调整仲裁法律关系的法律规范的总称。仲裁法有广义和狭义之分。狭义的仲裁法仅指仲裁法典，如我国 1994 年 8 月 31 日第八届全国人民代表大会常务委员会第九次会议通过，1995 年 9 月 1 日起施行的《中华人民共和国仲裁法》（简称《仲裁法》）。广义的仲裁法除包括仲裁法典外，还包括其他制度中的相关法律规范，如最高人民法院《关于适用〈中华人民共和国仲裁法〉若干问题的解释》《民事诉讼法》《合同法》等法律和有关国际公约中关于仲裁的规定。

（三）仲裁范围

根据仲裁法的规定，平等主体的公民、法人和其他组织之间发生的合同纠纷和其他财产权益纠纷，可以仲裁。下列纠纷不能仲裁：婚姻、收养、监护、扶养、继承纠纷；依法应当由行政机关处理的行政争议。比如，劳动争议和农业集体经济组织内部的农业承包合同纠纷的仲裁，应由相应的行政部门仲裁。由此，《仲裁法》所指仲裁是指民间仲裁。

案例分析 11-3

甲、乙因遗产继承发生纠纷，双方书面约定由某仲裁委员会仲裁。后甲反悔，向遗产所在地法院起诉。法院受理后，乙向法院声明双方签订了仲裁协议。该案如何解决？

本案的关键在于理解争议通过仲裁解决是法律的规定，而不是当事人的约定，当事人对具体争议事项约定仲裁，不能超出法律规定的范围。根据《仲裁法》的规定，继承纠纷不能仲裁解决。故本案中甲、乙双方因继承发生的纠纷不能仲裁，甲、乙双方达成的仲裁协议因约定的仲裁事项超出法律规定的仲裁范围而无效。法院应依法裁定该仲裁协议无效,对案件继续审理。

(四) 仲裁法的基本制度

1. 协议仲裁制度

仲裁协议是当事人仲裁意愿的体现。当事人申请仲裁、仲裁委员会受理仲裁案件以及仲裁庭对仲裁案件的审理和裁决都必须依据双方当事人之间所订立的有效仲裁协议,没有仲裁协议就没有仲裁制度。

2. 或裁或审制度

仲裁与诉讼是两种不同的争议解决方式,当事人之间发生的争议只能由双方当事人在仲裁或者诉讼中选择其一加以采用。有效的仲裁协议即可排除法院对案件的司法管辖权,只有在没有仲裁协议或者仲裁协议无效的情况下,法院才可以行使司法管辖权予以审理。

3. 一裁终局制度

《仲裁法》明确规定,仲裁实行一裁终局制度,即仲裁裁决一经仲裁庭做出,即为终局裁决。仲裁裁决做出后,当事人就同一纠纷再申请仲裁或者向人民法院起诉,仲裁委员会或者人民法院不予受理。当事人应当自动履行仲裁裁决,一方当事人不履行的,另一方当事人可以向法院申请强制执行。

4. 不公开仲裁制度

仲裁开庭除特殊情况外一般不公开进行。当事人协议公开的,可以公开进行,但涉及国家秘密的除外。

二、仲裁委员会与仲裁协会

(一) 仲裁委员会

仲裁委员会可以在直辖市和省、自治区人民政府所在地的市设立,也可以根据需要在其他设区的市设立,可以不按行政区划层层设立。这样有利于仲裁委员会彼此之间的独立。仲裁委员会由前款规定的市人民政府组织有关部门和商会统一组建。设立仲裁委员会应当经省、自治区、直辖市的司法行政部门登记。

根据《仲裁法》第11条规定,仲裁委员会应当具备下列条件:

(1) 有自己的名称、住所和章程。

仲裁委员会的名称一律是在仲裁委员会前冠以所在市的地名组成。仲裁委员会的住所是仲裁委员会作为常设机构的固定地点和主要办事机构所在地。仲裁委员会的章程规定仲裁委员会的设立宗旨、组成和结构,规范其行为的准则。

(2) 有必要的财产。

仲裁委员会必须具备必要的物质财产和相应的财产,包括办公用房、办公设施和独立的经费等。

(3) 有该委员会的组成人员。

仲裁委员会由主任1人、副主任2~4人和委员7~11人组成。仲裁委员会的主任、副主任和委员由法律、经济贸易专家和有实际工作经验的人员担任。在仲裁委员会的组成人员中，法律、经济贸易专家不得少于2/3。

（4）有聘任的仲裁员。

仲裁委员会不设专职仲裁员，聘任的仲裁员按照不同专业设仲裁员名册。仲裁委员会应当从公道正派的人员中聘任仲裁员。仲裁员应当符合下列条件之一：从事仲裁、律师、审判工作满8年的；从事法律研究、教学工作并具有高级职称的；具有法律知识、从事经济贸易等专业工作并具有高级职称或者具有同等专业水平的。

（二）仲裁协会

中国仲裁协会是中国仲裁行业协会的简称，是以仲裁委员会和仲裁员为成员的自律性、管理性的行业组织，是社会团体法人。仲裁委员会根据章程对仲裁委员会及其组成人员、仲裁员的违纪行为进行监督。中国仲裁协会依照本法和民事诉讼法的有关规定制定仲裁规则。

三、仲裁协议

（一）仲裁协议的概念

仲裁协议是指仲裁的双方当事人在自愿、协商、平等互利的基础之上将他们之间已经发生或者可能发生的可仲裁的争议提交仲裁裁决的书面协议。仲裁协议是仲裁的前提，没有仲裁协议就不存在有效的仲裁。双方当事人发生纠纷后，只能依据仲裁协议申请某一仲裁机构进行仲裁，无权再向人民法院起诉；法院司法管辖权被排除，某一仲裁机构则被授予仲裁管辖权。

（二）仲裁协议的形式

仲裁协议必须采用书面形式，口头方式达成的仲裁协议无效。根据仲裁立法和仲裁实践，仲裁协议有三种类型：仲裁条款；仲裁协议书；其他文件中包含的仲裁协议。

（1）仲裁条款。当事人在签订的合同中订立的将今后可能因该合同所发生的纠纷提交仲裁的条款。这种仲裁协议的特点是当事人就他们将来可能发生的争议约定提交仲裁解决，而且是在合同中用一个条款来约定，是合同的组成部分。如当事人在买卖合同中，除了规定货物的价款、数量、交货时间、地点等内容外，还规定了因履行合同引起争议提交仲裁解决。其中有关仲裁内容的规定是整个合同的一个条款，这个条款称为仲裁条款。仲裁条款是仲裁实践中最常见的仲裁协议的形式。

（2）仲裁协议书。其是指当事人之间订立的，一致表示愿意将他们之间已经发生或可能发生的争议提交仲裁解决的单独的协议。例如，在订立建筑工程承包合同时，双方当事人没有约定争议的解决方式，事后双方当事人再专门订立一个协议，约定有关仲裁事宜，这样一个协议就是仲裁协议书。

（3）其他文件中包含的仲裁协议。

当事人除了订立合同之外，还可能在信函、电报、电传、传真、电子数据交换、电子邮件或其他书面材料中包含请求仲裁的共同的意思表示和协议。

（三）仲裁协议的内容

一份完整的仲裁协议应当具有下列内容：

（1）请求仲裁的意思表示且意思表达要明确。

(2) 请求仲裁的事项。该事项必须符合法律的规定，是可以仲裁的范围，具体明确。

(3) 选定的仲裁委员会。

仲裁协议对仲裁事项或者仲裁委员会没有约定或者约定不明确的，当事人可以补充协议；达不成补充协议的，仲裁协议无效。

仲裁协议独立存在，合同的变更、解除、终止或者无效，不影响仲裁协议的效力。

（四）仲裁协议的无效

根据《仲裁法》的规定，仲裁协议在下列情形下无效：

(1) 以口头方式订立的仲裁协议无效。

(2) 约定的仲裁事项超出法律规定的仲裁范围，仲裁协议无效。

(3) 无民事行为能力人或者限制民事行为能力人订立的仲裁协议无效。

(4) 一方采取胁迫手段，迫使对方订立仲裁协议的，该仲裁协议无效。

(5) 仲裁协议对仲裁事项没有约定或约定不明确，或者仲裁协议对仲裁委员会没有约定或者约定不明确，当事人对此又达不成补充协议的，仲裁协议无效。

当事人对仲裁协议的效力有异议的，可以请求仲裁委员会做出决定或者请求人民法院做出裁定。一方请求仲裁委员会做出决定，另一方请求人民法院做出裁定的，由人民法院裁定。当事人对仲裁协议的效力有异议，应当在仲裁庭首次开庭前提出。仲裁协议的无效或者失效使得仲裁协议不再具有法律的约束力，当事人之间的纠纷既可以通过向法院提起诉讼的方式解决，也可以重新达成仲裁协议通过仲裁方式解决。

四、仲裁程序

仲裁程序是指仲裁机构在进行仲裁审理过程中，仲裁机构、各方当事人及其他参与人从事仲裁活动必须遵守的程序。

（一）申请与受理

1. 仲裁的申请

仲裁不实行级别管辖和地域管辖，当事人可以向双方约定的仲裁机构申请仲裁。当事人申请仲裁应当符合下列条件：

(1) 有仲裁协议。

(2) 有具体的仲裁请求和事实、理由。

(3) 属于仲裁委员会的受理范围。

当事人申请仲裁，应当向仲裁委员会递交仲裁协议、仲裁申请书及副本。仲裁申请书应当载明下列事项：

(1) 当事人的姓名、性别、年龄、职业、工作单位和住所，法人或者其他组织的名称、住所和法定代表人或者主要负责人的姓名、职务。

(2) 仲裁请求和所根据的事实、理由。

(3) 证据和证据来源、证人姓名和住所。

2. 审查与受理

仲裁委员会收到仲裁申请书之日起5日内，认为符合受理条件的，应当受理，并通知当事人;认为不符合受理条件的,应当书面通知当事人不予受理,并说明理由。

仲裁委员会受理仲裁申请后,应当在仲裁规则规定的期限内将仲裁规则和仲裁员名册送达申请人,并将仲裁申请书副本和仲裁规则、仲裁员名册送达被申请人。被申请人收到仲裁申请书副本后,应当在仲裁规则规定的期限内向仲裁委员会提交答辩书。仲裁委员会收到答辩书后,应当在仲裁规则规定的期限内将答辩书副本送达申请人。被申请人未提交答辩书的,不影响仲裁程序的进行。

当事人达成仲裁协议,一方向人民法院起诉未声明有仲裁协议,人民法院受理后;另一方在首次开庭前提交仲裁协议的,人民法院应当驳回起诉,但仲裁协议无效的除外,且另一方在首次开庭前未对人民法院受理该案提出异议的,视为放弃仲裁协议,人民法院应当继续审理。

3. 仲裁当事人的权利

仲裁一经受理,仲裁程序启动。当事人享有权利。申请人可以放弃或者变更仲裁请求。被申请人可以承认或者反驳仲裁请求,有权提出反请求。当事人有权申请财产保全,可以委托律师和其他代理人进行仲裁活动等。

案例分析 11-4

甲公司与乙公司签订了一份钢材购销合同,约定因该合同发生纠纷双方可向 A 仲裁委员会申请仲裁,也可向合同履行地 B 法院起诉。本案双方约定是否有效?

当事人约定争议可以向仲裁机构申请仲裁也可以向人民法院起诉的,仲裁协议无效。但一方向仲裁机构申请仲裁,另一方未在仲裁法规定期间内提出异议的除外。本案中甲公司与乙公司约定因该合同发生纠纷双方既可向 A 仲裁委员会申请仲裁,也可向合同履行地 B 法院起诉,这里仲裁协议原则上是无效的;同时,法条又规定了除外情形,即"如果甲公司向 A 仲裁委员会申请仲裁,则乙公司在仲裁庭首次开庭前未提出异议,A 仲裁委员会可对该案进行仲裁"。因此本案仲裁可以继续进行。

(二)仲裁庭

1. 仲裁庭的组成

仲裁委员会受理仲裁申请的,应当依法组成仲裁庭来裁决案件。仲裁庭由 3 名仲裁员或者 1 名仲裁员组成。由 3 名仲裁员组成的,设首席仲裁员。当事人约定由 3 名仲裁员组成仲裁庭的,应当各自选定或者各自委托仲裁委员会主任指定 1 名仲裁员,第 3 名仲裁员由当事人共同选定或者共同委托仲裁委员会主任指定,第 3 名仲裁员是首席仲裁员。

当事人约定由 1 名仲裁员成立仲裁庭的,应当由当事人共同选定或者共同委托仲裁委员会主任指定仲裁员。

当事人没有在仲裁规则规定的期限内约定仲裁庭的组成方式或者选定仲裁员的,由仲裁委员会主任指定。仲裁庭组成后,仲裁委员会应当将仲裁庭的组成情况书面通知当事人。

2. 仲裁员的回避

仲裁员有下列情形之一的,必须回避,当事人也有权提出回避申请:

(1)是本案当事人或者当事人、代理人的近亲属。

(2) 与本案有利害关系。
(3) 与本案当事人、代理人有其他关系，可能影响公正仲裁的。
(4) 私自会见当事人、代理人，或者接受当事人、代理人的请客送礼的。

当事人提出回避申请，应当说明理由，在首次开庭前提出。回避事由在首次开庭后知道的，可以在最后一次开庭终结前提出。仲裁员是否回避，由仲裁委员会主任决定；仲裁委员会主任担任仲裁员时，由仲裁委员会集体决定。仲裁员因回避或者其他原因不能履行职责的，应当依照本法规定重新选定或者指定仲裁员。因回避而重新选定或者指定仲裁员后，当事人可以请求已进行的仲裁程序重新进行，是否准许，由仲裁庭决定；仲裁庭也可以自行决定已进行的仲裁程序是否重新进行。

(三) 开庭与裁决

1. 开庭

仲裁应当开庭进行。当事人协议不开庭的，仲裁庭可以根据仲裁申请书、答辩书以及其他材料做出裁决。仲裁一般不公开，公开审理为特例。当事人协议公开的，可以公开进行，但涉及国家秘密的除外。

仲裁委员会应当在仲裁规则规定的期限内将开庭日期通知双方当事人。当事人有正当理由的，可以在仲裁规则规定的期限内请求延期开庭。是否延期，由仲裁庭决定。申请人经书面通知，无正当理由不到庭或者未经仲裁庭许可中途退庭的，可以视为撤回仲裁申请。被申请人经书面通知，无正当理由不到庭或者未经仲裁庭许可中途退庭的，可以缺席裁决。

2. 裁决

仲裁过程中当事人可以自行和解。达成和解协议的，可以由申请人请求仲裁庭做出裁决书或撤回仲裁申请。仲裁庭在做出裁决前，可以先行调解。当事人自愿调解的，仲裁庭应当调解。调解不成的，应当及时做出裁决。调解达成协议的，仲裁庭应当制作调解书或者根据协议的结果制作裁决书。调解书经双方当事人签收后，即发生法律效力。在调解书签收前当事人反悔的或调解不成的，仲裁庭应当及时做出裁决。

裁决应当按照多数仲裁员的意见做出，少数仲裁员的不同意见要记入笔录。仲裁庭不能形成多数意见时，裁决应当按照首席仲裁员的意见做出。裁决书自做出之日起发生法律效力。

五、申请撤销仲裁裁决

(一) 申请撤销仲裁裁决的含义与情形

申请撤销仲裁裁决是指对符合法定应予撤销情形的仲裁裁决经由当事人提出申请，人民法院审核后裁定予以撤销。当事人提出证据证明裁决有下列情形之一的，可以向仲裁委员会所在地的中级人民法院申请撤销裁决：

(1) 没有仲裁协议的。
(2) 裁决的事项不属于仲裁协议的范围或者仲裁委员会无权仲裁的。
(3) 仲裁庭的组成或者仲裁的程序违反法定程序的。
(4) 裁决所根据的证据是伪造的。

（5）对方当事人隐瞒了足以影响公正裁决的证据的。

（6）仲裁员在仲裁该案时有索贿受贿，徇私舞弊，枉法裁决行为的。

人民法院经组成合议庭审查核实裁决有前款规定情形之一的，应当裁定撤销；人民法院认定该裁决违背社会公共利益的，应当裁定撤销。

（二）申请撤销仲裁裁决的程序

当事人申请撤销裁决的，应当自收到裁决书之日起6个月内提出。人民法院应当在受理撤销裁决申请之日起2个月内做出撤销裁决或者驳回申请的裁定。人民法院受理撤销裁决的申请后，认为可以由仲裁庭重新仲裁的，通知仲裁庭在一定期限内重新仲裁，并裁定中止撤销程序。仲裁庭拒绝重新仲裁的，人民法院应当裁定恢复撤销程序。

六、仲裁裁决的执行

当事人应当履行仲裁庭做出的裁决。一方当事人不履行的，另一方当事人可以依照民事诉讼法的有关规定向人民法院申请执行。受申请的人民法院应当执行。

一方当事人申请执行裁决，另一方当事人申请撤销裁决的，人民法院应当裁定中止执行。人民法院裁定撤销裁决的，应当裁定终结执行。撤销裁决的申请被裁定驳回的，人民法院应当裁定恢复执行。

仲裁流程示意图如图11-2所示。

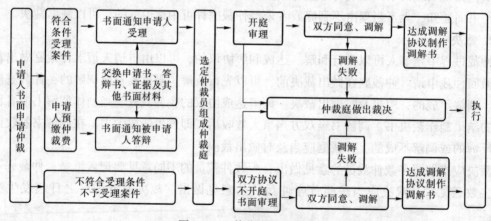

图11-2 仲裁流程示意图

七、涉外商事仲裁

（一）涉外商事仲裁的概念

涉外商事仲裁是指当事人双方根据达成的仲裁协议，自愿将在对外经济贸易、运输和海事中发生的纠纷提交我国仲裁机构进行审理和裁决的制度。涉外仲裁具有灵活性、方便性及非公开性，有利于纠纷的顺利解决，同时有利于维持当事人之间的商业关系。

（二）涉外商事仲裁的仲裁机构

在我国，仲裁分为普通的仲裁机构和涉外仲裁机构两种。其中，专门的涉外仲裁机构有两个：一是中国国际经济贸易仲裁委员会；二是中国海事仲裁委员会。按《中国国际经济贸易仲裁委员会仲裁规则》和《中国海事仲裁委员会仲裁规则》，上述两个专门的涉外仲裁机构受理案件的范围分别如下：

(1) 中国国际经济贸易仲裁委员会主要受理契约性或非契约性的经济贸易等争议。

(2) 中国海事仲裁委员会主要受理海事争议。

(三) 涉外商事仲裁的程序

1. 申请与受理

(1) 申请。

当事人基于仲裁协议申请仲裁，应当按以下程序办理：提交仲裁申请书和有关的证据材料；指定或委托仲裁委员会代为指定 1 名仲裁员；预交仲裁费和其他合理费用。

当事人申请仲裁必须要有仲裁协议。

(2) 受理。

仲裁机构受到仲裁申请后，应对申请书及其他书面材料进行审查，认为符合仲裁委员会仲裁规则要求的，应予立案，认为不符合受理条件的，不予受理。仲裁委员会受理申请后，应立即向被申请人发出仲裁通知，并将申请人的仲裁申请书及其附件，以及仲裁规则、仲裁员名册和仲裁费用表等发送给被申请人。

2. 组成仲裁庭

涉外仲裁庭既可以采用独任制，也可以采用合议制。独人仲裁员由双方当事人共同选定或共同委托仲裁委员会主任指定；采用合议时，其成员有 3 人，选任程序是：先由双方当事人从仲裁员名册中各自选定 1 名仲裁员；第 3 名仲裁员由双方当事人共同选定或者共同委托仲裁委员会主任指定；第 3 名仲裁员为首席仲裁员。

3. 审理

通常情况下，仲裁庭在当事人及其代理人的参与下，以不公开的方式审理仲裁案件。双方当事人也可以通过协议要求仲裁庭进行书面审理，即仲裁庭不通过开庭而只通过对书面材料的审查直接对争议做出裁决。

开庭审理争议的，仲裁庭应当听取双方当事人对争议发表的意见，对当事人提供的证据认真审查，必要时可以组织鉴定。根据当事人的要求，仲裁庭可以对争议进行调解。

4. 裁决

仲裁庭在案件审理终结之日起的 45 天内做出仲裁裁决书，且必须是在仲裁庭组成后的 9 个月内做出。仲裁裁决按多数仲裁员意见做出，仲裁庭不能形成多数意见时，裁决按首席仲裁员的意见做出。仲裁裁决做出的日期为仲裁裁决发生效力的日期。

(四) 涉外仲裁与涉外民事诉讼的关系

涉外仲裁与涉外民事诉讼两者之间既有区别又有密切的联系。

1. 涉外仲裁与涉外民事诉讼的区别

(1) 解决争议的机构性质和组成人员不同。涉外仲裁机构属于民间机构，因此，其组成人员来自民间，一般是聘请各个行业中有名望的专家担任；而涉外民事诉讼的审判机构是人民法院，属于国家的审判机关，人民法院的审判组织的审判人员主要是由国家任命的专职的法官以及少数的兼职的人民陪审员。

（2）受案范围和受理案件的依据不同。就涉外民事诉讼而言，仲裁机构解决争议的权限范围限于可以仲裁的国际民商事、海事和经济贸易争议，不包括人身关系的争议，争议只有在双方当事人订立仲裁协议或仲裁条款时，仲裁机构方可受理。人民法院解决的民事争议范围较仲裁的范围要宽，其中包括涉及人身关系的民事争议，只要争议与我国有实际的联系，当事人一方起诉到我国人民法院的，人民法院就有权受理和审判。

（3）当事人在程序中所享有的权利不同。在涉外仲裁程序中，当事人享有极大的程序主动权，包括选定仲裁机构、选定仲裁员、选择仲裁地点及选择仲裁程序和仲裁规则等。在涉外诉讼程序中，当事人无权选择法官，更无权选择诉讼程序或诉讼规则。

（4）案件审理的方式不同。涉外仲裁案件可以开庭审理，当事人也可以协议书面审理，开庭审理实行不公开审理原则；人民法院审理涉外民事案件应当以开庭的形式，开庭审理以公开审理为原则。

（5）裁决的效力与裁判的效力不同。就涉外仲裁而言，实行一裁终局制度；就涉外民事诉讼而言，民事案件实行二审终审。

2. 涉外仲裁与涉外民事诉讼的联系

（1）对于经济贸易、运输、海事案件，涉外仲裁机构与人民法院之间具有排斥性。即凡当事人间订立仲裁条款或协议的，只能向涉外仲裁机构申请仲裁，不得向法院起诉；当事人在合同中未订立仲裁条款或事后也未达成书面仲裁协议的，只能向法院起诉。如果双方当事人对仲裁协议或者仲裁条款的有效性产生争议，则既可以提请仲裁机构决定，也可以提请有管辖权的法院裁定。

（2）关于证据保存和财产保全方面。仲裁机构无权采取证据保全和财产保全措施。

（3）关于裁决的执行方面。涉外仲裁机构作为民间机构，法律未赋予其执行权，当事人申请执行仲裁裁决的，应当向人民法院提出申请。我国立法赋予人民法院对于仲裁机构一定的监督权，通过撤消或不予执行违法的仲裁裁决来实现对仲裁机构的法律监督。

（五）外国仲裁裁决的承认与执行

1. 关于《纽约公约》

1958年，国际商事仲裁会议在联合国总部纽约召开，此次会议通过了《承认和执行外国仲裁裁决公约》，即《纽约公约》。此后50年间，公约短短的16条条款通过指导和促进承认及执行外国仲裁裁决的理论和司法实践，对各国立法，尤其是国际仲裁立法发挥了巨大的作用。目前，已有142个国家和地区缔结公约。1987年1月22日，中国提交了批准书，做了互惠保留和商事保留声明。3个月后，即1987年4月22日，公约对中国生效。

2. 外国仲裁裁决的承认与执行的依据

根据《纽约公约》的规定，外国仲裁裁决的承认与执行主要是指在执行地国之外做出的裁决。我国承认与执行外国仲裁裁决的依据是《民事诉讼法》的有关规定和我国地结合参加的双边或多边的国际公约。我国于1987年1月22日成为《纽约公约》的缔约国，我国加入该公约时做出了两点公约允许的保留声明：

（1）互惠保留声明，即我国仅对在另一缔约国领土内做出的仲裁裁决承认与执行上适用公约。

（2）商事保留声明，即我国仅对按照我国法律属于契约性和非契约性商事法律关系所引起的争议适用该公约。

3. 仲裁承认与执行外国仲裁裁决的程序和条件

按照国际商事仲裁立法与实践，申请承认与执行外国仲裁裁决，涉及一国的国事主权，同时也属于执行地国的民事诉讼程序法的问题，当然只能适用执行地国的法律。但是，如果是《纽约公约》下的裁决，则执行公约裁决只能依照该公约第4条所规定的条件执行，即申请人只要向执行地国的法院提交经公证的裁决书正本或经认证的副本，以及仲裁协议的正本或经公证的副本。如果裁决书或者仲裁协议所使用的文字不是裁决执行地国的文字，则申请人应当提供此项文字的文本。执行地国的法院在执行该公约裁决时，不得较承认与执行其本国仲裁裁决附加过于苛刻的条件。

《纽约公约》缔约国法院应当承认与执行外国仲裁裁决的效力。只有被申请人提出证据证明该公约第5条第1款规定的五种情况之一者，法院方可拒绝执行该外国仲裁裁决。这五种情况如下：

（1）订立仲裁协议的一方当事人依据对其适用的法律为无行为能力者，仲裁协议依据当事人选择适用的法律无效；如无此项选择，则依据裁决地国的法律为无效者。

（2）被申请人未能得到关于指定仲裁员或进行仲裁程序的适当通知，或者由于其他原因，未能陈述其案情的。

（3）仲裁庭越权，即裁决事项超出仲裁协议规定的范围。但当事人提交仲裁的事项可与未提交仲裁的事项分别开来的话，则裁决中关于当事人之间约定的提交仲裁事项的部分仍然可以执行。

（4）仲裁庭的组成或仲裁程序与当事人之间的约定不符；如无此项约定，则与仲裁地国的法律不符。

（5）裁决对当事人尚无拘束力，或已经被裁决地国的主管机关或进行此项仲裁所适用的法律的国家主管机关撤销。

此外，如果执行地的法院认定该仲裁裁决依据执行地国的法律为不可通过仲裁解决的事项，或者承认与执行此项裁决与法院地国的公共秩序相抵触的，也可拒绝承认与执行该仲裁裁决。

申请人向我国法院申请执行外国的仲裁裁决的，按照《民事诉讼法》的规定，应当直接向被执行人住所地或者其财产所在地的中级人民法院申请。被执行人为自然人的，为其户籍所在地的中级人民法院；被执行人为法人的，为其主要办事机构所在地的中级人民法院。在我国，申请执行仲裁裁决的期限，无论是本国裁决，还是外国裁决，按照《民事诉讼法》的规定，申请执行的期限是2年。

思考与训练

一、思考题

1. 民事诉讼法的基本制度有哪些？
2. 民事诉讼的案件管辖类型有哪些？

3. 商事争议诉讼解决的程序有哪些？
4. 仲裁的特点有哪些？
5. 仲裁委员会的设立条件有哪些？
6. 仲裁法的基本制度有哪些？
7. 商事争议仲裁程序有哪些？
8. 涉外民事仲裁与涉外民事诉讼的区别是什么？

二、案例分析

1. 甲市A县的刘某与乙市B区的何某签订了房屋买卖合同，购买何某位于丙市C区的一套房屋。合同约定，因合同履行发生的一切纠纷，应提交设立于甲市的M仲裁委员会进行仲裁。之后，刘某与何某又达成了一个补充协议，约定合同发生纠纷后也可以向乙市B区法院起诉。刘某按约定先行支付了部分房款，何某却迟迟不按约定办理房屋交付手续，双方发生纠纷。刘某向M仲裁委员会申请仲裁，请求何某履行交房义务，M仲裁委员会受理此案，何某并未提出异议。在仲裁庭人员组成期间，刘某、何某各选择一名仲裁员，仲裁委员会主任直接指定了一名仲裁员任首席仲裁员组成合议庭。请根据案情回答下列问题：

（1）刘某、何某发生纠纷后依法应当通过什么方式解决纠纷？理由是什么？

（2）如何评价仲裁庭在本案审理中的做法？理由是什么？

2. 东风电镀厂系某省A市河西区一企业，2015年与同省B市桥头区汽车油箱厂签订一份合同，由东风电镀厂给汽车油箱厂加工电镀配件，汽车油箱厂支付加工费。从2015年起，东风电镀厂即根据该合同一直在其工厂内为汽车油箱厂加工电镀配件。到2018年，汽车油箱厂拖欠东风电镀厂加工费累计达42万元。2018年12月，汽车油箱厂与市自行车厂合并，更名为汽车改装厂，厂址不变。东风电镀厂多次向汽车改装厂追索货款，均遭到拒绝。请结合下列各题中所提示的案情，回答下列问题：

（1）2019年3月，东风电镀厂准备向人民法院起诉，向哪个人民法院提出？

（2）在诉讼过程中，汽车改装厂提出："合同原系汽车油箱厂所签订，现该厂已撤销，厂长已更换，汽车油箱厂的债务与本厂无关，不应把汽车改装厂列为本案的被告。"这一意见是否正确？为什么？

（3）在法庭审理过程中，原告提出申请，要求合议庭成员之一的陪审员张某回避，理由是：张某是被告汽车改装厂的法定代表人郝某的内弟。法院准予原告的回避申请但被告有异议，提出复议申请，理由是：一是张某只是陪审员，而不是审判员；二是本案当事人是汽车改装厂，而不是该厂的法定代表人，陪审员张某和法定代表人郝某有近亲属关系不等于和汽车改装厂有近亲属关系。被告申请复议的理由是否成立？为什么？

3. 2016年7月，石家庄奥龙堡健身房与广州某健身器械公司签订了一份购销合同，合同中的仲裁条款规定："履行合同发生的争议，由双方协商解决；无法协商解决的，由仲裁机构仲裁。" 2016年9月，双方发生争议，奥龙堡健身房向其所在地的石家庄仲裁委员会递交了仲裁申请书，但健身器械公司拒绝答辩。同年11月，双方经过协商，重新签订了一份仲裁协议，并商定将此经济合同争议提交广州仲裁委员会仲裁。事后奥龙堡健身房担心广州仲裁委员会实行地方保护主义，偏袒健身器械公司，故未申请仲裁，向合同履行地人民法院提起诉讼，且起诉时说明此前两次约定仲裁的情况，法院受理此案，并向健身器械公司送达了起诉状副本，健身器械公司向法院提交了答辩状。法院经审理判决被告健身器械公司败诉，被告不服提出上诉，理由是双方事先有仲裁协议，法院判决无效，请问：

(1) 购销合同中的仲裁条款是否有效？请说明理由。
(2) 争议发生后，双方签订的协议是否有效？为什么？
(3) 原告奥龙堡健身房向法院提起诉讼正确与否？为什么？
(4) 人民法院审理本案是否正确？为什么？
(5) 被告健身器械公司的上诉理由是否正确？为什么？

三、训练项目

实训主题：诉讼或仲裁模拟

实训要求：学生以小组为单位，选定某一商事案例，分配好每个人的角色，准备相应的法律文书，进行商事案例纠纷的诉讼或者仲裁程序的模拟。

实训目标：学生通过模拟诉讼与仲裁的过程，了解商事案例产生纠纷后的解决方式，了解相关法律文书的意义，培养学生法律思维和法律逻辑，加强学生在商事活动中的风险防范意识。

参 考 文 献

[1] 施天涛. 商法学（第四版）[M]. 北京：法律出版社. 2018.
[2] 黄惠萍，杨曼. 商法原理与实务 [M]. 北京：中国政法大学出版社. 2018.
[3] 雷霆. 公司法实务应用全书：律师公司业务基本技能与执业方法（第二版）[M]. 北京：法律出版社. 2018.
[4] 刘纪伟. 公司法从入门到精通 [M]. 北京：中国法制出版社. 2018.
[5] 高在敏，王延川，程淑娟. 商法 [M]. 北京：法律出版社. 2016.
[6] 范健，王建文. 商法学（第四版）[M]. 北京：法律出版社. 2015.
[7] 赵旭东. 商法学（第三版）[M]. 北京：高等教育出版社. 2015.
[8] 崔建远. 合同法学 [M]. 北京：法律出版社. 2015.
[9] 王利明. 合同法研究（第三卷）（第二版）[M]. 北京：中国人民大学出版社. 2015.
[10] 黄勇. 商事法律实务 [M]. 北京：法律出版社. 2014.
[11] 吴汉东. 知识产权法（第五版）[M]. 北京：法律出版社. 2014.
[12] 刘春田. 知识产权法（第五版）[M]. 北京：中国人民大学出版社. 2014.
[13] 闫玉新. 公司法人治理法律实务 [M]. 北京：法律出版社. 2012.
[14] 金涛，阮利. 商事法律运用 [M]. 北京：北京大学出版社. 2011.
[15] 殷洁. 经济法 [M]. 北京：法律出版社. 2018.
[16] 隋彭生. 公司法 [M]. 北京：中国人民大学出版社. 2016.
[17] 赵万一. 公司治理法律问题研究 [M]. 北京：法律出版社. 2014.
[18] 王保树. 中国公司法修改草案建议稿 [M]. 北京：社会科学文献出版社. 2014.
[19] 洪峥. 创业融资最佳模式 [M]. 北京：广东经济出版社. 2014.
[20] 王保树. 商法总论 [M]. 北京：清华大学出版社，2007.
[21] 范建. 商法学 [M]. 北京：高等教育出版社. 2007.
[22] 漆多俊. 经济法学 [M]. 北京：高等教育出版社. 2008.
[23] 符启林. 证券法 [M]. 北京：法律出版社. 2007.
[24] 吉姆·斯坦塞. 创业融资 [M]. 邹琪，译. 上海：复旦大学出版社. 2008.
[25] 邱妮斐. 劳动法与社会保障法 [M]. 北京：电子科技大学出版社. 2017.
[26] 殷洁. 经济法（第6版）[M]. 北京：法律出版社. 2017.
[27] 郭若愚. 经济法 [M]. 北京：清华大学出版社. 2014.
[28] 孟庆瑜. 经济法案例教程 [M]. 北京：中国民主法制出版社. 2015.
[29] 国务院法制办公室. 中华人民共和国劳动合同法 [M]. 北京：中国法制出版社. 2013.

[30] 王艳. 经济法 [M]. 北京：北京理工大学出版社. 2018.

[31] 徐根才. 破产法实践指南（第2版）[M]. 北京：法律出版社. 2018.

[32] 陈夏红，许胜锋. 破产法信札 [M]. 北京：法律出版社. 2017.

[33] 北京市劳动和社会保障法学会. 劳动法与社会保险法前沿问题研究. [M]. 北京：法律出版社. 2011.

[34] 安淑珍，郭英杰. 劳动法与社会保障法 [M]. 北京：经济科学出版社. 2011.

[35] 李永军. 合同法（第三版）[M]. 北京：中国人民大学出版社，2016.

[36] 岳业鹏. 中华人民共和国合同法案例全解（上下册）（第一版））[M]. 北京：法律出版社. 2015.

[37] 陈志. 合同法及相关规定实务手册 [M]. 北京：法律出版社. 2018.

[38] 全国中小企业"依法治企"操作实务指南系列丛书编委会编. 合同法与合同风险管理（第一版）[M]. 北京：经济科学出版社. 2017.